TEXTES
DE
DROIT ROMAIN

PUBLIÉS ET ANNOTÉS

PAR

Paul Frédéric GIRARD

PROFESSEUR AGRÉGÉ A LA FACULTÉ DE DROIT DE PARIS

SECOND FASCICULE

PARIS
LIBRAIRIE NOUVELLE DE DROIT ET DE JURISPRUDENCE
ARTHUR ROUSSEAU
ÉDITEUR
14, RUE SOUFFLOT ET RUE TOULLIER, 13

1890

TEXTES

DE

DROIT ROMAIN

TEXTES

DE

DROIT ROMAIN

PUBLIÉS ET ANNOTÉS

PAR

Paul Frédéric GIRARD

PROFESSEUR AGRÉGÉ A LA FACULTÉ DE DROIT DE PARIS

PARIS

LIBRAIRIE NOUVELLE DE DROIT ET DE JURISPRUDENCE

ARTHUR ROUSSEAU

ÉDITEUR

14, RUE SOUFFLOT ET RUE TOULLIER, 13

1890

PRÉFACE

Les raisons qui nous déterminent à présenter ce nouveau recueil aux maîtres et aux élèves des Facultés françaises n'ont pas besoin, croyons-nous, d'être bien longuement exposées. Parmi les ouvrages de même nature employés dans nos écoles, le seul qui soit récent est le remarquable travail de notre excellent maître, M. Garsonnet, dans lequel les textes sont fractionnés et distribués suivant un ordre systématique au lieu d'être insérés dans leur forme originale et qui, par conséquent, est avant tout un livre didactique destiné à fournir le cadre et la justification d'un cours ; il n'est ni ne veut être un instrument impersonnel de consultation anonyme, donnant indifféremment pour toutes les recherches et tous les enseignements les matériaux qu'on ne trouve pas ou qu'on trouve moins commodément dans le *Corpus juris civilis*. Pour ce dernier office, nous n'avons aujourd'hui chez nous que des ouvrages déjà anciens, dont par suite le texte n'est plus d'accord avec l'état présent de la critique, dans lesquels manquent aussi par suite tous les monuments de découverte récente. Sans entreprendre plus que les auteurs de ces recueils une véritable publication savante, basée sur un examen direct des sources, qui aurait excédé la somme de temps et de savoir dont nous pouvions disposer, nous avons essayé d'offrir au public français un manuel d'usage courant, moins incomplet et moins imparfait que ne sont devenus par la seule force du temps des livres composés à leur date avec beaucoup de conscience et de sagacité.

C'est assez dire que notre but n'a pu être de dispenser de recourir aux éditions savantes et documentées établies, par exemple, pour les Institutes de Gaius par MM. Studemund et Krueger, pour les Sentences de Paul et les Règles d'Ulpien par M. Krueger, pour les fragments du Vatican par M. Mommsen, pour les inscriptions juridiques par les collaborateurs du *Corpus inscriptionum Latinarum* à la tête desquels il faut encore nommer M. Mommsen. Nous avons voulu seulement faire pénétrer dans un cercle plus large les résultats de l'œuvre critique dont ces auteurs ont été les brillants ouvriers, et, si nos espérances ne sont pas déçues, notre travail aura pour résultat, comme tous les travaux de vulgarisation qui ne demeurent pas stériles, d'attirer de nouveaux lecteurs aux ouvrages de première main. C'est dans cette pensée de propagande scientifique et d'incitation aux recherches individuelles que nous avons donné aux notices explicatives qui précèdent les divers documents, une ampleur plus considérable que n'eût requis l'usage et que nous les avons, ainsi que les notes, toujours rédigées en français. C'est aussi pour cela que, tout en cherchant à présenter un texte aussi lisible et aussi simple que peut le souhaiter l'enseignement le plus modeste, nous avons, sauf pour quelques détails de pure orthographe, partout signalé par une différence de caractères les mots et les lettres restitués par conjecture, et que nous avons pour les points les plus importants indiqué dans les notes tant la physionomie originale des sources que les principales leçons proposées.

Quant à la distribution et à la composition de notre livre, les monuments relatifs au droit romain qui nous ont été transmis en dehors des compilations de Justinien et des recueils antérieurs de constitutions impériales se répartissent en trois catégories : les actes législatifs au sens le plus large du mot, les ouvrages de doctrine et les titres concrets, issus de la pratique. C'est cette division que nous avons prise pour base, sans nous dissimuler qu'elle prête comme toute autre à la discussion, tout simplement parce qu'elle nous a semblé la plus commode et la plus claire. En rapprochant notre première et notre troisième parties, non seulement du *Manuale* de Pellat, où elles manquaient à peu près complètement, mais de l'*Enchiridion* de Giraud, qui marquait déjà une préoccupation louable d'attirer l'attention du grand public juridique sur des sources trop négligées, on reconnaîtra sans peine la largeur du nouveau pas fait par nous dans la voie ouverte par M. Giraud. A vrai dire, nous restons encore à ce point de vue fort au-dessous du recueil allemand des *Fontes* de Bruns, qui donne tous les titres juridiques tandis que nous reproduisons seulement les principaux en nous contentant de signaler les autres ; cependant notre postériorité nous permet de publier quelques titres que la date de leur découverte a empêchés de prendre place dans la 5ᵉ édition, soigneusement révisée et très supérieure à toutes les précédentes, donnée de cet ouvrage en 1887 par M. Mommsen : nous citerons les deux actes de Pompéi placés en tête du paragraphe des mancipations fiduciaires et la petite inscription de Chagnon (Loire) mise à la fin de celui des Servitudes. Dans notre seconde partie, que les habitudes de l'enseignement français nous eussent malaisément dispensé de terminer par les Institutes de Justinien, nous avons auparavant reproduit sans exception tous les fragments de jurisconsultes parvenus jusqu'à nous d'une manière indépendante : cela comprend tous les textes donnés dans le *Manuale* et l'*Enchiridion*, mais cela en comprend aussi une quantité notable d'autres, dont les uns étaient déjà dans les deux premiers volumes, seuls parus, de l'excellente *Collectio librorum iuris antejustiniani* de MM. Krueger et Studemund, dont certains, tels que les fragments de Paris et de Berlin des

Réponses de Papinien et le fragment de Berlin *de judiciis* ne se trouvaient jusqu'à présent dans aucune collection de ce genre sauf dans la *Jurisprudentia antejustiniana* du savant et hypothétique Huschke, dont les derniers enfin, comme le petit fragment de Bruxelles des Institutes de Paul et le fragment de Vienne attribué vraisemblablement au commentaire sur l'édit du même Paul, ne figuraient encore dans aucun recueil scolaire. En ce point au moins nous avons sur nos devanciers un avantage que nous pouvons affirmer avec d'autant moins de scrupules que le mérite n'en revient pas à nous, mais exclusivement à la marche du temps et au jeu naturel des choses.

EXPLICATION DES ABRÉVIATIONS ET DES RENVOIS

Dans tout le livre, les caractères romains ordinaires indiquent le texte original tel qu'il nous a été transmis par les inscriptions ou les manuscrits. Les additions ou les corrections faites aux passages mutilés ou corrompus sont distinguées par des caractères italiques. Les parenthèses ( ) désignent la solution d'abréviations contenues dans les inscriptions ; les crochets [ ] des mots ou des lettres qui se trouvent à tort dans les textes originaux. Pour quelques-unes des inscriptions les plus longues dépourvues d'autre division, nous avons signalé le commencement et la fin des lignes par des traits verticaux | numérotés de distance en distance. Nous avons en outre placé entre astérisques * * les passages des Sentences de Paul qui ne se trouvent pas dans la *lex Romana Wisigothorum* et entre apostrophes ' ' ceux des Institutes de Justinien pour lesquels nous possédons le texte dont ils ont été extraits.

Les renvois aux auteurs classiques sont faits, selon la division des ouvrages, par deux ou trois chiffres séparés par des virgules se rapportant aux livres, chapitres et paragraphes. La nécessité d'une méthode de renvois uniforme nous a fait également adopter pour le Digeste et le Code le système de notation, déjà suivi par quelques auteurs modernes, dans lequel le premier chiffre se rapporte au livre, le second au titre, le troisième à la loi, le quatrième, s'il y a lieu, au paragraphe. *D.*, 19, 5, 14, 3 = Digeste, livre 19, titre 5, loi ou fragment 14, paragraphe 3. *C.*, 3, 31, 12, 2 = Code, livre 3, titre 31, loi ou constitution 12, paragraphe 2. Nos indications se rapportent aux éditions données du Digeste et du Code par M. Mommsen (*Digesta Justiniani Augusti, recognovit Th. Mommsen*, 2 vol. in-4°, Berlin, 1866-1870 ; éd. stéréotypes en 1 vol., Berlin, 1872 et ss.) et M. Krueger (*Codex Justinianus, recognovit P. Krueger*, in-4°, Berlin, 1877 ; éd. stéréotypes, Berlin 1877 et ss.). Mais, pour les passages où il existe une divergence de numérotage, nous avons noté entre parenthèses les chiffres des éditions antérieures. Les citations de Gaius, de Justinien et d'Ulpien faites sans indication d'ouvrage sont naturellement relatives aux Institutes des deux premiers et aux

Règles du troisième. On reconnaîtra aussi facilement les abréviations usuelles employées pour les renvois aux Sentences de Paul : *Sent.;* aux Fragments du Vatican : *F. V.*; à la *Collatio legum Romanarum et Mosaicarum* : *Coll.* et à la *Consultatio veteris cujusdam jurisconsulti* : *Cons.* Sans préjudice des indications spéciales contenues dans la notice qui précède chacun des textes, on trouvera ci-dessous la liste générale des livres et recueils modernes auxquels des renvois sont faits en abrégé.

Abh. = *Abhandlungen* des académies de Berlin, de Leipzig, etc.

ACCARIAS, *Précis* ou ACCARIAS = *Précis de droit romain par C. Accarias*, I, 4º éd. II, 3º éd., 2 vol. in-8º, Paris, 1886 et 1882.

Archivio = *Archivio giuridico*, in-8º, Pise, 1867 et ss.

Bull. arch. comm. = *Bullettino della commissione archeologica municipale*, 4 vol. in-8º, Rome, 1872-1876. — *Bullettino della commissione archeologica communale di Roma*, in-8º, Rome, 1877 et ss.

BRUNS, *Fontes* ou BRUNS = *Fontes juris Romani antiqui edidit Carolus Georgius Bruns, editio quinta cura Theodori Mommseni*, in-8º, Fribourg-en-Brisgau, 1887.

BRUNS, *Kl. Schr.* = *Kleinere Schriften von Carl Georg Bruns*, 2 vol. in-8º, Weimar, 1882.

C. I. Gr. = *Corpus inscriptionum Graecarum auctoritate et impensis academiae litterarum regiae Borussicae editum*, 4 vol. in-folio, Berlin, 1828-1877.

C. I. L. = *Corpus inscriptionum Latinarum consilio academiae litterarum Borussicae editum*, in-folio, Berlin, 1863 et ss.

Eph. ep. = *Ephemeris epigraphica, corporis inscriptionum Latinarum supplementum*, gr. in-8º, Rome et Berlin, 1873 et ss.

ESMEIN, *Mélanges* = *Mélanges d'histoire du droit et de critique : droit romain, par A. Esmein*, in-8º, Paris, 1886.

FITTING, *Alt. d. Schr.* = *Ueber das Alter der Schriften der roemischer Juristen von Hadrian bis Alexander, von Hermann Heinrich Fitting*, in-4º, Bâle, 1860.

GIRAUD = *Novum enchiridion juris Romani recensuit et edidit Car. Giraud*, in-18, Paris, 1873. — *Appendix* : *Gaii institutionum commentarii quattuor, edidit Car. Giraud*, in-18, Paris, 1881.

Gromatici. V. Roemische Feldmesser.

HENZEN. V. ORELLI.

Hermes = Hermes, Zeitschrift für klassische Philologie, in-8°, Berlin, 1866 et ss.

Hirschfeld, *Untersuch.* = *Untersuchungen auf dem Gebiete der Roemischen Verwaltungsgeschichte*, von Otto Hirschfeld, I, in-8°, Berlin, 1876.

Huschke, *J. ant.*, *J. a.*, ou Huschke = *Jurisprudentiae antejustinianae quae supersunt. Composuit Ph. Eduardus Huschke*, ed. 5, in-18, Leipzig, 1886.

Huschke, *Gaius* = *Gaius, Beitraege zur Kritik und Verstaendniss seiner Institutionen*, von *Ph. E. Huschke*, in-8°, Leipzig, 1855.

Karlowa, *R. R. G.* — *Roemische Rechtsgeschichte von Otto Karlowa*, I : *Staatsrecht und Rechtsquellen*, gr. in-8°, Leipzig, 1885.

Krueger, *Collectio, Coll. libr.* ou Krueger = *Collectio librorum juris antejustiniani ediderunt P. Krueger et G. Studemund* : I. *Gai institutiones ediderunt P. Krueger et G. Studemund*, ed. 2, 1884. — II. *Ulpiani liber singularis regularum, Pauli libri quinque sententiarum, fragmenta minora saeculorum p. Chr. n. secundi et tertii recensuit Paulus Krueger*, 1878, 2 vol. in-8°, Berlin, 1884-1878.

Krueger, *Gesch. d. Q.* = *Geschichte der Quellen und Litteratur des Roemischen Recht*, von Paul Krueger, in-8°, Leipzig 1888.

K. V. I. = *Kritische Vierteljahrschrift für Gesetzgebung und Rechtswissenschaft*, in-8°, Munich, 1859 et ss.

Lenel, *Ed.*, *E. P.* = *Das Edictum perpetuum, ein Versuch zu dessen Wiederherstellung*, von Otto Lenel, gr. in-8°, Leipzig, 1883.

Lenel, *Pal.* = *Palingenesia juris civilis, secundum auctores et libros disposuit Otto Lenel*, 2 vol. in-folio, Leipzig, 1888-1889.

Mommsen, *Staatsrecht* = *Roemisches Staatsrecht*, von Theodor Mommsen, I, 3e éd. II, 3e éd. et III, 3 vol. in-8°, en 5 parties, Leipzig, 1887-1888 ; traduction française sous le titre : *Le droit public romain par Mommsen, traduit par P. F. Girard*, tomes I, VI, 1, VI, 2, 3 vol. in-8°, Paris, 1887-1889.

Mommsen, *Roem. Gesch.* = *Roemische Geschichte von Th. Mommsen*, I, II, III, 7e éd. 1881-1882. V, 2e éd. 1885. 4 vol. in-8°, Berlin, 1881, 1882, 1885 ; traduction française des trois premiers sous le titre : *Histoire romaine par Mommsen, traduite par C. A. Alexandre.* 8 vol. in-8°, Paris, 1863-1872, et du suivant sous le titre *Histoire romaine par Mommsen, traduite par R. Cagnat*, in-8º, Paris, 1887 et suiv.

— V. BRUNS, *Fontes*.

N. R. *Hist.* = *Nouvelle revue historique de droit français et étranger*, in-8º, Paris, 1877 et ss.

ORELLI = *Inscriptionum Latinarum amplissima collectio. Edidit J. Casp. Orellius*, 1828. — *Volumen tertium collectionis Orellianae supplementa emendationesque exhibens. Edidit Guill. Henzen*, 1856, 3 vol. gr. in-8º, Zurich, 1828-1856.

PELLAT = *Manuale juris synopticum concinnavit et recognovit C. A. Pellat*, 8ª éd. 1 vol. in-18, Paris, 1887.

R. *Arch.* = *Revue archéologique*, in-8º, Paris, 1854 et ss.

R. *Wolowski* = *Revue de législation et de jurisprudence publiée sous la direction de MM. Wolowski*, etc., 47 vol. in-8º, Paris, 1834-1853.

R. *de législat.* = *Revue de législation ancienne et moderne, française et étrangère*, 6 vol. in-8º, Paris, 1870-1876.

R. *int. de l'ens.* — *Revue internationale de l'enseignement publiée par la Société de l'enseignement supérieur*, gr. in-8º, Paris, 1881 et ss.

Roem. *Feldmesser* = *Die Schriften der Roemischen Feldmesser herausgegeben und erlaütert von F. Blum, Lachmann, und Th. Mommsen*, 2 vol. in-8º, Berlin, 1848-1852.

Sitzungsberichte — *Sitzungsberichte* des académies de Berlin, Vienne, Munich, etc.

STUDEMUND — *Gai institutionum commentarii quattuor. Codicis Veronensis denuo collati apographum fecit Guill. Studemundus*, in-4º, Leipzig, 1874.

— V. KRUEGER.

Studi e doc. — *Studi e documenti di storia e diritto*, in-4º, Rome, 1880 et ss.

Z. G. R. — *Zeitschrift für geschichtliche Rechtswissenschaft*, 15 vol. in-8º, Berlin, 1815-1850.

Z. R. G. — *Zeitschrift für Rechtsgeschichte*, 13 vol. in-8º, Weimar, 1862-1878 (suite du précédent).

Zsavst. R. A. ou *Zsavst.* = *Zeitschrift der Savigny-Stiftung für Rechtsgeschichte, Romanistiche Abtheilung*, in-8º, Weimar, 1880 et ss. (suite du précédent).

Zeitschrift de Grünhut = *Zeitschrift für private und oeffentliche Recht, herausgegeben von Prof. Grünhut*, in-8º, Vienne, 1878 et ss.

tui ne quidem confirmatis codicillis possit. 12. Fideicommissa non per formulam petuntur, ut legata, sed cognitio est Romae quidem consulum aut praetoris, qui fideicommiss*arius* vocatur, in provinciis vero praesid*um* provinciarum. 13. Poenae causa vel incertae personae ne quidem fideicommissa dari possunt.

14. Is, qui rogatus est alii restituere hereditatem, lege quidem Falcidia *locum* non habente, quoniam non plus puta quam dodrantem restituere rogatus est, ex Trebelliano senatus consulto restituit, ut ei et in eum dentur actiones, cui restituta est hereditas. Lege autem Falcidia interveniente, quoniam plus dodran*te* vel etiam totam hereditatem restituere rogatus sit, ex Pegasiano senatus consul*to* restituit, ut deducta parte quarta ipsi, qui scriptus est heres, *et* in ipsum actiones conserventur, is autem, qui recipit hereditatem, legatarii loco habeatur. 15. Ex Pegasiano senatus consulto restituta hereditate commoda et incommoda hereditatis communicantur inter heredem et eum, cui reliquae partes restitutae sunt, interpositis stipulationibus ad exemplum par*tis* et pro par*te* stipulationum. Par*tis* autem et pro par*te* stipulation*es* proprie dicuntur, quae de lucro et damno communicando solent interponi inter heredem et legatarium partiar*ium*, id est cum quo partitus est heres. 16. Si heres damnosam hereditatem dicat, cogetur a praetore adire et restituere totam, ita ut ei et in *eum*, qui recipit hereditatem, action*es* dentur, proinde atque si ex Tr*e*belliano senatus consul*to* restituta fuisset. Idque ut ita fiat, Pegasiano senatus consulto cautum.

17. Si quis in fraudem tacitam fidem accommodaverit, ut non capienti fideicommissum restituat, nec quadrantem eum deducere senatus censuit, nec caducum vindicare ex eo testamento, si liberos habeat.

18. Libertas dari potest per fideicommissum.

[XXVI. DE LEGITIMIS HEREDIBUS.][1]

1. Intestatorum ingenuorum[2] hereditates pertinent primum ad suos heredes, id est liberos qui in potestate sunt, ceterosque qui in liberorum loco sunt; si sui heredes non sunt, ad consanguineos, id est fratres et sorores ex eodem patre; si nec hi sunt, ad reliquos agnatos proximos, id est cognatos virilis sexus, per mares descendentes, ejusdem familiae : id enim cautum est lege duodecim tabularum hac: si

---

1. 26, 1. 1ᵃ = *Coll.*, 16, 4. — 2. *Coll.*: 'gentiliciorum'.

INTESTATO MORITUR, CUI SUUS HERES NEC ESCIT, AGNATUS PROXIMUS FAMILIAM habeto. 1ª[1]. Si *agnatus defuncti non sit, eadem lex duodecim tabularum gentiles ad hereditatem vocat his verbis*: SI AGNATUS NEC ESCIT, GENTILES FAMILIAM HABENTO. *Nunc nec gentilicia jura in usu sunt.*

2. Si defuncti sit filius, *et* ex altero filio jam mortuo nepos unus vel etiam plures, ad omnes hereditas pertinet, non ut in capita dividatur, sed in stirpes, id est ut filius solus mediam partem habeat et nepotes quotquot sunt alteram dimidiam: aequum est enim nepotes in patris sui loc*um* succedere et eam partem habe*re*, quam pater eorum, si viveret, habiturus esset.

3. Quamdiu suus heres speratur heres fieri posse, tamdiu locus agnatis non est; velut si uxor defuncti praegnans sit, aut filius apu*d* hostes sit.

4. Agnatorum hereditates dividuntur in capita; velut si sit frat*ris* filius et alterius fratris duo pluresv*e* liberi, quotquot sunt ab utraque parte personae, tot fiunt portiones, ut singuli singulas capiant. 5. Si plures eodem gradu s*int* agnati, et quidam eorum hereditatem ad se pertinere noluerint, vel antequam adierint decesserint, eorum pars adcrescit his, qui adier*unt*; quod si nemo eorum adierit, ad insequentem gradu*m* ex lege hereditas non transmittitur, quoniam in legitimis hereditatibus successio non est. 6. Ad feminas ultra consanguineorum gradu*m* legitima hereditas non pertinet; itaque soror fratri sorori*ve* legitima heres fit. 7. Ad liberos mat*ris* intestatae hereditas ex lege duodecim tabularum non pertinebat, quia feminae suos heredes non habent; sed postea imperator*um* Antonini et Commodi oratione in senatu recitata id actum est, ut sine in manu*m* conventione[2] matrum legitimae hereditates ad filios pertineant, exclusis consanguineis et reliquis agnatis. 8. Intestati filii hereditas ad matrem ex lege duodecim tabularum non pertinet; sed si jus liberorum habeat, ingenua trium, libertina quattuor, legitima heres fit ex senatus consulto Tertulliano, si tamen ei filio neque suus heres sit quive inter suos heredes ad bonorum possessione*m* a praetore vocatur, neque pater, ad quem lege hereditas bonorumve possessio cum re pertinet, neque frater consanguineus: quod si soror consanguinea sit, ad utrasque pertinere jubetur hereditas.

---

1. Extrait de *Coll.*, 16, 4, 2. — 2. 'Sine... conventione' transporté par Huschke au début du § entre 'hereditas' et 'ex lege'.

[XXVII. DE LIBERTORUM SUCCESSIONIBUS VEL BONIS].

1. Libertorum intestatorum hereditas primum ad suos heredes pertinet; deinde ad eos, quorum liberti sunt, velut patronum patronam liberosve patroni. 2. Si sit patronus et alterius patroni filius, ad solum patronum hereditas pertinet. 3. Item patroni filius patroni nepotibus obstat. 4. Ad liberos patronorum hereditas defuncti pertinet ita ut in capita, non in stirpes dividatur.

5. Legitimae hereditatis jus, quod ex lege duodecim tabularum descendit, capitis minutione amittitur.

[XXVIII. DE POSSESSIONIBUS DANDIS].

1. Bonorum possessio datur aut contra tabulas testamenti, aut secundum tabulas, aut intestati.
2. Contra tabulas bonorum possessio datur liberis emancipatis testamento praeteritis, licet legitima non ad eos pertineat hereditas. 3. Bonorum possessio contra tabulas liberis tam naturalibus quam adoptivis datur; sed naturalibus quidem emancipatis, non tamen et illis qui in adoptiva familia sunt; adoptivis autem his tantum, qui in potestate manserunt. 4. Emancipatis liberis ex edicto datur bonorum possessio, si parati sunt cavere fratribus suis, qui in potestate manserunt, bona, quae moriente patre habuerunt, se collaturos.
5. Secundum tabulas bonorum possessio datur scriptis heredibus, scilicet si eorum, quibus contra tabulas competit, nemo sit, aut petere nolint. 6. Etiam si jure civili non valeat testamentum, forte quod familiae mancipatio vel nuncupatio defuit, si signatum testamentum sit non minus quam septem testium civium Romanorum signis, bonorum possessio datur.
7. Intestati datur bonorum possessio per septem gradus: primo gradu liberis; secundo legitimis heredibus; tertio proximis cognatis; quarto familiae patroni; quinto patrono patronae, item liberis parentibusve patroni patronaeve; sexto viro uxori; septimo cognatis manumissoris, quibus per legem Furiam plus mille asses capere licet; et si nemo sit, ad quem bonorum possessio pertinere possit, aut sit quidem, sed jus suum omiserit, populo bona deferuntur ex lege Julia caducaria. 8. Liberis bonorum possessio datur tam his, qui in potestate usque in mortis tempus fuerunt, quam emancipatis; item adoptivis, non tamen etiam in adoptionem datis. 9. Proximi cognati bonorum possessionem accipiunt non solum

per feminini sexus personam cognati, sed etiam agnati capite deminut*i*; nam licet legitimum jus agnationis capitis minutione amiserint, natura tamen cognati manent.

10. Bonorum possessio datur parentibus et liberis intra annum, ex quo petere potuerunt, ceteris intra centum dies. 11. Qui omnes intra id tempus si non petierint bonorum possessionem, sequens gradus admittitur, perinde atque si superiores non essent; idque per septem gradus fit.

12. Hi, quibus ex successorio edicto bonorum possessio datur, heredes quidem non sunt, sed heredis loco constituuntur beneficio praetoris. Ideoque seu ipsi agant, seu cum his agatur, ficticiis actionibus opus est, in quibus heredes esse finguntur.

13. Bonorum possessio aut *cum re* datur, aut sine re: cum re, *cum* is qui accepit cum effectu bona retineat; sine re, cum alius jure civili evincere hereditatem possit; veluti si suus heres in testamento praeteritus sit, licet scriptis heredibus secundum tabulas bonorum possessio deferatur, erit tamen ea[1] sine re, quoniam suus heres evincere hereditatem jure legitimo potest.

[XXIX. DE BONIS LIBERTORUM].

1. Civis Romani liberti hereditatem lex duodecim tabularum patrono defert, si intestato sine suo herede libertus decesserit : ideoque sive testamento facto decedat, licet suus heres ei non sit, seu intestato, et suus heres ei sit, quamquam non naturalis, sed uxor puta quae in manu fuit, vel adoptivus filius, lex patrono nihil praestat. Sed ex edicto praetoris, seu testato libertus moriatur, ut aut nihil aut minus quam partem dimidiam bonorum patrono relinquat, contra tabulas testamenti partis dimidiae bonorum possessio illi datur, nisi libertus aliquem ex naturalibus liberis successorem sibi relinquat, sive intestato decedat, et uxorem forte in manu vel adoptivum filium relinquat, aeque partis mediae bonorum possessio contra suos heredes patrono datur.

2. In bonis libertae patrono nihil juris ex edicto datur; itaque *seu testari voluerit liberta, in patroni potestate erat, ne testamento auctor fieret, in quo ipse heres institutus non esset*[2], seu intestata moriatur liberta, semper ad eum hereditas perti-

---

1. Krueger; le ms.: 'intestati'; Huschke: 'si sit *scriptus* heres, intestati bonorum possessio sine re *est*, quoniam *scriptus* heres, etc'. — 2. Krueger; Pellat: '*seu cum testamento decedat, non aliter potuit id testamentum, facere quam patrono auctore*'; Huschke: '*seu testata decedat, id tantum juris patronus habet, quod ei testamento ipso tutore auctore, datum est*'!

net, licet liberi sint libertae, quoniam non sunt sui heredes matri, *ut obstent* patrono. 3. Lex Papia Poppaea postea libertas quattuor liberorum jure tutela patronorum liberavit; et cum intulerit jam posse eas sine auctoritate patronorum testari, prospexit, ut pro numero liberorum libertae superstitum virilis pars patrono debeatur. 4. Liberi patroni virilis sexus eadem jura in bonis libertorum parentum suorum habent, quae et ipse patronus. 5. Feminae vero ex lege quidem duodecim tabularum perinde jus habent, atque masculi patronorum liberi; contra tabulas autem testamenti liberti aut ab intestato contra suos heredes non naturales bonorum possessio eis non competit; sed si jus trium liberorum habuerunt, etiam haec jura ex lege Papia Poppaea nanciscuntur. 6. Patronae *in* bonis libertorum illud jus tantum habebant, quod lex duodecim tabularum introduxit; sed postea lex Papia patronae *ingenuae* duobus liberis honoratae, libertinae tribus, id juris dedit, quod patronus habet ex edicto. 7. Item ingenuae trium liberorum jure honoratae eadem lex id jus dedit, quod ipsi patrono tribuit.

[DE INJURIIS].

1. ¹*Injuria si quidem atrox (id est gravis) non est, non sine judicis arbitrio aestimatur. Atrocem autem aestimare solere praetorem: idque colligi ex facto, ut puta si verberatus vel vulneratus quis fuerit.*

1. ²*Actionum genera sunt duo, in rem, quae dicitur vindicatio, et in personam, quae condictio appellatur. 2. In rem actio est, per quam rem nostram, quae ab alio possidetur, petimus: et semper adversus eum est qui rem possidet. 3. In personam actio est, qua cum eo agimus, qui obligatus est nobis ad faciendum aliquid vel dandum: et semper adversus eundem locum habet. 4. Actionum autem quaedam ex contractu, quaedam ex facto, quaedam in factum sunt. 5. Ex contractu actio est, quotiens quis sui lucri causa cum aliquo contrahit, veluti emendo vendendo locando conducendo et ceteris similibus. 6. Ex facto actio est, quotiens ex eo teneri quis incipit, quod ipse admisit, veluti furtum vel injuriam commisit vel damnum dedit. 7. In factum actio dicitur, qualis est exempli gratia actio, quae datur patrono adversus libertum, a quo contra edictum praetoris in jus vocatus est. 8. Omnes autem actiones aut civiles dicuntur aut honorariae.*

1. = *Coll.*, 2, 2. — 2. *D.*, 44, 7, 25.

9. FRAGMENTS DES INSTITUTES D'ULPIEN.

Fragments des *Institutionum libri II* d'Ulpien, découverts à Vienne en 1835 par M. Endlicher, sur d'étroites bandes de papyrus provenant du découpage d'un ms. et employées à la reliure d'un autre ms.. Les débris fournissent : d'abord, en 3 morceaux consécutifs, la portion inférieure d'une feuille double contenant les huit dernières lignes de quatre pages du ms. ; ensuite la partie supérieure de l'une des moitiés de la feuille double qui, quoique ne contenant que la 1re ligne de son recto et de son verso, suffit à établir que le texte des feuilles conservées ne se suit pas et que par conséquent ces deux feuilles devaient être séparées par une autre feuille double au moins ; puis la marge supérieure d'une feuille quelconque du même cahier portant pour suscription au recto *lib. I* et au verso *Ulp. inst.*; et enfin, sur une sixième lanière de papyrus, une coupure de la marge supérieure d'une autre feuille sur laquelle se lisent seulement quelques lettres de la 1e ligne de chacune des deux pages. V. le fac-similé dans Krueger, *Kritische Versuche*, 1870. L'attribution de ces textes aux Institutes d'Ulpien est établie avec certitude non seulement par les suscriptions précitées, mais par le *Digeste*, 43. 26, 1, où se retrouve le début du 1er fragment sous la rubrique : *Ulpianus libro primo institutionum*. Il y a eu beaucoup plus de difficultés sur l'ordre de classement des fragments et sur la détermination générale du plan de l'ouvrage d'Ulpien. On trouvera un exposé complet de la question et une restitution de l'ouvrage dans Krueger, *Krit. Versuche*, pp. 140-172. V. aussi Huschke, *J. a.* pp. 617-620 et la restitution de Lenel, *Pal.*, 2. pp. 926-930. Nous donnons les fragments de Vienne dans l'ordre établi par Krueger, *loc. cit.* et admis par Huschke dans sa 3e éd., en indiquant entre parenthèses l'ordre antérieurement adopté par Huschke et encore suivi par Giraud. — Suivant l'usage, nous donnons à la suite de nos textes le passage de Boëce sur les Topiques dans lequel il cite plus ou moins textuellement les Institutes d'Ulpien sur les sources de la *manus*.

Fr. I (II ancien).

1. [1]*Precarium est, quod precibus petenti utendum conceditur tamdiu, quamdiu is qui concessit patitur. Quod genus liberalitatis ex jure gentium descendit. Et distat a donatione eo, quod qui donat sic dat, ne recipiat : at qui precario concedit, sic dat quasi tunc recepturus, cum sibi libuerit precarium solvere. Et est simile commodato : nam et qui commodat rem, sic commodat ut non faciat rem accipientis, sed ut ei uti re commodata permittat.*

2. Locatum quoque et conductum jus gentium induxit. Nam ex quo coepimus possessiones proprias et res habere, et locandi jus nancti sumus et conducendi res alienas ; et is,

. Suppléé à l'aide de *D.*, 43, 26, 1.

qui conduxit, jure gentium tenetur ad mercedem exsolvendam.

Fr. II (III ancien).

1... *non eadem corpora* reddis, quae accepisti, sed aliam pecuniam ejusdem quantitatis. Mutuae autem dari possunt res non aliae quam quae pondere numero mensura continentur.

2. Depositi quoque utilitatem jus gentium prodidit, ut quis custodiendam rem suam animalem vel...

Fr. III (V ancien).

1... *com*paratum est interdictum velut cui ini*tium est*.....

Fr. IIII.

1. *Sunt et alia* quae*dam interdicta duplicia tam*[1] adipiscendae quam reciperandae possessionis, qualia sunt interdicta QUEM FUNDUM et QUAM HEREDITATEM. Nam si fundum vel hereditatem ab aliquo petam nec lis defenda*tur*, cogitur ad me transferre possessionem, sive numquam possedi sive an*te pos*sedi, deinde amisi possessionem.

Fr. V (I ancien).

1... *Restitutoria et exhibitoria interdicta aut per formulam*[2] arbitrariam explicantur aut per sponsionem, prohibitoria vero *semper* per sponsionem explicantur : restitutorio vel exhibitorio interdicto reddito si quidem arbitrum postulaverit is cum quo agitur, formulam *accipit* arbitrariam, per quam arbiter *nisi arbitratu suo restituatur vel exhibeatur, quanti ea res est condemnare jubetur*[3].

---

1. Restitué à l'aide de *D.*, 43, 1, 2, 3, *in fine*. — 2. Cf. Gaius, 4, 141. — 3. Cf. Gaius, 4, 162. 163.

1¹. Tribus enim modis uxor habebatur, usu farreo coemptione. Sed confarreatio solis pontificibus conveniebat. Quae autem in manum per coemptionem convenerant, eae matresfamilias vocabantur, quae vero usu vel farreo minime. Coemptio vero certis sollemnitatibus peragebatur, et sese in coemendo invicem interrogabant: vir ita, an mulier sibi materfamilias esse vellet? illa respondebat velle. Item mulier interrogabat, an vir sibi paterfamilias esse vellet? ille respondebat velle. Itaque mulier viri conveniebat in manum, et vocabantur hae nuptiae per coemptionem, et erat mulier materfamilias, viro loco filiae. Quam sollemnitatem in suis Institutis Ulpianus exposuit.

10. FRAGMENTS D'ULPIEN, AD EDICTUM.

Nous reproduisons ci-dessous deux citations des *Libri ad edictum* d'Ulpien faites l'une dans des fragments de l'écrivain ecclésiastique Pacatus publiés par Dom Pitra, *Spicilegium Solesmense*, et l'autre dans le grammairien Priscien : cf. sur la première Boecking *Ulpiani fragmenta*, 4ᵉ éd., 1855, pp. 177-179, et sur la seconde Krueger, *Gesch. d. Q.* p. 253, n 63. Il faudrait naturellement y ajouter le fragment de Berlin *de judiciis* si l'on admettait comme certaine son attribution au même ouvrage du même auteur. Nous avons jugé inutile de reproduire un autre passage de Priscien, 10, 2, 13, où l'autorité d'Ulpien *ad Sabinum* se trouve invoquée par suite d'une confusion et les mots isolés du *de officio proconsulis* signalés par Rudorff, *Abh.* de Berlin, 1865, p. 233 et ss. dans le glossaire latin-grec attribué à Philoxène : v. ces derniers dans Lenel, *Pal.*, 2, p. 991, n. 3.

1². Ulpianus libro ad edictum sexto qui pro aliis ne postulent titulo sexto sic refert : Invenimus apud veteres mulieris appellatione etiam virgines contineri.

2³. Ulpianus in libro XLVI ad edictum : Si quis proximior cognatus nasceretur⁴.

11. FRAGMENT DE BERLIN, DE JUDICIIS.

(Ulpien, *ad edictum lib.* 16 ?)

Fragment mutilé d'une feuille de parchemin écrite sur deux colonnes en caractères qui ne doivent pas être antérieurs au VIᵉ siècle, expédié d'Égypte à Berlin, en 1877, en même temps que le fragment de Berlin de Papinien (p. 292) et publié et commenté en 1ᵉʳ lieu par M. Mommsen, dans les *Sitzungsberichte* de Berlin, 1879, pp. 502-518,

---

1. Citation des Institutes d'Ulpien faite par Boëce, *in Topica*, 3, 4. — 2. *Spicilegium Solesmense*, éd. Pitra, 1, 1852, p. 284. — 3. Priscien, 3, 4, 21 = *D.*, 38, 8, 1, 8. — 4. *D.*: 'nasci speretur'.

puis par MM. Huschke, *Die jüngst aufgefundenen Bruchstücke*, 1880, pp. 3-26.54 ; *J. a.* pp. 623-624 ; Krueger, *Zsavsl.*, 1, 1880, pp. 93-99 ; Alibrandi, *Studi e doc.*, 1, 1880, pp. 169-183. 2, 1881, pp. 61-70; Cohn, *Zsavst.* 2, 1884, pp. 90-111 ; Brinz, *Sitzungsberichte* de Munich, 1884, pp. 542 et ss.; Karlowa. *R.R.G.*, 1, pp. 765-768. Il n'a pas encore été publié en France. Son passage le plus important, relatif à une loi qui enjoignait au préteur de statuer et de délivrer des actions relativement aux biens de certains individus comme s'ils n'avaient pas été *dediticiorum numero facti*, est rapporté par MM. Huschke, Krueger, Alibrandi, Cohn et Brinz, aux affranchis deditices ; au contraire, MM. Krueger et Karlowa, pensent qu'il ne peut s'y agir d'individus qui, comme ceux-là, seraient esclaves s'ils n'avaient pas été *dediticiorum numero facti*, et M. Mommsen a, dès le principe émis la conjecture maintenue *Droit public*, VI, 1, p. 157, n. 2, qu'il doit être rapporté soit aux *exules*, soit aux déportés. Quant à l'ouvrage dont nos textes sont tirés, le principal indice à ce sujet est fourni par la souscription : *De judiciis, lib. II*, mise à la suite du dernier fragment qui indique sans doute la fin d'un livre. M. Mommsen y voit le titre d'un ouvrage consacré aux *judicia* de la procédure ordinaire par opposition aux *cognitiones* de la procédure extraordinaire, M. Karlowa celui d'un traité général des actions ; MM. Huschke, Krueger, Alibrandi pensent au contraire que cette rubrique se rapporte à la *pars de judiciis* de l'édit et que nos textes viennent donc de cette section d'un des commentaires de l'édit, par exemple des *libri ad edictum* d'Ulpien, publiés au moins pour cette partie sous Caracalla (212-217) et dans lesquels il faudrait alors les placer non pas, avec M. Huschke, au livre 14, ou, avec M. Alibrandi, au livre 15, mais, avec M. Lenel, *Ed.* p, 25, n. 5, et *Pal.*, 2, p. 510, n. 2, au livre 16.

1. ..... *Quiritium*..... qui..... anos..... ex jure *Quiritium* nostrum..... egeretur..... os Latinos..... are recte *ex jure* Quiritium pe*tet*.

2. ..... rum esset. Sed cum lege de bonis rebusque eorum hominum ita jus dicere judicium reddere praetor jubeatur, ut ea fiant, quae futura forent, si dediticiorum numero facti non essent, videamus, ne verius sit, quod quidam senserunt, et de universis bonis et de singulis *rebus*.....

3. ..... est an..... restituendo, deinde *ex* abundanti praecepit praetoribus, uti e. nom... redderent.....

12. FRAGMENTS DE JURE FISCI.

Fragments juridiques écrits sur deux feuilles de parchemin qui ont été découvertes à Vérone en même temps que les Institutes de Gaius et qui ont probablement servi de couverture à la copie des œuvres de St. Jérome écrite par dessus le texte de Gaius. Les deux feuilles sont écrites sur quatre colonnes, en une écriture semi-onciale du Ve ou du VIe siècle. Elles ont subi dans leur partie supérieure une coupure qui a mutilé le texte de deux ou trois lignes au haut de chaque colonne ; quoique il semble naturel que les deux feuilles aient dû former une feuille double au moment où elles furent prises pour servir de couverture au ms. de Vérone, elles n'en portent pas de trace matérielle, et le sens ne prouve pas non plus qu'elles se soient suivies immédiatement; on ne sait pas davantage laquelle des deux précédait l'autre. Le texte paraît, d'après la langue, appartenir à la fin du II⁰ siècle ou au commencement du III⁰, en exceptant à cause du paragraphe 3 qui reconnaît sur les *caduca* le *jus patrum*, le court espace qui s'écoula de sa suppression par Caracalla à son rétablissement par Macrin (Ulp., 17, 2 ; Dion, 78, 12 ; *Vita Macrini*, 13). Ils peuvent venir soit d'un ouvrage indépendant sur le *jus fisci*, soit de la portion relative à ce sujet d'un ouvrage général, tel que les Sentences de Paul auxquelles avait pensé à tort Lachmann (cf. § 9 rapproché de Paul, 1, 6ª, 2) ou les *Regulæ* ou les *Opiniones* d'Ulpien pour lesquelles penche Huschke : cf. Huschke. *J. a.*, pp. 633-636; Karlowa, *R. R. G.*, 1, pp. 775-776 ; Krueger, *Gesch. d. Q.*, pp. 250-251. Le texte, qui, par suite de l'état des feuillets lors de leur découverte, n'avait d'abord été déchiffré qu'imparfaitement, a été revu d'une manière plus exacte et plus complète par M. Krueger qui en a publié un *apographum* à la fin de l'éd. intitulée : *Fragmentum de jure fisci*, ed. P. *Krueger*, 1868. C'est sur cette éd. que se basent principalement celles données par Krueger lui-même *Collectio.*, 2, pp. 163-165 et Huschke, *J. a.*, pp. 637-643.

Feuille 1.

.. n...t capere poss..

1. Heredi ejus, qui cape*re* non poterat, defe*r*endi potestas concessa *non* est, nis*i si* ostendi possit, ejus vo*luntatis* decessisse de*functum*, ut deferre se *vellet*.

2. Antequam quis ab alio deferatur, ipse se deferre debet: alias sero ad auxilium delationis confugit. Quod si per errorem se detulerit, nihil ei officit inconsiderata diligentia.

3. Jus patrum non minuitur, si se is deferat, qui solidum id, quod relictum est, capere non potest. Sane si post diem centesimum patres caducum vindicent, omnino fisco locus non est.

4. Si se is deferat, cui taci*tum*...... (Manquent 3 lignes environ).

4ª..consid .... ceterum ..... tam personam.....
gu .... ejus rei....... *m*inister vero f*r*audis *q*uadruplum...
nomen sequi fis..... tet.

5. Bona e*orum*, *q*ui cum fisco contrahunt, *leg*e vacuaria[1] velut *pig*noris jure fisco *ob*ligantur, non solum ea *q*uae *h*abent, sed *et* ea, quae postea habituri sunt.

6. *E*dicto divi Trajani cave*tur*, ne qui provincialium *c*um servis fiscalibus contrah*ant* nisi adsignante procuratore : quod factum dupli damno vel reliquorum e*x*solutione pensa-

---

1. Huschke ; Boecking : 'lege vicesimaria'.

tur. Et ideo qui cum... (Manquent 3 lignes environ). ... um.....
cus ido........ contra amo.que ...... sa. m...... o contrax..... i non in cu..... u. tamen eorum..... vere cogitur na..... causa (?) tu ad eum lo... io pervenit hereditas (?).

6ᵃ. *Servi* (?) Caesaris ab administratione rerum suarum itemque communium rerum commercio non prohibentur : adeo et stipulari ab his et emere donatumve accipere possumus, nisi cum in fraudem portionis Caesaris fiat.

7. Qui mutuam pecuniam contra interdictum dispensatori vicariove ejus crediderit... (Manquent 2 lignes environ). ... in poenam ... enitur, quia quod *credidit* non amisit.

8. Qui *contra* edictum divi Augusti *rem* litigiosam a *non possidente* comparavit, praeterquam *quod* emptio nullius momenti est, poenam quinquaginta sestertiorum fisco repraesentare compellitur. Res autem litigiosa videtur, de qua lis apud suum judicem delata est. Sed hoc in provincialibus fundis prava usurpatione optinuit.

9. Absentes fugitivos venum dari aut comparari amplissimus ordo prohibuit denuntiata in emptorem venditoremque poena sestertiorum quinquaginta, quae hodie fisco vindicatur.

FEUILLE 2.

10..... excepto castrensi peculio bona sua conferre debebunt.

11. Caesare a liberto suo *ex asse* herede instituto, *filia* jure ad semissem *vocatur* ; cum extraneis vero instituto, filia ex semisse extraneis, non etiam Caesari adcrescit. Quod si plus semisse Caesar accepit, in id quod plus est etiam Caesari adcrescit.

12. Libertae Caesaris tam manumissione quam beneficio conjunctionis effectae si testatae decedant, dimidium, si intestatae, *totum* fisco vindicatur. Sane patris et patroni ignorantis jus non minuitur.

13. Ancilla Caesaris quae quinque liberos habuerit, in nu...
....(Manquent 3 lignes environ). n... caes...... orem ..... milibus s...... edan... um... na.... dicantur.... causa fisco ae... p... non possunt n... en... vato contractu n... inter se fisco stipulantur.

14. *Eorum* bonorum, *quae ad* fiscum pertinere dicuntur, si controversia moveatur, ante *sententia*m nec obsignari nec describi aut incorporari possunt. Idem servatur et cum a sententia provocatio interponitur.

15. Pro his bonis quae fiscus inquietat, manus opponere nemo quidem prohib*etur*.. ... (Manquent 3 lignes environ)........ *tur*...... es ... *Caesariani* (?) . pellunt.......

16. A*dvocati fisci etiam post deposi*tum offi*c*ium con*tra fis*cum, a quo sala*rium* acc*e*perunt, nisi in *sua parentum* filiorum pu*p*illorumve suorum causa, liber*torum etiam*, adesse *prohibentur, et si adfuerint, infamia plectuntur*. Sane hoc principa*li* benef*icio* impetrare non prohibentur.

17. Fisci advocati, quibus ad tempus officium mandatum est, quia salarium non accipiunt, contra fiscum adesse non prohibentur.

18. Capite legis censoriae cavetur, ut non tantum, cum quid... (Manque 1 ligne ou deux ou plus) .... praestatur, cujus rei omissa professio commisso *intra* quinquennium locum *facit*.

18. Earum rerum *nomi*ne quae per fraudem *fisco* ablatae sunt vel professioni subtractae, quadruplum fisco dependitur, alias duplum.

19. A debitore fisci in fraudem datas libertates retrahi placuit. Sane ipsum ita emere, ut manumittat, aut fideicommissam libertatem praest*are* non est prohibitum.

20. Ab eo, qui reus criminis postulatus adversam sententiam meruit, tempore reatus quocum*que* modo alienata a fisco cum quadruplis fructibus revocantur.

21. Fidejussorem ejus, qui cum dispensatore contraxit, ip...

13. TABLEAU DES DEGRÉS DE COGNATION.

Petit exposé du système des degrés de cognation placé en tête de presque tous les mss. de la *Notitia dignitatum*, qui a été publié en premier lieu par Boecking et que sa comparaison avec d'autres dissertations de même nature contenues dans le *Digeste* et ailleurs (Paul, 4, 11. D., 38, 10, 1. *Inst.*, 3, 6) permet de supposer avoir été extrait des œuvres d'un jurisconsulte classique, de celles d'Ulpien, conjecture Huschke. Pour l'établissement critique du texte cf. Krueger, *Collectio.*, 2, pp. 166-167.

DE GRADIBUS.

1. Gradus cognationum appellantur ab eo, quod personae cognatorum aliae proximiore, aliae longiore gradu sunt et ob id quasi gradatim altera alteram antecedit. 2. Omnes personae cognatorum aut supra numerantur aut infra aut ex transverso sive a latere. Supra numerantur parentes, infra

liberi, ex transverso sive a latere fratres et sorores liberique eorum, item parentium fratres et sorores liberique eorum. 3. Primo gradu supra pater et mater, infra filius et filia. 4. Secundo supra avus avia, infra nepos neptis, ex transverso frater et soror : hinc enim transversus incipit gradus. 5. Tertio supra proavus proavia, infra pronepos proneptis : ex transverso fratris et sororis filius et filia, patruus amita, id est patris frater et soror, avunculus *matertera*, id est matris frater et soror. 6. Quarto supra abavus abavia, infra abnepos abneptis : ex transverso fratris et sororis nepos et neptis : patruus magnus et amita magna, id est avi frater et soror : avunculus magnus matertera magna, id est aviae frater et soror : consobrinus consobrina, id est qui quaeve ex fratribus aut sororibus aut fratre et sorore progenerantur. Sciendum tamen proprie consobrinos appellari eos, qui ex duabus sororibus nati sunt, quasi consororinos, eos autem, qui ex duobus fratribus procreati sunt, fratres *patrueles* vocari, eos vero, qui ex fratre et sorore nascuntur, amitinos dici. Hoc gradu sunt *etiam* patrui amitae avunculi materterae filii. 7. Quinto gradu sunt supra atavus atavia, infra adnepos adneptis : ex transverso fratris et sororis pronepos proneptis : propatruus proamita, id est proavi frater et soror : proavunculus promatertera, id est proaviae *frater et soror* : consobrini filius filia : item propius sobrinus sobrina, id est patrui magni amitae magnae avunculi magni materterae magnae filii filiae. 8. Sexto gradu sunt supra tritavus tritavia, infra trinepos trineptis : ex transverso fratris et sororis abnepos abneptis : abpatruus abamita, id est abavi frater et soror : *abavunculus abmatertera, id est abaviae frater et soror* : item consobrini nepos neptisque : item propatrui proamitae proavunculi promaterterae filii filiae : item sobrini sobrinae, id est qui quaeve ex duobus consobrinis progenerantur.

14. TABLEAU DES AGNATS.

Tableau voisin du précédent, mais relatif aux agnats seuls appelés à la succession civile, qui se trouve dans un certain nombre de mss. de la loi desWisigoths (cf. Haenel, *Lex Rom.Wisig.*, p. 456ª) et a été publié pour la 1ʳᵉ fois par Cujas, *Observationes*, 6, 40.

Tritavus	Patruus maximus				
Atavus	Patruus major	Patrui majoris filius			
Abavus	Patruus magnus	Patrui magni filius	Patrui magni nepos		
Proavus	Patruus	Patrui filius	Patrui nepos	Patrui pronepos	
Avus	Frater	Fratris filius	Fratris nepos	Fratris pronepos	Fratris abnepos

LEGE HEREDITATES	Pater	QUEMADMODUM REDEANT	
	EGO		
Uxor quae in manu viri est	Filius qui ex potestate non exiit	SUNT INTER SE	Filia quae in potesta te est
Nurus quae in manu filii est	Nepos qui ex potestate non exiit	TER SE CONSANGUINEI	Neptis quae in potesta te est
CONSANGUINEI			
HI QUOQUE SUNT IN			
Pronurus quae in ma nu nepotis est	Pronepos qui ex potestate non exiit	SUNT INTER SE	Proneptis quae in po testate est
ITEM CONSANGUINEI			
Abnurus quae in ma nu pronepo tis est	Abnepos qui ex potestate non exiit	SUNT CONSANGUINEI	Abneptis quae in po testate est
ET HI INTER SE			
Adnurus quae in ma nu abne potis est	Adnepos qui ex po testate non exiit	SE CONSANGUINEI	Adneptis quae in po testate est
SUNT QUOQUE INTER			
Trinurus quae in ma nu adne potis est	Trinepos qui ex po testate non exiit	SE CONSANGUINEI	Trineptis quae in po testate est
ITEM II SUNT INTER			

15. Fragment dit de Dosithée.

Extrait d'un ouvrage juridique conservé dans un recueil d'exercices de traduction latins grecs qu'une conjecture ancienne et répandue attribue au grammairien Dosithée et qu'une autre conjecture admet avoir été composé par lui en 207, mais dont un examen plus approfondi laisse en réalité la date et le compilateur incertains. V. Keil, *Gramm. Lat.*, 7, 1880, pp. 367 et ss. ; Boucherie, *Comptes rendus de l'Académie des inscriptions*, 1868, p. 271, *Notices et extraits des mss.*, 23, 2, 1872, pp. 280 et ss., et Krueger, *Gesch. d. Q.*, pp. 251-252. Le fragment juridique latin et sa traduction grecque ne nous sont parvenus ni l'un ni l'autre dans leur forme originale ; mais, ainsi que l'a démontré Lachmann dans une étude où il a en même temps posé les principes de la restitution du texte primitif (*Versuche ueber Dositheus*, 1837, reproduit *Kleinere Schriften*, 1876, pp. 198 et ss.), ils ont été transformés par une série de traductions et de retraductions serviles et inintelligentes d'écoliers dont nous avons seulement les résultats dans les deux familles de mss. du texte représentées l'une par un ms. de Leyde qui donne seul le paragraphe 1 (Lugd. Bat. 80, IXe ou Xe siècle), la seconde par un autre ms. de Leyde de la main de Scaliger (Lugd. Bat. 61), par un ms. actuellement incomplet de Paris (Lat. 6503, VIIIe ou IXe siècle, selon Boucherie ; X^e ou XIe d'après l'opinion courante) et par l'édition de Pithou de 1573 faite peut-être sur ce dernier ms. — Le fragment, dans lequel sont mentionnés Proculus, Octavenus, Neratius Priscus et Julien, paraît, d'après les expressions du paragraphe 3 : *Regulas enim exsequenti mihi*, être tiré d'un *liber regularum*. Il a été attribué, sans raisons bien décisives, par Cujas à Ulpien, par Lachmann à Paul, par Huschke à Cervidius Scaevola, par Dirksen à Gaius et par Voigt et Karlowa à Pomponius. Cf. notamment Huschke, *J. a.*, pp. 424-425, et Karlowa, *R. R. G.*, 1, pp. 764-765. Les deux versions grecques et latines de ce fragment et d'un autre petit recueil intitulé *Divi Hadriani sententiae et epistulae* ont été éditées d'une manière complète par Bœcking, *Dosithei interpretamentorum liber tertius*, 1832. Parmi les éd. du texte latin, il convient de signaler celle donnée par le même Bœcking avec la restitution de Lachmann en regard, à la suite de sa 4e éd. d'Ulpien, 1855, pp. 158-170 ; celle de Huschke, *J. a.* pp. 426-434, dont s'est principalement inspiré M. Giraud, et celle de Krueger, *Collectio*, 2, pp. 149-157, que nous avons généralement suivie en annexant comme lui au texte défiguré du paragraphe 1er une restitution analogue à celle de Lachmann.

1. Omne enim justum [cum jure] aut civile appellatur aut naturale dicitur [vel nationis] aut gentile justum. Ab eo enim nominatur et omnes nationes similiter eo sunt usae : quod enim bonum et justum est, omnium utilitati convenit. [Se] quod autem justum civile[m] proprium est

Omne enim jus aut civile appellatur aut naturale. Naturale dicitur etiam jus gentium: ab eo nominatum, quod omnes gentes similiter eo sunt usae : quod enim bonum et aequum est, omnium utilitati convenit. Sed jus civile proprium est civium Romanorum, ab eo

[et] romanorum et ab eis dictum, quoniam nostra civitas ea veritate utitur. Sed quidam hoc esse quod omnes civibus suis praedicent aut majori parti expedit. Sunt enim qui et tradiderunt quanti tamen justitiae esse. Plurima hanc autem definitionem veriorem esse tradiderunt quae initio diximus.

dictum, quod nostra civitas eo... utitur. Sed quidam hoc esse praedicant, quod omnibus civibus peculiariter aut majori parti expedit. Sunt etiam qui tradiderunt... Plurimi autem eam definitionem veriorem esse tradiderunt quam initio diximus.

2. Juris civilis ut quid appositicium appellatur, ex pluribus partibus constat. Sed constitutiones imperatorias similiter honorandum. Quod est et praetoris edictum similiter vel proconsulis. Ex eo enim consenserunt prudentiam et receptum est responsis et summatim solemus haec dicere. Lex enim Julia et Papia ceterae partes justitiae appellantur.

3. Regulas enim exsequenti mihi ad ea studia necessarium ante omnia scire. Nec enim unius sunt condicionis, sed variae: quae per singula, quae pertinent ad eam enarrationem, referenda sunt per ordinem.

4. Omnes enim aut ingenui sunt aut liberti. Sed ut magis possint singula declarari, melius videtur incipere a libertis adferre et primum de Latinis scribere, ne saepius eadem interpretari cogamur. Primum ergo videamus, quale est quod dicitur *de* eis, qui inter amicos *olim* manumittebantur, non esse liberos, sed domini voluntate in libertate morari et tantum serviendi metu dimitti.

5. Antea [enim] una libertas erat et *manumissio* fiebat vindicta vel testamento vel censu et civitas Romana compete*ba*t manumissis: quae appellatur justa *manumissio*. Hi autem, qui domini voluntate in libertate erant, manebant servi: *sed si* manumissores ausi erant in servitutem denuo eos per vim ducere, interveniebat praetor et non patiebatur manumissum servire. Omnia tamen quasi servus adquirebat manumissori, vel*ut* si quid stipulabatur *vel* mancup*io* accipiebat vel ex quacumque causa alia adquisierat, domini hoc faciebat, id est manumissi omnia bona ad patronum pertinebant.

6. Sed nunc habent propriam libertatem qui inter amicos manumittuntur, et fiunt Latini Juniani, quoniam lex Junia, quae libertatem eis dedit, exaequavit eos Latinis colonariis, **qui cum essent cives Romani [liberti], nomen suum in coloniam dedissent.**

7. In his qui inter amicos manumittuntur voluntas domini spectatur : lex enim Junia eos fieri Latinos jubet, quos dominus liberos esse voluit. *Quod* cum ita *sit*, debet voluntatem manumitten*di* habere dominus : unde si per vim coactus verbi gratia ab aliquo populo vel a singulis hominibus manumiserit, non veniet servus ad libertatem, quia non intellegitur voluisse qui coactus est.

8. *Item* ut possit habere servus libertatem, talis esse debet, ut praetor *vel* proconsule libertatem tueatur : nam et hoc lege Junia *cautum* est. Sunt autem plures causae, in quibus non tuetur proconsul *libertatem*, de quibus procedentes ostendemus.

9. Sed et illud observandum, ut is qui manumittitur in bonis manumittentis *sit* ; et ideo si tantum ex jure Quiritium sit manumittentis, non erit Latinus. Necesse est ergo servum non tantum ex jure Quiritium, sed etiam in bonis esse manumittentis.

10. Communis servus ab uno *ex sociis* manumissus, neque ad libertatem pervenit et alterius domini totus fit servus jure a*d*crescen*di*. Sed inter amicos servus ab uno ex sociis manumissus utri*us*que domi*ni* servus manebit ; jus *enim* adcrescen*di* in hac manumissione *non* versatur ; *quamvis* Proculus *e*xistimaverit adcrescere *e*um socio..... qua sententia utimur.

11. Proprietarius eum servum, cujus ususfructus ad alium pertinet, non potest vindicta manumittere obstante usufructu ; et si manumiserit eum vindicta, faciet servum sine domino. Sed Latinum...

12. Peregrinus manumisso*r* servum non potest ad Latini*tate*m perducere, quia lex Junia, quae Latinorum genus introduxit, non pertinet ad peregrinos manumissores, sicut et Octavenus probat. *At* praetor non permittet manumissum servire, nisi aliter lege peregrina caveatur.

13. Minor viginti annorum manumittere nec vindicta potest nec testamento, itaque nec Latinum facere potest : *sed* tantum apud consilium *causa probata* potest manumittere servum suum.

14. Is autem qui manumittitur in*t*er amicos, quotcumque est annorum, Latinus fit, et tantum ei hoc prodest manumissio, ut postea iterum manumitti possit *v*indicta vel testamento et civis Romanus fieri.

15. Mulier sine tutoris auctoritate *inter amicos manumittere non potest*, nisi jus liberorum habeat : tunc enim *et* vindicta sine tutore potest manumittere. Unde si mulier absens libe-

rum esse jusserit, quae jus liberorum non habeat, quaesitum est, an *competat libertas* tutore ejus auctoritatem *accommodante* eo tempore, quo epistula scribitur servo a domina. Julianus negat : existimat enim eo tempore debere auctoritatem praestari, quo peragitur *manumissio*, tunc *autem* peragi intellegi, cum servus cognoverit dominae voluntatem. Sed Neratius Priscus probat libertatem servo competere : sufficere enim, quando epistula scribitur, adhiberi auctoritatem tutoris : cujus sententia et constitutione *principali* confirmata est.

16. Servum pignori datum civem Romanum facere debitor non potest, nisi si forte solvendo non sit[1] : obstat enim libertati lex Aelia Sentia, quae prohibet servum creditorum *fraudandorum* causa manumissum civem Romanum fieri. Sed Latinum....

17. Et qui *censu* manumittitur, si triginta annos habeat, civitatem Romanam *nanciscitur*. Census autem Romae agi solet *et peracto* censu lustrum conditur : est autem lustrum quinquennale tempus quo Roma lustratur. Sed debet hic servus ex jure Quiritium manumissoris esse, ut civis Romanus fiat. Magna autem dissensio est inter peritos, utrum eo tempore vires accipiant omnia, in quo census *agitur*[2], an eo tempore, quo lustrum conditur. Sunt enim qui existimant non alias vires accipere quae in censu aguntur, nisi haec dies sequatur, qua lustrum conditur : existimant enim censum descendere ad diem lustri, non lustrum recurrere ad diem census. Quod ideo quaesitum est, quoniam omnia *quae* in censu aguntur lustro confirmantur. Sed in urbe Roma tantum censum agi notum est : in provinciis autem magis professionibus utuntur.

16. Fragments de Modestin.

Fragments du jurisconsulte Herennius Modestinus, élève d'Ulpien' que l'inscription relative au procès des foulons montre avoir été préfe des vigiles entre 226 et 244, qui fut le maître de droit de l'empereur Maximin mort à une vingtaine d'années en 238 et que l'on trouve pour la dernière fois mentionné comme auteur d'une réponse en 239, *C.*, 3, 42, 5. Cf. sur sa vie et ses écrits, Karlowa, *R. R. G.*, 1, 752-754; Krueger *Gesch. d. Q.*, pp. 226-228 ; v. aussi Lenel. *Pal.*, 1, 701-756. De nos deux fragments, le premier a été publié par Pierre Pithou, qui l'avait trouvé dans un ms. aujourd'hui perdu appartenant à son père, le second est extrait des *Differentiae* d'Isidore, où la corruption d'*Herennius* en *Orennius* a longtemps empêché de l'apercevoir.

1. Boecking, Pellat: 'nisi forte solvendo sit'. Dernburg, *Pfandrecht*, 2, 1864' p. 14, suivi par Huschke intercale après 'potest': '*generaliter obligatum potest*' Krueger : '*generali hypotheca obligatum potest*'. — 2. Boecking, Pellat, Mommsen. *Staatsrecht*, 2, 333, n. 3 ; les mss.: 'in quo census' ; Krueger : '*quo in censu aguntur*',

1. Modestinus regularum lib. III sub titulo de bonis libertorum et de testamentis. Cum in testamento dies et consules adjecti non sunt, non nocet, quominus valeat testamentum.

2. Inter eum qui in insulam relegatur et eum qui deportatur magna est differentia, ut ait *Herennius* : primo quia relegatum bona sequuntur, nisi fuerint sententia adempta, deportatum non sequuntur, nisi palam ei fuerint concessa : ita fit, ut relegato mentionem bonorum in sententia non haberi prosit, deportato noceat. Item distant etiam in loci qualitate, quod cum relegato quidem humanius transigitur, deportatis vero hae solent insulae adsignari, quae sunt asperrimae quaeque sunt paulo minus summo supplicio comparandae.

17. Fragments du Vatican.

Fragments d'une compilation juridique étendue découverts en 1821 par le cardinal Angelo Maï dans un ms. palimpseste de la bibliothèque du Vatican. Ils viennent d'un ms. du IVe ou du Ve siècle dont les feuilles doubles ont postérieurement été divisées en trois pour être insérées après avoir été grattées dans un autre cahier destiné à recevoir une copie des *Collationes Aegypti anachoretarum* de Cassien ; de telle sorte que chaque feuille nouvelle se trouva contenir les deux tiers d'une des feuilles anciennes ou, si c'était la feuille du milieu, le tiers de deux des feuilles anciennes et qu'on a retrouvé, dans 33 de ces feuilles nouvelles, 28 des feuilles anciennes, soit en totalité, soit pour les deux tiers, soit pour un tiers. L'ouvrage, dont on ne connaît ni le nom, ni l'auteur, est un recueil par ordre des matières de passages de jurisconsultes et de constitutions impériales. Il ne paraît pas avoir été divisé en livres, mais seulement en titres, parmi lesquels nous connaissons les titres : *ex empto et vendito, de usu fructu, de re uxoria ac dotibus* ou simplement *de re uxoria, de excusatione, quando donator intellegatur revocasse donationem, de donationibus ad legem Cinciam, de cognitoribus et procuratoribus*. Les jurisconsultes sont représentés par des extraits de divers ouvrages de Papinien, de Paul et d'Ulpien et d'un traité des interdits qui n'est peut-être lui-même que la section relative à cette matière du commentaire sur l'édit de Paul. Les constitutions, dont la plus ancienne est de Sévère et de Caracalla (205 après J.-C.), et la plus récente de Valentinien, Valens et Gratien (372) et dont l'éditeur paraît s'être servi des Codes Grégorien et Hermogénien, mais non du Code Théodosien, au lieu du texte abrégé duquel il donne pour certaines le texte intégral frappé d'abrogation par ce code, sont pour la plupart des rescrits rendus en matière judiciaire sur la demande des parties ou des magistrats : elles sont placées dans chaque titre, sans ordre fixe, tantôt avant, tantôt après les fragments des jurisconsultes, tantôt pêle-mêle avec eux. Pour les unes et les autres, le texte est reproduit fidèlement, sans trace d'interpolation ni de remaniement. Mais les 28 pages, que nous possédons en tout ou partie, ne sont qu'une faible portion du ms. primitif, que les chiffres de cahiers de 8 pages, de *quaterniones*, conservés en marge de quelques feuilles établissent avoir contenu 232 pages jusqu'au point où s'interrompent nos fragments, peut-être longtemps avant la fin de l'ouvrage, et dans lequel les mêmes chiffres permettent de mesurer des lacunes considérables entre les parties conservées : environ 9 cahiers entre des fragments du titre *ex empto et vendito* qui appartiennent au VIe quaternion et d'autres du titre *de usu fructu* qui appartiennent au XVe ; un autre intervalle considérable entre le titre *de re uxoria*, qui n'est pas séparé par une grande lacune du titre *de usu fructu*, et le titre *de excusatione* sur une des feuilles duquel on trouve le chiffre XXVII. Il est impossible de discerner le plan de l'ouvrage, qu'on voit cependant n'être pas celui des commentaires de l'édit ; car, par exemple, l'usufruit, étudié dans la théorie des legs, ne viendrait pas alors seulement après la vente, mais après la dot et les excuses. Quant à sa nature, ce n'est certainement pas une compilation officielle, et il n'y a même pas grande probabilité en faveur de l'opinion, soutenue par Huschke, selon laquelle ce serait un projet de compilation de ce genre fait sur l'ordre d'un empereur et resté pour une raison quelconque dépourvu de la sanction impériale. C'est une œuvre doctrinale privée, destinée à la pratique, et peut-être à l'enseignement, auquel peuvent se référer aussi les gloses marginales et interlinéaires qui l'accompagnent dans certaines parties et dont les premières au moins peuvent remonter au compilateur lui-même. Quant aux temps et lieux d'origine de l'ouvrage, la mention qui y est faite de constitutions de Maximien omises au Code Hermogénien donne à croire qu'il a été composé en Occident, et on en place assez communément la rédaction entre l'an 372, date de la dernière constitution qu'il rapporte, et la publication du Code Théodosien, en 438. Mais M. Mommsen, dont les arguments ont cependant été contestés par M. Karlowa et M. Huschke, croit pouvoir conclure de la façon dont sont citées les constitutions de Dioclétien et de Constantin que l'ouvrage aurait été écrit du vivant de ce dernier, vers 320, et que l'addition de la constitution de 372 ainsi que de trois autres, y aurait été faite après coup. Cf. Karlowa, *R. R. G.*, 1, 969-973; Krueger, *Gesch. d. Q.*, pp. 298-302, et les notices des éd. Mommsen et Huschke. — Les fragments du Vatican ont d'abord été publiés, en 1823 et 1824, par le cardinal Angelo Maï lui-même, d'après le texte duquel d'autres éditions en ont été données, avec un commentaire, par M. Buckholtz en 1828 et, avec de nombreuses corrections critiques, par Bethmann-Hollweg, dans le *Corpus juris antejustiniani* de Bonn, en 1833. Depuis, un texte bien supérieur en fut établi par M. Mommsen, d'après une collation nouvelle du ms. faite par M. Detlefsen, dans une éd. savante accompagnée d'un fac-simile, publiée en 1859 dans les *Abhandlungen* de Berlin, et dans une éd. scolaire publiée en 1861. Les fragments du Vatican se trouvent en outre dans les recueils généraux de Huschke, de Pellat, qui s'inspire principalement du texte de Bethmann-Hollweg en le corrigeant par celui de Mommsen, et de Giraud, qui suit ordinairement celui de Huschke. Mais une autre éd. doit en être donnée dans le 3e vol. de la *Collectio librorum juris antejustiniani* par M. Mommsen, qui dans ce but a non-seulement mis à profit une collation récente de quelques passages du ms. faite par M. Krueger, mais soumis tout le texte à un nouvel examen d'ensemble, et l'illustre auteur a eu l'inappréciable complaisance de nous communiquer les épreuves corrigées de son travail, de manière à nous permettre d'en profiter dès avant l'impression et la publication du volume. Le texte que nous donnons ci-dessous est donc, sauf quelques différences typographiques imposées par le plan général de notre recueil, celui de cette 3e éd. de M. Mommsen, en face duquel nous avons seulement relevé, dans les notes, quelques-unes des leçons diverses proposées sur les points les plus délicats. Les passages imprimés en caractères plus fins sont les gloses marginales et interlinéaires signalées plus haut. Les indications placées en marge font connaître les auteurs certains ou probables des fragments.

EX EMPTO ET VENDITO.

Manquent 80 pages.

1.[1] *Qui a muliere* sine tutoris auctoritate sciens rem, Paul. L. VIII ad Sab. (?). mancipi emit vel falso tutore auctore quem sciit non esse, non videtur bona fide emisse ; itaque et veteres putant et Sabinus et Cassius scribunt. Labeo quidem putabat nec pro emptore eum possidere, sed pro possessore, Proculus et Celsus, pro emptore, quod est verius : nam et fructus suos facit, quia scilicet voluntate dominae percipit et mulier sine tutoris auctoritate possessionem alienare potest. Julianus propter Rutilianam constitutionem eum, qui pretium mulieri dedisset, etiam usucapere et si ante usucapionem offerat mulier pecuniam, desinere eum usucapere.

2. P(apinianus) libro III responsorum. Usurae venditori Pap., L. III resp. post traditam possessionem arbitrio judicis praestantur ; ante traditam autem possessionem emptori quoque fructus rei vice mutua praeberi necesse est : in neutro mora considerabitur.

3. Venditor, qui legem commissoriam exercere noluit, ob residuum pretium judicio venditi recte agit, quo secuto legi renuntiatum videtur.

4[2]. Qui die transacto legem commissoriam exercere voluit, postea variare non potest.

5[3]. Papinianus libro III responsorum. Aede sacra terrae motu diruta, locus aedificii non est profanus et ideo veniri non potest.

6[4]. Mulier servam ea lege vendidit, ut, si redisset in eam civitatem, unde placuit exportari, manus injectio esset. Manente vinculo servitutis si redierit, quae vendidit manum injiciet et ex jure concesso mancipium abducet. Post manumissionem autem si redierit, in perpetuam servitutem sub eadem lege publice distrahetur. Quae vendidit si manum injecerit non liberatae, mancipium retinere poterit ac manumittere ; adimi quippe libertatem et publice venditionem ita fieri placuit propter pericula venditorum, qui vel metuentes servis suis offensam vel duritiam possunt paenitendo remittere.

7. Quo minus possessio rei venditae tradatur empti judicio, decem annorum praescriptione non inpeditur.

1. Cf. *D.*, 18, 1, 27. — 2. Cf. *D.*, 18, 3, 4, 2. — 3. = *D.*, 18, 1, 73, pr. — 4. Cf. *D.*, 18, 7, 1.

Pap., L. III resp.

8. Evictione ci*tr*a dolum emptoris et judicis injuriam secuta, duplum ex empti judicio secundum legem contractus praestabitur.

9[1]. Creditor a debitore pignus recte emit, sive in exordio contractus ita convenit sive postea; nec incerti pretii venditio videbitur, si convenerit, ut pecunia fenoris non soluta creditor jure empti dominium retineat, cum sortis et usurarum quantitas ad diem solvendae pecuniae praestitutam certa sit.

10. Iniquam sententiam evictae rei periculum venditoris non spectare placuit neque stipulationem auctoritatis committere.

11[2]. Convenit ad diem pretio non soluto venditori alterum tantum praestari. Quod usurarum centesimam excedit, in fraudem juris videtur additum. Diversa causa est commissoriae legis, cum in ea specie non fenus inlicitum exerceatur, sed lex contract*ui* non inprobabilis dicatur.

12[3]. Ante pretium solutum dominii quaestione mota pretium emptor restituere non cogetur, tametsi maxi*me* fidejussores evictionis offerantur, cum ignorans possidere coeperit. Nam usucapio frustra complebitur anticipata lite nec oportet evictionis securitatem praestari, cum in ipso contractus limine domini periculum immineat.

13[4]. Venditor si per conlusionem imaginarium colonum emptoris decipiendi causa subposuit, ex empto tenebitur, nec idcirco recte defenditur, si, quo facilius excogitatam fraudem retineret, colonum et quinque annorum mercedes in fidem suam recipiat. Alioquin si bona fide locavit, suspectus non erit.

14. Lege venditionis inempto praedio facto fructus interea perceptos judicio venditi restitui placuit, quoniam eo jure contractum in exordio videtur, sicuti in pecunia quanto minoris venierit ad diem pretio non soluto. Cui non est contrarium, *quod* judicium ab aedilibus in factum de reciperando pretio mancip*ii* redditur, quia displicuisse proponitur : quod non erit necessarium, si eadem le*ge* contractum ostendatur.

15. Fructus pendentes etsi maturi fuerunt, si eos venditor post venditionem ante diem solvendi pretii percepit, emptori restituendos esse convenit, si non aliud inter contrahentes placuit.

16. Vino mutato periculum emptorem spectat, quamvis

---

1. Cf. *D.*, 20, 5, 12, *pr.* — 2. Cf. *D.*, 19, 1, 13, 26. — 3. *D.*, 18, 6, 19, 1 'Ante.... em*p*tor solvere non cogetur nisi fidejussores idonei a venditore ejus evictionis offerantur'; cf. *C.*, 8, 44, 24. — 4. Cf. *D.*, 19, 1, 49, *pr.*

ante diem pretii solvendi vel condicionem emptionis inpletam id evenerit. Quodsi mille amphoras certo pretio corpore non demonstrato vini vendidit, nullum emptoris interea periculum erit.

17[1]. Evictis agris quanti emptoris interest judicio empti lis aestimatur. Quod si ab initio convenit, ut venditor pretium restitueret, usurae quoque post evictionem praestabuntur, quamvis emptor post dominii litem inchoatam fructum adversario restituat; nam incommodum medii temporis damnum emptoris est.

Manquent 12 pages.

18..... secundum jus in facinorosos. . . . .*empto*- Valer. et res inquietari. Sed actione fiduciae. . . . . Gallien Valeriano III et *Gallieno II conss.* (a. 255).

19. Gallienus Aug. . . . . *Res* Gallien pupillorum a credit*oribus patris propter debita paterna jure vin*-(a. 260). *dicari nullo possunt. Si igitur abs*tinuisti *paterna hereditate non agnita,* contra venditionem a cre*ditoribus patris tui rei tuae factam praesidem adi,* qui inquietari te in possession*e non sinet....*
. . . . *Saeculare* II et Donato conss.

20..... per Julium Menophilum spect*abilem virum*. . . . . Emp. auxilium non potest denega*ri*. . . . . *pe*- incert. cuniam creditoribus . . . . habere non potuit in poss. . . . . et usurarum, quia in commun. . . . . kal. Juliis Viminacii. . . . .

21. Gallienus Aug. . . . . *alie*- Gallien. nandae non sunt. Aditus ita*que*. . . . . cedente ejus jussione, qui i. . . . . Proposita VIIII kal. Nov. Pa*tavii?*...

22[2]. Diocletianus et Max(imus) *Constantius* Atiniae Plotia- Diocl. nae. *Si deserta praedia... ob* cessationem conlation*um... dis*- Max. *tracta* vera fide comparasti et vend*itionem sollemniter perfecisti,* Const. et Galère. *venditio... necessitate* facta convelli non *debet. ..*

23[3]. Diocl(ianus) Aurelio *Leontio. Cum speciem venditam* Diocl. *violentia ignis, qui nunc per poc... grassatus est, absumptam* (a. 285). dicas, si venditionem *nulla condicio suspenderat, amissae rei periculum* te non adstringet. Proposita III non. Nov. Atubino. Diocletiano Aug. II et Aristobulo conss.

24. Diocletianus Claudia. . . . . Diocl. emptori indemnita . . . . (a. 285).

1. = *D.*, 22, 1, 18, *pr.*— 2.= *C.*, 4, 46, 2. — 3.= *C.*, 4, 48, 5.

possessionem venditam esse cog . . . .
ex qualitate rei perdoc*tus* . . . . *Diocletiano Auq.
II et Aristobulo* conss.

Gallien (a. 262). 25. *Gallienus Aug* . . . . m*ti*co possessionem pa*ternam* . . . . ab aliquo directi juris emp*tore* . . . . . *Gallieno* V *et Faustino* conss.

Emp. incert. 26. . . . . *ne*cessitatibus urguentibus pater . . . . *vivis parentibus placuit* . . . . i familia longa aetate . . . . e praef. urbi v. c. Proposita II kal. . . . . conss.

Emp. incert. 27. . . . . *ium* Fortunatum militem . . . . e controversia moveri consti- . . . . *ipso* Aug. III consule.

Sev. Alex. (a. 230). 28. *Alexander Aug* . . . . vendendarum possessionum . . . . ii neque alienare eas, neque . . . . Agricola et Clementino conss.

Emp. incert. 29 . . . . Sabiniani non oportuit post interpo- . . . . cari. Praepropere igitur procurator . . . . rationis meae possessiones . . . . *ium* nec emptor ignora- . . . . *o*rdine audietur. Proposita kal.

Aurél. (a. 271). 30. *Aurelianus Aug*. . . . *Si praedii, de quo controversia est inter vos*, ita in possessione fuisti, *ut proponis*[1], *et inde* . . . . ejectus inveniris, is erit . . . . v. c. pro sua aequitate ad effec*tum* . . . . Aureliano et Basso conss.

Emp. incert. 31. . . . . *cari*ssime nobis. Tenes tu quidem . . . . *li*quidissime et lites dirimis . . . . tum statutis tuis non cu . . . . e incipient discedere . . . . *in d*iversum eventum sententiae . . . . litigabatur, insidunt par*tium allegationibus*. . . . . . . u et interpretationem diversam . . . . . est, non censui: quasi vero in ea...

Manquent quelques pages.

Const. et Licinius (a. 312). 32. . . . aditus competens judex considerato tutelae judicio, eam curabit ferre sententiam, quam agnitam legibus esse providerit. Proposita IIII kal. Sept. Constantino et Licinio Augg. II conss.

1. Restitution de Huschke adoptée par Mommsen.

33. Augg. [et Caess.] Rutiliae Primae. Ingenuos progenitos servitutis adfligi dispendiis minime oportere etiam nostri temporis tranquillitate sancitur, nec sub obtentu initae venditionis inlicitae decet ingenuitatem infringi. Quare judicem competentem adire par est, qui in liberali causa ea faciet compleri, quae in hujuscemodi contentionibus ordinari consuerunt, secundum judiciariam disciplinam partibus audientiam praebiturus. Proposita idib. Aug. Romae Constantino et Licinio Aug. IIII conss.

<small>Les mêmes (a. 315).</small>

34. Augg. [et Caess.] Flaviae Aprillae. Cum profitearis te certa quantitate mancipium ex sanguine comparasse, cujus pretium te exsolvisse dicis et instrumentis esse firmatum, hoc a nobis jam olim praescriptum est, quod, si voluerit liberum suum [legitimum] reciperare, tunc in ejus locum mancipium domino daret aut pretium quo valuisset numeraret. Etiamnunc, si a suis parentibus certo pretio comparasti, jus dominii possidere te existimamus. Nullum autem ex gentilibus liberum adprobari licet. Subscripta XII kal. Aug. Constantino Aug. III cons.

<small>Les mêmes (a. 313).</small>

35¹. Augg. [et Caess.] (1). Nulla verecundiae vel quietis mora vel quolibet intervallo cunctandi passim nunc singuli, modo populi proruentes nostros in obtutus sic uniformes querellas isdem fere sermocinationibus volutarunt, ut nec interpellantium credulitati valeret occurri nec allegationum qualitas disparari, parens carissime atque amantissime nobis. Pari siquidem exemplo vociferationibus consertis multitudines memorarunt non juste res suas esse divenditas, aliis possidentibus se fiscalia luere, frequenti denique obsecratione delata remedium cupiverunt. (2). His sumus valde permoti, verentes ne alicujus calliditatibus aversabili emolumento persuasi res suas venderent sine censu ac post subsidia nostrae mansuetudinis precarentur, itaque versutis calliditatis commenta miscentibus, dum insidiarum fallentium non suspicamur arcana, pro innocentiae nostrae natura ceteros aestimantes, detrimento census nocentes levaremus. (3). Has fraudes, hos dolos, istas argutias lege prohibemus, constitutione secludimus : et idcirco justae providentiae consulta deliberatione sancimus, ut omnino qui comparat rei comparatae jus cognoscat et censum, neque liceat alicui rem sine censu vel comparare vel vendere. Inspectio autem publica vel fiscalis esse debebit hac lege, ut si aliquid sine censu venierit et post ab aliquo deferatur, venditor quidem possessio-

<small>Les mêmes ou Const. (a. 313 ou 337)</small>

1. Cf. *C. Th.*, 3, 1, 2.

nem, comparator vero id quod dedit pretium fisco vindicante deperdat. (4). Id etiam volumus omnibus intimari nostrae clementiae placuisse neminem debere ad venditionem rei cujuslibet adfectare et accedere, nisi eo tempore, quo inter venditorem et emptorem contractus sollemniter explicatur, certa et vera proprietas vicinis praesentibus demonstretur: usque eo legis istius cautione currente, ut etiamsi subsellia vel ut vulgo aiunt scamna vendantur, ostendendae proprietatis probatio complea*tur*. (5). H*i*nc etenim jurgia multa nascuntur; hinc proprietatis jura temerantur; hinc dominiis vetustissimis molestia comparatur, cum caecitate praepropera et rei inquisitio*ne* neglecta, luce veritatis omissa nec perpetuitate cogitata dominii, juris ratione postposita ad rei comparationem accedunt, omissis[1] omnibus dissimulatis atque neglectis id properant atque festinant, ut quoque modo cuniculis nescio quibus inter emptorem et venditorem sollemnia celebrentur: cum longe sit melius, sicuti diximus, ut lu*ce* veritatis, fidei testimonio publica voce, sub clamationibus populi idoneus venditor adprobetur, quo sic felix comparator atque securus aevo diuturno persistat. (6). Quod pro quiete totius successionis eloquimur, ne forte aliquis venditor suum esse dicat, quod esse constat alienum, i*dque* comparator malo venditore deterior incautus et credulus, cum testificantibus vicinis omnia debeat quaerere, ab universorum disquisitione dissimulet; quem sic oporteat agere, ut nec illud debeat requiri quod ex jure dicitur 'si a domino res vendita sit'. (7). Ita ergo venditionum omnium est tractanda sollemnitas, ut fallax illa et fraudulenta venditio penitus sepulta depereat. Cui legi deinceps cuncti parere debebunt, ut omnia diligenti circumspectione quaesita per universas successiones tuto decurrant neque aliquem ex inprovidentia casum malignae captio*nis* horrescant. Data III kal. Sept. a praefecto *praetorio* ad correctorem Piceni Aquileia. Accepta XIIII kal. Oct. Albae Constantino Aug. III cons.

Const. et Licin. (a. 317-349).

36. Augg. et Caess. Basso. Valentinus perfidiam et maxime *de illo queritur, quia* a tutore processit, a quo aliquid in fortunas suas perniciosissimum proficisci minime omnium condecebat. Exuperantius v. c. si tantum avunculus Valentini esset, nequaquam in Valentinum pecca*re* deberet, qui nunc..

Manquent 8 ou 4 pages.

Valent. Valens, Grat. (a. 369. 372)

37. (1). . . videlicet jactando numquam. . . . .
fiduciam sibi esse servatam. . . . .
obnoxia comparator accedi. . . . .

1. M. Mommsen note préférer: 'et jussis' ou 'provisis',

num, proinde posthac saltim. . . . .
fraudesque talia dissemina. . . . .
centur nullus aditus fictis c. . . . .
dolis relinquatur ingenui. . . . .
ad provincialium preces dudum est con*stitutum*. . . . . (2)[1]
satisfacere vel nollent pub. . . . .
summa re levaret. Jam nunc i. . . . . *constituimus perspicue lege sancire, ut quaecumque pro reliquis in annonario titulo ceterisve fiscalibus debitis* luxu ac ne*quitia perditorum hominum prodigorumque in* fundis atque mancipiis vel in quibus*cumque corporibus sub auctione licitanda sunt, fisco* auctore vendantur et ut perpetuo *penes eos sint jure dominii, quibus res hujus*cemodi sub hastae sollemnis *arbitrio fiscus addixerit.* . . . .
in iis utitur venditoris, quae ob d. . . . .
gi vel permissu judicum distra*huntur*. . . . .
emolumenta malle quam debita n. . . . .
penes perditos maneant sib . . . .
nere contractuum tergiversatio nu . . . .
interpretationis insidias pertimes . . . .
talis accesserit ignavorum. . . . . (3). *Si quid* unquam, quo fisco facta venditio *possit infringi, auctoritate rescripti fuerit impetratum,* iis, quae contra utilitatem provisionis *hujus rescripta sunt, nullus obtemperet,* magisque obreptivi praerogatu . . . . *tale rescriptum repellatur.* Cum haec sit commissa sec. . . . .
atque luxuriam ferre debem. . . . . *antelucana* saepius vina rede. . . . .
per somnum et gulam atque las*civiam*. . . . .
alienare velle nec posse defend. . . . .
mus est. Ita status debet esse fe. . . . .
concedit qui et in satisfactio. . . . .
. . . . nitas, nisi forsitan hi copiam
. . . . que repetendi, cum in praeteritum
. . . . vis omnium rerum multis ex
. . . . . *cum etiam minoribus, si quando* aliquid eorum pro fiscalibus debi*tis adjudicatur emptoribus, repetitionis facultas* in omnem intercipiatur aetatem. . . . .
. . . . o res obnoxiae necessitatibus
. . . . saepius respexere leges, quia paren
. . . . ut desidia mereri posse se credant. . . . . Data IIII id. Nov. Treveris. Accepta

---

1. Cf. *C. Th.*, 10, 17, 1. *C.*, 10, 3, 5.

. . . . *Valentiniano* nobilissimo puero et Victore conss
. . . . *ad* . . consularem provinciae
Lugdunensis primae Modesto et *Arintheo conss.*

Emp.   38. . . . . . . bus tantum praedii rustici sit interdicta
. . . . nullum debitum doceatur. Haec
. . . . supplicans Eugraphius memo
. . . . ad speciem f*uerit* ementitum
. . . . a res gesta probatur, ut precibus continetur
. . . . fuisse suggerit, Fauste carissime, ae:
. . . . rem sit an in rem ejus versum.
. . . . .t si res minori profuisse potuerit.

Emp.   39. . . . . *emptio* et venditio bonae fidei auctori
. . . . *supplicet* memorant raptis atque
. . . . t terroris injectum, ut ei casula
. . . . scinderet vitesque inspectori
. . . . bonam fidem gestam in possessionis
. . . . auxilium jure congruum ita facial
. . . . as aestimet. Data pr. non.

40. . . . . te patris, ut Maximus adserit
. . . . comparata omnium heredum commu
. . . . suam quoque consortes obtineant. . . .

Manquent plusieurs pages.

DE USU FRUCTU.

Diocl. Max. Consl. et Galèredubium (a. 293).
41. Diocletianus et Maximus Constantius Tannoniae Juliae. Usum fructum locari et venumdari posse a *fructuario* nulli dubium est. Proinde si, vendente filio tuo possessionem, etiam tu certo pretio usu fructu proprio cessisti, quem testamento mariti tui *tibi* relictum esse proponis, quando quidem emptorem contractus fidem commemores minime custodire, aditus Aelius Dionysius vir clarissimus amicus noster id tibi faciet repraesentari, quod te constiterit jure deposcere. Proposita VI id. Mart. Carthagini Fausto II et Gallo conss.

Les mêmes (a. 293).
42¹. Aurelio Loreo cui et Encentrio. Fructuario superstite licet dominus proprietatis rebus humanis eximatur, jus utendi fruendi non tollitur. Subscripta V id. Feb. Sirmi Aug. V et IIII conss.

Les mêmes (a. 294).
43². Claudio Theodoto. Habitatio morte finitur, nec proprietatem ea quae habitationem habuit legando domini vin-

1. Cf. C., 3, 33, 3, 1. — 2. Cf. C., 3, 33, 11.

dicationem, vel debitum negando *in* testamento creditoris actionem excludit. Subscripta IIII kal. Oct. Viminaci Caess. conss.

44³. *Ulpianus* lib. II. R(espondit) Aurelio Felici fructus ex fundo per vindicationem pure relicto post aditam hereditatem a legatario perceptos ad ipsum pertinere, colonum autem cum herede ex conducto habere actionem. [Ulp., *L. II resp.*]

45. *Paulus* lib. II Manualium ex tribus. Tametsi usus fructus fundi mancipi non sit, tamen sine tutoris auctoritate alienare eum mulier non potest, cum aliter quam in jure cedendo id facere non possit nec in jure cessio sine tutoris auctoritate fieri possit. Idemque est in servitutibus praediorum urbanorum. [Paul, *L. II manual.*]

46. *Idem* lib. I Manualium. Actio de *usu* fructu isdem modis perit, quibus ipse usus fructus, praeterquam non utendo. Pecuniae quoque ususfructus legatus per annum non utendo *non perit*, quia nec usus fructus est et pecuniae dominium fructuarii, non heredis est. [*L. I manual.*]

47. Item. Per mancipationem deduci usus fructus potest, non etiam transferri. Per do lego legatum et per in jure cessionem et deduci et dari potest.

47ᵃ. Item. Potest constitui et *familiae erciscundae* vel *communi dividundo* judicio legitimo. In re nec mancipi per traditionem deduci usus fructus non potest nec in homine, si peregrino tradatur; civili enim actione constitui potest, non traditione, quae juris gentium est.

48. Item. Ad certum tempus et in jure cedi et legari et officio judicis constitui potest.

49. Item. Ex certo tempore legari p*otest; sed* an in jure cedi vel an adjudicari possit, variatur; videamus, ne non possit, quia nulla legis actio prodita est de futuro.

50. Item. In mancipatione vel in jure cessione an deduci possit vel ex tempore vel ad tempus vel ex condicione vel ad condicionem, dubium est; quemadmodum si is, cui in jure ceditur, dicit: 'Aio hunc fundum meum esse deducto usu fructu ex kal. Jan.' vel 'deducto usu fructu usque ad kal. Jan. decimas', vel 'Aio hunc fundum meum esse deducto usu fructu, si navis ex Asia venerit': item in mancipatione: 'Emptus mihi esto pretio, deducto usu fructu ex kal. illis' vel 'usque ad kal. illas'; *et* eadem sunt in condicione. Pomponius igitur putat non posse ad certum tempus deduci nec per *in* jure cessionem nec per mancipationem, sed tantum transferri ipsum posse.

3. = *D.*, 30, 120. 2, sauf les mots 'per vindicationem'.

Paul, *L. I manual.* Ego didici et deduci ad tempus posse, quia et mancipationem et in jure cessionem lex XII tabularum confirmat. Num quid ergo et ex tempore et condicione deduci possit? Sequitur et legatum deduci ad certum tempus posse.

51. Adquiri nobis potest usus fructus et per eos quos in potestate manu mancipiove habemus, sed non omnibus modis, sed legato, vel si heredibus illis institutis deducto usu fructu proprietas legetur. Per in jure cessionem autem vel judicio familiae erciscundae non potest; per mancipationem ita potest, ut nos proprietatem, quae illis mancipio data sit, deducto usu fructu remancipemus.

52. Usus fructus ad certum tempus constitutus cum adjectione temporis sui vindicari debet. Diversum est, si in statu libero constitutus sit; tunc enim pure vindicandus est, sicut pure vindicatur qui simpliciter constitutus est, non adjectis casibus quibus solet amitti usus fructus.

53. Item. Si altius tollendo aget is qui in infinitum tollendi jus non habet, si non expresserit modum, plus petendo causa cadit, quasi intenderit jus sibi esse in infinitum tollere.

54. Sicut legato usu fructu loci sine servitute iter quoque per loca testatoris debetur, ita in jure cesso iter quoque contineri Neratius scribit.

55[1]. Usus fructus sine persona esse non potest et ideo servus hereditarius inutiliter usum fructum stipulatur. Legari autem ei posse dicitur, quia dies ejus non cedit statim, stipulatio autem pura suspendi non potest. Quid ergo, si sub condicione stipuletur? Videamus ne nec hoc casu valeat, quia ex praesenti vires accipit stipulatio, quamvis petitio ex ea suspensa sit.

56. Item. Servo via inutiliter legatur, stipulatur autem eam utiliter, si dominus fundum habeat.

57. Usus fructus do lego servo legatus morte et alienatione servi perit, si stipuletur, non perit; igitur et post mortem suam sicut cetera usum fructum servus stipulari potest; quod aliter est in legatis.

58. Si heres fundi, cujus usus fructus ab ipso sub condicione legatus sit, usum fructum legaverit *alii pure et posterior cum adquisiverit* .... *usus fructus existente* ea, desinit ad posteriorem pertinere *et priori adquiritur; nec ad posteriorem redit, si prior* desierit habere usum fructum....... item ac si quis usum fructum uxori pure reliquerit,... Titio autem, si ea nupserit, nubente ea pertinet ad Titium; .... sed is cum deinde

---

1. = *D.,* 45, 3, 26.

amittet, si juraverit *mulier secundum legem Juliam*...: *ad mulierem tamen usus fructus non redit*: *legis* enim beneficium, quatenus *pervenit, usum fructum sublatum semel*... *non restituit*. Sed videamus, quid dicendum sit, si Titius *postquam usus fructus ad eum pervenit*. . . . *capite de*minutus sit: nihil enim habuit, quod ami*tteret*. . . . . . Titio ac si id ipsum testator expressisset. . . *legaverit* Meviae, deinde Titio . . . . .

59[1]. *Ulpianus* lib. XVII ad Sabinum. *Verum est usu fructu legato diem semel tantum* cedere. Quamquam enim usus fructus *ex fruendo consistat, id est facto aliquo ejus, qui fruitur et* utitur, tamen ei semel cedit *dies*. Ulp., L. XVII. ad Sab.

60[2]. Item. Dies autem usus fructus, *item usus non prius cedet quam adita hered*itate. Et Labeo quidem putabat etiam *ante aditam eam diem ejus cedere ut reliquorum* legatorum; sed est verior Juliani *sententia secundum quam tunc constituitur* usus fructus, cum quis jam *frui potest*.

61[3]. Item. Amitti autem usum fr*uctum capitis minutione constat*: *nec solum usum* fructum, sed etiam actionem de usufructu: *scilicet si Titio usum fructum*... *testamento* vel per fideicommissum lego *vel relinquo et die ejus cedente is capite minutus est* . . . *agere non potest*. *Et parvi* refert, utrum jure sit constitu*tus usus fructus an vero tuitione praetoris*; *proinde usus fructus*, licet in fundo stipendia*rio vel tributario, item in fundo vectigali vel superficie, non* jure constitutus, capitis m*inutione amittitur*. . . . *capitis* minutio extinguit usum *fructum* . . . . .

62[4]. Item. Sed ita demum ami*ttitur capitis diminutione usus fructus, si jam constitutus est*: ceterum, si ante *aditam* hereditatem aut ante *diem cedentem quis capite minutus est, constat non* amitti. Et ita Julianus lib. *XXXV digestorum scribit*: *quare si tibi usus fructus per vindic*ationem fuit ex die legatus *et capite minueris, antequam dies venit,*... *non nocebit tibi capitis* diminutio: hodie enim incipi*t*.

63[5]. Item. Usque adeo autem capitis d*iminutio eum demum usum fructum perimit*, qui jam constitutus est, ut si in *singulos annos vel menses vel dies legatus sit*, is demum amittatur qui jam *processit*.

64[6]. Item. Sicut in annos singulos usus fructus *legari potest*, ita nec capitis diminutione amissum *denuo legari prohibemur*, ut adjiciatur '*quotiensque capite minutus erit*', vel sic '*quotiens amissus erit, ei lego*';.... *et tunc si capitis* minutione amittatur,

---

1. = *D.*, 7, 3, 1, pr. — 2. Cf. *D.*, 7, 3, 1, 2. — 3. Cf. *D.*, 7, 4, 1, pr. — 4 = *D.*, 7, 4, 1, 1 jusqu'à 'Et ita'. — 5. = *D.*, 7, 4, 1, 3. — 6. Cf. *D.*, 7, 4, 3, pr.

repetitus *videbitur*. . . . . iorum ante aditam hereditatem. . . . .

Papin, L. VII resp.

64ᵃ. *Papinianus l. VII. Responsorum*. . . . . . netur.

65¹. *Item. Equis per fideicommissum relictis ut fructus post* moram fetus quoque praestabitur ; sed fetus *secundus ut causa, sicut partus mulieris. Quod* si gregem reliquit, vel morae actio *supervacanea est, cum fetus gregem* relictum sequatur.

66. *Item*. . . . . um usu fructu legato. Ulpianus *notat*. . . usum fructum posse legari.

67. . . . . escendum, ut ne in cujus . . . . . m. summam igitur senatus consulti sententiam eam puto . . . . ate usus fructus caperet cete . . . . n. ea aut in re nova omnes . . . . fructum sed in *veteribus rebus* . . . .*diserte* ibi scriptum est. Verendum . . . . ae.

Paul, Ad l. Falcid.

68². *Paulus libro singulari ad legem Falcidiam. Usu fructu* legato (nam iter non recipit hanc quaestionem), quia et di*vidi* potest, *videamus quomodo lex Fulcidia in eo locum habere possit.* Et veteres quidem aestiman*dum totum usum fructum putabant* et ita constituendum quantum sit in *legato* ; *sed Aristo a vete*rum opinione recessit ; ait enim posse quartam ex eo *sic ut ex corporibus retineri idque Julia*nus probat.

Paul, L. XIII? resp.

69. *Paulus l. XIII? responsorum*.. . . . . . *testamento ita* cavit: Do lego eidem Seiae *uxori meae bonorum meorum partis ejus*, *filius meus qua* mihi pro parte heres est, usum *fructum*. . . . . *eum in diem, quo legitimae aeta*tis *erit filius*.. *et ab ea satisdation*em exigi veto; ita tamen ut ab ea *filius meus alatur*. . . . . et studiis liberalibus instituatur. Quaesit*um est de satisdatione fideicom*missaria. Paulus respondit uxorem de . . . .*jussu praet*oris non debere compelli ad satisdationem eam. . .

Manquent 8 pages.

Ulp., L. XVII ad Sab.

70. (1)³. *Si fundi usus fructus fuerit legatus, et sit ager unde* palo in fundum, *cujus usus fructus legatus est, solebat paterfami*lias uti vel salice vel harundine, puto fructuarium hactenus *uti* posse, ne ex eo vendat, nisi forte salicti ei, vel silvae *palaris* vel harundineti usus *fructus sit legatus* ; *tunc enim et vendere potest.* Nam et Trebatius scribit silvam caeduam posse *fructuarium* caedere, sicut paterfamilias caedebat. Item, ut harundinetum cae-

---

1. = *D*., 22, 1, 8, jusqu'à '*Quod si gregem*'. — 2. Cf. *D*., 35, 2, 1, 9. — 3. Cf. *D*., 7, 1, 9, 7.

dat fructuarius, quod caedendi causa paterfamilias alebat, non, Ulp.
puto, prohibetur. Item poterit vendere, licet paterfamilias ven- L. XVII ad Sab.
dere non solebat, sed ipse uti : ad modum enim referendum est,
non ad qualitatem utendi. (2). Cassius autem usum fructum. . . .
. . . . eo utatur ligni tignari quoque usum fructum ita quidem
habebit fructuarius. . . . . ut in aedificia, quae ejus
tantum agri causa facta sunt, sed neque alio modo. . . . . .
. . . . . ea adhibeat nec vendat. Sed tamen cum constet arbores
demortuas ad fructuarium pertinere. . . . .
ceteraeque materiae. . . . .
sequuntur, numquid. . . . . ad proprietarium spectet ut . . . .
Trebatius autem simpliciter. . . . .
esse eas fructuarii. . . . .
fructuarium adm. . . . .

71[1]. *Similiter de ligno Labeo ait* usque ad usum suum *et villae posse usu fructuarium ferre nec materia eum pro ligno usurum, si* habeat, unde utatur ligno. Idem ait usurum eum arboribus evulsis vel vi ventorum etiam dejectis, puto tamen *usque ad usum suum ; alioquin et si totus ager sit hunc* casum passus, omnes arbores auferret fructuarius. Materiam tamen ipse succidere *quantum ad villae refectionem poterit, ut putat* Neratius lib. III Membranarum, *quemadmodum calcem, inquit, coquere vel harenam fodere aliudve* quid aedificio necessarium sumere. . . . .

71[a]. . . . . . apud Labeonem agitat. . . . .
pertinere, quamvis Proculus non. . .

71[b2]. Nunc videndum, si *fructus servi legatus sit,* . . . *quid contineatur* legato. Quidquid is ex opera sua *adquirit vel ex re fructuarii, ad eum pertinet, sive mancipio accipiat, sive stipuletur, sive ei possessio fuerit tradita. Similiter legatario adquirit,* et si *heres institutus sit vel legatum acceperit, nec recte de hoc puto* quaeri; quamvis Labeo distinguat, *cujus gratia vel heres instituitur, vel legatum acceperit.*

72 (1). [3]*Sed sicuti stipulatio*ne fructuario adquirit, *ita etiam paciscendo eum adquirere exceptionem fructuario* Julianus XXXV[4] Digestorum scribit, idemque et si *acceptum rogaverit, liberationem* ei parere. *Quoniam autem diximus quod ex operis adquiritur ad fructuar*ium pertinere, sciendum *est etiam cogendum eum operari ; etenim modicam* quoque castigationem fructuario competere Sabinus respondit et Cassius lib. VIII juris civilis scribit ita ut neque *torqueat, neque flagellis caedat.* (2). [5]*Iidem fructum ope-*

---

1. Cf. D., 7, 1, 12, pr. — 2. Cf. D., 7, 1, 21. — 3. = D., 7, 1, 23, pr.-1. — 4. D.: XXX. — 5. Cf. D., 7, 1, 12, 1.

rae gladiatoriae ejus us*que ad praemia fructuario puta*nt competere posse, ut vero pug*net, cogi non posse*. . . . *Idem et* Sabinus, quamvis navis *usu fructu legato navigatum mittendam*
putet, licet naufragii periculum immineat,... *neque id contrarium
est supra dictis ;* naves enim ad hoc parantur *ut navigent ; homine autem aliter uti possumus.*

Alexan-
dre ou
Claude
(233 ?
269?)

73. . . . *Si quis tibi fundos* et manci*pia donavit partisque
alterius eorum usum fructum interveni*ente recepit stipu-
latione . . . . *jus uten*di fruendique *partis
alterius*. . . . . *in diem* vitae suae ex vo-
luntate sua retinet. . . . . a habuerit usque in
. . . . us partis alterius adpro
. . . . *et* Paterno conss.

Ulp.,
L. XVII
ad Sab.

74. *Usu fructu pluribus liberis per vindicationem legato si*
ex his aliqui mortuus *erit pars ejus fratribus adcrescit*. . . .
. . . .*quod* si per damnationem
legaverit. . . . . *ceteris quibus legaverit liberis mortui pars non adcrescit.*

75[1] (1).*Quotiens usus fructus legatus est, est inter fructu-
arios jus adcrescendi, sed ita, si conjunctim sit usus fructus relictus nec nisi* in do lego legato. Ceterum, si *separatim unicuique partis rei usus fructus* sit relictus, sine dubio *jus adcrescendi
cessat.* (2). *Denique apud Julianum* lib. XXXV digestorum quaeritur, si *communi servo usus fructus sit relictus et utrique ex dominis*
adquisitus sit, an al*tero repudiante vel amittente usum fructum,
alter totum* habeat. Et Julianus quidem *putat ad alterum pertinere et licet dominis* usus fructus non aequis partibus, *sed pro
dominicis adquiratur, tamen persona ipsius, non dominorum*
inspecta ad *alterum ex dominis pertinere non proprietati accedere.* (3). Idem ait, et si communi servo et separatim Titio usus
fructus legatus sit, amissam partem usus fructus non ad Titium,
sed ad solum socium pertinere debere quasi solum conjunc-
tum. Quam sententiam neque Marcellus neque Mauricianus
probant; Papinianus quoque libro XVII quaestionum ab ea
recedit. Quae sententia Nerati fuerit est libro I Responsorum
relatum. Sed puto esse veram Juliani sententiam ; nam quamdiu vel unus utitur, potest dici usum fructum in suo esse statu.
(4). Pomponius ait libro VII ex Plautio, relata Juliani sententia,
quosdam esse in diversam opinionem ; nec enim magis socio
debere adcrescere, quam deberet ei, qui fundi habens usum
fructum partem usus fructus proprietario cessit vel non utendo
amisit. (5). Ego autem Juliani sententiam non ratione adcre-

1. 75, 1-3. Cf. *D.*, 7, 2, 1, *pr.*-2.

scendi probandam puto, sed eo, quod quamdiu servus est, cu- *Ulp., L.*
jus persona in legato spectatur, non debet perire portio. Urge- *XVII*
tur tamen Juliani sententia argumentis Pomponi ; quamquam *ad Sab.*
Sabinus responderit, ut et *Celsus* libro XVIII digestorum refert,
eum, qui partem usus fructus in jure cessit, et amittere partem et ipso momento recipere. Quam sententiam ipse ut stolidam reprehendit ; etenim esse incogitabile eandem esse
causam cuique et amittendi et recipiendi.

76[1]. Julianus scribit, si servo communi et Titio usus fructus
legetur et unus ex dominis amiserit usum fructum, non adcrescere Titio, sed soli socio, quemadmodum fieret, si duobus
conjunctim et alteri separatim esset relictus. Sed qui diversam
sententiam probant, quid dicerent ? Utrum extraneo soli an
etiam socio adcrescere ? Et qui Julianum consuluit, ita consuluit, an ad utrum pertineat, quasi possit et ipsi socio adcrescere. Atquin quod quis amittit, secundum Pomponi sententiam
ipsi non accedit.

77[2]. Interdum tamen et si non sint conjuncti, tamen usus
fructus legatus alteri adcrescit : ut puta si mihi fundi usus
fructus separatim totius et tibi similiter fuerit usus fructus relictus. Nam, ut Celsus libro XVIII Digestorum et Julianus libro
XXXV scribunt, concursu partes habemus. Quod et in proprietate contingeret ; nam altero repudiante alter totum fundum
haberet. Sed in usu fructu hoc plus est (contra quam Atilicinum respondisse Aufidius Chius refert), quod et constitutus nihilominus amissus jus adcrescendi *admittit*. Omnes enim auctores apud Plautium de hoc consenserunt: *et, ut* Celsus et
Julianus eleganter aiunt, usus fructus cotidie constituitur et
legatur, non, ut proprietas, eo solo tempore quo vindicatur.
Cum primum itaque non inveniet alter *e*um, qui sibi concurrat,
solus utetur *in* totum. Vindius tamen dum consulit Julianum,
in ea opinione est, ut putet non alias jus adcrescendi esse quam
in conjunctis; qui responso ait : nihil refert conjunctim an separatim relinquatur.

78[3]. Julianus libro XXXV scribit, si duobus heredibus institutis deducto usufructu proprietas legetur, jus adcrescendi
heredes non habere: nam videri usum fructum constitutum
non per concursum divisum.

79[4]. Neratius putat cessare jus adcrescendi libro I Responsorum. Cujus sententiae congruit ratio Celsi dicentis totiens

---

1. Cf. *D.*, 7, 2, 1, 2. — 2. Abrégé *D.*, 7, 2, 1, 3. — 3. = *D.*, 7, 2, 1, 4. — 4. = *D.*, 7, 2, 3, *pr.*

Ulp.
L. XVII
ad Sab.
jus adcrescendi esse, quotiens in duobus, qui solidum habuerunt, concursu divisus est.

80[1]. Unde Celsus libro XVIII: Si duo fundi domini deducto usu fructu proprietatem mancipaverint, uter eorum amiserit, usum fructum ad proprietatem redire, sed non ad totam, sed cujusque usum fructum ei parti accedere, quam ipse mancipavit: ad eam enim partem redire debet, a qua initio divisus est. Plane, inquit, si partem usus fructus habeas et ego totam proprietatem cum partis usu fructu, non posse me eam partem tibi mancipare, quae est sine usu fructu, quoniam nullam partem habeo, in qua non est tibi usus fructus.

81. *Papinianus* quoque libro XVIII quaestionum sententiam Nerati probat, quae non est sine ratione.

82. Poterit quaeri, si duobus servis heredibus institutis deducto usu fructu proprietas sit legata, an altero defuncto usus fructus proprietati adcrescat; nam illud constat, ut et Julianus libro XXXV scribit et Pomponius libro VII ex Plautio non reprobat, si duobus servis meis usus fructus legetur et alter decesserit, cum per utrumque quaesissem usum fructum, jus adcrescendi me habere, cum, si alterius nomine repudiassem, alterius quaesissem, haberem quidem usum fructum totum jure adcrescendi, sed ex solius persona amitterem. In proposito autem, si quidem pure fundus, non *sub condicione legatus sit, constituitur usus fructus* ex persona servi; et ita Julianus quoque libro XXXV digestorum scribit, quamvis Scaevola apud Marcellum dubitans notet. At si sub condicione sit legatus, potius ex persona domini constitui usum fructum Marcellus libro XIII digestorum scribit. Ubi Scaevola notat: 'quid si pure?' Sed dubitare non debuit, cum et Julianus scribat ex persona servi constitui. Secundum quae jus adcrescendi locum haberet in duobus servis, si quis contrariam sententiam probaret. Sed nunc, secundum Juliani sententiam et Nerati, cessat quaestio.

83[2]. Non solum autem si duobus do lego usus fructus legetur, erit jus adcrescendi, verum *et* si alteri usus fructus, alteri proprietas; nam amittente usum fructum altero, cui erat legatus, magis jure adcrescendi ad alterum pertinet quam redit ad proprietatem. Nec novum ; nam et si duobus usus fructus legetur et apud alterum sit consolidatus, jus adcrescendi non perit, nec ei apud quem consolidatus est, neque ab eo, et ipse, quibus modis amitteret ante consolidationem, iis-

---

1. = D., 7, 2, 3, 1, jusqu'à *divisus est*, sauf la substitution de la tradition à la mancipation. — 2. Abrégé D., 7, 2, 3, 2.

dem et nunc ipso quidem jure non amittet, sed praetor secu- Ulp., tus exemplum juris civilis utilem actionem dabit fructuario; *L. XVII ad Sab.* et ita Neratio et Aristoni videtur et Pomponius probat. Quamquam Julianus libro XXXV digestorum scribat ipsi quidem jus adcrescendi *competere, non vero fructuario ab eo.*

Manquent 2 ou 4 pages.

84[1]. . . . difficile est dicere. Quamquam non sit longe, quod Marcellus libro XIII Digestorum scribit, si duobus pure Stichus legetur et alter manumittat, alter post manumissionem repudiet, ubi non fit caducum, libertatem locum habere. Idemque et[2] si heres deliberante legatario manumitta*t*, mox legatarius repudiaverit, nam et hoc casu liberum fore ait.

85. Si tamen per damnationem usus fructus legetur, jus adcrescendi cessat non inmerito, quoniam damnatio partes facit. Proinde si rei alienae usus fructus legetur et ex Neroniano confirmetur legatum, sine dubio dicendum est jus adcrescendi cessare, si modo post constitutum usum fructum fuerit amissus. Quod si ante et socius amittat, erit danda totius petitio. Idemque et si sinendi modo fuerit legatus usus fructus. An tamen in Neroniano, quoniam exemplum vindicationis sequimur, debeat dici utilem actionem amisso usu fructu ab altero alteri dandam, quaeri potest; et puto secundum Neratium a*d*mittendum. In fideicommisso autem id sequimur, quod in damnatione.

86[3]. Novissime quod ait Sabinus, si uxori cum liberis usus fructus legetur, amissis liberis eam habere, quale sit videndum. Et si quidem do lego legetur, tametsi quis filios legatarios acceperit, sine dubio locum habebit propter jus adcrescendi; sed si legatarii non fuerint, multo magis, quoniam partem ei non fecerunt, tametsi cum ea uterentur. Matre autem mortua, si quidem legatari fuerunt, soli habebunt jure adcrescendi; si heredes, non jure adcrescendi, sed jure dominii, si fundus eorum est, ipsis adcrescit, sin minus, domino proprietatis; sed si nec heredes fuerunt nec legatarii, nihil habebunt. Quod si per damnationem fuerit usus fructus legatus matri, siquidem legatarii sunt fili, partes su*m*unt: si non sunt, sola mater legataria est n*ec* mortalitas liberorum partem ei facit.

87[4]. Sabinus certe verbis istis non ostendit, utrum legatarii fuerint nec ne. Sed Julianus libro XXXV digestorum relata Sabini scriptura ait intellegendum eum, qui solos liberos heredes scribit, non ut legatariorum fecisse mentionem, sed ut osten-

1. Cf. *D.*, 29, 1, 31. — 2. 84, *in fine* = *D.*, 40, 1, 2. — 3. Cf. *D.*, 7, 2, 8. — 4. Cf. *D.*, 7, 2, 8.

Ulp., L. XVII ad Sab.

deret magis matrem ita se velle frui, ut liberos secum habeat. Alioquin, inquit, in damnatione ratio non permittebat jus adcrescendi. Proposuit autem Julianus vel do lego legatum usum fructum vel per damnationem et sic sensit, quamvis legatarii sint et heredes soli, in do lego legato non esse jus adcrescendi; atque, si alteri ab altero legetur (quoniam a semet ipsis inutiliter legatum est), sibi non concurrunt, matri vero non in totum concurrunt, sed alter pro alterius portione et in eo dumtaxat jus adcrescendi erit ; mater tamen adversus utrumque jus adcrescendi habet.

88[1]. Julianus subjicit Sextum quoque Pomponium referre, si per damnationem usus fructus *cum* liberis uxori legetur, singulare hoc esse atque ideo fili personam matri *accedere, ne sine liberis ad usum fructum mater accederet*, nec esse legatarios, sed matre mortua liberos quasi heredes usum fructum habituros. Ego, inquit Pomponius, quaero, quid si mixti fuerint liberis extranei heredes ? *Et* ait filios pro legatariis habendos et mortui partem interituram, Aristonem autem adnotare haec vera esse ; et sunt vera.

Ulp., L. XVI ad Sab.

89[2]. *Ulpianus* ad Sabinum libro XVI[3]. De illo Pomponius dubitat, si fugitivus, in quo usus fructus meus est, stipuletur aliquid vel mancipio accipiat, an per hoc ipsum quasi *utar*, retineam usum fructum ; magisque admittit retineri. Nam saepe etiamsi praesentibus servis non utamur, tamen usum fructum retinemus, ut puta aegrotante servo *vel* infante, cujus operae nullae sunt, vel defectae senectutis homine ; nam et si agrum aremus, licet tam sterilis sit, ut nullus fructus nascatur, retinemus eum. Julianus tamen libro XXXV digestorum scribit, etiam si non stipuletur quid servus fugitivus intra annum mancipione accipiat, tamen retineri usum fructum ; *nam* qua ratione, inquit, retinetur a proprietatis domino possessio, etiamsi in fuga servus sit, pari ratione etiam usus fructus non amittitur.

L. I de interd.

... 90. ... .[4] libro I de interdictis, sub titulo 'In eum, qui legatorum nomine, non voluntate ejus, cui bonorum possessio data erit, possidebit'. Si usu fructu legato legatarius fundum nanctus sit, non competit interdictum adversus eum, quia non possidet legatum, sed potius fruitur. Inde et interdictum UTI POSSIDETIS utile hoc nomine proponitur *et* UNDE VI, quia non possidet, utile da*tur*, vel tale concipiendum est : 'quod de his bonis legati nomine possides quodque uteris frueris quodque

---

1. Cf. *D.*, 7, 2, 8. — 2. Cf. *D.*, 7, 1, 12, 3. — 3. *D.*, 7, 1, 12, 3, avec raison: 'XVII'. — 4. Attribué par Huschke à Venuleius ; cf., en sens contraire, Lenel, *Pal.*, 2, p. 1230, n. 1.

dolo malo fecisti, quominus possideres utereris fruereris'. Le même,

91. *Idem* libro II de interdictis, sub titulo 'Si uti frui prohibitus esse dicetur'. Non is ad quem usus fructus *venit vivi* tum vel qui utendi fruendi causa, cum usus fructus ad cum *non pertineat, in aliqua* re sit, possidere eum videtur, et ob *id*, qui uti frui prohibitus est, proprie dejectus dici non potest. Ideo specialiter hoc interdictum eo casu desideratum est. *L. II de in terd.*

92. *Idem* libro IIII de interdictis, sub titulo 'a quo usus fructus petetur, si rem nolit defendere'. Sicut corpora vindicanti ita et jus satisdari oportet; et ideo necessario *ad* exemplum interdicti QUEM FUNDUM, proponi etiam ei interdictum QUEM USUMFRUCTUM VINDICARE VELIT de restituendo usu fructu. Le même, *L. IIII de int.*

93. Post pauca sub titulo supra scripto. Restitutus ex hoc interdicto usus fructus intellegitur, cum petitor in fundum admissus sine periculo interdicti UNDE VI ad eam rem propositi depelli non potest. Idem Pedius. Ali diversam causam esse possessionis, cum ille qui posses...

Manquent 4 ou 8 pages.

DE RE UXORIA AC DOTIBUS.

94[1]. *Fundus aestimatus in dotem datus a creditore antecedente ex causa* fiduciae ablatus est; quaero, an mulier, si aestimationem dotis repetat, exceptione submovenda sit; ait enim se propterea non teneri, quod pater ejus dotem pro se dedit, cui heres non extitit. Paulus respondit pro praedio evicto *sine* dolo et culpa viri pretium petenti *mulieri* doli mali exceptionem obesse, quae tamen officio judicis rei uxoriae continetur. Poterit mulieri prodesse hoc quod ait se patri heredem non extitisse, si conveniretur; amplius autem et consequi eam pretium fundi evicti evidens iniquitas est, cum dolus patris ipsi nocere debeat. Paul, *L. VII resp.*

95. Paulus respondit solam testationem dotis repetendae non sufficere ad moram doti factam, ut actio ejus ad heredem transmittatur.

96. Die nuptiarum *vir* virgini optulit munus et duxit eam. Quaero de donatione. Paulus respondit, si ante nuptias uxori futurae situlus argenteus traditus est, donationem perfectam videri; quod si post nuptias donatio intercessit, jus civile donationem inpedisse. Quoniam igitur die nuptiarum munus datum proponitur, facilius in judicio examinari posse tempus donationis et matrimonii.

1. Cf. *D.*, 24, 3, 49, 1.

Paul,
L. VII
resp.

97. Paulus respondit id quod dotis nomine marito datum est post mortem mariti, si nulla mora intercessit, apud heredem mariti remanere oportere.

98. Paulus respondit stipulationem quidem in hunc casum conceptam 'cum moriar dari' utilem esse, etiamsi mixti casus non intervenirent[1]; ut autem de dote sua, quam apud maritum habet, mulieri testari liceat, inutiliter convenisse videri.

99. Paulus respondit filiam familias ex dotis dictione obligari non potuisse.

100. Mater pro filia partem dotis dedit, partem dixit; filia in matrimonio decessit relictis filiis ex alio matrimonio; quaero de jure dotis. Paulus respondit eam quae data est mortua in matrimonio muliere apud virum remansisse, eam, quae dicta est, a matre peti non posse.

101. Paulus respondit rebus non aestimatis in dotem datis maritum culpam, non etiam periculum praestare debere.

102. L. Titius cum esset in patris potestate, absente eo duxit in matrimonium Septiciam filiam familias, cujus nomine dotem accepit a patre. Postea supervenit pater, quo praesente duravit in diem mortis filii matrimonium. Postmodum decessit L. Titius. Quaero, an ex eo, quod non contra dixit[2], pater etiam dotis dationi consensisse videatur et ideo actione rei uxoriae filii nomine teneatur. Paulus respondit patrem etiam postea nuptiis consentientem et matrimonium filii sui et dotem efficere; et ideo ex persona fili rei uxoriae judicio [vulgari] conveniri posse, in qua actione peculi quantitas deducitur *tantummodo*. In proposito tutius fuit respondere ex persona fili eum conveniri posse, qui solus contraxerat, etsi alias placeat patrem, quo consentiente filius dotem accepit, rei uxoriae judicio vulgari conveniri posse.

103. Paulus respondit rei uxoriae titulo id solum peti posse, quod in dotem datum est. Ex donatione autem non potest peti id, quod ante matrimonium in stipulatum deductum non est, salvo eo ut quaeratur, utrum perfecta fuit donatio an non.

104. Paulus respondit dignitatem mulierum ex honore matrimonii et augeri et minui solere.

105. Paulus respondit aestimatis rebus in dotem datis et manente matrimonio evictis, viro adversus uxorem ex empto competere actionem et ideo ejus quantitatis, quae in aestimationem deducta est, sextas retineri posse.

---

1. Le ms. suivi par Huschke. Keller: 'Si *mulieris curatores* non intervenirent'. Mommsen: 'Si *mortis causa* non interveniret'. — 2. 'nuptiis' semble avoir été omis.

106. Convenit in pacto dotali, ut divortio facto sextae li- Paul,
berorum nomine retinerentur : quaero an discidio interveniente L. VII
sextae retineri possint. Paulus respondit secundum ea quae resp.
proponuntur posse.

107. Item quaesitum est, si vir repudium misit et eandem reduxit eaque mulier absente viro de domo ejus discesserit, an aeque sextae retineri possint ex priore pacto. Paulus respondit, si verum divortium intercessit et ad eundem rursum reversa non renovato pacto man*e*nte dote divortit, sextas liberorum nomine ita demum retineri posse, si culpa mulieris divortium intercessit.

108. Paulus libro VIII responsorum titulo de re uxoria. Pau- Paul,
lus respondit patrem do*l*em a se profectam, mortua in ma- L. VIII
trimonio filia, deductis quintis singulorum liberorum nomine resp.
repetere posse.

109. Paulus respondit pupillorum matrem uxorem ducere tutoribus interdictum non esse et ideo eum, de quo quaeritur, et privignum fuisse et recte heredem institutum videri.

110. Paulus respondit etiam post nuptias copulatas dotem promitti vel dari posse, sed non curatore praesente promitti debere, sed tutore auctore.

111[1]. L. Titius a Seia uxore sua inter cetera accepit aestimatum etiam Stichum puerum et eum possedit annis fere quattuor; quaero, an eum usuceperit. Paulus respondit, si puer, de quo quaeritur, in furtivam causam non incidisset neque maritus sciens alienum in dotem accepisset, potuisse eum aestimatum in dotem datum post nuptias anno usucapi. *Quamvis enim* Julianus et ante nuptias res dotis nomine traditas usucapi pro suo posse existimaverit et nos quoque idem probemus, tamen hoc tunc verum est, cum res dotales sunt. Cum vero aestimatae dantur, quoniam ex empto incipiunt possideri, ante nuptias pendente venditione, non prius usucapio sequi potest quam nuptiis secutis.

112. Apud magistratus de plano L. Titius his verbis a marito repetit. Anicius Vitalis dixit : Quoniam praesto est Flavius Vetus junior, peto rem *uxoriam Seiae nomine* ab eodem ex legibus et edictis. Dotem et peculium *scripta habere se d*ixit tabulis signatis nec protulit. Flavius Vetus junior dixit :......
.... us sum[2]. Duumvir dixit : Sermo vester in actis erit. *Quaero, Seia mortua an ad* heredes ejus rei uxoriae actio transierit, cum is qui repe*tisset neque tutor Seiae neque* curator

1. Cf. D., 41, 9, 1, 2. — 2. Mommsen, 1" et 2" éd. : 'Actione excipere paratus sum'. Huschke : 'Nullo jure a te postulatus sum'.

neque procurator neque cognitor aut *actor ejus fuisset neque omnino actionem* haberet. Paulus respondit mulieris nomine postulatum vid*eri et per quemcunque p*osse actionem rei uxoriae perpetuari.

<small>Schol. ad *112, in fine* : B'. posse per quemcunque actionem *rei uxoriae* perpetuari.</small>

<small>Emp. incert.</small> 113[1]. . . . . . . *verecundiam* hoc est vitae probabilis instrumentum *nolumus ita*. . . . . *in per*iculum redigi, ut eam praelatam *liceat* p. . . tatis eum . . . . fretus con*j*unctionis firmitate proi . . . . em . . . . m juxta statutum judicantis adflixerit sententia . . . . . a deprimitur. Viderit enim utrum in praeteritum, *ex auctoritate Pauli? non nisi d*ote repromissa aestimantis aliquid remanere *debere, eo solo modo* constituta petendi firmitas putaretur e commu*ni jure dotium, an quod nobis* sanctior parentium affectus persuasit, ut in sola *libelli datione de* dote obligatio gigneretur. Frustra evidens *impugnat calumnia*. Pat*erna*m restituendae dotis voluntatem astutia here*dum*. . . . . speciebus, quas doti pater filiae nomine designaverat. . . . . . um libelli scriptione promat, et de redhibitione . . . . a filiae dotem restitui voluit, frustra Maximus . . . . . *d*esiderat, Renato submoto, cui dos Paulinae nomine *petita est, heredes* repetitionem instituere potuisse judicavit. *Jure Renatus quoniam demort*ui voluntas soceri primo per . . . . libellum, dehinc *testamento declarata est, nos* consuluit, auxilium nostrae mansuetudinis in*plora*. . . . . . undique versum ejus actionibus aditum daret. Qui cum repetitionem. . . . . . . s et violato necessitudinis jure secundo soceri ju*dicio*. . . . *a*dipisci merebatur. Quapropter Maximi sententia, dotem, cujus *postulatur restitutio, juxta* extremam restitui voluntatem, qui eam reddi *sibi desiderat filium non prohib*eri placuit. Nec enim dubium est effectum restituti*onis ei a patre esse de*stinatum, cui dotem filiae nomine per libellum *dari voluit*.

<small>Schol. ad *113, princ.*: B'. Dotem per libellum promi*ssam* et sine stipulatione afferre actionem.</small>

<small>Paul, L. VIII resp.</small> 114. Paulus libro VIII responsorum. *Inter* virum et uxorem convenit, cum res *et aliae et ancillae in d*otem darentur, ut divortio secuto utrum vellet mulier eligeret vel mancipia vel aestimationem; manent*e matrimonio ancillae* pepercrunt; quaesitum est, si mulier mancipia elegisset, *an partus eam sequi deberent*? Paulus respondit, quoniam periculo mariti vixer*unt*

<small>1. Cf. C., 5, 14, 7.</small>

ancillae, partus medio tempore perceptos apud virum remanere debere.   Paul, L. VIII resp.

115. *Idem ibidem refert* talem consultationem et responsum. *Lucia Titia* cum nuberet Septicio majoris dign*itatis viro, ei*.. . . . . . milia in dotem dedit, cum non amplius in bonis ha*beret*... . . . *num* verum est, quod a quibusdam dicitur, omnia in dotem da*ri posse? Paulus respondit recte dotem datam*; dari posse argumento esse in manu*m* conventione*m*.

116. *Pater invita* filia repudium genero misit ; quaero *an profectam ex suis* bonis *dote*m petere possit. Paulus respondit matrimonium quidem re *ipsa jure solutum* videri, sed patri filiam invitam a marito *abducere non licere nec eum* dotem repetere posse nisi filia consentiente.

117. Lucius Titius Septiciam ducturus uxorem *cum esset nondum nubilem,* postea Septicius datus tutor Septiciae eundem *Titium nominavit potiorem* tutorem ; quaero an excusandus sit. Paulus respondit de offici*o praetoris id pendere ; recte tamen* eum facturum, si cum, de quo quaeritur, potiorem non *pronuntiet, ne nuptias* destinatas ea res inpediat.

118. Paulus respondit etiam man*ente adulterii reatu* eam, quae rea facta erat, nubere potuisse.

119. Ulpianus libro II de officio proconsulis. Impp. Augg. Julio Ju*liano rescripserunt*... *ream f*actam dotem recte reddi sibi desiderare divusque.. . . . . quod etiam in patre servabitur qui consentiente filia re*petit*. . . . . . nec moratoriae dilationi locus erit, quod mal. . .   Ulp., L. II de off. procos.

120. Ulpianus libro XXXIII ad edictum. Inter cetera de reddenda *dote pacta practer legitimam* ut retentionum ratio habeatur siquidem conveni*t, eo pacto verundum est,* ne non deterior dotis causa fiat, nisi in eum casum, quo *filii extent, convenerit;* hoc enim jure utimur et Julianus scribit et est rescriptu*m. Tum igitur et universa* dos retineri uno filio interveniente potest, si modo non culpa *viri divortium factum est.* Quodsi nihil convenit, exercendae retentiones non *nisi legitimae* sunt.   Ulp., L. XXXIII ad edict.

121. Papinianius libro IIII responsorum. Non ab eo culpa dissociandi matrim*onii procedit, qui nuntium divortii* misit, sed qui discidii necessitatem inducit.   Pap., L. IIII resp.

Schol. ad 121 : B'. Non ab eo culpam divorti procedere qui repudium dedit, sed qui dandi necessitatem indu*x*it.

122. Item. Convenit ut divortio vel morte viri solu*to* matrimonio. . . . .

Manquent 158 ou 160 pages.

DE EXCUSATIONE.

Ulp.,
L. de
excusat.

. . . .
. . 123. . . eum de quo agitur, et de incolumitate ejus sibi rescribant.

124. Item. Hi quoque, qui sunt ex collegio sex primorum, habent a tutelis excusationem, sed non simpliciter, sed post unam ; nam non alias a ceteris vacant, nisi unam habeant.

125. Item. Olim varie observa*b*atur circa numerum tutelarum, sed hodie certo jure utimur tam ex rescriptis divorum quam ex constitutionibus imperatorum nostrorum ; nam si quis tres tutelas sive curas habea*t* excusatur.

126. Item. Haec locuti sumus de tutelis, finitis non inputandis ; eodem loco sunt et non coeptae.

127. Item. Sed hodie hoc jure utimur, ut si filium quis habeat in potestate, tam patris quam fili onera patri in numerum procedere *debeant*.

128. Item. Hodie itaque, ut quis excusetur, tria onera allegare debet sive tutelarum sive cura*r*um sive etiam curae kalendari, et sive ejusdem *sive diversi* tituli sint tria onera, a quarta excusant.

129. Item. Valetudo quoque mala praesta*t* vacationem, si talis sit, ut ostendat eum ne quidem rebus suis administrandis idoneum esse.

130. Item. Si quando autem hujusmodi valetudo adfirmetur, inspectio praetoris necessaria est. Sive autem quis arthriticus sit sive posicus[1] sive epilepticus sive orbus, et his similia, excusantur.

131. Item. Verba rescripti : 'Libertus qui negotia senatoris populi Romani gerit, a tutela excusatur ; a muneribus autem civilibus, cum ipse quoque bonis publicis fruatur, non vacat'.

132. Item. Sic autem interpretantur prudentes has constitutiones, ut unum libertum procuratorem in quaqua domo senatoris voluerint vacare, non quotquot erunt, si plures fuerint.

133. Item. Ergo videmur hoc jure uti, ut is vacet, cui omnium rerum generaliter procuratio mandata sit, et non amplius quam unus.

134. Item. Arcari Caesariani, qui in foro Trajani habent stationes, ex sacris constitutionibus multifariam emissis habent immunitatem.

---

1. M. Mommsen, arg. *C.*, 10, 51, 3 : 'podagricus', ou peut-être 'leprosus'.

135. Item. Qui jam tutores vel curatores sunt, si rei publicae causa absint, ad tempus excusantur.

Ulp., L. de excusat.

136. Item. Eum, qui viae curam habet ab imperatore injunctam, excusari.

137. Item. Anabolicari a tutelis curationibusque habent vacationem.

138. Item. Ii, qui in centuria *accensorum velatorum* sunt, habent immunitatem a tutelis et curis.

139. De litibus, quas tutor cum pupillo habet, an propterea excusetur? Et dicit[1] propterea non excusandum et extant rescripta.

140. Item. Veterani quoque post emerita stipendia missi honesta missione in perpetuum a tutelis vacant.

141. Item. Primipilaribus ob id ipsum, quod primipilares sunt, vacatio a tutelis a divo Hadriano dari coepit.

142. Item. Decuriales quoque, qui ob id ipsum vacant, a tutelis[2] condecurial*is* filii non vacare, si non habeant aliam excusationem.

143. Item. Neque autem primipilarium filii neque veteranorum a tutelis excusantur.

144. Item. Is qui inter vigiles militat, quamvis post emerita stipendia legitima missus sit, non in perpetuum vacat a tutelis, sed intra annum, quam missus est; ultra non vacat.

145. [3]Item. Officium quoque militare excusat; namque munus emeritum prodest, multo magis, cum frequentatur.

146. Item. Qui Romae magistratu funguntur, quamdiu hoc funguntur, dari tutores non possunt.

147. Item. Imperatores nostri constituerunt, ne *nisi* intra ducentesimum miliarium senator populi Romani cogatur res pupillares administrare. Itaque in usu ita servatur, ut ad eas res, quae ultra ducentesimum lapidem sunt, equestris ordinis viri dentur tutores sive curatores a praetore; et hoc non tantum in eo senatore servatur, qui decreto tutor vel curator datus est, sed et in eo, qui testamento.

148. Item. *Is*, qui in Portu pro salute imperatoris sacrum facit ex vaticinatione archigalli, a tutelis excus*at*ur.

149. Item. Philosophis quoque et medicis et rhetoribus et grammaticis, quibus per hanc professionem immunitas dari solet, etiam vacatio a tutelis datur tam divorum principum rescriptis quam imperato*rum* nostr*orum*. Quan*tum* ad medicos uniuscu*ju*sque civitatis pertinet, intra numerum

---

1. M. Mommsen préférerait: 'et di*dici*'. — 2. M. Mommsen préférerait: 'vacant a tutelis, *a tutela*'. — 3. Cf. F. V., 222, Ulp., *De off. praet. tut.*

Ulp., quinque esse debere, sacrae constitutiones docent. Cetera.
L. de excusat.

150. Item. Neque geometrae neque hi qui jus civile docent a tutelis excusantur.

151[1]. Item. Qui muniti sunt aliquo privilegio, aliquando *non* admittuntur ad excusationem; velut si minor sit annorum xxv, si adfini datus sit tutor et aliquem usum rerum habeat; quod jus venit ex epistula divi Hadriani.

152. Item. De libertis quoque, quamvis multa privilegia excusationum praetendant, tamen a patroni sui liberorum tutela non excusantur.

153. Item. Qui patri pupilli promiserunt se suscepturos tutelam, non excusantur, quia est ini*q*uum alios non esse datos.

154. Item. Si inmiscuit se administrationi tutor, perdit beneficium excusationis : plus enim egit, quam si promisisset; idque divi fratres Domitio Rufo rescripserunt in haec verba: Libera*ri* tutela, quam sponte suscepisti, *perper*am desideras.

155. Item. Igitur observandum deinceps erit, ut qui tutor datus *sit*, si quas habere se causas excusationis arbitrabitur, adea*t* ex more. *Nec* in infinitum captiosi silentii temp*us*, per quo*d* res interfrigescat, concessum sibi credant: hi qui Romae vel intra centesimum fuerint, sciant in proximis diebus quinquaginta se excusationis causas allegare debere aut capessere administrationem; ac nisi id fecerint, in ea causa fore, in qua sunt, de quibus consules amplissimi decreverunt periculo suo eos cessare.

156. Item. Formam autem ex hac constitutione datam hodie in usu ita celebrari animadvertimus, ut ex eo die incipiant quinquaginta dies enumerari, ex quo sciera*t* se esse tutorem vel curatorem, scilicet ex eo, ex quo in notitiam ejus decretum *per*latum sit testato, vel, si testamento datus sit, ex quo id quoquo *modo* scierit. Itaque ubi sciit, ne praescriptione quinquaginta dierum excludatur, si sint *s*essiones vel pro tribunali vel de plano, adversario, id est ei, qui eum petit, denuntiare debet et adire praetorem et titulum excusationis suae apud eum expromere; si feriae sint, libellos det contestatorios.

157. Item. Tunc demum excusandus est, q*ui* prius datus fuerat, si is quem nominaverit et potior necessitudine et idoneus re fideque vel absens *d*eprehendatur.

158. Item. Pars oration*is* imperatoris Severi. Promiscua facultas potioris nominandi nisi intra certos fines cohibeatur,

1. Cf. *F. V.*, 223, Ulp., *De off. praet. tut.*

ipso tractu temporis pupillos fortunis suis privabit. Cui rei obviam ibitur, patres conscripti, si censueritis, ut collegae patris vel pupilli in decuria vel corpore, item cognati vel affines utriusque necessitudinis, qui lege Julia et Papia excepti sunt, potiorem non nominent, ceteri cognati vel adfines amicive atque municipes eos tantummodo nominent, quos *supra* complexus sum, vicinitatis autem jure nemo potior existimetur.

Ulp., L. de excusat.

159[1]. *Imperatores* nostri Aelio Diodoto. Tutores secundum patris voluntatem decreto praetoris clarissimi viri, quo*d* non jure testamento vel codicillis dati fuerant, confirmatos potiores nominare posse non arbitramu*r*, nam judicium patris, licet jure deficiat, servandum est.

160. Item. Libertus sicut excusare se a tutelis, ita *etiam* potiorem nominare potest.

161. Item. Ex ea die, ex qua quis potiorem nominavit, deinceps omnibus sessionibus adversus eum, quem nominavit, adire debet, usque dum causam finiat : ceterum si aliquam sessionem intermiserit is, qui potiorem nominavit, praescriptione excluditur. Plane illa sessio, quae de plano celebratur, ei non computabitur.

162. Item. Si is, qui potiorem nominavit, litteras petierit ad magistratus, ut compellant eum venire, quem potiorem nominavit, *postquam* libellos dedit al*tera* die litteras accipere debet ac magistratibus reddere per dinumerationem vicenum milium passuum.

163. Item. Illud curare debet, ut intra diem decimum quam litteras reddidit magistratibus, rescriptas deposcat; et ubi eas acceperit, per dinumerationem simili modo reverti debebit et si sessionem invenerit pro tribunali, reddere praetori, ut subnotet sua manu quod volet.

164. Item. Si quis eos, quos potiores nominavit, non probaverit, si adhuc intra quinquagesimum diem est, alios potiores potest nominare.

165. Item. Qamvis supra dixerimus[2] eum qui potiorem nominaverit, si aliquam sessionem intermiserit pro tribunali, praescriptione submoveri, utique verum est, si litterae non sunt impetratae : ceterum ex quo inpetratae sunt in eum diem, quo reddi praetori rescrip*tae* debent, et*si* hoc medio spatio sessio fuerit, non oberit, si sessionibus non adierit; et ita in usu servatur.

1. = *F. V.*, 246. — 2. M. Mommsen propose de lire : 'Quod vero supra diximus' ou d'insérer 'id' avant 'utique'.

Ulp.,
L. de excusat.

166. Item. Libelli ita formandi. 'Cum proxime decreto tutorem me dandum existimaveris illi, quod mihi in notitiam pertulit *ille* illa die, nomino potior*em*, ut municip*em* suprascripti, illum, Veientanum, morantem eo loco, habentem in substantia plus minus tantum'. Si eques Romanus fuerit qui potior nominabitur, etiam hoc comprehendi debet. Deinde fine talem clausulam *a*ddat : 'Rogo, praetor, propter praescriptio*nis* tempora, libellos accipere dignero*s*'. 167. Si pro tribunali dabuntur, quinque, de plano quattuor dandi erunt et petendum, ut denuntietur ex auctoritate. Cum denuntiaverit et non venerit, libellos det et litteras petat.

168. Item[1]...... Quidam tamen justos secundum has *leges* putant dici. Divi quoque Marcus et Lucius Apronio Saturnino ita scripserunt: 'Si instrumentis probas, habere te justos tres liberos, excusationem tuam Manilius Carbo praetor vir clarissimus accipiet. Sed justorum mentio ita acc*i*pienda est, ut secundum jus civile quaesiti sint'.

169. Item. *In* adoptionem dati ad hanc causam proderunt.

170. Item. Jus liberorum a principe impetratum nec ad hanc causam, nec ad mun*era prodest*.

Manquent 2 pages.

171. . . . tionem poterit s. . . . . non enim testamentarius . . . .

Paul,
L. II
Sent.

172[2]. Paulus libro II sententiarum. Pro t . . . . ut est Latinus Junia*nus*, ... *item qui codi*cillis ad testamentum non pertinen*tibus tutor datus est.*

Ulp.,
De off.
pr. tut.

173. Ulpianus de officio praet*oris tutelaris*. . . . . Habentem in Ita*l*ia domicilium *consentaneum est a provinciali administratione liberari* ; *iis itaque mu*neribus subjicietur tantummodo, quae pertinent ad res Italicas pupilli. . . . . recuperabit.

173ª. *Item. Si ei, quem pater testamento tutorem nominavit,* sacerdotium *contigit.* . . . . *quo adversus* tutelam privilegium *continetur, tamen ita demum excusabitur, si ante aper*tum testamentum sacerdos *factus est.*

174. Item. Haec de sacerdotio *dicta pertinent ad eum quoque,* cui *magistratus* excusationem confert ; *itaque haec non liberat* nisi a tutelis eo tempore delatis, quo quis consul vel praetor vel aedilis est.

175. Item. Collegas eos accipimus. . . . . *eandem artem*

1. Il faut suppléer au début quelque chose comme : 'Justos autem liberos esse oportet, id est non naturales, sed ex vero matrimonio etsi non secundum lege Juliam Papiamve quaesitos'.— 2. Paul, *Sent.*, 2, 27, 6.

exerceant, quam pater *factitarit*............. Ulp.,
quo pater pupillorum ex .... De off.
176. Item. Sicut autem de.............. pr. tut.
lium et ita imperator noster...........

177[1]. Item. Veteran*i a reliquorum tutelis omnibus excusantur, a* veteranorum autem fil*iorum tutelis ita, ut non plus unam suscipere cogantur.* Sed utrum simul non plus *unam ejusmodi tutelam suscipere debeant an sufficiat semel suscepisse* unam, tractari potest. Puto *tamen gestam tutelam eis non profuturam et ita* inveni rescriptum.

177[a2]. *Item. Non honesta missione missi non excusantur et* ita de *ignominiose demissis imperatores* ....
riae Sabinae rescrips*erunt*...................
exauctoratum e............................
Ab urbicis plan*e tutelis excusabuntur, quia ingredi eis urbem non licet.* Sed etsi non sint perfuncti s*tipendiis, tamen qui post annum vigesimum missi sunt,* si missionem non *ignominiosam acceperunt, excusantur.*

178. Item. Sed primipilar*es etsi a reliquis tutelis universis excusantur, tamen ipsi filiis suis recte tutorem* primipilarem dabunt.. .... legare quoque.
Ipse quoque in locum...........

179. *Item. Sacerdos ad tempus factus etsi excusatur d*um sacerdotio fungitur, *tamen postquam id deposuit, privilegium amplius non habet et ita* rescripto divi Pii declaratur ....

180. Item.......... *qui* sunt in primipilaribus
. . . . *exemplo veteranorum excusantur*.

181 .... *i* veterem suam emp-
. . . . *sestertia* centum milia................... *consummatam* eam nan-
. . . .

182. .... ducit : nam minor viginti *quinque annis*.............. *a tutela* excusantur ut
. . . . o daret minores XXV annis........

183. *Item.*........... *cui data est a principe negotio*rum *fiscalium administratio, quamdiu administrat,* onera tutelarum *suscipere non cogitur, ne publicae rei utilitas privatorum in*juriam adferat.

183[a3]. *Item. In valetudinem quoque qui inciderit, aut ad tempus aut in perpetuum a tute*la excusabitur. Hi quos va-

1. Cf. *D.*, 27, 1, 8, 10. — 2. Cf. *D.*, 27, 1, 8, 9. — 3. Cf. *D.*, 27, 1, 10, 8, 12.

Ulp., De off. pr. tut.

letudo perpetua excusat...... *eas quoque* tutelas, quas ante *susceperant, deponunt.*

184. *Item. In furorem qui inciderit, item excus*abitur etiam ab ea quam antea *susceperat tutela; neque tamen in totum*, sed *in locum furi*osi ad tempus curator *dabitur.*

185[1]. *Item. Imp.*..... *rescripsit L. Titio adfirmanti imparem* per rusticitatem se *alienis negotiis gerendis esse, rusticitatem posse excusationem* mereri. Paupertas plane *dat excusationem.*

186[2]. *Item. Tria onera tutelarum excusationem* tribuunt. Tria autem *onera sic sunt accipienda, ut non numerus pupillo*rum plures tutelas faciat, *sed patrimoniorum separatio. Et ideo qui tribus* fratribus tutor datus est, qui indivisum patrimonium habent, vel quibusdam tutor, quibusdam curator, unam tutelam suscepisse creditur.

187. *Item.* Qui curam kalendarii Gaditanorum a principe in*jun*ctam in *e*questri ordine susceptam administrabat...

188. In tribus non inputabitur tutela vel cura, quae affectata est. Affectatam sic accipiemus, si vel appetita videatur, vel cum posset quis se excusare, ab ea se non excusavit. Creditur enim affectasse, qui onus cum posset declinare non recusavit. Et id saepe decretum est in tutore, qui non potuit invitus dari tutor, vel curato*re*, qui cujus fuerat tutor, curator est nominatus.

189[3]. *Item.* Si quis inter tres emancipati fili sui tutelam administret, an ei haec in numero cedat, scio dubitatum. Invenio tamen Fulvio Aemiliano in person*a* Manili Optivi rescriptum emancipatae filiae tutelam numerari ei inter onera oportere.

190[4]. *Item.* Tria autem onera in domo esse sufficit. Proinde si pater alicujus vel filius vel frate*r*, qui est in ejusdem potestate, tria onera sustineat, quae ad periculum patris pertinent quoniam voluntate ejus administrant, omnibus excusatio a tutela competit.

191[5]. *Item.* Numerus quoque liberorum a tutela excusationem tribuit civibus quidem Romanis earum tutelarum, quae Romae sunt injunctae, a trium, earum vero, quae in municipiis Italicis injunguntur, *a* quattuor numero liberorum ; idque imperator noster et divus Severus Claudio Herodiano rescripserunt. Et ideo si quis a magistratibus municipalibus fuerit datus, quattuor numero liberorum debebit excusari.

1. = *F. V.*, 240. Cf. *D.*, 27, 1, 7. — 2. = *D.*, 27, 1, 3. — 3. Cf. *D.*, 27, 1, 15, 16. — 4. *D.*, 27, 1, 5. — 5. Cf. *F. V.*, 247.

192. Item. S*ed* si in provincia delata fuerit tutela, licet Romae excusatio allegetur, a quinque liberis debet recipi.   Ulp., *De off. pr. tut.*

193. Item. Exemplo civium Romanorum Latinos Junianos excusari oportet.

194. Item. Justi autem an injusti s*i*nt filii, non requiritur; multo minus, in potestate necne sint, cum etiam judicandi onere injustos filios relevare Papinianus libro V quaestionum scribat.

195. Item. Ex filia nepotes *non* prodesse ad tutelae liberationem sicuti nec ad caducorum vindicationem palam est, nisi mihi proponas ex veterano praetoriano genero socerum avum effectum ; tunc enim secundum orationem d*iv*i Marci, quam in castris praetoris recitavit Paulo iterum et Aproniano conss[1]. VIII id. Jan., id habebit avus, quod habet in nepotibus ex filio natis. Cujus orationis verba haec sunt : 'Et quo facilius veterani nostri soceros repperiant, illos quoque novo privilegio sollicitabimus, ut avus nepotum ex vete*r*ano praetoriano natorum iisdem commodis nomine eorum fruatur, quibus frueretur, si eos haberet ex filio'.

196. Item. In adoptionem dedisse non nocet, nec adoptasse ad excusationem proderit, quoniam soli naturales tribuunt excusationem.

197. Item. An bello amissi a tutela excusare debeant ? Nam et in fascibus sumendis et in judicandi munere pro superstitibus habentur, ut lege Julia de maritandis ordinibus de fascibus sumendis et publicorum kapite XXVI item privatorum kapite vicensimo VII de judicando cavetur. Et puto constituendum ut et a tutelis excusent ; proinde sive tres bello amiserit sive unum duosve, pro superstitibus cedent.

198. Item. Sed utrum soli filii an et nepotes debent prodesse ? Subsistendum, quoniam lex quidem privatorum kapite XXVII '*ex* se natos' appellat, lex vero publicorum kapite XXVI liberorum facit mentionem. Puto tamen eandem esse aequitatem in nepotibus, qui in locum filiorum succedunt, quae est in filiis.

199. Item. Utrum in acie dumtaxat amissus, an tempore belli amissus prosit ? [Sed] Aristo in acie amissum dumtaxat ; ego puto per tempus belli amissum debere prodesse, ne publica strages patri noceat[2].

200. Item. Erit haec etiam excusatio, si quis se dicat tutelam alicujus administrasse et ad curam ejus vocetur : nam

---

1. An 168 après J.-C. — 2. Cf., en sens contraire, Ulpien, *D.*, 27, 1, 18.

Ulp., De off. pr. tut.

invitum non esse compellendum suscipere imperator noster cum patre Polo Terentiano rescripsit; 201. item si quis uxori suae cura*tor* datur, nam sicuti senatus censuit, ne quis eam ducat, cujus tutor vel curator fuit, ita uxoris suae non debere curam administrare divus Severus Flavio Severiano rescripsit. 202. Item. Proinde si cui fuerit pupilla a patre desponsa, non debebit ei tutor dari, ne nuptiae inpediantur, et datus excusabitur ; et si sponsae suae curator fuerit datus, debebit excusari, nisi forte a patre tutor vel curator fuerit destinatus. Aut enim ipse eam pater despondit et utrumque perficiet ; aut post mortem patris desponsa est et magis est ut voluntati patris obtemperetur in onere quam ipsius in matrimonio : quare nuptiae inpediuntur.

203. Item. Est et hoc genus excusationis, si quis se dicat domicilium non habere Romae delectus ad munus vel in ea provincia, ubi domicilium non habet, idque et divus Marcus Pertinaci et Aeliano consulibus[1] rescripsit.

204. Item. Proinde qui studiorum causa Romae sunt praecipue civilium, debent ex*cusari, quamdiu juris* causa Romae agunt studii cura distracti; et ita . . . . . imperator Antoninus Aug. Cereali a censibus et aliis[2] *rescripsit*.

205. Item. Proinde si quis ad urbicam dioecesim pertinens *testamento tutor dabitur*, excusare se debebit ab eo patrimonio, qu*od* in regi*onibus juridicorum est, pariter* a re provinciali. Sed caveat, si legatum accepit, hoc facere ; li*cite enim urbana sola administrat*, verum q*uia non* in plenum voluntati paret, legati *ei petitio denegabitur* ; idque divus Marcus in eo, qui se a re provinciali excusavit *legato honoratus*[3], Claudio Pulchro rescripsit.

206. Item. A*n is quis se v*oluit excusare nec optinuit, postea potiores nomi*nare possit, scio quaesit*um. Et magis est ut possit, si eum tempora patiantur ; q*uos* enim *habet, iis utetur die*bus, licet potior nominatus alterutrum debeat eli*gere, utrum velit nega*re se potiorem an vero magis potiorem nominare : *et ita* . . . . . io praetori rescripsit.

207. Item: *Etsi is qui* tutor datus est et excusare se et non recepta excus*atione potiores* nominare potest, si tempora dierum patiantur, *tamen si praetulerit* potiores nominare, postea ad excusationem transi*re non potest* ; *nam loco fatentis est* nullam se excusationem habere, cum potiores *nominat*. Nec

---

1. An 175 après J.-C. — 2. Le ms.; M. Otho Hirschfeld nous communique la conjecture ingénieuse et inédite : 'a li*bellis*'. — 3. Mommsen; Pellat : '*testamento tutor datus*'.

magis ferendus est, si dicat se sine praejudicio hoc facere, forte *adeo simul et profi*teatur excusationem et potiorum nominationem . . . . suscipiat.

Ulp., De off. pr. tut.

208[1]. Item. *Is qui potior* nominatus est, si quidem neget se esse in ea conjunctione, am*plius nominare magis* potiorem non potest; convictus ne excusare se quidem poterit; *idque est rescripto ad Claudium* Herodianum de excusatione insertum.

209. Item. *Is qui potior* nominatus est, ad omnia haec dies eos habebit, quos *habent qui primo loco dati* sunt, ut eodem rescripto declaratur.

210. *Item. Is qui* potiorem nominat libellos debet qualernos dare praetori *de plano, quinos pro t*ribunali, ut epistula divi Marci ad Aemilianum *continetur, et dicere, quo* jure potiorem nominet, id est gradum necessitu*dinis et jus cognat*ionis aperte designare; et ideo non sufficit cognatum *vel adfinem generaliter* dicere, sed debebit gradum adjicere vel nomen *proprium cognationis* adfinitatisve designare et jus cognationis exprimere; *nec sufficit collegam* dicere, nisi in quo collegio addiderit. Et si forte in aliquo horum deliquerit, emendandi ei facul*tas intra tempus, quo potuit* potiorem nominare, conceditur, postea non, idque imp*erator noster* . . . *rescripsit.*

211. Item. Ne hi quidem possunt, quos praetor confirmavit tes*lamento* desi*gnatos, ut imperator noster Diodoto* praetori rescripsit. Proinde si a matre fuerint designati, *an ii potiores* nominare possint, quaeri potest; et puto eos nomin*are posse, nam de iis tantum* rescriptum est, qui a patre erant designati. Sed hoc erit serva*ndum in filio solo, non in* alio virilis sexus per virilem sexum descenden*te, licet liberti sint tutelae vel* curae destinati: nam et Papinianus respondit libertum a patrono *nepoti ex filio des*tinatum tutorem posse potiorem nominare.

212. Item. Nominare autem potiores non possunt inprimis *collegae patris, ut* divus Severus constituit.

213. Item. Licet autem patris appellatio in oratione *sit*, *puto de avo quoque* accipiendam, quamquam circa primipilares hoc jure u*timur, ut filio primipilaris* dentur soli, non etiam nepoti.

214. Item. Sed nec cognati vel adfines possunt nominare potiores; *prohibentur vero, ut oratione ex*pressum est, hi soli qui lege Julia *Papiave* excepti sunt. 215. Proinde si quis cognatus alterutra lege exceptus lice*t non proximus datus est, ut* Diodoto praetori est rescriptum, potiorem nominare non po-

1. Cf. F. V., 247.

Ulp., terit, ne*que potest potiorem* nominare adfinis qui alteru*tra*
De off. lege exceptus est.
pr. tut.
     216. Item. Excipiuntur autem lege quidem Julia cognato-
rum *sex gradus et ex septimo* sobrino sobrinave natus, sed et
nata per interpretationem, *quive in alicujus* horum potestate
sunt quaeve in matrimonio, vel hi qui sunt *cognatarum nostrarum* hoc gradu nos contingentium mariti, ve*l eorum, qui
sunt in potestate* nostra, cognati contingentes eos ea cognatione, *quae supra scriptum gradum* non excedit. 217. Item nup-
tarum nobis *cognati a nobis ad eundem* gradum vel nostri cognati ab uxoribus nostris *excipiuntur*. 218. Item. Lege autem
Papia ii adfines excipiuntur, qui v*ir et uxor et gener et nurus* et
socer et socrus unquam fuerunt, 219. Item vitricus *noverca privignus* privigna vel ipsorum vel eorum qui in eorum potesta*te
matrimoniove sunt quive* fuerunt.
     220. Item. Memini itaque me suad*ente*. . . . .
Alcimum libertum maternum Furi Octavi*ani* clarissimi viri
p*raetorem in cura retinuisse*, cum tutelam ejus administras-
set, necessariusque ad *res gerendas videretur*; nam et liberti
materni in pari sunt condicione. Oratio enim d*ivi* Marci ita
scripta est, ut patroni patronaeve *liberis* libertus tutor deligi
possit, tametsi aliquo privilegio subnixus sit.
     221. Item. Si alius eum Latinum fecerit, alius iteraverit,
an utriusque liberorum tutelam suscipiat, videndum, quasi
utriusque meritum habeat; nisi forte exemplo munerum, *quibus* divus Marcus rescripsit apud originem ejus qui Latinum
fecit debere eum fungi, sol*ius* ejus liberorum tutelam suscep-
turum dicemus.
     222. Item. Officium quoque militare excusat, nam cum
munus emeritum prodest, multo magis cum frequentatur prodesse debet. Sed si ad tempus rei publicae causa absit, non in
perpetuum, sed ad tempus excusabitur. Denique *consulto* ex
facto sub divo Hadriano quidam, cum legatus esset legionis *et*
testamentum recitatum esset, quo tutor erat datus, non in
perpetuum, sed ad tempus, quo legatus legionis erat, meruit
excusationem. *Excusatur* etiam is, qui commentarios habet
praefecti, quamdiu hic commentarios habet praefecti, ut divus
Marcus cum filio rescripsit.
     223[2]. Item. Hi qui muniti sunt aliquo privilegio, aliquando
non admittuntur ad excusationem, velut si minor sit annis
XXV adfini datus tutor et aliquem usum rerum habeat here-

1. Cf. F. V., 145. — 2. Cf. F. V., 151.

ditariarum ; quod jus venit ex epistula divi Hadriani, quam scripsit Claudio Saturnino legato Belgicae. Quae constitutio videtur de his loqui, *qui* a praetore dati sunt; ego idem esse accipiendum, si testamento datus sit. In eandem sententiam et divus Pius Platorio Nepoti scripsit.

224[1]. Papinianus libro XI quaestionum respondit verbis orationis fratrum imperatorum libertum, etsi ob aliquod privilegium a tutelis va*cet*, patroni tamen patronaeque liberorum tutor ut del*i*gatur comprehensum. *In* numero liberorum pronepos patroni sine dubio continetur. Sed potest dici non aliis patroni *patronaeve* liberis libertum hoc debere, quam qui jure patroni hoc[2] sp*erare* possunt, et ideo neque patronae nepotis tutelam administrare compellen*dum privi*legio subnixum, neque pupilli, qui ex filia patroni venit, quia vacatione pra*e*ter liberos patronorum, qui per virilem sexum descendunt, liberti fruuntur. *Pap., L. XI quaest.*

225[3]. Item. Et hoc qu*idem* de eo, cui beneficium datae libertatis exprobrari potest. Alioqui nequaquam credendum est ei privilegium ablatum, cui fideicommissa libertas soluta est; nam in toto fere jure manumissor ejusmodi nihil juris *ut* patronus adversus personam modo liberti consequitur, licet in bonis ejus patroni jus exerceat, excepto quod in jus vocare patronum injussu praetoris non debeat.

226. Item. Jus anulorum ingenuitatis imaginem praestat salvo jure patronorum patronique liberorum.

227[4]. Paulus libro sexto quaestionum sub rubrica *de legitimis tutelis*. Apollinaris Paulo. Duo sunt Titi pater et filius; datus est tutor Titius nec apparet, de quo sensit testator : quaero quid sit juris ? Respondit : Is datus est, quem dare se testator sensit; si id non adparet, non jus deficit, sed probatio, ergo neuter est tutor. Hoc rescriptum est in Sticho manumisso, si duo sint Stichi et incertum, de quo testator senserit, vel si Erotem legaverit qui plures eodem nomine habuit servos. Quod in nummis legatis non ita placuit : si non adparet voluntas, id acceptum est quod minus est. *Paul., L. VI quaest.*

228. *Imp*. Antoninus Granio Firmino militi. Ex duobus tutoribus qui non specialiter in locum excusati dati sunt, sicut precibus tuis adlegas, si unus pro tutore res *t*uas administravit, adversus eum tantum tibi competere actionem ignorare non debes. Nec enim mutuo cessationis periculo qui *Antonin Caracalla.*

1. Cf. *D.*, 26, 5, 14.— 2. M. Mommsen préférerait: 'hereditatem'. — 3. = *D.*, 27, 1, 24.— 4. = *D.*, 26, 2, 30, jusqu'à 'igitur ergo neuter est tutor'.

nihil gessit tenerit potest, cum simpliciter datus ejus, qui administrationi se miscuit, contutor jure fuisse non videatur.

Paul, L. de test. 229. Paulus libro singulari de testamentis. Parentibus licet liberis suis in potestate manentibus testamento tutores dare, masculis quidem inpuberibus, feminis vero etiam puberibus, et tam jam natis quam etiam postumis. Itaque post institutionem heredum hoc modo scribere potest : 'Lucio Titio filio meo, et si mihi vivo mortuove nati ali erunt, tutores do Lucium Aurelium et Gaium Optatum, a quibus peto, ut tutelam liberorum meorum gerant ita, ut ea quae in Asia reliquero, Aurelius, ea autem quae in Italia, Optatus administret'.

230. Possumus autem et singulis liberis alium atque alium tutorem dare velut hoc modo : 'Titio filio meo Aurelium tutorem do ; Seio filio meo tutorem Optatum do'. Pluribus quoque liberis unus tutor, item uni plures dari possunt.

Paul, L. de excus. 231. Paulus libro singulari de excusationibus. Ii, qui tres pluresve tutelas vel curationes vel permixto modo cujuscumque separatas administrant, excusari a tutela curationeve solent. Quod si fratrum tutelam suscipiant, pro una tutela reputantur eadem bona.

Ulpien, De off. pr. tut. 232. Ulpianus de officio praetoris tutelaris. Observari autem oportet, ne his pupillis tutorem det, qui patrimonia in his regionibus habent, quae sunt sub juridicis, ut Claudio Pompeiano praetori imperator noster rescripsit ; multo magis, si in provincia sit patrimonium, licet is cui petitur in urbe consistat.

Paul, L. de cogn. ? 233. [1]Ulpianus de officio praetoris tutelaris. Sed qui in collegio pistorum sunt, a tutelis excusantur, si modo per semet ipsos pistrinum exerceant ; sed non alios puto excusandos, quam qui intra numerum constituti centenarium pistrinum secundum litteras divi Trajani ad Sulpicium Similem exerceant ; quae omnia litteris praefecti annonae significanda sunt. 234. Ulpianus libro supra scripto. Sed Ostienses pistores *Ulpien, De off. pr. tut.* non excusantur, ut Philumeniano imperator noster cum patre rescripsit. 235. [2]Item. Urbici pistores a collegarum quoque filiorum tutelis excusantur, quamvis neque decuriales neque qui in *Paul, L. de cogn. ?* ceteris corporibus sunt excusentur. Et ita Hadriano[3] rescripto ad Claudium Julianum praefectum annonae significatur, quam epistulam quodam rescripto ad Vernam et Montanum pistores imperator noster cum patre interpretatus est et ad

---

1. Cf. *D.*, 27, 1, 46, *pr.* — 2. Cf. *D.*, 27, 1, 46, 1. — 3. Huschke : '*divi* Hadriani'.

pistores pertinere, cum in eo negotio frumentum agentibus daretur a collegarum filiorum tutelis vacatio. Plus etiam imperator noster indulsit, ut a tutelis, quas susceperant ante quam pistores essent, excusarentur ; sed hoc ab ipso creatis pistoribus praestitit et ita Marco Diocae praefecto annonae rescripsit.   *Paul, L. de cogn.* ?

236. Item. Sed et qui in foro suario negotiantur, si duabus partibus bonorum annonam juvent, habent excusationem litteris allatis *a praefecto* urbis testimonialibus negotiationis, ut imperator noster et divus Severus Manilio Cereali rescripserunt, quo rescripto declaratur ante eos non habuisse immunitatem, sed nunc eis dari eam quae data est is qui annonam populi Romani juvant.

237. Paulus libro singulari ad municipalem. Urbici autem pistores a collegarum quoque filiorum tutelis excusantur. Sed et si qui in foro suario negotiantur [si a] duabus partibus patrimonii annonam juvent, a tutelis habent excusationem.   *Paul, L. ad munic.*

238. Ulpianus de officio praetoris tutelaris libro singulari. Proinde si mutus surdusve quis sit, sine dubio a tutela excusabitur. Hi vero, quos valetudo vel furor vel morbus perpetuus excusat, etiam eas tutelas quas ante susceperant deponunt. Alia causa aetatis est. Luminibus etiam captum Porcatio Faustino rescripsit imperator noster cum patre.   *Ulpien, De off. pr. tut.*

239. Item Furio Epaphrae, cum allegasset se unum oculum amisisse et in alio periclitari, rescripsit, an propter adversam valetudinem oculorum excusari deberet, praetorem aestimaturum. Hi etiam a susceptis excusabuntur.

240¹. Item. Paupertas plane dat excusationem, si quis imparem se oneri injuncto possit docere, idque divorum fratrum rescripto continetur.

241. Item. Si quis autem in provincia domicilium habet, debet excusari, sed et si quis patrimonium in ea regione, quam juridicus administrat, habet.

242. Item. Scio tamen quosdam, cum per errorem ad potiorum nominationem prosilissent, haud impetrasse, ut deserto jure potiorum ad excusationem se converterent.

243². Paulus libro singulari ad municipalem. Paupertas quoque solet tribuere excusationem, quod oneri tutelae inpar esse videatur.   *Paul, L. ad munic.*

244. Paulus libro singulari de officio praetoris tutelari. Mediocritas et rusticitas et domesticae lites interdum excusa-   *Paul, L. de off. pr. tut.*

---

1. = F. V., 185, *in fine*. Cf. D., 27, 1, 7. — 2. Cf. D., 27, 1, 6, 19.

tiones merentur, ex epistulis divorum Hadriani et Antonini et fratrum ad Caerellium Priscum, praetorem tutelarem.

245. Item. Qui complura allegant, quae singulae non sint firma, interdum excusari solent; nam et fratres imperatores Sentio Potito ita rescripserunt: 'Quamvis singula, quae litteris tuis complexus es, non praestent tibi justas causas excusationis, tamen quia multa simul congruerunt, movere nos possunt, ut excusatio tua a tutela recipi possit'.

Paul, L. de exc. tut.
246¹. Paulus libro singulari de excusatione tutorum. 'Imperatores nostri Aelio Diodoto suo salutem. Tutores secundum patris voluntatem decreto praetoris clarissimi viri, quod non jure testamento vel codicillis dati fuerant, confirmatos nominare potiores posse non arbitramur, nam judicium patris, licet jure deficiat, servandum est'.

Paul, L. I de jurisd. tut. Ed. II.
247². Paulus libro I editionis secundae de jurisdictione tutelaris. Qui tres pluresve liberos habent superstites, excusari solent idque compluribus constitutionibus cavetur tam divorum Marci et Luci, quibus Pontium Marcellum trium liberorum patrem liberaverunt litteris ad eum emissis, quam dominorum nostrorum. Sed hic numerus in Italia cives Romanos liberat. Nunc ex constitutione principum nostrorum nec in Italia, sed Romae tantum exemplo municipalium munerum; nam Clodio Herodiano ita scripserunt: 'Sicut in Italia cives Romani consistentes numero quattuor liberorum incolumium a civilibus muneribus excusantur, ita qui ad tutelam vel curam vocantur, Romae quidem trium liberorum incolumium numero, quorum etiam status non ambigitur, in Italia vero quattuor, in provinciis autem quinque, habent excusationem'.

Manquent 16 pages.

QUANDO DONATOR INTELLEGATUR REVOCASSE VOLUNTATEM.

. . . .

Const. et Caess. (a. 330).
248³. .ipsam contumeliis persequi neque in affectu pietatis monitos posse mitescere. Volumus igitur ut, si constiterit juxta patrem liberos, contra quam humanitatis ratio deposcit, superbe crudeliterque se tollere, emancipatio firmitudine evacuetur, idque quod liberis pater donationibus contulit, patris dicioni naturaeque juri subjugati patriae reddant potestati, et ita illi, qui sacris evoluti a functione obsequii

1. = F. V., 159. — 2. Cf. C., 5,66, 1 (a. 203). F. V., 191. 208. — 3. Le début du texte doit être restitué à peu près comme suit: 'Emancipati filii ingrati adversus eum qui potestate eos liberavit severa poena coercendi sunt cum dubium non sit qui paternae reverentiae immemores sustineant ipsam contumeliis persequi neque in affectu pietatis monitos posse mitescere'.

recesserunt, necessitatis laqueis adstricti *nova* commendatione
pietatis etiam detrec*tan*tes ad *id* veniant. Data XVII k. Aug.
Constantinopoli Gallicano *et* Symmacho conss.

249. Constantinus [et Caess]. (1). Multas saepe natas ex Const. et Licinius. (a. 310).
donatione causas cognovimus, in quibus vel adumbrata pro
expressis vel inchoata pro perfectis vel plurima pro omnibus
controversiam faciant, cum agentium visa pro ingenio ac
facultate dicendi aut perfecta deformarent aut inchoata perfi-
cerent. Inde jus anceps ac pro dicentium inpulsu vaccillanti
sententia *non parum* decreta differebant, Maxime karissime ac
jucundissime nobis. Hinc enim nuper exceptis personis dicta lex
est, in quibus summum jus et voluntas omni libera sollemnitate
modo perfecta ortus suos praesenti munere opulentat. (2).
Tempestiva dehinc communium donationum cura successit;
absolutis enim illis, quae ideo prima sunt, quoniam sunt religione potiora, circ*um*acto animo ad universum donationum
genus conspeximus omnes ear*um* species signis ac nominibus
inprimendas, ut in hominum contractib*us* di*i*fferentiam sui
nuncupationum proprietate secernant. (3).[1] Itaque sive i*ll*a
donatio directa sit, sive mortis causa instituta, sive condicionibus facien*di* non faciendi*ve* suspensa, sive ex aliquo notato
tempore promissa, sive ex animo dantium accipientiumve sententiis quantum jus sinit *cognominata*, ejus haec prima
observatio est, ut quas leges indulgent condiciones *pactio*-
nesque promantur, hisque penitus cog*nitis* vel recipiantur, si
conplacitae sunt, *vel* rejiciantur, si sunt molestae. Sed jure
req*uisitis* parendum erit nec denegabitur officium, quin simul
spes abjicia*tur adi*piscendi. (4)[2]. Inret*iri* sane condicionibus
indefensos minores, quoniam praestare promissa difficile est,
non *placuit*. Quorum tamen defensores, si forte per eos in
obeundis donationum officiis, quarum cura erit recepta, neglecta
utilitas minoris probabitur *et ita minor* commodis spoliabitur,
rei am*issae* periculum praestabunt; ita rei familiaris dispendii
metus etiam segniores ad ea conficienda ex tard*itate* incitabit.
(5)[3]. Post in iisdem conscribendis praecipue nomen donatoris,
jus ac *rem* notans proscriba*t*. Tum utr*um*que jure compleatur,
neque id occulto aut per imper*itos* aut privatim; his enim rebus
sae*pe* clandestina fraus, et quae facta sunt infecta *et* inducta
quae scripta sunt simulans aliisque ac dehinc aliis largiendo at-
que donando ac saepe venum dando, multos habendi spe allec-
tos concur*rere* in expugnanda sibi proprietate impulit. (6). Ta-

1. 249, 3. Cf. *C. Th.*, 8, 12, 1 = *C.*, 8, 53, 25, *pr.* — 2. 249, 4. Cf. *C. Th.*, 8, 12, 1, *pr. C. Th.*, 3, 30, 2 = *C.*, 5, 37, 21. — 3. 249, 5-8 Cf. *C. Th.*, 8, 12, 1, 1, 1 = *C.*, 8, 53, 25, 1.

Const. bulae ita*que*, *aut* quodcumque aliud materiae tempus dabit, vel
et ab ipso vel ab eo quem fors summin*i*straverit scientibus pluri-
Licinius.
(a. 316). mis perscribantur eaeque, ut supra comprehensum est, rebus
nominibus personisque distinctae sint ; ac tum corporalis *tra*-
ditio (in quam saepe multi talia simulando inrepentes aut
v*i* corp*o*ra capientes sollemne illud jus ac voluntarium in-
concessa usurpa*t*ione praeripiunt) — ea igitur ipsa rerum *tra*-
ditio praesentium, advocata vicin*i*tate omnibusque arbitris,
quorum post fide uti liceat, conventu plurimorum celebre-
tur. (7). Non enim aliter vacua jure dantis res erit, quam ea
vel ejus voluntate, si est mob*i*lis, tradatur, vel abscessu sui, si
domus aut fundus aut quid ejusdem generis eri*t*, *s*edem novo
domino patefecerit. Quae omnia consignare act*i*s judic*i*s praestat, ut res multorum mentibus oculis auribus testata nullum
effugiat, cujus aut scientiam capiat, aut dissimulationem tegat.
(8). Quodsi *j*udex aberit, cui summa provinciae commissa est,
mandetur istud magistratuum a*c*tis, atque ut nullus sit subji-
ciendi aut surripiendi locus, cum alterutri commodum sit,
eorum exemplis idem magistratus adscribant. Sic enim conscientia multorum, monumentis judiciorum ac populorum
pe*r*scriptis aut litium causa[1] pervulgatis omnibus fides abstru-
sior non erit. (9). Tal*i*a enim esse oportet dominorum initia,
quorum diuturna possessio saepe legitim*a* proprietatum jura
perfringit, talis liberalitatum honestas, quae locis clamata
omnibus accipientium donantiumque familia*s* liberalitatis et
gratiae praedicatione compleat, simul ut, cum sit eximium
cujusque donum promerendo cepisse, ejus jucunditas nulla
lit*i*um tristitudine minuatur. (10). Quod si in spectanda causa
dicendaque sententia orba publico testimonio liberalitas cae-
cam gratiam obscurosque coetus prodiderit, quoniam sola
fraus cognita est, eorum, quae donata dicuntur, temere non
erit fides accipienda : sed ea aliena*tione, quae publice non sit
testata, in donationibus* vivorum rejecta vel su*perhabita solum
eam probamus, quae celebrata universis studiis recte regulas
supra propositas sequatur. Abolito igitur* jure, quod quibusque
rebus don*andis Cincia lex imposuit neque amplius* ea perfectione
facienda *quam illa ordinaverat negamus certae formae verborum*
deinde esse quicquam *requirendum, quoniam jam* lege commu-
tata verba *et ipsa abolita* sunt *antea necessaria in donationibus*
faciendis. Neque ullam *donationibus jam factis controversiam volumus* conflare, cum futuris jus *per hanc legem ponamus*, quae,
ut omnes cognosc*ant* quae jussimus....... *edicto, ut nosti*, tuo

1. 'Ante litium contestationem' serait préférable selon Mommsen.

praeferenda est. Proposita *III non. Febr. Romae Sabino et Rufino* conss. in foro divi *Trajani*.

<small>Schol. ad. 249, 6. : Donationes apud acta firmandas et praesentibus multis inplendas.</small>

250. Papinianus libro XII responsorum. Inperfectam do- <small>Pap., L. XII resp.</small>
nationem perfectam efficit voluntas liberalitatis novissimum us-
que in diem vitae perseverans.

251. Item. Non ideo donatio. . . . .
filiae tradita placui*t*. . . . .
tantem sibi recepisse. . . . . .

252. Item. Cum mater absenti *filio*. . . . .
ad eum fecit, quas procu*ra*. . . . .
quae instrumenta praediorum e . . . .
praediorum ad filium p . . . .
vel servis ejus tradita non . . . . *prae*-
diorum ad filium perven. . . . . *mater*-
nae voluntatis et ei. . . . .
causa redire jussisset. . . . .
possessionem praedior*um* . . . .
constare.

252^{a1}. *Item* . . . .
factam praedio neque manci*pato*. . . . .
habuisse. Respondi nec fideicommiss. . . . .
in aede sacra aeditu. . . . . *lit*-
teris post mortem su*am*. . . . .
post mortem suam . . . .
. . . . *redditam* . . . . *rationem*
. . . . uit, quod ne fiduciae daretur
. . . . num accepit, perveniret, qui
. . . . .

253. . . . . *donatio* perficitur ; cum autem creditor
. . . . nem si debitor pecuniam quam dele-
ga. . . . . *stipulatio*ne factam novationem
. . . . dam stipulationem venit
. . . . *inchoa*vit respondi.

253^a. *Item.* . . . . . . *possessione* tradita, quam inritam
. . . . donavit, in iis praediis fuit.
. . . . .

253^{b2}. *Item*. . . *Donationes in concubinam collat*as non
posse revocari conven*it, nec, si matrimonium inter eosdem postea fuerit contract*um, ad irritum reccidere, *quod ante jure
valuit ; an autem maritalis honor et affe*ctio pridem praecesserit

<small>1. Cf. D., 31, 77, 26. — 2. = D., 39, 5, 31, pr.</small>

Pap., ... *personis comparatis*, vitae conjunctione
L. XII *considerata perpendendum esse respondi.*
resp.

254[1]. Item. Species *extra dotem a matre viro filiae nomine traditas filiae, quae praesens fuit, donatas et ab ea viro traditas videri* respondi, nec matrem *offensam repetitionem habere vel eas recte* vindicare, quod vir caviss*et extra dotem usibus puellae sibi traditas,* cum ea significatione non *modus donationis declaretur, nec ab usu proprietas separetur, sed peculium a dote puellae distingueretur.*

255[2]. Item. *Pater qui filiae quam habuit in potestate mancipia* donavit et peculium, *quamquam soluta potestate jure emancipationis* vita decess*it, ei non ademit, ex post facto donationem videbatur perfecisse.*

256. . . . . .bat *praediorum, quae pater ei post* . . . . am donationem genu*it* . . . . esset; parvi etenim refert . . . . *nam licet jure donatio perfecta* non probaretur, arbitrum *hereditatis dividendae*. . . . *nihilominus patris voluntatem* rectæ seculurum . . . . ea dati sin*t.*

256a. Item. *Recte filiae in potestate patrem donasse respondi, cum alteri* filiae *propria praedia praelegaret et adjecisset* 'exceptis quae sorori tuae donavi'. Nam et testamento liberalitatem confirmatam et aperte patris declaratam voluntatem; quod divisionis arbitrio sufficit juris quoque verbis deficientibus.

257[3]. Item. Ejusmodi lege deposita in aede arca, ut eam ipse *solus, qui* deposuit, tolleret aut post mortem domini Aelius Speratus, non videri perfectam[4] donationem respondi.

258[5]. Item. Pomponius Philadelphus dotis causa praedia filiae Pomponiae, quam habuit in potestate, tradidit et mercedes eorum genero *solvi* mandavit: an ea praecipua filia retinere possit, cum *omnes* filios heredes instituisset, quaerebatur. Justam causam retinendae possessionis habere filiam, quoniam pater praedia *de* quibus quaerebatur dotis esse voluit, et matrimonium post mortem quoque patris constiterat, *respondi*; filiam etenim, quae naturaliter agros retinuit, specie dotis, cujus capax fuit, defendi.

259. Item. Mulier sine tutoris auctoritate praedium stipendiarium instructum non mortis causa Latino donaverat. Perfectam in praedio ceterisque rebus nec *mancipii* donationem

1. Remanié D., 39, 5, 31, 1. V. Lenel, Pal., 1, p. 936, n° 687. — 2. Cf. D., 39, 5, 31, 2. — 3. = D., 39, 5, 31, 3. — 4. D.: 'celebratam:' — 5. = D., 10, 2, 35.

esse apparuit servos autem et pecora, quae collo vel dorso domarentur, usu non capta. Si tamen voluntatem mulier non mutasset, Latino quoque doli profuturam duplicationem respondi ; non enim mortis causa capitur quod aliter donatum est, quoniam morte Cincia removetur.

Pap., L. XII resp.

AD LEGEM CINCIAM DE DONATIONIBUS.

260. Item. Filius emancipatus, cui pater peculium non ademit, res quidem pro donato vel pro suo, quod justam causam possidendi habet, usu capit, sed debitores convenire non potest neque lites peculiares prosequi, si non sit in rem suam cognitor datus aut nominum delegationes intervenerunt. Plane quod ei solvitur patre non dissentiente, debitorem liberat, nec interest an emancipatum ignoret vel ei non esse peculium ademptum, cum rei substantia plus polleat existimatione falsa.

261. Item. Peculium vindicta manumisso vel inter amicos si non adimatur, donari videtur. Quae ratio facit, ut ex justa causa possidens usucapere rem possit. Aliud in his placuit, qui testamento libertatem acceperunt vel testamento parentis potestate solvuntur ; quos amittere peculium, si non sit legatum, constitit, neque enim tacita liberalitas defuncti permittentis retinere peculium potuit intellegi.

262. Item. Sponsae res simpliciter donatae non insecutis nuptiis non repetuntur. Sed et si adfinitatis contrahendae causa donationes factae sunt et nuntium sponsus culpa sua remiserit, aeque non repetuntur. Quod ita intellegi oportet, si revocandis donationibus condicio non comprehendatur non conjuncto matrimonio non perficiendi contractus[1].

263. Item. Eam quae bona sua filiis per epistulam citra stipulationem donavit, si neque possessionem rerum singularum tradidit neque per mancipationem praediorum dominium transtulit nec interpositis delegationibus aut inchoatis litibus actiones novavit, nihil egisse placuit.

264. Item. Matrem, quae sine tutoris auctoritate filio donationis causa praesentes servos mancipio dedit, perfecisse donationem apparuit.

264ᵃ2. Pollicitatio donationis inter privatos vim obligationis non inducit.

---

1. Mommsen ; le ms.; 'si revocantis donationis condicio non conjuncti matrimoni compraehendatur non perficiendi contractus'. — 2. Paragraphe ordinairement regardé à tort comme une scolie ; c. la note de Mommsen.

265. Item. Aurum et argentum, quod in re praesenti fuit, pater filio sui juris donavit ejusque possessionem traditam esse instrumento palam fecit : non idcirco donationem irritam factam existimavi, quod usum omnium rerum apud patrem filius reliquit.

Ulp. L. XXVI ad ed. = L. I ad ed. de reb. cr.

266[1]. Ulpianus libro I ad edictum de rebus creditis. Indebitum solutum accipimus non solum si omnino non debebatur, sed et si per aliquam exceptionem peti non poterat, id est, perpetuam exceptionem. Quare hoc quoque repeti poterit, si quis perpetua exceptione tutus solverit. Unde si quis contra legem Cinciam obligatus non excepto solverit, debuit dici repetere eum posse, nam semper exceptione Cinciae uti potuit, nec solum ipse, verum, ut Proculeiani contra Sabinianos putant, etiam quivis, quasi popularis sit haec exceptio ; sed et heres ejus, nisi forte durante voluntate decessit donator : *tum* enim doli replicationem locum habere imperator noster rescripsit in haec verba.

Sev. Alex. (u. 229)

266a. Gregorianus libro XIII titulo. *Imp.* Alexander Flavio Menandro. Professio donationis apud acta facta, cum neque mancipationem neque traditionem subsecutam esse dicas, destinationem potius liberalita*tis* quam effectum rei actae continet. Eapropter quod non habuit filius tuus dominium, si quae adfirmas vera sunt, obligare pacto suo creditori non potuit, nec quod sine effectu gestum est vindicationem tui juris impedit. Proposita III kal. Jan. Alexandro Aug. III et Dione II conss.

Sev. et Caracalla (205).

267. *Impp.* Severus et Antoninus Augg. Cosoniae Hilarae. Actio nova ex promissione, quae donationis causa facta sit, dari non solet. Proposita prid. kal. Jan. Romae Antonino[2] II conss.

268. Quaerebatur, an, cum Seius filiam suam emancipari et apu*d* acta professus sit ei se donare fundum nec instrumenta donationis fecerit, an videatur professione actorum perfecta esse donatio. Respondi, si neque mancipatio neque traditio secuta est, solis actis dominium non transisse.

Ulp., L. XLVI ad Sab.

269. Ulpianus libro XLVI[3] ad Sabinum : 'Ut quod utendum mater filiae dedit, non videatur donatum et si donatum sit, non valeat, in potestate filia constituta patris : aliud esse, si dotem dedit'. Ulpianus : Constat, quod utendum filiae datum est, non esse donatum ; sed et si dona*tum* esset, aeque donatio non valeret in filiam conlata, quae in patris erat potestate. Plane si in dotem mater filiae dedisset, valet quod factum est;

1 Cf. D., 12, 6, 26, 3. — 2. Le nom de Geta est omis. — 3. Le ms.; Lenel, *Pal.*, 2, p. 1174, n. 3 : XLIII.

potest enim donare filiae, cum, *quamvis* res mariti fiant, quandoque filia vel sola, si juris sui fuerit, vel voluntate filiae pater habeat rei uxoriae actionem. Merito igitur Sabinus ait, si inscia uxore vel *invita* in dotem dedit[1], rem mariti non esse factam et ideo vindicari ab herede mulieris posse ; quod *si* sciente ea hoc factum sit, consequens erit dicere in dotem conversum esse id quod datum est.

Schol. ad 269 *med.*: B'. Mater filio in patria potestate posito donando nihil agit.

270. Hermogenianus titulo de donationibus. Imperator Divi Diocletianus et Constantius Caeciliae Anagrianae. Si donationibus in unam filiam conlatis quarta non retenta patrimonium exhaustum in fraudem ceterorum filiorum probetur, has rescindi ad instar inofficiosi testamenti sacris constitutionibus parentum nostrorum evidenter continetur. Matre quoque filiae res venum dante nihil ei auferri posse non ambigitur. Subscripta V kal. Mai. Sirmi Caesaribus conss. Diocl. Max. Const. et Gal. (a. 294).

271. Idem Boncio Secundo. Praeses provinciae amicus noster notionem suam inpertiet, non ignorans pro sua auctoritate atque experientia, si docebitur inmoderatis donationibus non retenta quarta ad excludendam inofficiosi querellam nepotis ex filio nati patrimonium suum avum exhausisse, *pleris*que constitution*ibus* hujusmodi commentis ad exemplum inofficiosi querell*ae* esse *o*ccursum. Proposita Mogontiaci XI kal. Jul. Maximo et Aquilino conss. Diocl. et Max. (a. 286).

Schol. ad 271 : B'. De inmodicis donationibus.

272[2]. Gregorianus libro XIII titulo. Imperator Philippus Agilio Cosmia*no* suo salutem. Inter patronos et libertos de jure donationum tractari non oportet, cum etsi perfectis donationibus in possessionem inductus libertus quantolibet tempore ea quae sibi donata sunt pleno jure ut dominus possederit, tamen omnis donatio mutata patronorum voluntate revocanda sit. Quod observabitur etiam circa ea, quae libertorum nomine, pecunia tamen patrono*rum* et beneficio comparata sunt. Nam qui obsequio *suo* liberalitatem patronorum provocaverunt, sunt digni quin ea*m* retineant, cum coeperint obsequia neglegere, cum magis eos conlata liberalitas ad obsequium inclinare debeat quam ad insolentiam erigere. Fundus autem, quem *ais* Agilio liberto donasse te, tribus et decuria, quae ipsius nomine comp*ar*atae sunt, re. . . . . libertus vindican . ., *cum eas* tantum donationes Philippe, (a. 249).

---

1. Le ms. défendu par Lenel, *Pal.*, 2, p. 1174, n: 6: 'invita, maritus in dotem dedit'. Pellat-Giraud: 'invita ma*ter*. .... dedit'; Huschke : 'invita marito.... dedit'. — 2. Abrégé *C.*, 8, 55 (56), 1.

vel pecuniae largitiones libertus obtinere debeat, circa quas
voluntas patronorum in supremam usque diem perseveraverit.
Hoc tamen jus stabit intra ipsorum tantum liberalitatem, qui
donaverunt; ceterum neque filii eorum neque successores ad
hoc beneficium pervenient; neque enim fas est omnimodo inquietari donationes, quas is qui donaverat in diem vitae suae
non revocavit.

Schol. ad 272 init. : B'. In libertos conlatam a patrono donationem, si ingrati
extent, revocandam vel si nomine eorum quid emptum sit.

Constan- 273. Dominus Constantinus [et Caesares]. Prisca legum ae-
tin et quitate *praeclusa* variis ambagum versutiis exquisita donatio,
Licin.
(a. 315). licet titulum emptionis vel debiti tenorem comprehendere
videatur, tamen claris testationibus probata debe*t* in irritum
devocari, si quidem consultissima ratione videatur esse pro-
sum matrimonio constante donationes inter virum et uxorem
altrinsecus agitatas nullam firmitatem habere. Nec sibi debent mulieres blandiri, si tamquam venditores vel debitores ad eludendas legum sanctiones mariti earum se falso
videantur esse professi. Quare Vettium Rufinum clarissimum
virum praefectum urbi amicum nostrum, cujus notio est,
adire non prohiberis, qui *partium* allegationibus examinatis
petitioni tuae secundum juris providebit justitiam. Data XIIII
kal. Nov. Mediolano Constantino et Licinio conss.

Schol. ad 273 init.: B'. De *donationibus* sub *emptionis titulo factis.*

Les 274. Idem Aureliae Sabinae sive Gaudiosae. Licet in
mêmes.
(a. 315). potestate fili*i* degentes donationum effectum a patre sibi conlata*r*um mox consequi minime posse videantur, tamen perseverantia voluntatis ad instar mortis causa donationis hujuscemodi liberalitatem redigi oportere retro principum *rescriptis*
cognoscitur esse concessum. Unde virum clarissimum praefectum urbi amicum nostrum, cujus notio est, adire non prohiberis, qui omnibus rite consideratis, quae in precem tuam
conferend*a* tu d*u*xis*ti* pro experientia sua recte *judic*ari *cura*-
bit. Data idibus Augustis Romae Constantino et Licinio Augg.
conss.

Diocl. 275. [Divi] Diocletianus [et Constantius] Sa. . . . . . .
et Max. iodul. . . Perfectam donationem mutata volu*ntate* donatoris,
(a. 286).
etsi parum gratus existet, cui dono res data est, minime *res*-
cindi posse saepe rescriptum est. Proposita V non. Mart. Nicomediae Maximo *et* Aquilino conss.

Diocl. 276. Idem. . . . . iae. Si *pater* tuus nomine matris tuae
et Max. de sua pecunia *fundum comparavit* donat*i*onis causa eique
(a. 290).
tradidit et decedens non revocavit id *quod in eam* contulisse vi-

detur, intellegis frustra te velle experiri, cum oratione divi Severi hujusmodi donationes post obitum eorum, qui donaverunt, confirmentur. Proposita pridie non. Mart. Antiochiae Augg. IIII et III conss.

277. Idem Aureli . . . . . Si quam impugnat frater pater tuus in te contulit donationem et decedens supremo judicio non revocavit, scilicet manente potestate, praeses provinciae juxta divorum principum constitutiones super hac re factas vim prohibebit, de ceteris inter vos disceptaturus. Proposita IIII kal. Sept. Maximo et Aquilino conss. *Diocl. et Max. (a. 286).*

278. Idem Aurelio Zoilo. Cum adfirmes patrem tuum donationes perfectas in te contulisse et supremis judiciis eas non revocasse, poteris jure constituto, praesertim cum honori primipilari sis adstrictus, securo animo ea quae donata sunt possidere. Proposita VIII kal. Nov. Maximo et Aquilino conss. *Les mêmes. (a. 286).*

279. Idem Benignae Superlatae. In filiam post emancipationem donationem a patre conlatam postea auferri ab ea non potuisse dubitari non oportet. Si igitur nihil aliud tibi de jure adversatur, praeses provinciae, ne qua tibi legitime possidenti fiat injuria, intercessu auctoritatis suae providebit. Proposita IIII kal. Dec. Maximo et Aquilino conss. *Les mêmes. (a. 286).*

280¹. Idem Aur. Anniano. In dubium non venit adversus enormes donationes, quae tantummodo in quosdam liberos, vacuefactis facultatibus reliquorum pernicie, conferuntur, jamdudum divorum principum statutis esse provisum. Si igitur mater tua ita patrimonium suum, profunda liberalitate in fratrem tuum evisceratis opibus suis, exhausit, ut quartae partis dimidiam, quam ad excludendum inofficiosi querellam adversum testamentum sufficere constat, his donatis datisque haud relictam tibi habeas, praeses provinciae, quod immoderate gestum est, revocabit. Sane aeris alieni solutionem, si ab intestato cum fratre tuo matri heres exstitisti, renovare non potest. Data Nicomediae V non. Mart. Augustis III et II conss. *Les mêmes. (a. 286).*

Schol. ad 280 init.: De inmodicis donationibus.

281. Idem Aurelio Seve..... dro. Pater in filium, quem in potestate habet, conferens ipso jure donationem non facit, sed ex praeceptis statutorum recepta humanitate placuit, si in eodem judicio perseverans in fatum concesserit, liberalitatem ejus salva lege Falcidia probari. Proinde si pater, qui per epistulam res tibi dono dedit, non revocata liberalitate nec mutata voluntate fatalem diem intestato obiit, inlibata donatio permanet, si tamen legis Falcidiae ratio comminui eam nec *Les mêmes. (a. 286).*

1. cf. C., 3, 29, 7.

exegerit; quod si locum habet, eatenus ex donatione fratres
tui deducent, quatenus id fieri indemnitas et juris ratio [et]
in optinendis portionibus, quas eos habere necesse est, exi-
gunt. Juxta hanc juris formam praeses provinciae ad vicem
familiae erciscundae officium sententiae suae legibus tempe-
rabit. Proposita Byzantio XI kal. Apr. Maximo et Aquilino
conss.

Schol. ad 281 *init.*: B'. Si pater in filium aliqui*d confert,* liberalitas ejus salva
lege Fulcidia probanda *est.*

Diocl.
et Max.
(a. 286).
282[1]. Idem Calpurniae Aristenetae. Quoniam non contenta
rescripto, quod ad primas preces acceperas, iterato supplicare
voluisti, ex jure rescriptum reportabis. Communes res in solidum donari nequeunt, sed portiones eorum qui donant ad
eos qui dono accipiunt transitum faciunt. Nec ambigi oportet donationes etiam inter absentes, si ex voluntate donantium possessionem ii quibus donatum est nanciscantur, validas esse. Restat ut, si filius tuus inmoderatae liberalitatis
effusione patrimonium suum exhausit, juxta legum placita
praesidis provinciae auxilio utaris, qui discussa fide veri, si
integri restitutionem ex filii persona competere tibi ob inpro-
babilem donationis enormitatem animadverterit, in removen-
dis his quae perperam gesta sunt tibi subveniet. Proposita
IIII id. Feb. Mediolani Maximo et Aquilino conss.

Schol. ad 282 *init.*: B'. Communes res in solidum donari non posse. Donationes etiam inter absentes posse fieri et validas esse, si ex voluntate donantium
hi quibus donatum est nanciscuntur possessionem rerum donatarum.

Schol. ad restat ut.: « Idem supra pagina VIII et infra pagina XV et XXIII' ».

Diocl.
et Max.
(a. 286).
283[3]. Idem Aurelio Carrenoni. Si *praediorum* stipendia-
riorum proprietatem dono dedisti ita, ut post mortem ejus
qui accepit ad te rediret, donatio inrita est, cum ad *tempus*[4]
proprietas transferri nequiverit. Si vero usum fructum in eam,
contra quam supplicas, contulisti, usum fructum a proprietate
alienare non potuisti. Proposita V id. Mart. Maximo et Aquilino conss.

Les
mêmes.
(a. 286).
284. Idem Alexandriae. Ea quidem, quae jure donationis
a socru tua in te conlata sunt, manere inconcussa rector provinciae efficiet. *De* matrimonio vero retinendo tui arbitri est,
an velis et filiis communibus intervenientibus in eodem proposito perseverare. Proposita III id. Oct. Heraclea Thracum
Maximo et Aquilino conss.

1. = *C.*, 8, 53, 6 de 'nec ambigi' à 'validas esse', et = *C.* 3, 29, 4, de 'Si filius'
à 'subveniet'. — 2. Scolie d'une écriture différente. — 3. Version remaniée
C., 8, 54, 2. — 4. Le ms. : 'ad te' ; *C.*, 'ad tempus'; correction admise dans toutes
les éditions ; v. en sens contraire Appleton, *Propriété prétorienne*, 1889, 2, pp.
178-187.

285. Gregorianus libro XIII tit. Idem Aurelio Abanti. Si filiae Diocl. tuae possessiones, de quibus agitur, neque mancipasti neque et Max. (a. 286). tradidisti, frustra vereris, ne ex una professione vel *ut suas eas vindicet*. . . . . *praesertim cum* fundos tributarios esse dicas. . . . . etiam ab injuria tempera. . . . . Maximo et Aquilino conss.

286¹. Eodem libro eodem titulo. Idem Juliae Marcellae. *Quoties* Les mêmes *donatio ita conficitur, ut post tempus id quod donatum est alii* (a. 290). *restituatur, veteris juris auctoritate rescriptum est*, si is, in quem *liberalitatis compendium conferebatur stipulatus non sit, placiti* fide non servata, ei qui libera*litatis auctor fuit vel heredibus ejus condicticiae actionis* persecutionem competere. Sed cum *postea benigna juris interpretatione divi princi*pes ei qui stipulatus non sit *utilem actionem juxta donatoris voluntatem decernendam esse admiserint, actio, quae sorori tuae, si in rebus humanis* ageret, potuit decerni, *si quae proponis vera sunt, tibi* adcommodabitur. Proposita Sirmi XI kal. Oct. Augg. IIII et III conss.

287. Constantinus et Caess. . . . . Const. Licinius . . . . *Donatione secundum juris normam perfecta*et Caess. nec ea, quae matres in filios contulerunt, revocari jura permit- (a. 318). tunt. Sane si generaliter *tantummodo vel stipulatione interposita* vel mancipatione totius patrimonii *donatio* celebrata est, id quod donatum est stare non *potest, cum haec donatio ad id ut proprietas possit* transferri non valeat. Quare num hoc modo tibi consuli possit, rectorem provinciae interpe*llare poteris*. . . . . Licinio V. et Crispo conss. . . .

288². Gregorianus libro XIII. tit. [Dominus] Imp. Probus Massi- Probus (a. 280). ciae R. . . . . *Indubitati juris* est, si quidem donaturam te, quaedam *dixisti* neque apud acta instrumenta fecisti aut eundem cui do*nabas dominum effecisti per rei cessionem* perfectam ac solam t*ibi possessionem retinuisti, eum rem eam vindicare sibi* non posse, quando apud te ejus rei propri*etas mansit*. . . . . . *nec functionum* pensiones vel per eum, cui dona*ta res non erat, vel ab actoribus ipsius* nomine celebratae, non tibi obesse a. . . . *poterunt* . . . jus tum magistrum sum*marum*. . . . cum comminatione vide. . . . praefinitione allega, ut . . . si *praesidi rem probaveris* . . . . compellatur. Proposita VI kal. Jan. Messala et Grato conss.

289 . . . . p stipendiarii vel tributarii . . *non sine traditione donatio* perficitur. Pone igitur sollicitu-

1. = C., 8, 54, 3. — 2. Cf. C., 8, 53, 4.

dinem. . . . . egit non tradidisse ea, vel quae
. . . . . revocanda non sunt. Proposita non. Oct. . . .

Emp. incert. 290. . . . . modo preces tuas fides adjuvet. Ceterum
. . . . lem declarat volun*t*atem
. . . . onem ab eo perfecisti, si quidem feminis
quoque . . . . in *f*amilia degentibus pater donare videtur cum moritur voluntate non mutata. . . . .
s adeo emolumenti tribuat. . . . . les quod *t*ibi ex patris rebus jure. . . . . itaque ne tibi inferant temptamina fra*t*rum tuorum inquietudinem, si qua tibi adquisita sunt. . . . . . per donationem, quae tibi ex bonis patris obvenit, modo eam. . . . . ad diem novissimum voluntas perseverans patris confirmavit. .
. . . debet etiam fundi ex pecunia a patre tibi donata empti possessio. . . . . per cum tibi tradita ac postmodum a te retento apud te manere. . . . . si recte emisti solutione pretii facta numerans quod penes te fuit. . . . . . Data III kal. Oct. Verona . . . . .

Emp. incert. 291. . . . . Firmam esse. . . . . rerum paternarum donationem in te conlatam, licet in potestate constituto tibi pater donaverit. . . . . modo in diem novissimum vitae voluntas duraverit, non ignorabit. . . . . praese provinciae cujus erit de hac re judicem dare. Is tum verorum quae praetulisti. . . . . ratione habita. . . . . curabit, ne quid fiat contra voluntatem defuncti et ita inter vos. . . . . arbitrum divisioni dabit. Qui in familiae erciscundae judicio. . . . . id spectare debebit, ut tibi istae res et praeterea. . . . . portio ex legibus ab intestato debita adjudicentur. . . . . Proposita V kal. Jun. Treveris. . . . . III conss.

Diocl. et Max. et Caess. (a. 295). 292. . . . . . Donatio quidem a patre in filium familias collata ipso jure nulla est. . . . . ., sed benigne subvenitur filio, si in eadem voluntate pater perseverans decessit; valet enim novissima voluntas, quam in extremum diem pater retinuit, modo legitima omnibus portio quae ab intestato debetur inlibata servetur. Juxta quae adi correctorem virum clarissimum amicum nostrum et ea, quae in precem contulisti, adlega, qui in examinationibus eam sententiam promet, quam juris atque aequitatis ratio dictaverit. Proposita Mediolano XII kal. Jan. Tusco et Anullino conss.

Les mêmes. a. 293). 293. Idem Aur. Luciano. (1) In donatione rei tributariae circa exceptam et non exceptam personam legis Cinciae nulla differentia est, cum et vacuae possessionis inductione celebrata in utriusque persona perficiatur et, si hanc secutam post hujusmodi placitum non constet, manifeste nec coepta videatur. Quapropter in his quidem, quae solo tributario consistunt, a majore V et XX annis in vacuam inductos vos possessionem ostendi convenit. Rerum autem mobilium sive moventium, si excepti *non* fuistis, quae mancipi sunt usu capta vel mancipata, post vel antea majore tempore a vobis anni possessa, avocari non possunt; nec mancipi vero traditione facta propter ejusdem interdicti potestatem similis possessionis probatio necessaria est. Nam si exceptus fuisti privignus tum constitutus, sola traditio sufficit (2)[1]. Quod autem res tibi ab herede donatricis distractas esse pro*ponis*, *duplicari* tibi titulum possessionis non pot*uis*se constat, sed ex perfecta donatione dominum factum frustra emisse, cum rei propriae emptio non possit consistere ac tum demum tibi profuerit, si ex donatione te non fuisse dominum monstretur. Sane quoniam omnia *bona* vobis ab ea donata et tradita dicitis, ad hoc a filio facta venditio rerum maternarum adferre perfecta etiam donatione poterit defensionem, *ne* exemplo inofficiosi testamenti possit haec avocare. Quibus omnibus praeses provinciae suam notionem praebebit. Proposita IIII kal. Jun. Diocletiano et Maximiano V et IIII conss. (Diocl. et Max. a. 293).

294. Papinianus libro XII responsorum. Quod pater filiae, quam habuit ac retinuit in potestate, donavit, cum eam donationem testamento non confirmasset, filiae non esse respondi; nam et peculia non praelegata communia fratrum esse constabat. Diversa ratio est contra legem Cinciam factae donationis. Tunc enim excepti*onem* voluntatis perseverantia doli replicatione perimi*t*; cum pater filiis, quos habuit ac retinuit in potestate, donat, nihil prodest non mutari voluntatem, quoniam quod praecessit totum inritum est. Unde cum filius in divisione bonorum penes fratrem quod pater donaverat errore lapsus reliquit, portionem ejus non esse captam usu Servio Sulpicio placuit quod neque frater ipse donaverat neque pater donare poterat. Cur ergo quod vir uxori dedit, morte soluto matrimonio, si voluntas perseveravit, fini decimarum auferri non oportere, maximi principes nostri suaserunt et ita senatus censuit? Sed nimirum liberi, qui repulsam donationis auctoritate juris tulerunt, aliis rationibus ad bona patris perveniunt, ac plerique plus habere quam fratres jurgiis ejusmodi contendunt. (Pap., *Lib. XII resp.*)

Schol. ad 294 init.: B'. Nihil prodesse filio familias donatum, si *testamento* non confirmetur donatio, quamvis pater non mutaverit voluntatem. Et seque*ns* et tertia. «Infra 7 pagina X ad notam similis huic inc(ipit?) ad notam φυ»[2].

1. = *C.* 4, 38, 4. — 2. Écrit d'une main différente.

295. Impp. Severus et Antonius Augg. Atilio Natali militi. Si frater tuus in potestate patris in diem mortis perseveravit, donationes, quas a patre in eum conlatas esse adfirmas, nullius esse momenti dubitare non debes. De patris igitur bonis dividundis cum fratre tuo apud eum, de quo meres[1] consiste. Proposita XIIII kal. Sept. Fausti[nia]no et Rufino conss.

Schol.: B'. Quaere supra.

296. Papinianus libro XII responsorum. Donationem, quam pater in filium, quem in familia retinuit, frustra contulit, arbiter hereditatis dividundae non sequitur; et ideo, si frater coheres apud fratrem suum possessionem errore juris lapsus reliquerit, usu capio partis non erit.

Schol.: B'. Quaere supra.

297. [Divi] Diocletianus [et Constantius] Clodiae Juliae Ptolemaidi. Cum matrem tuam donationis instrumenta in neptem suam fecisse nec ea tradidisse dicas, in dubium non venit liberalitatem, quae non adsignatis instrumentis minime coepta est, invalidam esse. Igitur ut quaestio, quae inter vos orta est, cognita causa comprimatur, a viva matre tua neque instrumenta neque possessionem traditam esse ostende. Proposita IIII non. Nov. Suneata Diocletiano Augusto II et Aristobulo conss.

Schol. ad 297 init.: B'. Donationem non adsignatis instrumentis non valere.

298. Paulus libro LXXI ad edictum, ad Cinciam. Personae igitur cognatorum excipiuntur his verbis: 'Sive quis cognatus cognata inter se, dum sobrinus sobrinave propiusve eo sit, sive quis in alterius potestate manu mancipiove erit, qui eos hac cognatione attinget quorumve *is* in potestate manu mancipiove erit, eis omnibus inter se donare capere liceto'.

299. Item. Quinque igitur gradus pleni excepti sunt et ex sexto una persona, sobrinus et sobrina.

300. Item. Excipiuntur et ii, qui in potestate eorum vel manu mancipiove, item quorum in potestate manu mancipiove erunt.

301. Item. Itaque si is qui in eo gradu est in potestate habeat eum, qui mihi longiore gradu sit, dare ei potero. Sic et lex Furia scripta est, eo amplius, quod illa lex sex gradus et unam personam ex septimo gradu excepit, sobrino natum.

302. Item. Excipiuntur et adfinium personae, ut privignus privigna, noverca vitricus, socer socrus, gener nurus, vir et uxor, sponsus sponsa.

303. Item. Sed in hac adfines qui sunt tempore donatio-

1. Peut-être : 'de quo pendet res', pense M. Mommsen.

nis excipiuntur, idemque etiam divus Pius rescripsit ; leges enim, quae voluissent etiam eos excipere qui fuissent, nominatim id cavisse.

304. Item. Excipit tutorem, qui tutelam gerit, si dare volet, quia tutores quasi parentes proprii pupillorum sunt. [Nam permisit eis *in* infinitum donare.] Contra ut possit pupillus donare, non excepit.

305. Item. Item excipit 'si quis mulieri virginive cognatus dotem conferre volet' ; igitur quocumque gradu cognatus dotis nomine donare potest.

306. Item. Quaesitum, an et cognata cognatae ultra exceptum *gradum* donare possit? Labeo scribit non posse ; sed ratio aequitatis *ae*que in feminis est.

307. Item. Item excipit, 'si quis a servis quique pro servis servitutem servierunt accipit *isve* duit'. His verbis 'si quis a servis' servis liberti continentur, ut patronis dare possint. Sequentibus vero excipitur, ut is qui bona fide serviit, si postea liber pronuntiatus sit, possit dare ei cui serviit. Sabinus utraque scriptura *libertos putat* contineri et bis idem dictum.

308. Item. Sed tantum patronum a liberto excipit. Quidam putant etiam liberos patroni exceptos, quoniam libertus continetur servi appellatione et sicut in XII tabulis patroni appellatione etiam liberi patroni continentur, ita et in hac lege.

309. Item. Contra autem liberti a patronis excepti sunt ? Et hoc jure utimur, ne excepti videantur, ut et dare et capere lex iis permittat.

310. Paulus libro XXIII ad edictum de brevibus. Perficitur donatio in exceptis personis sola mancipatione vel promissione, quoniam neque Cinciae legis exceptio obstat neque in factum 'si non donationis causa mancipavi vel promisi me daturum' ; idque et divus Pius rescripsit. Paul, L. XXIII ad ed. de brev.

311. Item. Sed in persona non excepti sola mancipatio vel promissio non perficit donationem. In rebus mobilibus etiamsi traditae sint, exigitur, ut et interdicto *UTRUBI* superior sit is cui donata est, sive mancipi mancipata sit sive nec mancipi tradita.

312. Divi Diocletianus et Constantius Aurelio Onesimo. Successoribus donatoris perfectam donationem revocare non permittitur, cum inperfectam perseverans voluntas per doli mali replicationem confirmet. Unde aditus praeses provinciae, si de possessione te pulsum animadvertit nec annus excessit, ex interdicto UNDE VI restitui te cum sua causa providebit, vel Diocl. Max. Const. et Gal. (a. 293).

si hoc tempus finitum *est, ad* formulam promissam, quasi nullas vires donationem habuisse dicatur, quaestione facti examinata, ju*dicem* praeses provinciae sententiam ferre curabit. Proposita VIIII kal. Mart. Diocletiano V et Maximiano IIII conss.

Schol. ad 312, *princ.*: B'. Nec inperfectam donationem a successoribus posse revocari.

Les mêmes (a. 296).
313. Idem Laelio Sempronio Laeporio. Donatio praedii quod mancipi est inter non exceptas personas traditione atque mancipatione perficitur, ejus vero quod nec mancipi est traditione sola. Si igitur patrona tua in rebus humanis agens supra dicto jure ex causa donationis, retento sibi usu fructu, ad te eundem fundum transtulit, intellegis jus tuum satis esse munitum, si tamen cum moreretur patrona, quam praedium donasse commemoras, possessionem rei donatae non revocavit. Juxta quae aditus is cujus de ea re notio est auctoritatem suam interponet. Data pridie kal. Apr. Aquileiae Diocletiano Aug. VI et Constantio II conss.

Schol. ad 313, *princ.*: B'. Donatio praedi mancipi ab eo quod nec mancipi est in quo discrepet.

Schol. ad 313, *fin.*: B'. Donationem praedii patronae in libertum ita firmam esse, si possessionem ejus cum moreretur non revocavit.

Les mêmes. (a. 294)
314. Idem Aurelio Apollonidae. In filium a patre donationum conscriptis instrumentis eum in vacuam inductum possessionem horum lectio manifestat. Ceterum sine dubia facti quaestione divus Titus Antoninus parens noster *nec* necessari*as* angusti*as*, ratione ejus consortii quod nascendi tempore liberis et parentibus datur, cogitans, non admitti scrupulosam inquisitionem statuit ; nec idcirco patris indignatione posse donationem justam umquam rescindi summa cum ratione placuit. Proposita V id. Nov. Melantia Caess. conss.

Schol. ad 314, *med.*: B'. Traditionem inter parentes et filios non requiri nec patris indignatione justam donationem debere rescindi.

Les mêmes (a. 201).
315[1]. Idem Ulpiae Rufinae. Cum ex causa donationis uterque dominium rei tributariae vindicetis, eum, cui priori possessio vel soli tradita est, haberi po*tio*rem convenit. Data XII kal. Mart. Dorocortoro, Tiberiano et Dione conss.

Schol. ad 315.: B'. Si in causa donationis duo sibi dominium rei tributariae vindicent, potiorem esse cui possessio tradita est.

Les mêmes.
316. Idem Au*reliae* Homonoeae. Si non est in vacuam possessionem ex causa donationis inductus is contra quem supplicas, nulla ratione tributarii praedii dominus constitutus extraneus vindicationem habere potest.

1. Cf. *C.*, 3,32, 15.

Schol. ad 316, *pr.*: B'. Eum cui non sit tradita possessio, rem ex donatione sibi vindicare non posse.

La suite manque.

DE COGNITORIBUS ET PROCURATORIBUS.

. . . .

317[1]. . . . . . *Apud acta facto* procuratori haec satisdatio remitti solet ; nam cum apud acta nonnisi a praesente domino constituatur, cognitoris loco intellegendus est. Ad defendendum cognitore constituto dominus, non cognitor actori satisdare cogendus est ; cum vero procurator defensurus intervenit, non dominus, sed procurator judicatum solvi satisdare compellitur. Quae satisdatio adeo necessaria est, ut eam remitti non posse, etiamsi apud acta procurator constituatur, divus Severus constituerit. Cognitore enim interveniente judicati *actio* domino vel in dominum datur ; non alias enim cognit*or* experietur vel ei action*i* subjicietur, q*uam* si in rem suam cognitor factus sit. Interveniente vero procuratore judicati actio ex edicto perpetuo ipsi et in ipsum, non domino vel in dominum competit.

318. Ulpianus libro VIII ad edictum. Non tamen sic putat certis verbis cognitorem dari debere, u*t*, si quid fuisset adjectum vel detractum, non valeat datio ut in legis actionibus. *Ulp., L. VIII ad ed.*

319. P(aulus). Etiam Graecis verbis cognitorem dari posse inter omnes constat. *Paul, L. VIII ad ed.?*

320[2].. . . . . Secuntur haec verba : 'Et qui eam, quam in potestate habet, genero mortuo, cum eum mortuum esse tum sciret, in matrimonium conlocaverit eamve sciens uxorem duxerit, et qui eum, quem in potestate haberet, earum quam uxorem ducere passus fuerit, quaeve virum parentem liberosve suos uti mo*ris* est non eluxerit, quaeve, cum in parentis sui potestate non esset, viro mortuo, cum eum mortuum esse sciret, intra id tempus, quo elugere virum moris est, nupserit. 321[3]. '*P*arentem', inquit. Hic omnes parentes accipe utriusque sexus, nam lugendi eos mulieribus moris est. Quamquam Papinianus libro II quaestionum etiam a liberis viril*is* sexus lugendos esse dicat ; quod nescio ubi legerit. Sed quatenus extendatur parentum appellatio, non est definitum apud quemquam ; itaque erunt lugendi etiam ex feminino sexu parentes. Liberos similiter accipere debemus et nepotes et deinceps ulteriores exemplo parentium. Lugendi autem sunt parentes anno, liberi majores X annorum aeque anno. Quem annum *Ulp. L. VIII ad ed.*

---

1. Attribué par Huschke à Paul, *l. LXXIV ad ed.*; dubitativement par Lenel, *Pal.*, 2, p. 1233, n. 1, à Ulpien, *l. XIV ad ed.* — 2. Cf. *D.*, 3, 2, 1, *pr.* — 3. Cf. *D.*, 3, 2, 25, *pr.*

decem mensuum esse Pomponius ait ; nec leve argumentum est annum X mensuum esse, cum minores liberi tot mensibus elugeantur, quot annorum decesserint usque ad trimatum ; minor trimo non lugetur, sed sublugetur ; minor anniculo neque lugetur neque sublugetur.

Ulp.,
L. VIII
ad ed. ?
322. .... VII[1]. Verba autem edicti haec sunt : 'Alieno, inquit, nomine, item *per* alios agendi potestatem non faciam in his causis, in quibus ne dent cognitorem neve dentur, edictum comprehendit'. 323. Quod ait 'alieno nomine, item per alios' breviter repetit duo edicta cognitori*a*, unum, quod pertinet ad eos qui dantur *cognitores, alterum ad eos qui dant;* ut qui prohibentur vel dare vel dari cognitores, idem et procuratores dare darive arceantur.

Ulp.,
L. VIII
ad ed. ?
324. Ob turpitudinem et famositatem prohibentur quidam cognituram suscipere, adsertionem nonnisi suspecti praetori.

Diocl.
Max.
Const.
et Gal.
(a. 293
ou plutôt 294).
325. *Divi* Diocletianus et Constantius Aureliae Pantheae. Actor rei forum sequi debet et mulier quidem facere procuratorem sine tutoris auctoritate non prohibetur. Si quam itaque habes actionem, experiri magis jure quam adversus ea quae pro tuo *statu* statuta sunt quaecumque postulare debes. Proposita V id. Nov. Heracleae Augg. V et IIII conss.

Les
mêmes
(a. 294?)
326[2]. *Idem* Aureliae Agemachae. Actor rei forum, sive in rem sive in personam sit actio, sequitur. Unde perspicis non ejusdem provinciae praesidem adeundum, de quibus *agitur res ubi* sitae sunt, sed in qua is qui possidet sedes .ac domicilium habet. In rem actio privati judicii quaestionem continet. Dominae praesentia[3] si procurator agat vel defendat, satisdatio non recte postulatur. Nam procuratorem tam puellam tutore auctore quam adultam posse facere nulli dubium est. Proposita Sersum XVIII kal. Feb. conss. supra scriptis.

....
L. XV
resp.
327. .... libro XV responsorum. Mulierem quoque et sine tutoris auctoritate procuratorem facere posse.

Pap.,
L. II
resp.
328[4]. *Papinianus* libro II responsorum. Procurator absentis, qui pro evictione praediorum quae vendidit fidem suam adstrinxit, etsi negotia gerere desierit, obligationis tamen onere praetoris auxilio non relevabitur.

329. Sub condicione cognitor non recte datur, non magis quam mancipatur aut acceptum vel expensum fertur; nec ad rem pertinet, an ea condicio sit inserta, quae non expressa tacite inesse videatur.

330. *Idem* libro II responsorum. Papinianus respondit, si

---

1. Lenel, *Pal.*, 2, p. 451, n. 3: *Ulp. ad ed. lib. VIIII;* Huschke, '*Paulus ad ed. lib. VII*'. — 2. Cf. *C.*, 3, 6, 2. — 3. Peut-être 'praesentis'. — 4. *D.*, 3, 3, 67.

procurator absentis aliquam actionem absentis nomine inferre velit, cogendum eum adversus omnes absentem defendere.

331. *Idem libro II responsorum.* Quoniam praesentis procuratorem pro cognitore placuit haberi, domino causa cognita dabitur et in eum judicati actio.

332[1]. Procurator absentis, qui pro domino vinculum obligationis suscepit, onus ejus frustra recusat; et ideo nec judicati actio post condemnatum procuratorem in dominum datur aut procuratori qui vicit denegatur.

333. ...*libro XV responsorum.* Absentis procuratorem satisdare debere de rato habendo recte responsum est. Multis enim casibus ignorantibus nobis mandatum solvi potest vel morte vel revocato mandato. Cum autem certum est mandatum perseverare, id est cum praesens est dominus, *satis*dationis necessitas cessat. *L. XV resp.*

Manquent 4 ou 8 pages.

334. . . *dotis nomine effici* . . . . *vel sponsorem revers* . . . . *facientem prohibeat*. . . . . *vel furtum mihi facientem deprehendat non furt* . . . . *adquirat actionem, non mirum.* . . . . cant. 334ª. *Julianus et si mancipaverim tibi hominem ut eum manumittas, postea procurator denuntiet ne manumittas, respondit, nisi pareas denuntiationi, competere mihi* fiduciae actionem.[2]

334b[3]. *Aliquoties per procuratorem jus retinemus, velut si* m. . . . . *vel si sponsorem conveniat intra bien*nium, *vel si prohibeat opus novum fieri, quo casu interdictum* nobis utile est. QUOD VI AUT CLAM; *nam et hic pristinum jus procurator nobis conservat et adquirit actionem simul.* . . .

335[4]. *Actor* municipum *etsi ex edicto et cavere de rato et defendere cogitur, interdum neutrum praestare necesse habet* . . . . *neque ex judicato judicium accipere cogitur, quod judicium in ipsos municipes datur.* . . . *sicut* in cognitore. . . . . *iisdem* casibus, quibus et cognitor. . . . . *nec recte ei solvitur, sicut nec cognitori* . . . *sane si defendere volet* municipes *adversus omnes defendat necesse est. Nec recte eos defendere intelligitur nisi.* . . . . satis dederit. Ceterum. . . . . *ad*juvare debet, sicu*t* . . . .

---

1. Cf. *D.*, 3, 3, 67. — 2. Mommsen, d'après Lenel, *Zsavst*, 8, 1887, p. 205 et *Pal.*, 2, p. 1233, n. 2, arg. *D.*, 17, 1, 30. — 3. Cf. *D.*, 3, 3, 72. — 4. Cf. *D.*, 3, 3. 33, 3. 3, 4, 6, 3. 42, 1, 4, 2.

336. *Paulus* libro I sententiarum[1]. Cum quo *agitur suo nomine, si in rem actio est, pro praede litis et* vindiciarum adversario *satis dare cogitur aut judicatum solvi*: contra judicatum solvi, si in personam sit actio, dumtaxat ex certis causis. Cum quo agitur alieno nomine in rem, pro praede litis et *vindiciarum cavebit aut judicatum solvi, in personam judicatum solvi.* [2]Actoris procurator *non solum absentem defendere, sed et rem ratam* dominum habiturum *satisdare cogitur.*

337[3]. Procurator antequam. . . . . accipere judicium . . . .

338. *Divi Diocletianus et Constantius* . . . *A procuratoribus* citra mandatum domini *gesta nullius momenti sunt* . . . . *ideoque quae invito* domino a procuratoribus distracta comparasti, nullo jure retines.. Ex superfluo autem ea, quae procuratores ita... gesserunt nos infirmare desideras ; nam principum rescripto.. qui non inclusus intra certi temporis terminos perpetua actione utitur, nequaquam indiget.... Mart. Nicomediae.

. . . .

339. *Cognitore vel procuratore ob eam rem damnato quae* periculum ignominiae *continet, neque dominus neque cognitor vel procurator* notabitur, quia neque dominus condem*natus est* neque qui condemnatus est suo nomine egit. Sed et si cognitor in rem *suam datus est, idem dicemus, quamquam cognitore vel procuratore in* rem suam dato lis in *ipsum aestimatur neque in dominum a procuratore* vel cognitore transfertur *judicium.* . .

340[4]. . . . . *famae* periculum inrogat . . . . cognitorem dirigere.

340ª . . . . *Actio popularis cognitorem procuratoremve ejus qui agit non nisi post litem* contestatam admittit.

340ᵇ. *Qui semel cognitor factus est, judicium* accipere cogitur, maxime . . . . *Quodsi postquam judicium coepit* capitales inimicitias *intercessisse probabitur.* . . . . *permittitur excusatio* cognitori . . . . . [5]*Item ait si suspectus tutor postuletur, defensorem ejus oportere etiam de rato cavere, ne reversus ille velit retractare quod actum est. Sed non facile per procuratorem quis suspectus accusabitur, quoniam famosa causa est, nisi constet ei a tutore mandatum nominatim.*

341. . . . . *Hoc edictum* de pluribus speciebus

---

1. Cf. Gaius, 4, 89 et ss. (Paul, Sent., 1, 3, 4. 5). — 2. = *Consult.*, 3, 7. — 3. Paul, Sent., 1, 3, 6. — 4. Fragments qui, d'après la disposition du ms., appartiennent tous au même auteur et parmi lesquels Huschke attribue 340. 340 a. 340 b. à Paul, Sent., 1, 2, mais la fin de 340 b appartient, d'après le D., à Ulp., L. IX ad ed. — 5. D., 3, 9, 39, 7.

MOSAICARUM ET ROMANARUM LEGUM COLLATIO 475

loquitur. . . . . . . *cavetur* quod edicto praetor prospiciendum curavit... *ut praestaret domino facul*tatem vel a cognitore *in alium cognitorem vel a cognitore in se* judicium transferendi
. . . . *lis* cognitoris sit effecta
. . . . t possit transferre, non
. . . . *verba* edicti talia sunt : 'Ei qui cognitorem dedit causa cognita permittam judicium transfer*re'. His verbis non solum . . . . . . care autem cognitorem. . . . .
La suite manque.

18. MOSAICARUM ET ROMANARUM LEGUM COLLATIO.

Recueil comparatif de droit mosaïque et de droit romain composé, vers la fin du IV° siècle ou le début du V°, par un auteur et dans un but incertains, dont un long fragment nous a été transmis par trois mss. indépendants venant d'un archétype commun. Ce fragment, que l'un des mss. et un témoignage digne de foi signalent comme appartenant au premier livre de l'ouvrage, est divisé en titres dans lesquels les textes attribués à Moïse sont cités en premier lieu, d'après une traduction latine antérieure à la vulgate, très voisine de celle conservée dans les mss. de Lyon et de Wurzbourg, et sont suivis de textes de droit romain correspondants empruntés aux œuvres de Gaius, de Papinien, de Paul, d'Ulpien et de Modestin, aux codes Grégorien et Hermogénien et à une constitution de l'an 390. Dans les trois mss., le titre est: *Lex dei quam praecepit dominus* (ou *Deus*) *ad Moysem;* mais on emploie habituellement, depuis le XVI° siècle, le titre, plus conforme au contenu du recueil, de *Mosaicarum et Romanarum legum collatio*. L'auteur, qui paraît avoir été chrétien plutôt que juif et qui ne semble pas être un jurisconsulte (*Coll.* 7, 1 : *Scitote, jurisconsulti*), ne nous est pas connu plus nettement, quoique un bruit répandu au XVI° siècle ait attribué la *Collatio* à un certain *Licinius Rufinus* dans lequel Huschke a voulu reconnaître Rufinus d'Aquilée mort en 397, et que Rudorff ait cru de notre temps découvrir un témoignage qui en assignerait la rédaction à St Ambroise, évêque de Milan. Bien que de nombreuses conjectures aient été proposées à ce sujet (v. notamment l'énumération de Karlowa, *R. R. G.*, 1, pp. 968-969), on ignore le but précis dans lequel il s'est attaché à relever les ressemblances existant d'après lui, notamment en matière pénale, entre le droit romain et l'ancienne législation hébraïque. Ce but devait sans doute être expliqué au début de l'ouvrage dont nous n'avons ni le commencement ni la fin. La partie conservée, où des discordances de numérotage établissent qu'il manque un premier titre et qui s'interrompt peut-être avant la fin du livre I, traite d'abord du droit pénal, qui est exposé suivant l'ordre du décalogue ; puis elle passe au droit privé, pour lequel il ne subsiste qu'un titre consacré aux hérédités. L'auteur, qui reproduit les textes de droit romain sans remaniements ni coupures et qui note seulement une fois (15, 2, 4) qu'il a fait quelques suppressions dans une constitution étendue — qui manque d'ailleurs dans les mss., — prend rarement la parole et se borne en général à rapporter les sources. Quant à la date du recueil, elle ne peut être antérieure à l'an 390, dont il rapporte, 5, 3, une constitution, ni postérieure à l'an 428, où la même constitution reçut dans le code Théodosien une nouvelle rédaction que l'auteur ne connaît pas. La façon dont le texte est cité donne même à croire qu'elle est postérieure à l'an 394. Cf. sur tous ces points, Karlowa, *R. R. G.*, 1, 966-969; Huschke, *J. a.* pp. 645-647; Krueger, *Gesch. d. Q.*, pp. 302-305, et surtout Mommsen, *Collectio*, 3, pp. 109-135.

La *Collatio*, dont Hincmar de Reims paraît avoir connu au IXe siècle, un ms. diffèrent de ceux qui nous sont parvenus et dont un texte est en outre cité au XIe siècle par l'auteur d'une collection canonique qui l'attribue à Justinien, — probablement d'après un ms. où, comme dans ceux que nous possédons, elle était placée à la suite d'une copie de l'*Epitome* de Julien, — a été imprimée pour la première fois en 1573 par Pierre Pithou d'après un ms. tombé entre ses mains vers 1570 et venant de l'Abbaye de St. Denys. Nous en possédons aujourd'hui trois mss. issus d'une source commune : le premier et le meilleur est le ms. publié par Pithou, qui est du IXe siècle ; après avoir été longtemps perdu, il a été retrouvé en 1838 et est actuellement à Berlin; les deux autres, qui sont du XIe siècle, ont été découverts de nos jours à Verceil et à Vienne. Mais il n'existait jusqu'à présent aucune édition savante basée sur l'examen systématique des trois mss. Celle qui a été donnée par M. Blume, d'abord à part en 1833, puis dans le tome I du *Corpus juris antejustiniani* de Bonn, en 1841, a été composée à l'aide des deux derniers mss., avant qu'on eût retrouvé celui de Pithou, qui n'avait depuis été mis à profit que pour des corrections isolées, notamment dans l'éd. de Huschke, *J. a.*, suivie par Pellat et Giraud. Une éd. nouvelle et très supérieure, accompagnée d'un appareil critique complet, sera donnée prochainement dans le 3e vol. de la *Collectio librorum juris antejustiniani* par M. Mommsen. Nous avons pu en reproduire le texte grâce à la complaisance de l'illustre auteur, qui a bien voulu nous communiquer encore pour cet ouvrage les précieuses épreuves de son travail. Il nous permettra de lui en exprimer ici notre plus vive gratitude.

[LEX DEI QUAM PRAECEPIT DOMINUS AD MOYSEN].

LIBER PRIMUS

[TITULUS I.] DE SICARIIS [ET HOMICIDIS CASU VEL VOLUNTATE].

I, 1. Moyses dei sacerdos haec dicit :

Si quis percusserit hominem ferro et occiderit eum, mortem moriatur. 2. Si autem manu lapide, quo mori possit, percusserit et mortuus fuerit, homicida est : mortem moriatur. 3. Si autem per inimicitiam inpulerit eum vel inmiserit super eum aliquod vas ex insidiis et mortuus fuerit, 4. vel per iram percusserit eum manu et mortuus fuerit, mortem moriatur.

II, 1. Paulus quoque libro quinto sententiarum sub titulo ad legem Corneliam de sicariis et veneficis dicit :

[1] Lex Cornelia poenam deportationis infligit ei, qui hominem occiderit ejusque rei causa furtive faciendi cum telo fuerit, et qui venenum hominis necandi causa habuerit vendiderit paraverit, falsumve testimonium dixerit quo quis periret, mortisve causam praestiterit. 2. Quae omnia facinora in hones-

---

1. Répété plus bas, 8, 4 = Paul, *Sent.*, 5, 23, 1.

tiores poena capitis vindicari placuit: humiliores vero aut in crucem tolluntur aut bestiis subjiciuntur.

III, 1. ULPIANUS libro VII de officio proconsulis sub titulo de sicariis et veneficis:

Capite primo legis Corneliae de sicariis cavetur, ut is praetor judexve quaestionis, cui sorte obvenerit quaestio de sicariis ejus quod in urbe Roma propiusve mille passus factum sit, uti quaerat cum judicibus, qui ei ex lege sorte obvenerint de capite ejus, qui cum telo ambulaverit hominis necandi furtive faciendi causa, hominemve occiderit, cujusve id dolo malo factum erit. Et reliqua. 2. Relatis verbis legis modo ipse loquitur Ulpianus: Haec lex non omnem, qui cum telo ambulaverit, punit, sed eum tantum, qui hominis necandi furtive faciendi causa telum gerit, coercet. Conpescit item eum, qui hominem occidit, nec adjecit cujus condicionis hominem, ut et ad servum et peregrinum pertinere haec lex videatur.

IV, 1. Item PAULUS libro qui supra, et titulo dicit[1]:

Homicida est, qui aliquo genere teli hominem occidit mortisve causam praestitit.

DE CASUALIBUS HOMICIDIS.

V, 1. MOYSES legaliter dicit:

Si autem subito, non per inimicitias inmiserit super eum aliquod vas non insidians, 2. vel lapidem, quo moriatur, non per dolum, et ceciderit super eum et mortuus fuerit, si autem non inimicus ejus fuerit neque quaesierit malefacere ei, 3. judicabitis inter eum, qui percussit, et proximum mortui secundum judicia haec, 4. et liberabitis percussorem.

VI, 1. ULPIANUS libro et titulo, qui supra relati:

Distinctionem casus et voluntatis in homicidio servari rescripto Hadriani[2] confirmatur. 2. Verba rescripti: 'Et qui hominem occidit absolvi solet, sed si non occidendi animo id admisit: et qui non occidit, sed voluit occidere, pro homicida damnatur. 3. E re itaque constituendum est: ecquo ferro percussit *Epafroditus*? Nam si gladium instrinxit aut telo percussit, quid dubium est, quin occidendi animo percusserit? Si clave percussit aut cucuma, aut, cum forte rixaretur, ferro percussit, sed non occidendi mente. 4. Ergo hoc exquirite et si voluntas occidendi fuit, ut homicidam servum supplicio summo jure jubete affici'.

VII, 1. PAULUS libro *et* titulo qui supra[3]:

Qui hominem occidit, aliquando absolvitur et qui non occidit, ut homicida damnatur: consilium enim uniuscujusque,

1. 5, 23, 2. — 2. Cf. Marcien. *L.* 14 *inst.*, *D.*, 48, 8, 1, 3. — 3. 5, 23, 3.

non factum puniendum est. Ideoque si cum vellet occidere, casu aliquo perpetrare non potuit, ut homicida punitur : et is, qui casu *jactu* teli hominem inprudenter ferierit, absolvitur. 2. [1]Quod si in rixa percussus homo perierit, quoniam ictus quoque ipsos contra unumquemque contemplari oportet, ideo humiliores in ludum aut in metallum damnantur, honestiores dimidia parte bonorum multati relegantur.

VIII, 1. Item Gregorianus libro IIII *sub titulo* ad legem Corneliam de sicariis et veneficis talem constitutionem ponit :

[2]Imperator Antoninus A. Aurelio Herculano et aliis militibus. Frater vester rectius fecerit, si se praesidi provinciae optulerit : cui si probaverit non occidendi animo Justam a se percussam esse, remissa homicidii poena secundum disciplinam militarem sententiam proferet. Proposita prid. kal. Febr. Laeto bis cons. (*a.* 215).

IX, 1. Item Gregorianus eodem titulo et libro talem constitutionem ponit :

Imp. Alexander A. Aurelio Flavio et aliis militibus. Si modo pro quo libellum dedistis, non dolo praestitit mortem, minime perhorrescat : [3]crimen quippe ita contrahitur, si et voluntas occidendi intercedat. Ceterum ea, quae ex improviso casu potius, quam fraude accidunt, fato plerumque, non noxae imputantur. Prop. XIII kal. Aug. Alexandro cons. (*a.* 222).

X, 1. Item Gregorianus eodem libro et titulo tale rescriptum dedit :

[4]*Exemplum s(acrarum) l(itterarum)* dd. nn. Have Agatho k(arissime) n(obis). Qualitas precum Juli Antonini clementiam nostram facile commovit: quippe quod adseveret homicidium se non voluntate, sed casu fortuito fecisse, cum calcis ictu mortis occasio praebita videatur. Quod si ita est neque super hoc ambigi poterit, omni eum metu ac suspicione, quod ex admissae rei discrimine sustinet, secundum id quod adnotatione nostra conprehensum est, volumus liberari. Dat. prid. k. Decemb. Diocletiano Aug. IIII et Maximiano conss. (*a.* 290).

XI, 1. Ulpianus libro et titulo qui supra :

[5]Cum quidam per lasciviam causam mortis praebuisset, comprobatum est factum Taurini Egnati proconsulis Baeticae a divo Hadriano, quod eum in quinquennium relegasset. 2. Verba consultationis et rescripti ita se habent: 'Inter Claudium, optime imperator, et Evaristum cognovi. quod Claudius Lupi filius in convivio, dum sago jactatur, culpa Mari Evaristi ita

1. Cf. *D.*, 48, 8, 17. — 2. = *C.*, 9, 16, 1. — 3. = *C.*, 9, 16, 1. — 4. Cf. *C.*, 9, 16, 4. — 5. = *D.*, 48, 8, 4, 1.

male acceptus fuerit, ut post diem quintum moreretur. Atque adparebat nullam inimicitiam cum Evaristo ei fuisse. *Tamen* cupiditatis culpa coercendum credidi, ut ceteri ejusdem aetatis juvenes emendarentur. Ideoque Mario Evaristo urbe Italia provincia Baetica in quinquennium interdixi et decrevi, ut impendi causa duo milia patri ejus persolveret Evaristus, quod manifesta ejus[1] fuerat paupertas'. 3. V(erba) r(escripti)[2]: 'Poenam Mari Evaristi recte, Taurine, moderatus es ad modum culpae: refert enim et in majoribus delictis, consulto aliquid admittatur an casu'. 4. Et sane in omnibus criminibus distinctio haec poenam aut justam provocare debet aut temperamentum admittere[3].

XII, 1. Modestinus libro differentiarum sub titulo de scientibus et ignorantibus generaliter loquitur:

Nonnumquam per ignorantiam delinquentibus juris civilis venia tribui solet, si modo rem facti quis, non juris ignoret: quae scilicet consilio delinquentibus praestari non solet. Propter quod necessarium est addita distinctione considerare, utrum sciente an ignorante aliquo quid gestum proponatur. Et reliqua.

XIII, 1. Paulus libro et titulo qui supra:

[4]'Qui telum tutandae salutis causa gerit, non videtur hominis occidendi causa portare. 2[5]. Teli autem appellatione non tantum ferrum continetur, sed omne, quod nocendi causa portatum est.

[TITULUS II.] DE ATROCI INJURIA.

I, 1. Moyses dicit:

Si autem contenderint duo viri et percusserit alter alterum lapide aut pugno et non fuerit mortuus, decubuerit autem in lectulo, 2. et si surgens ambulaverit homo foris in baculo, sine crimine erit ille, qui eum percusserat praeter ac cessationis ejus mercedem dabit ei et medico inpensas curationis.

II, 1. Ulpianus libro singulari regularum sub titulo de injuriis:

Injuria, si quidem atrox, id est gravis, *non* est, sine judicis arbitrio aestimatur. Atrocem autem aestimare solere praetorem idque colligi ex facto, ut puta si verberatus vel vulneratus quis fuerit. Et reliqua.

III, 1. Papinianus libro definitionum secundo sub titulo de judicatis:

---

1. Manque 'quem interfecit' ou quelque chose de pareil. — 2. Les mss.: 'vel res verba rescripti', probablement en donnant deux interprétations, l'une vraie et l'autre fausse, de l'abréviation 'v. r'. — 3. Cf. Ulp., D., 48, 9, 5, 2. — 4. Sent., 5, 23, 7 = D., 48, 6, 11, 2. — 5. Sent., 5, 23, 7.

Per hominem liberum noxae deditum si tantum adquisitum sit, quantum damni dedit, manumittere cogendus est a praetore qui noxae deditum accepit : sed fiduciae judicio non tenetur.

IV, 1. ULPIANUS libro XVIIII ad edictum sub titulo si fatebitur injuria occisum esse, in simplum et cum diceret[1] :

[2]Rupisse eum utique accipiemus, qui vulneraverit, vel virgis vel loris vel pugnis caedit, vel telo *quove alio* vis genere sciderit hominis corpus, vel tumorem fecerit : sed ita demum, si damnum datum est. Ceter*um* si in nullo servum pretio viliorem deterioremve fecerit, Aquilia cessat injuriarumque erit agendum[3]. Ergo et si pretio quidem non sit deterior factus servus, verum sumptus in salutem ejus et sanitatem facti sunt, in haec nec mihi videri damni Aquilia lege *agi* posse[4].

V, 1. PAULUS libro singulari et titulo de injuriis :

[5]Generaliter dicitur injuria omne, quod non jure fit : specialiter alia est contumelia, quam Graeci ὕβριν appellant, *alia culpa, quam Graeci ἀδίκημα dicunt, sicut in lege Aquilia damnum injuriae accipitur, alia iniquitas et injustitia, quam Graeci* ἀδικίαν vocant. Nam cum praetor non *jure* adversum nos pronuntiat, injuriam nos accepisse dicimus : unde apparet, non esse verum, quod Labeo putabat, apud praetorem injuriam ὕβριν dumtaxat significare. 2. Commun*e* omnibus *in*juri*is* est, quod semper adversus bonos mores fit idque non fieri alicujus interest. 3. Hoc edictum ad eam injuriam pertinet, quae contumeliae causa fit. 4. Fit autem injuria vel in corpore, dum caedimur, vel verbis, dum convicium patimur, vel cum dignitas laeditur, ut cum matronae vel praetextatae comites abducuntur. 5. Injuriarum actio aut legitima est aut honoraria. Legitima ex lege duodecim tabularum : 'Qui injuriam alteri facit, quinque *et* viginti sestertiorum poenam subito'. Quae lex generalis fuit: fuerunt et speciales, velut *illa* : 'Si os fregit libero, CCC, si servo, CL poenam subito sestertiorum'[6].

VI, 1. Idem PAULUS eodem libro singulari, sub titulo quemadmodum injuriarum agatur :

'Qui autem injuriarum', inquit, 'agit, certum dicat, quid injuriae factum sit, et taxationem ponat non minorem[7], quam

---

1. Rubrique reproduite 12, 2, où il y a : 'et cum doceret'. Huschke restitue: 'ut condiceret'. Lenel, *Zsavst.*, 8, 1887, pp. 195 198 : 'in simplum e capite primo judicium. Rubrica' en supposant une corruption d'un archétype portant : IN SIMPLUME*K IIUD R* ; v., en sens contraire, Mommsen p. 144. — 2. = *D.*, 9, 2, 27, 17. — 3. Le *D.*, ajoute : 'dumtaxat: Aquilia enim eas ruptiones quae damna sunt persequitur'. — 4, *D.* : 'in haec mihi videri damnum datum : atque ideoque lege Aquilia agi posse'. — 5. Cf. *Inst.*, 4, 4, pr. — 6. Restitution actuelle de Mommsen ; cf. p. 16, table 8, n° 3. — 7. Huschke : 'majorem'.

quanti vadimonium fuerit'. 2. Certum dicit, qui suo nomine demonstrat injuriam, neque ita, ut per disjunctionem hoc aut illud accidisse conprehendat, sed ut necesse habeat aut unam nomine suo rem designare aut plures ita conplecti, ut omnes eas accidisse cogatur probare. 3. Certum autem an incertum dicat, cognitio ipsius praetoris est. Demonstra*t* autem hoc loco praetor non vocem agentis, sed qualem formulam edat. 4. Certum non dicit, qui dicit pulsatum s*e* siv*e* verberatu*m*. Sed et partem corporis demonstrat et quem in modum, pugno put*a* an fuste an lapide, sicut formula proposita est: QUOD AULI AGE-RII MALA PUGNO PERCUSSA EST. Illud non cogitur dicere, dextra an sinistra, nec qua manu percuss*a* si*t*. 5. It*em* si dicat infamatum se esse, debet adjicere, quemadmodum infamatus sit. Sic enim et formula concepta est: QUOD NUMERIUS NEGIDIUS *LIBEL-LUM MISIT* AULO AGERIO INFAMANDI CAUSA[1].

VII, 1. PAULUS libro sententiarum *quinto* sub titulo ad legem Corneliam de sicariis et veneficis[2]:

Causa mortis idonea non videtur, cum caesus homo post aliquot dies officium diurnae vitae retinens decessit nisi forte fuerit ad necem caesus aut letaliter vulneratus.

[TITULUS III.] DE JURE ET SAEVITIA DOMINORUM.

I, 1. MOYSES dicit:

Si quis percusserit servum aut ancillam virga et mortuus fuerit in manibus ejus, judicio vindicetur. 2. Quod si supervixerit die uno aut duobus, non vindicabitur, pretium enim ipsius est.

II, 1. PAULUS libro sententiarum *quinto* sub titulo ad legem Corneliam de sicariis et veneficis dicit:

[3]Servus si plagis defecerit, nisi id dolo fiat, dominus homicidii reus non potest postulari: modum enim castigandi et in servorum coercitione placuit temperari[4].

III, 1. ULPIANUS libro octavo de officio proconsulis sub titulo de dominorum saevitia:

[5]Si dominus in servum saevierit vel ad inpudicitiam turpemque violationem conpellat, quae sint partes praesidis, ex rescripto divi Pii ad Aurelium Marcianum proconsulem Baeticae manifestatur. 2. Cujus rescripti verba haec sunt: 'Dominorum quidem potestatem in suos servos inlibatam esse opor-

---

[1]. Les mss.: 'illum inmisit'. Lenel, *E. P.*, p. 323, n° 7 arg. Paul, *Sent.*, 5, 4, 13: 'fimum'. Huschke: '*sibi*lum'. — [2]. 5, 23, 5. — [3]. 5, 23, 6. — [4]. Il doit manquer: 'sed tamen etsi eum dominus excessit, homicidium non commisit.'. — [5]. 3, 1-4 = *D.*, 1, 6, 2.

tet, nec cuiquam hominum jus suum detrahi: sed dominorum interest, ne auxilium contra saevitiam vel famem vel intolerabilem injuriam denegetur his, qui juste deprecantur. 3. Ideoque cognosce de querellis eorum, qui ex familia Juli Sabini ad statuam confugerunt, et si vel durius habitos, quam aequum est, vel infami injuria adfectos cognoveris, venire jube, ita ut in potestatem Sabini non revertantur. Quod si meae constitutioni fraudem fecerit, sciet me admissum severius executurum'. 4. Divus etiam Hadrianus Umbram quandam matronam in quinquennium relegavit, quod ex levissimis causis ancillas atrocissime tractaret. 5. Item Divus Pius ad libellum Alfi Juli rescripsit in haec verba: 'Servorum obsequium non solum imperio, sed et moderatione et sufficientibus praebitis et justis operibus contineri oportet. 6. Itaque et ipse curare debes juste ac temperate *tuos* tractare, ut *ex* facili requirere[1] eos possis, ne, si apparuerit vel inparem te inpendiis esse vel atrociore dominationem saevitia exercere, necesse habeat proconsul v. c., ne quid tumultuosius contra accidat, praevenire et ex mea jam auctoritate *te* ad alienandos eos conpellere. *Glabr*ione et *Homullo* cons'. (*a*. 152).

IV, 1. Gregorianus libro xviiii sub titulo de accusationibus:

Impp. Diocletianus et Maximianus Augusti Aurelio Sacrato militi. Cum servum tuum *vi* aegritudinis graviter oppressum fati munus implesse proponas, propter inmoderatam castigationem calumniae accusationem emergere innocentiae ratio, cujus fiduciam geris, non permittit. Prop. non. Decemb. Diocletiano A. III et Aristobulo cons. (*a*. 285).

[Titulus IIII.] De adulteriis.

I, 1. Moyses dixit:

Quicunque moechatus fuerit mulierem proximi sui, mortem moriatur qui moechatus fuerit et quae moechata fuerit. 2. Quod si aliqui seduxerit virginem non desponsatam et stupraverit eam, dotabit eam sibi in uxorem. 3. Quodsi rennuerit pater ejus et noluerit eam dare illi uxorem, pecuniam inferet patri, in quantum est dos virginis.

II, 1. Paulus libro singulari de adulteris sub titulo:

Brevem interpretationem *legis Juliae* de adulteris coercendis facturus per ipsa capita ire malui ordinemque legis servare. 2. Et quidem primum caput legis [Juliae de adulteris] priori-

---

1. Lachmann: 'reprimere'.

bus legibus pluribus obrogat. 3. Secundo vero capite permittit patri, *si in* filia sua, quam in potesta*te* habet, aut in ea, quae *eo* auctore, cum in potestate esset, viro in manum convenerit, adulterum domi suae generive sui deprehenderit, inqu*e* eam rem socerum adhibuerit, ut is pater *e*um adulterum sine fraude occidat, ita ut filiam in continenti occidat. 4. In sui *juris* autem filia qui adulterum deprehensum occiderit et in continenti filiam, licito[1] jure hoc factum, Marcellus libro xxxi digestorum scribit. 5. Auctoritate quoque *legis* pat*r*em posse interficere vel consularem virum vel patronum suum, *si eum* in filia adulter*u*m deprehenderit, eodem libro Marcellus probat. 6. Sed si filiam non interfecerit, sed solum adulterum, homicidii reus est. 7. Et si intervallo filiam interfecerit, tantundem est, nisi persec*ut*us illam interfecerit : continuatio*ne* enim animi videtur legis auct*o*rita*te* fecisse.

III, 1. Idem Paulus eodem singulari libro et titulo :

Certae autem enumerantur personae, quas viro liceat occidere in adulterio deprehens*a* uxor*e*, quamvis uxorem non liceat. 2. Ergo secundum leges viro etiam filiofamilias permittitur [etiam] domi suae deprehensum adulterum interficere servum, et eum qui auctoramento rogatus est ad gladium, vel etiam illum qui operas suas, ut cum bestiis pugnaret, locavit. 3. Sed et judicio publico damnatum lice*t* interficere in adulterio deprehensum, vel libertinum vel suum vel paternum, et tam civem Romanum quam Latinum. 4. Sed et patris et matris et filii et filiae libertum permittitur occidere[2], quo loco et dediticius habetur. 5. Debet autem profiteri apud eum, cujus jurisdictio est eo loco, ubi occidit, et uxorem dimittere. Quod si non fecerit, inpune non interficit. 6. Sciendum est autem divum[3] Marcum et Commodum rescripsisse eum qui adulterum inlicite interfecerit, leviori poena puniri. Sed et Magnus Antoninus pepercit, si qui adulteros inconsulto calore ducti interfecerunt. Et reliqua.

IV, 1. Idem Paulus eodem libro singulari et titulo :

Jure mariti vel patris qui accusat, potest et sine calumniae poena vinci : si jure extranei accusat, potest calumniae poena puniri. Sed *t*um post duos menses intra quattuor menses utiles expertus, licet talis sit, qui alias accusare non possit, ut libertinus aut minor viginti quinque annorum aut infamis, tamen ad accusationem admittitur, ut et Papinianus libro xv scripsit.

1. Cujas : *ill*icito ; Huschke : *non* licito. — 2. Phrase à placer après *paternum*, qui paraît venir d'une annotation ajoutée au texte de Paul. — 3. Plutôt 'divos'.

V, 1. Papinianus, libro xv responsorum sub titulo ad legem Juliam de adulteris :

Civis Romanus, qui *civem Romanam* sine conubio *sive* peregrinam in matrimonio habuit, jure quidem mariti eam adulteram non postulat, sed ei non opponetur infamia vel quod libertinus rem sestertiorum triginta milium aut filium non habuit, propriam injuriam persequenti.

VI, 1. Paulus libro singulari et titulo *qui* supra :

In uxorem adulterium vindicatur jure mariti, non etiam sponsam. Severus quoque et Antoninus ita rescripserunt.

VII, 1. Papinianus libro singulari de adulteris :

Quaerebatur, an pater emancipatam filiam jure patris accusare possit. Respondi : occidendi quidem facultatem lex tribuit eam filiam, quam habet in potestatem aut *quae* eo auctore in manum convenit : sed accusare jure patris ne quidem emancipatam filiam pater prohibetur.

VIII, 1. Papinianus eodem libro singulari [et titulo] :

Cum patri lex regia dederit in filium vitae necisque potestatem, quod bonum fuit lege conprehendi, ut potestas fieret etiam filiam occidendi, *velis* mihi rescribere : nam scire cupio. Respondit : numquid ex contrario praestat nobis argumentum haec adjectio, ut non videatur lex non habenti dedisse, *sed occidi eam cum adultero jussisse*, ut videatur majore aequitate ductus adulterum occidisse, cum nec filiae pepercerit ?

IX, 1. Idem :

Si pater quis adulterum occidit et filiae suae pepercit, quaero quid adversus eum sit statuendum ? Respondit : sine dubio iste pater homicida est : igitur tenebitur lege Cornelia de sicariis. Plane si filia non voluntate patris, sed casu servata est, non minimam habebit defensionem pater, quod forte fugit filia. Nam lex ita punit homicidam, si dolo malo homicidium factum fuerit. Hic autem pater non ideo servavit filiam, quia voluit, sed quia occidere eam non potuit.

X, 1. Idem :

Si maritus uxorem suam in adulterio deprehensam occidit, an in legem de sicariis incidat, quaero. Respondit : nulla parte legis marito uxorem occidere conceditur : quare aperte contra legem fecisse eum non ambigitur. Sed si de poena tractas, non inique aliquid ejus honestissimo calori permittitur, ut non quasi homicida puniatur capite vel deportatione, sed usque ad exilium poena ejus statuatur.

XI, 1. Idem sic:

De mancipiis alterutrius marito vel patre accusante quaestionem habendam, palam es*t* : an idem extraneo accusatori permitti debeat, quaero. Respondit : potest videri ea ratio fuisse permittendi istis personis de servis quaestionem habere, ut diligentius dolorem animi sui, item injuriam laesae domus non translaticie persequerentur. Sed quoniam non facile tale delictum sine ministerio servorum admitti creditum est, ratio eo perduxit, ut etiam extraneo accusante mancipia quaestioni tormentorum subjicerentur a judicibus.

XII, 1. PAULUS libro sententiarum *secundo* sub titulo de adulteris[1] :

Permittitur *patri* tam adoptivo quam naturali, adulterum cum filia cujusque dignitatis domi suae vel generi sui deprehensum sua manu occidere. 2. Filius familias pater si filiam in adulterio deprehenderit, verbis quidem legis prope est, ut non possit occidere : permittitur tamen etiam ei, ut occidat. 3. Maritus in adulterio deprehensos non alios quam infames et eos qui corpore quaestum faciunt, servos etiam et liber*tos*[2], excepta uxore, quam prohibetur, occidere potest. 4. Marit*um*, qui uxorem deprehensam cum adultero occidit, quia hoc inpatientia justi doloris admisit, lenius puniri placuit. 5. Occiso adultero dimittere statim maritus debet uxorem atque ita triduo proximo profiteri, cum quo adultero et in quo loco uxorem deprehenderit. 6. Inventa in adulterio uxore maritus ita demum adulterum occidere potest, si eum dom*i* suae deprehendat. 7. Eum, qui in adulterio deprehensam uxorem non statim dimiserit, reum lenocinii postulari placuit. 8. Servi vero tam mariti quam uxoris in causa adulteri torqueri possunt, nec his libertas sub specie impunitatis data valebit.

[TITULUS V.] DE STUPRATORIBUS.

I, 1. MOYSES dicit :
Qui manserit cum masculo mansione muliebri, aspernamentum est : ambo moriantur, rei sunt.

II, 1. PAULUS libro sententiarum II sub titulo de adulteris[3] :
Qui masculum liberum invitum stupraverit, capite punitur. 2. Qui voluntate sua stuprum flagitiumque inpurum patitur, dimidia parte bonorum suorum multatur nec testamentum ei ex majore parte facere licet.

---

1. 12, 1-8 = Paul, *Sent.*, 1, 26, 1. 2. 4-9. — 2. Les mss.: 'liberos'. Omis à tort dans Paul, 2, 26, 4, par le Vesontinus ; cf. la note de Mommsen. — 3. 2, 1-2 = Paul, *Sent.*, 2, 26, 12. 13.

III, 1. Hoc quidem juris est : mentem tamen legis Moysis imperatoris Theodosii constitutio[1] ad plenum secuta cognoscitur. [Item Theodosianus] :

IMPP. VALENTINIANUS, THEODOSIUS ET ARCADIUS Auggg. ad Orientium vicarium urbis Romae. Non patimur urbem Romam virtutum omnium matrem diutius effeminati in viro pudoris contaminatione foedari et agreste illud a priscis conditoribus robur fracta molliter plebe tenuatum convicium saeculis vel conditorum inrogare vel principum, Orienti k(arissime) ac juc(undissime) nobis. 2. Laudanda igitur experientia tua omnes, quibus flagiti usus[2] est virile corpus muliebriter constitutum alieni sexus damnare patientia nihilque discretum habere cum feminis, occupatos, ut flagitii poscit inmanitas, atque omnibus eductos, pudet dicere, virorum lupanaribus spectante populo flammae vindicibus expiabit, ut universi intellegant sacrosanctum cunctis esse debere hospitium virilis animae nec sine summo supplicio alienum expetisse sexum qui suum turpiter perdidisset. Prop. pr. id. Maias Romae in atrio Minervae. (*a*. 390).

[TITULUS VI.] DE INCESTIS NUPTIIS.

I, 1. MOYSES dicit :

Quicumque concubuerit cum muliere uxore patris sui, pudenda patris sui detexit, mortem moriantur ambo : rei sunt. 2. Et quicumque concubuerit cum nuru sua, mortem moriantur ambo : rei sunt.

II, 1. ULPIANUS libro regularum singulari sub titulo de nuptiis[3] :

Inter parentes et liberos, cujuscumque gradus sint, conubium non est. 2. Inter cognatos autem ex transverso gradu olim quidem usque ad quartum gradum matrimonia contrahi non poterant : nunc autem ex tertio gradu licet uxorem ducere, sed tantum fratris filiam, non etiam sororis, nec amitam nec materteram, quamvis eodem gradu sint. 3. Eam quae noverca vel privigna, vel quae nurus vel socrus fuit, uxorem ducere non possumus. 4. Si quis eam quam non licet uxorem duxerit, incestum matrimonium contrahit : ideoque liberi in potestate ejus non fiunt, sed quasi vulgo concepti spurii sunt.

III, 1. PAULUS libro sententiarum *secundo* sub titulo de nuptiis[4] :

Inter parentes et liberos jure civili matrimonia contrahi

---

1. Cf. *C. Th.*, 9, 7, 6. — 2. Peut-être 'flagitiosus usus'. — 3. 2, 1-4 = Ulp., 5, 6. 7. — 4. Paul, *Sent.*, 2, 19, 3-5.

non possunt nec filiam sororis aut neptem uxorem ducere [non] possumus: proneptem aetatis ratio prohibet. 2. Adoptiva cognatio impedit nuptias inter parentes ac liberos omnimodo, inter fratres eatenus, quatenus capitis minutio non intervenit. 3. Nec socrum nec nurum *nec* privignam nec novercam aliquando citra poenam incesti uxorem ducere licet, sicut nec amitam aut materteram. Sed qui vel cognatam contra interdictum duxerit, remisso mulieri juris errore ipse poenam adulterii lege Julia patitur, non etiam duct*a*.

IV, 1. GREGORIANUS libro quinto sub titulo de nuptiis exemplum literarum Diocletiani et Maximiani impp. talem conjunctionem graviter punir*e* commemorat :

Exemplum edicti Diocletiani et Maximiani *Augg. et Constantii et Maximiani* nobilissimorum Caesarum. Quoniam piis religiosisque mentibus nostris ea, quae Romanis legibus caste sancteque sunt constituta, venerabilia maxime videntur atque aeterna religione servanda, dissimulare ea, quae a quibusdam in praeteritum nefarie incesteque commissa sunt, non oportere credimus: cum vel cohibenda sunt vel etiam vindicanda, insurgere nos disciplina nostrorum temporum cohortatur. Ita enim et ipsos immortales deos Romano nomini, ut semper fuerunt, faventes atque placatos futuros esse non dubium est, si cunctos sub imperio nostro agentes piam religiosamque et quietam et castam in omnibus mere colere perspexerimus vitam. 2. In quo id etiam providendum quam maxime esse censuimus, ut matrimoniis religiose atque legitime juxta disciplinam juris veteris copulatis tam eorum honestati, qui nuptiarum conjunctionem sectantur, quam etiam his, qui *inde* deinceps nascentur, servata religione incipiat esse consultum et honestate nascendi etiam posteritas ipsa purgata sit. Id enim pietati nostrae maxime placuit, ut sanct*a* necessitudinum nomina optineant apud affectus suos piam ac religiosam consanguinitat*i* debitam caritatem. Nefas enim credere est ea, quae in praeteritum a conpluribus constat esse commissa, cum pecudum ac ferarum promiscuo ritu ad inlicita conubia instinct*u* execr*a*ndae libidinis sine ullo respectu pudoris ac pietatis inruerint. 3. Sed quaecumque antehac vel imperit*i*a delinquentium vel pro ignorantia juris barbaricae inmanitatis ritu ex inlicitis matrimoniis videntur admissa, quanquam essent severissime vindicanda, tamen contemplation*e* clementiae nostrae ad indulgentiam volumus pertinere, ita tamen, ut quicumque in ante actum tempus inlicitis incestisque se matrimoniis polluerunt, hactenus adeptos se esse nostram indulgentiam sciant, ut post tam nefaria facinora vitam quidem sibi gratulentur esse concessam, sciant tamen non legitimos se suscepisse liberos, quos tam nefaria conjunctione genuerunt. Ita enim fiet, ut de futuro quoque nemo audeat *infrenatis* cupiditatibus oboedire, cum et sciant ita praecedentes admissores istius modi criminum venia liberatos, ut liberorum quos inlicite genuerunt successione *arceantur*, quae juxta vetustatem Romanis legibus negabatur. Et optassemus quidem nec ante quicquam ejusmodi esse commissum, quod esse*t* aut clementia remittendum aut legibus corrigendum. 4. Se*d* posthac religionem sanctitatemque in conubiis copulandis volumus ab unoquoque servari, ut se ad disciplinam legesque Romanas meminerint pertinere et eas tantum sciant nuptias licitas, quae sunt Romano jure permissae. 5. ¹Cum quibus autem personis tam cognatorum quam ex adfinium numero contrahi non liceat matrimonium, hoc edicto nostro conplexi sumus : cum filia nepte pronepte itemque matre avia proavia et ex latere amita ac matertera *sorore* sororis filia et ex ea nepte. Itemque ex adfinibus privigna noverca socru nuru ceterisque quae antiquo jure prohibentur, a quibus cunctos volumus abstinere. 6. Nihil enim nisi sanctum ac venerabile nostra jura custodiunt et ita ad tantam magnitudinem Romana majestas cunctorum numinum favore pervenit, quoniam omnes leges suas religione sapienti pudorisque observatione devinxit. 7. Quare hoc edicto nostro volumus omnibus palam fieri, quod praeteritorum venia, quae per clementiam nostram contra disciplinam videtur indulta, ad ea tantum delicta pertineat, quae in diem III kal. Jan. Tusco et Anullino cons. videntur esse commissa. 8. Si qua autem contra Romani nominis decus sanctitatemque legum post supradictum diem deprehendentur admissa, digna severitate plectentur. Nec enim ullam in tam nefario scelere quisquam aestimet veniam se consequi posse, qui tam evidenti crim*ini* et post edictum nostrum non dubitabit inruere. Dat. kal. Mai. Damaso Tusco et Anullino cons. (*a.* 295).

V, 1. HERMOGENIANUS sub titulo de nuptiis :

Impp. Diocletianus et Maximianus Augg. Fl. Flaviano. His, qui incestas nuptias per errorem contrahunt, ne poenis subjiciantur, ita demum clementia principum subvenit, si postea quam errorem suum rescierint, ilico nefarias nuptias diremerint. Prop. id. Mart. *Tiberiano* et Dione cons. (*a.* 291).

VI, 1. Hanc quoque constitutionem Gregorianus titulo de

1. 4, 5 = *C.*, 5, 4, 17.

nuptiis inseruit, quae est tricesima et secunda, aliis tamen et die *et cons.*, id est: constitutio prop. V id. Jun. Diocletiano ter et Maximiano Augustis (*a.* 287).

PAPINIANUS libro singulari de adulteris:

Qui sororis filiam uxorem duxerat per errorem, antequam praeveniretur a delatore, diremit coitum: quaero an adhuc possit accusari? Respondit: ei qui *coitu* sororis filiae bona fide abstinuit, poenam remitti palam est, quia qui errore cognito diremit coitum, creditur ejus voluntatis fuisse, ut, si scisset se in eo necessitudinis gradu positum, non fuisset tale matrimonium copulaturus.

VII, 1. Idem dicitur in eos, qui incestas nuptias contraxerunt. Maledicti tamen sunt omnes incesti per legem, cum adhuc rudibus populis ex divino nutu condita isdem a*d*stipulantibus sanciretur. Et utique omnes maledicti puniti sunt, quos divina et humana sententia consona voce damnavit. Lex divina sic dicit:

Maledictus, inquit, dixit Moyses, qui concubuerit cum uxore patris sui: et dicit omnis populus: fiat, fiat. 2. Maledictus, qui concubuerit cum sorore sua de patre aut de matre: et dicit omnis populus: fiat, fiat. 3. Maledictus, qui concubuerit cum nuru sua: et dicit omnis populus: fiat, fiat. 4. Maledictus, qui concubuerit cum socru sua: et dicit omnis populus: fiat, fiat. 5. Maledictus, qui concubuerit cum sorore patris sui: et dicit omnis populus: fiat, fiat. 6. Maledictus, qui concubuerit cum sorore matris suae: et dicit omnis populus: fiat, fiat. 7. Maledictus, qui concubuerit cum sorore uxoris suae: et dicit omnis populus: fiat, fiat. 8. Maledictus, qui dormierit cum uxore fratris sui: et dicit omnis populus: fiat, fiat. 9. Maledictus, qui dormierit cum omni pecore: et dixit omnis populus: fiat, fiat.

[TITULUS VII.] DE FURIBUS ET POENA EORUM.

I, 1. Quod si duodecim tabularum nocturnum furem *quoquo modo, diurnum* autem si se au*deat* telo defendere, interfici jubent: scitote, juris consulti, quia Moyses prius hoc statuit, sicut lectio manifestat. MOYSES dicit:

Si perfodiens nocte parietem inventus fuerit fur et percusserit eum alius et mortuus fuerit hic, non est homicida is qui percusserit eum. 2. Si autem sol ortus fuerit super eum, reus est mortis percussor: et ipse morietur.

II, 1. PAULUS libro sententiarum v ad legem Corneliam de sicaris et veneficis[1]:

1. 5, 23, 9.

Si quis furem nocturnum vel diurnum cum se telo defenderet occiderit, hac quidem lege non tenetur, sed melius fecerit, qui eum conprehensum transmittendum ad praesidem magistratibus optulerit.

III, 1. ULPIANUS libro VIII ad edictum sub titulo si quadrupes pauperiem dederit[1] :

Injuria occisum esse merito adjicitur : non enim sufficit occisum, sed oportet injuria id esse factum. Proinde si quis servum latronem occiderit, lege Aquilia non tenetur, quia *injuria* non occidit. 2. Sed et quemcumque alium ferro se petentem qui occiderit, non videbitur injuria occidisse. Proinde si furem nocturnum, quem lex duodecim tabularum omnimodo permittit occidere, aut diurnum, quem *aeque* lex permittit, sed ita [lex] demum[2], si se telo defendat, videamus, an lege Aquilia teneatur? Et Pomponius dubitat, num haec lex non sit in usu. 3. Et si quis noctu[3] furem occiderit, non dubitamus, quin lege Aquilia *non* teneatur : sin autem, cum posset adprehendere, maluit occidere, magis est, ut injuria fecisse videatur : ergo etiam lege Cornelia tenebitur. 4. Injuriam autem accipere hic nos oportet non, quemadmodum [et] circa injuria*rum* actionem, contumeliam quandam, sed quod non jure factum est, hoc est contra jus, id est si culpa quis occiderit. Et reliqua.

IV, 1. ULPIANUS libro octavo de officio proconsulis sub titulo de furibus[4] :

Fures ad *forum* remittendi sunt diurni, nocturnique extra ordinem audiendi et causa cognita puniendi, dummodo in poena eorum sciamus operis publici temporari modum non egrediendum. Idem et in balneariis furibus. 2. Sed si se telo fures defendunt vel effractores vel ceteri *his* similes nec quemquam percusserunt, metalli poen*a* humiliores, honestiores vero relegatione adficiendi erunt.

V, 1. PAULUS libro sententiarum II sub titulo de furibus[5] :

Furti quocumque genere damnatus famosus efficitur. 2. Fur est qui[6] rem alienam contrectat. 3. Furtorum genera sunt quattuor, manifesti, nec manifesti, concepti et oblati. Manifestus fur est, qui in faciendo deprehensus est, et qui intra terminos ejus loci, unde furatus est, conprehensus est, vel antequam ad eum locum, quo destinaverat, pervenerit. Nec manifestus est fur, qui in rapiendo quidem conprehensus non est, sed eum fecisse negari non potest. 4. Concepti actione tenetur,

---

1. Cf. *D.*, 9, 2, 3. 5, *pr.* 1, Ulp., *L. XVIII ad ed.* — 2. Peut-être faut-il lire : 'necare permittit, sed ita demum lex'. — 3. *D.*: 'metu quis mortis'. — 4. Abrégé *D.*, 47, 17, 1. — 5. 5, 1-6 = Paul, *Sent.*, 2, 31, 15. 1-5. — 6. Paul, *Sent.*: 'dolo malo'.

apud quem furtum est inventum. Oblati actione is tenetur, qui rem furtivam ali optulit, ne apud se inveniretur. 5. Furti actione is agere potest, cujus interest rem non perisse. 6. Conceptiva autem agere potest, qui rem concepit et invenit. Oblati agere potest, penes quem res concepta inventa est.

[TITULUS VIII.] DE FALSO TESTIMONIO.

I, 1. MOYSES dicit:
Si steterit testis injustus adversus hominem accusandum accusans eum impietatis, 2. stabunt duo homines, quibus est invicem contentio, ante deum et ante sacerdotes et ante judices, quicumque fuerint in illis diebus. 3. Cum inquisierint judices diligenter et inventus fuerit testis injustus testificans injusta, insurgentes adversus eum, 4. facietis ei sicut voluit malefacere et delebitis malum de medio vestrum: 5. et ceteri audientes timebunt nec audebunt haec mala facere inter vos.

II, 1. PAULUS libro singulari de poenis omnium legum sub titulo ad legem Juliam de adulteris:
Qui falsum testimonium dixerit, proinde tenebitur, ac si lege Cornelia testamentaria damnatus esset.

III, 1. PAULUS libro sententiarum quinto sub titulo de testibus et de quaestionibus[1]:
Hi, qui falso vel *varie*[2] testimonia dixerunt vel utrique parti prodiderunt, aut in exilium aguntur aut in insulam relegantur aut curia submoventur.

IV, 1. Idem libro *sententiarum quinto sub titulo* ad legem Corneliam de sicaris et veneficis[3]:
Lex Cornelia poenam deportationis infligit ei qui hominem occiderit ejusque[4] rei causa furtive faciendi cum telo fuerit, et qui venenum hominis necandi causa habuerit vendiderit paraverit, falsumve testimonium dixerit quo quis periret, mortisve causam praestiterit. 2. Quae omnia facinora in honestiores poena capitis vindicari placuit: humiliores vero aut in crucem tolluntur aut bestiis subjiciuntur.

V, 1. PAULUS libro sententiarum quinto sub titulo ad legem Corneliam testamentariam[5]:
Qui ob falsum testimonium perhibendum pecuniam acceperit dederit judicemve ut sententiam ferat vel non ferat corruperit corrumpendumve curaverit, humiliores capite puniun-

1. Paul, *Sent.*, 5, 15, 5 = *D.*, 22, 5, 16. — 2. Paul et *D.*; les mss.: 'falsum vel aliqua'; — 3. = Paul, *Sent.*, 1, 23, 1 = *Coll.*, 1, 2. — 4. Paul avec raison: 'ejusve'. — 5. = Paul, *Sent.*, 5, 25, 2.

tur, honestiores publicatis bonis cum ipso judice in insulam deportantur.

VI, 1. Idem eodem libro et titulo[1] :

Falsum est quidquid in veritate non est, sed pro vero adseveratur.

VII, 1. ULPIANUS libro octavo *de officio proconsulis* sub titulo de poena legis Corneliae testamentariae[2] :

Praeterea factum est senatus consultum Statilio et Tauro[3] consulibus, quo poena legis Corneliae inrogatur ei, qui quid aliud quam testamentum sciens *dolo malo falsum* signaverit signarive curaverit, item qui ad falsas testationes faciendas testamentave falsa invicem dicenda aut consignanda dolo malo coierint, Licinio V et Tauro conss.[4]. 2. Item qui ob *ins*truendam advocationem testimoniave pecuniam acceperit pactusve fuerit societatem*ve* coierit, aut aliquam de ea *re p*actionem[5] interposuerit, item si quis coierit ad occisionem[6] innocentium, senatus consulto quod Cotta et Messalla factum est coercetur. 3. Sed et si quis ob *denun*t*iandum* vel non denun*ti*andum remittendumve testimonium pecuniam acceperit, senatus consulto, quod duobus Geminis conss. factum *est*, poena legis Corneliae adficitur. Et reliqua.

[TITULUS VIIII.] DE FAMILIARIS TESTIMONIO NON ADMITTENDO.

I, 1. Item MOYSES :

Falsum testimonium non dabis adversus proximum tuum.

II, 1. ULPIANUS libro VIIII[7] de officio proconsulis *sub titulo* ad legem Juliam de vi publica et privata.

Eadem lege quibusdam testimonium omnino, quibusdam interdicitur invitis, capite octogesimo septimo et capite octogesimo octavo. 2. *Capite octogesimo octavo* in haec verba his hominibus[8] : 'Hac lege in reum testimonium dicere ne liceto, qui se ab eo parenteve ejus libertove cujus eorum libertive libera*ve* liber*a*verit, quive inpubes erit, quive *judicio publico damnatus est*, *qui* eorum in integrum restitutus non est, quive in vinculis custodiaque publica erit, quive depugnandi causa auctoratus erit, quive ad bestias depugnare se locavit locaverit, praeterquam qui jaculandi causa ad urbem missus est erit, palamve corpore quaestum faciet feceritve, quive ob testimonium dicendum pecuniam accepisse judicatus erit'. Nec vole*ns* quis eorum hac lege in reum testimonium dicat. 3. Capite octoge-

---

1. Paul, 5, 25, 3. — 2. = *D.*, 48, 10, 9, 3. — 3 Pithou : Statilio Tauro *et Scribonio Libone*. — 4. Probablement les consuls de l'an 44, Vinicius II et Taurus. — 5. Mommsen, arg. *D.*, 48, 10, 20. Les mss.: 'delationem'. — 6. Pithou arg. *D.*, 47, 13, 2. 'ad accusationem'. — 7. Les mss.; Cujas suivi par Lenel, *Pal.*, 2, p. 978, n. 1 : 'VIII'. — 8. Chapitre abrégé par Callistrate, *D.*, 22, 5, 3, 5.

simo septimo his[1]: '[Homines] inviti in reum testimonium ne dicunto qui sobrinus est ei reo proprioreve cognatione conjunctus, quive socer gener vitricus privignusve ejus erit'. Et reliqua.

III, 1. PAULUS libro sententiarum *v* sub titulo de testibus et quaestionibus[2]:

Suspectos testes et eos vel maxime, quos accusator de domo duxit vel vitae humilitas infamaverit, interrogari non placuit: in testibus enim et vitae qualitas spectari debet et dignitas. 2. In adfinem vel cognatum inviti testes interrogari non possunt. 3. Adversus se invicem parentes et liberi itemque *patroni et* liberti nec volentes ad testimonium admittendi sunt, quia rei verae testimonium necessitudo personarum plerumque corrumpit.

[TITULUS X.] DE DEPOSITO.

I, 1. MOYSES dicit:

Si aliquis dabit proximo suo argentum aut vas servare et furatum fuerit de domo hominis, si invenitur qui furatus est, reddet duplum. 2. Quod si non fuerit inventus fur, accedet is qui commendatum susceperat ante dominum et jurabit nihil se nequiter egisse de omni re commendata proximi sui et liberabitur.

II, 1. MODESTINUS libro differentiarum secundo *sub titulo* de deposito vel commendato:

Commodati judicio conventus *et* culpam praestare cogitur: qui vero depositi convenitur, de dolo, non etiam de culpa condemnandus est. Commodati enim contractu, quia utriusque contrahentis utilitas intervenit, utrumque praestatur: in depositi vero causa sola deponentis utilitas vertitur et ibi dolus tantum praestatur. 2. Sed in ceteris quoque partibus juris ista regula custoditur: sic enim et in fiduciae judici*um* et in actionem rei uxoriae dolus et culpa deducitur, quia utriusque contrahentis utilitas intervenit. 3. In mandati vero judici*um* dolus, non etiam culpa deducitur. Quamvis singulariter denotare liceat in tutelae judici*um* utrumque deduci, cum solius pupilli, non etiam tutoris utilitas in administratione versetur. 4. Depositi damnatus infamis est: qui vero commodati damnatur, non fit infamis: alter enim propter dolum, alter propter culpam condemnatur. 5. [3]Actione depositi conventus cibariorum nomine apud eundem judicem utiliter experitur: a*t is* cui res commodata est inprobe cibariorum

---

1. Chapitre également rapporté par Paul, *D.*, 22, 5, 4. — 2. 3, 1-3 = Paul *Sent.*, 5, 15, 1-3. — 3. Cf. *D.*, 16, 3, 23.

exactionem intendit. Inpensas tamen necessarias jure persequitur, quas forte in aegrum vel alias laborantem inpenderit. 6. Res deposita si subripiatur, dominus dum*taxat*[1] habet furti actionem, quamvis ejus apud quem res deposita est intersit ob inpensas in rem factas *rem* retinere. Is vero cui res commodata sit furti experiri debebit, si modo solvendo fuerit. 7. Actio commodati semper in simplum competit, depositi vero nonnumquam in duplum, scilicet si ruinae vel naufragii vel incendii aut tumultus causa res deponatur.

III, 1. HERMOGENIANUS sub titulo de deposito hujus modi inserit constitutiones :

Idem Augg. et Caess. Fl. Munatio. Eum qui suscepit depositum dolum, non etiam casum praestare certi juris est. Cum itaque proponas ignis vi quaedam cremata de his quae tibi fuere commendata nec ullum dolum in subtrahendis rebus adhibitum, rector provinciae nihil contra juris rationem fieri patietur. Et quoniam necti quereris moras adhibita varietate, negotium inter vos ortum secundum juris ordinem sua ratione decidetur. Subscripta VIII k. Jul. Serdica Augustis coss. (a. 293)[2].

IV, 1. Idem Augg. et Caess. Fl. Aurelio Altenico Andronico. Eos penes quos vestem et argenti materiam deposuisse proponis apud rectorem provinciae convenit interrogari, qui *eos*, sive teneant sive dolo fecerint quominus possint restituere, secundum bonam fidem tibi satisfacere conpellet. Subscripta VI k. April. Sirmi Caess. cons. (a. 294)[3].

V, 1. Idem Augg. et Caess. Aurelio et Eustathio et Diosimo. Is, qui depositum suscepit, ultra dolum, si non aliud specialiter convenit, praestare nihil necesse habet. Cujus memor juris rector provinciae partium allegationibus auditis pro ereptorum qualitate suam ordina*b*it sententiam. Subscripta XIIII k. Nov. Appiaria (a. 294 ?)[4].

VI, 1. [5]Iidem Augg. et Caess. Septimiae Quadratillae. Qui dolo malo depositum non restituit, suo nomine conventus ad ejus restitutionem cum infamiae periculo urguetur. Subscripta prid. idus Decembres Nicomedia. CC. cons. (a. 294).

VII, 1. PAULUS libro secundo sententiarum sub titulo de deposito[6] :

Deponere possumus apud alium id quod nostri juris est vel alieni. 2. Depositum est quasi diu positum. Servan-

---

1. Les mss. : 'domui'. — 2. Cf. sur la date de ce consulat, Mommsen, Abh. de Berlin, 1860, pp. 432-435. — 3. Cf. sur la date de ce consulat, Mommsen, loc. cit., pp. 440-443. — 4. Cf. sur la date, Mommsen, loc. cit., pp. 438-442. — 5. = C., 4, 34, 10. — 6. 7, 1-4 = Paul, 2, 12, 1-4.

dum[1] est, quod *ad* breve tempus custodiendum datur. 3. Deponere videtur, qui in metu ruinae incendii naufragii apud alium custodiae causa deponit. 4. Deponere videtur et is, qui suspectam habens vel minus idoneam custodiam domus vel vim latronum timens apud aliquem rem custodiendam commendat. 5[2]. Si sacculum vel argentum *signatum* deposuero et is penes quem depositum fuit me invito contrectavit, et depositi et furti actio mihi in eum conpetit. 6[3]. Ob res depositas dolus tantum praestari solet. 7. In judicio depositi ex mora et fructus veniunt et usurae rei depositae praestantur. 8. Si quis rem penes se depositam apud alium deposuerit, tam ipse directam quam is qui apud eum deposuit utilem actionem depositi habere possunt. 9. Si pecuniam deposuero eamque tibi *permisero*, mutua magis videtur quam deposita ac per hoc periculo tuo erit. 10. Si rem apud te depositam vendideris eamque redemeris, pos*t* perdideris, semel admisso dolo perpetua depositi actione teneberis. 11. Ex causa depositi lege duodecim tabularum in duplum actio datur, edicto praetoris in simplum.

VIII, 1. GREGORIANUS libro IIII sub titulo de deposito[4]:

Imp. Alexander A. Mestrio militi. Incursu latronum ornamenta deposita apud interfectum ab eis perierunt: detrimentum ad heredes ejus qui depositum accepit, qui dolum tantum praestare debuit, non pertinet. Quod si *praetextu* latrocinii commissi res, quae in potestate heredis sunt, non restituuntur, tam depositi quam *ad* exhibendum actio, sed et in rem vindicatio conpetit. Prop. VII kal. Jul. Maximo bis et Urbano cons. (*a.* 234).

IX, 1. PAULUS libro responsorum V[5] sub titulo ex locato et conducto :

[6]'Imp. Antoninus Julio Agrippino. Dominus horreorum periculum *vis* majoris vel effracturae latronum praestare non cogitur. His cessantibus si quid ex *de*positis rebus inlaesis extrinsecus horreis periit, damnum depositorum sarciri debet. Prop. IIII non. Nov. Antonino IIII cons'. (*a.* 213). Paulus respondit: satis praepositam constitutionem declarare his, qui horrea locant, majorem vim inputari non posse.

[TITULUS XI.] DE ABACTORIBUS.

I, 1. MOYSES dicit :

Si quis involaverit vitulum aut ovem et occiderit aut vendiderit, quinque vitulos restituet pro vitulo uno, quattuor oves

---

1. Le sens réclame : 'Sed pariter servandum' ou quelque chose d'analogue. —
2. = Paul, *Sent.*, 2, 12, 5. *D.*, 16, 3, 29, *pr.* — 3. = 7, 6-11 = Paul, *Sent.*, 2, 12, 6-11. — 4. Cf. *C.*, 4, 34, 1. — 5. Peut-être VI ; cf. Lenel, *Pal.*, 1, p. 1230, n. 2. — 6. = *C.*, 4, 65, 1.

pro ove una. 2. Quod si non habet unde reddat, venundetur pro furto.

II, 1. Paulus libro sententiarum v sub titulo de abactoribus[1] :

Atroces pecorum abactores plerumque ad gladium vel in metallum, nonnumquam autem in opus publicum dantur. Atroces autem sunt, qui equos et greges ovium de stabulo vel de pascuis abigunt vel si id saepius aut *ferro aut* conducta manu faciunt.

III, 1. Idem Paulus eodem libro et titulo[2] :

Abactores sunt, qui unum equum vel duas equas totidemque boves, *oves* vel capras decem, porcos quinque abegerint. Quidquid vero intra hunc numerum fuerit ablatum, in poena furti pro qualitate ejus aut in duplum, aut in triplum[3] convenitur aut fustibus caesus in opus publicum unius anni datur aut sub poena vinculorum domino restituetur.

IV, 1. Idem Paulus eodem libro et titulo[4] :

Si ea pecora, de quibus quis litigaverat, abegerit, ad forum remittendus est atque ita convictus in duplum vel in triplum furis more damnatur.

V, 1. Idem Paulus eodem libro et titulo[5] :

Qui bovem vel equum errantem quodve aliud pecus abduxerit, furem magis eum quam abactorem constitui placuit.

VI, 1. Paulus libro singulari de poenis paganorum sub titulo de abigeis dixit:

Cum durius abigei damnantur, et ad gladium tradantur: itaque divus Pius ad concilium Baeticae rescripsit. 2. Qui pecora, de quibus litigabat, abegit, ad forum *r*emittendus est et si victus fuerit, in duplum vel quadruplum condemnandus.

VII, 1. Ulpianus libro octavo de officio proconsulis, sub titulo de abigeis :

°De abigeis puniendis ita divus Hadrianus rescripsit concilio Baeticae : 'Abigei cum durissime puniuntur, ad gladium damnari solent. Puniuntur autem durissime non ubique, sed ubi frequentius est hoc genus maleficii : alioquin et in opus et nonnumquam temporarium damnantur. 2. Ideoque puto apud vos quoque sufficere genus poenae, quod maxi*mum* huic maleficio inrogari solet, ut ad gladium abigei dentur : aut si quis tam notus et tam gravis in abigendo fuit, ut prius ex hoc crimine aliqua poena affectus sit, hunc in me-

---

1. Paul, *Sent.*, 5, 18, 2. — 2. Paul, *Sent.*, 5, 18, 1. — 3. Huschke: 'quadruplum'. — 4. Paul, *Sent.*, 5, 18, 3. — 5. Paul, *Sent.*, 5, 18, 4. — 6. = *D.*, 47, 14, 1, *pr*.

tallum dari oportere'. 3. Rescriptum divi Hadriani sic loquitur, quasi gravior poena sit metalli: nisi forte hoc sensit divus Hadrianus gladii poenam dicendo ludi damnationem. 4. Est autem differentia inter eos qui ad gladium et eos qui ad ludum damnantur: nam ad gladium damnati confestim consumuntur vel certe intra annum debent consumi: hoc enim *mandatis* continetur. Enimvero qui in ludum damnantur, non utique consumuntur, sed etiam pilleari et rudem accipere possunt post *intervallum*, siquidem post quinquennium pilleari, post triennium autem rudem induere eis permittitur. 5. Eodem rescripto divi Hadriani diligentissime expressum est non ubique parem esse poenam abigeorum.

VIII, 1. Item Ulpianus libro et titulo qui supra[1]:

Abigei autem proprie hi habentur, qui pecora ex pastu et ex armentis subtrahunt et quodammodo depraedantur et abigei studium quasi artem exercent *equos* de gre*gibus* vel boves de armentis abducentes. Ceterum si quis bovem aberrantem vel equum in solitudin*e* abduxerit, non est abigeus, sed fur potius. 2. Sed et qui porcum vel capram vel *verbecem* abducunt, non tam graviter ut hi qui majora animalia abigunt plecti debent. 3. Quamquam autem Hadrianus metalli poenam *temporari*, vel etiam gladii praestituerit, attamen qui honestior*e* loco nati sunt, non debent ad hanc poenam pertinere, sed aut relegandi erunt aut removendi ordine. 4. Romae tamen etiam bestiis subjici abigeos videmus: et sane qui cum gladio abigunt, non inique hac poena adficiuntur.

[TITULUS XII.] DE INCENDIARIIS.

I, 1. Moyses dicit:

Si exierit ignis et invenerit spinas et conprehenderit areas vel spicas aut campum, aestimationem restituet ille qui succendit ignem.

II, 1. Paulus libro sententiarum *quinto* sub titulo de incendiariis[2]:

Qui casam aut villam inimicitiarum gratia incenderunt, humiliores in metallum aut in opus publicum damnantur, honestiores in insulam relegantur. 2. Fortuita incendia, quae casu venti furentis vel incuri*a* ignem supponentis ad usque vicini agros evadunt, si ex eo seges vel vinea vel olivae vel fructiferae arbores concrementur, datum damnum aestimatione sarciatur.

1. = *D.*, 47, 14, 1, 1-4. — 2. = Paul, *Sent.*, 5, 20, 2-3.

III, 1. Idem Paulus eodem libro et titulo[1] :

Commissum vero servorum, si domino videatur, noxae deditione sarcitur. 2. Messium sane per do*l*um incensores vinearum olivarumve aut in metallum humiliores damnantur, aut honestiores in insulam relegantur.

IV, 1. Idem Paulus libro et titulo qui supra[2] :

Incendiarii, qu*i* quid in oppido praedandi causa faciunt, facile capite puniuntur.

V, 1. Ulpianus libro viii de officio proconsulis *sub titulo* de naufragis et *incendiariis* :

Incendiariis lex quidem Cornelia aqua et igni interdici jussit, sed r*e* varie sunt puniti. Nam[3] qui data opera in civitate incendium fecerunt, si humillimo loco sunt, bestiis subjici solent, si in aliquo gradu et Romae id fecerunt, capite pun*iuntur*: aut certe. . . . adficiendi sunt qui haec committunt. 2. Sed e*is* qui non data opera incendium fecerint plerumque ignoscitur, nisi in lata et incauta[4] neglegentia vel lascivia fuit.

VI, 1. Paulus libro singulari de poenis paganorum sub titulo de abigeis dicit :

Incendiarii, qui in oppido praedae causa id admiserint, capite puniantur : qui casu insulam aut villam, non ex inimicitiis incenderint, levius. Fortuita enim incendia ad forum remittenda sunt, ut damnum vicinis sarciatur.

VII, 1. Ulpianus libro xviii ad edictum, sub titulo si fatebitur injuri*a* occisum esse, in simplum et cum d*i*ceret[5] :

[6]Item si insula*m* meam adusseris vel incenderis, Aquiliae actionem habebo, idemque est, et si arbustum meum vel villam meam. 2. Quod si dolo quis insulam exusserit, etiam capitis poena plectitur, quasi incendiarius. 3[7]. Item si quis insulam voluerit exurere et ignis etiam ad vicini insulam pervenerit, Aquilia tenebitur lege vicino etiam, non minus inquilinis ob res eorum exustas, et ita Labeo libro xv responsorum refert. 4. Sed si stipulam in agro tuo incenderis ignisque evagatus ad praedium vicini pervenerit et illud exusserit, Aquilia lex locum habeat an in factum actio sit, fuit quaestio. 5. Sed plerisque Aquilia lex locum habere non videtur, et ita Celsus libro xxxvii digestorum scribit. Ait enim 'si stipulam incendentis ignis effugit, Aquilia lege eum non teneri, sed in factum agendum, quia non principaliter hic exussit, sed dum aliud egit, sic ignis processit. 6. Cujus sententia *et* rescripto divi Severi conprobata est in haec verba:

---

1. = Paul, *Sent.*, 5, 20, 4-5. — 2. = Paul, *Sent.*, 5, 20, 1. — 3. = *D.*, 47, 9, 12, 1. — 4. M. Mommsen préférerait : 'in causa lata'. — 5. Cf. *Coll.*, 2, 4 et la note. — 6. Cf. *D.*, 9, 2, 27, 7. — 7. = *D.*, 9, 2, 27, 8.

'Profitere propter ignem, *qui* pabuli gratia factus culpa servorum Veturiae Astiliae evagatus agrum tuum, ut proponis, depopulatus est, ad exemplum legis Aquiliae noxali judicio actura: si litis aestimatio permittitur, judicium consistere potest'[1]. Videlicet non est visa Aquilia sufficere. 7. [2]Si forte servus, qu*i* idem conductor es*t*, coloni[3] ad fornacem obdormisset et villa fuerit exusta, Neratius scribit ex locato conventum praestare debere, si neglegens in eligendis ministeriis fuit. Ceterum si alius ignem subjecerit fornaci, alius neglegenter custodierit, *an* tenetur? Namque qui non custodit, nihil fecit: qui recte ignem subjecit, non peccavit: quemadmodum si hominem medicus recte secuerit, sed neglegenter vel ipse vel alius curaverit, Aquilia cessat. Quid ergo est? Et hic puto ad exemplum Aquiliae dandam actionem tam *in* eum, qui ad fornacem obdormivit vel neglegenter custodit, quam in medicum qui neglegenter curavit, sive homo periit sive debilitatus est. Nec quisquam dixerit in eo qui obdormivit rem eum humanam et naturalem passum, cum deberet vel ignem extinguere vel ita munire, ut non evaga*retur*. 8[4]. Item libro VI ex Vibiano relatum est: si furnum secundum parietem communem haberes, an damni injuria teneris? Et ait *Proculus* agi non posse Aquilia lege, quia nec cum eo qui focum haberet: et ideo aequius putat in factum actionem dandam. Sed non proponit exustum parietem. Sane enim quaeri potest, *si* nondum mihi damnum dederis et ita ignem habeas, ut metuam ne mihi des, *an* aequum sit me inter*im* actionem, id *est* in factum inpetrare? Fortassis enim de hoc senserit Proculus. Nisi quis dixerit damni non facti sufficere cautionem. 9. [5]Sed et si qu*i* servi inquilini insulam exusserint, libro X Urse*ius* refert Sabinum respondisse lege Aquilia servorum nomine dominum noxali judicio conveniendum: ex locato autem dominum teneri negat. Proculus autem respondit, cum coloni servi villam exusserint, colonum vel ex locato vel lege Aquilia teneri, ita ut colonus servos posset noxae dedere et si uno judicio res esset judicata, altero amplius non agendum. 10. [6] Item Celsus libro XXVII digestorum scribit: si cum apes meae ad tuas advolassent, tu eas exusseris, quosdam negare conpetere legis Aquiliae actionem, inter quos et Proculum, quasi apes domini mei non fuerint. Sed id falsum

1. Mommsen, qui indique encore comme possible: judicem *tum* adire potes'; les mss.: 'judicium cum adire et 'judicium kap. CII adhire'; Lenel: '*confessorium edere* potes'. — 2. = *D.*, 9, 2, 27, 9 avec quelques omissions. — 3. *D.*: 'fornicarius servus coloni'. — 4. = *D.*, 9, 2, 27, 10 avec quelques omissions. — 5. Résumé *D.*, 9, 2, 27, 11. — 6. Cf. *D.*, 9, 2, 27, 12.

esse Celsus ait, cum apes revenire soleant et fructui mihi sint. Sed Proculus eo movetur, quod nec mansuetae nec ita clausae fuerint. Ipse autem Celsus ait nihil inter has et columbas interesse, quae, si manum refugiunt, domi tamen fugiunt.

[TITULUS XIII.] DE TERMINO AMOTO.

I, 1. Moyses dicit:

Non transmovebis terminos proximi tui, quos constituerunt patres tui vel principes possessionis tuae.

II, 1. Paulus libro sententiarum *primo* sub titulo finium regundorum[1] :

In eum, qui *per* vim terminos dejecit vel amovit, extra ordinem animadvertitur.

III, 1. Ulpianus libro octavo de officio proconsulis sub titulo de termino moto :

Eos qui terminos moverunt non inpune id facere debere divus Hadrianus Terentio Gentiano XVII k. Sept. se III consule rescripsit, quo rescripto poenam variam statuit. 2. Verba rescripti ita se habent[2] : 'Pessimum factum eorum, qui terminos finium causa positos abstulerunt, dubitari non potest. Poenae *tamen* modus ex condicione personae et mente facientis magis *s*tatui potest : nam si splendidiores sunt personae, quae convincuntur, non dubito quin occupandorum aliorum finium causa id admiserint : et possunt in tempus, ut cujusque patitur aetas, relegari : *id est si juvenior in longius, si senior recisius : si vero alii negotium gesserunt et ministerio functi sunt, castigari* et sic in biennium aut triennium ad opus publicum dari. Quod si per ignorantiam aut fortuito lapides *u*sus causa furati sunt, sufficit eos verberibus coerceri.

[TITULUS XIIII.] DE PLAGIARIIS.

I, 1. Moyses dicit:

Quicumque plagiaverit quemquam Israhel et vendiderit eum, morte moriatur.

II, 1. Paulus libro sententiarum v sub titulo ad legem Fabiam[3] :

Lege Fabia tenetur, qui civem Romanum ingenuum libertinum*ve* servumve alienum celaverit vendiderit vinxerit comparaverit. 2. Et olim quidem hujus legis poena *nu*mmaria fuit, sed translata est cognitio in praefec*tum* urbis, itemque praesidis provinciae extra ordinem meruit animadversionem. Ideoque humiliores aut in metallum dantur aut in crucem

---

1. = Paul, *Sent.*, 1, 16. — 2. Reproduit par Callistrate, *D.*, 47, 21, 2. — 3. Paul, 5, 30 b.

tolluntur, honestiores ademta dimidia parte bonorum in perpetuum relegantur. 3. Si servus sciente domino alienum servum subtraxerit vendiderit celaverit, in ipsum dominum animadvertitur: quod si id domino ignorante commiserit, in metallum datur.

III, 1. ULPIANUS libro nono de officio proconsulis sub titulo ad legem Fabiam:

Frequens est etiam legis Fabiae cognitio in tribunalibus praesidum, quamquam quidam procuratores Caesaris usurpaverint, tam in provinciis quam Romae[1]. 2. Sed enim jam eo perventum est constitutionibus, ut Romae quidem praefectus urbis solus super ea re cognoscat, si intra miliarium centesimum sit injuria commissa: enimvero si ultra centesimum, praefectorum praetorio erit cognitio. In provincia est praesidum provinciarum, nec aliter procuratori Caesaris haec cognitio injungitur, quam si praesidis partibus in provincia fungatur. Plane post sententiam de Fabia latam procuratoris partes succedunt hujusce rei. 3. Attamen procurator qui nullam provinciam regit licet de capitalibus causis cognoscere nec soleat, tamen ut de lege Fabia possit cognoscere, imp. Antoninus constituit. Idem legis Juliae de adulteris coercendis constitutione imperatoris Antonini quaestionem accepit. 4. Lege autem Fabia tenetur, qui civem Romanum eumve[2], qui in Italia liberatus sit, celaverit vinxerit vinctumve habuerit, vendiderit emerit, quive in eam rem socius fuerit: cui capite primo ejusdem legis poena injungitur[3]. Si servus quis sciente domino fecerit, dominus ejus sestertiis quinquaginta milibus eodem capite punitur. 5. Ejusdem legis capite secundo tenetur, qui alieno servo persuaserit, ut dominum fugiat quive alienum servum invito domino celaverit vendiderit emerit dolo malo, quive in ea re socius fuerit: jubeturque populo sestertia quinquaginta milia dare. Et reliqua.

6. Sciendum tamen est ex novellis constitutionibus capitali sententia plagiatores pro atrocitate facti puniendos: quamvis et Paulus relatis supra speciebus crucis et metalli hujusmodi reis inrogaverit poenam.

[TITULUS XV.] DE MATHEMATICIS, MALEFICIS ET MANICHAEIS.

I, 1. MOYSES dicit:

Non inveniatur in te qui lustret filium tuum aut filiam

---

1. Mommsen; les mss.: 'quam Romae tam in provinciis'. — 2. Pithou, suivi par Mommsen; mss.: 'eundemque' et 'ejusdemque'; cf. la note de Mommsen. — 3. Huschke ajoute: '*sestertium C milium*; v. en sens contraire la note de Mommsen.

tuam, nec divinus apud quem sortes tollas : nec consentias venenariis inpostoribus, qui dicunt, quid conceptum habeat mulier, quoniam fabulae seductoriae sunt. Nec intendas prodigia, nec interroges mortuos. 2. [1][Non inveniatur in te auguriator nec inspector avium nec maleficus aut incantator nec pythonem habens in ventrem nec haruspex nec interrogator mortuorum nec portenta inspiciens] : 3. omnia namque ista a domino deo tuo damnata sunt et qui fecerit haec. Propter has enim abominationes deus eradicabit Chaldaeos a facie tua. 4. Tu autem perfectus eris ante dominum deum tuum : 5. gentes enim istae, 'quas tu possides, auguria et sortes et divinationes audiebant.

II, 1. ULPIANUS libro VII de officio proconsulis sub titulo de mathematicis et vaticinatoribus :

Praeterea interdictum est mathematicorum callida impostura et obstinata persuasione. Nec hodie primum interdici eis placuit, sed vetus haec prohibitio est : denique extat senatus consultum Pomponio et Rufo cons. factum[2], quo cavetur, ut mathematicis Chaldaeis ariolis et ceteris, qui simile inceptum fecerunt, aqua et igni interdicatur omniaque bona eorum publicentur, et si externarum gentium quis id fecerit, ut in eum animadvertatur. 2. Sed fuit quaesitum, utrum scientia hujusmodi hominum puniatur an exercitio et professio. *Et* quidem apud veteres dicebatur professionem eorum, non notitiam esse prohibitam : postea variatum. *Nec* dissimulandum est nonnunquam inrepsisse in usum, ut etiam profiterentur et publice se praeberent. Quod quidem magis per contumaciam et temeritatem eorum factum est, qui visi erant vel consulere vel exercere, quam quod fuerat permissum. 3. Saepissime denique interdictum est fere ab omnibus principibus, ne quis omnino hujusmodi ineptiis se inmisceret, et varie puniti sunt ii qui id exercuerint, pro mensura scilicet consultationis. Nam qui de principis salute, capite puniti sunt vel qua alia poena graviore adfecti : enimvero si qui de sua suorumque, lenius. Inter hos habentur vaticinatores, quamquam ii quoque plectendi sunt, quoniam nonnunquam contra publicam quietem imperiumque populi Romani inprobandas artes exercent. 4. Extat denique decretum divi Pii ad Pacatum, legatum provinciae Lugudunensis, cujus rescripti verba quia multa sunt, de fine ejus ad locum haec pauca subjeci. 6. Denique divus Marcus eum, qui motu Cassiano vaticinatus erat et multa quasi ins-

---

1. Seconde version du même passage. — 2. An 17 ap. J.-C.

tinctu deorum dixerat, in insulam Syrum relegavit. 5. Et sane non debent inpune ferre hujusmodi homines, qui sub obtentu ex monitu deorum quaedam vel enuntiant vel jactant vel scientes confingunt.

III, 1. GREGORIANUS libro VII sub titulo de maleficis et Manichaeis :

Impp. Diocletianus et Maximianus AA. *et Constantius* et Maximianus, nobilissimi CC. Juliano proconsuli Africae. Otia maxima interdum homines in communione condicionis naturae humanae modum excedere hortantur et quaedam genera inanissima ac turpissima doctrinae superstitionis inducere suadent, ut sui erroris arbitrio pertrahere et alios multos videantur, Juliane karissime. 2. Sed dii inmortales providentia sua ordinare et disponere dignati sunt, quae bona et vera sunt ut multorum et bonorum et egregiorum virorum et sapientissimorum consilio et tractatu inlibata probarentur et statuerentur, quibus nec obviam ire nec resistere fas est, neque reprehendi a nova vetus religio deberet. Maximi enim criminis est retractare quae semel ab antiquis statuta et definita suum statum et cursum tenent ac possident. 3. Unde pertinaciam pravae mentis nequissimorum hominum punire ingens nobis studium est: hi enim, qui novellas et inauditas sectas veteribus religionibus obponunt, ut pro arbitrio suo pravo excludant quae divinitus concessa sunt quondam nobis, 4. de quibus sollertia tua serenitati nostrae retulit, Manichaei, audivimus eos nuperrime veluti nova et inopinata prodigia in hunc mundum de Persica adversaria nobis gente progressa vel orta esse et multa facinora ibi committere, populos namque quietos pertubare nec non et civitatibus maxima detrimenta inserere : et verendum est, ne forte, ut fieri adsolet, accedenti tempore conentur per execrandas consuetudines et scaevas leges Persarum innocentioris naturae homines, Romanam gentem modestam atque tranquillam et universum orbem nostrum veluti venenis de suis malivolis inficere. 5. Et quia omnia, quae pandit prudentia tua in relatione religionis illorum, genera maleficiorum statutis evidentissime sunt exquisita et inventa commenta, ideo aerumnas atque poenas debitas et condignas illis statuimus. 6. Jubemus namque auctores quidem ac principes una cum abominandis scripturis eorum severiori poenae subjici, ita ut flammeis ignibus exurantur: consentaneos vero et usque adeo contentiosos capite puniri praecipimus, et eorum bona fisco nostro vindicari sancimus. 7. Si qui sane etiam honorati, aut cujuslibet dignitatis vel majores personae ad adhuc inauditam et turpem atque per omnia infamem sectam, vel ad doctrinam Persarum se transtulerint, eorum patrimonia fisco nostro adsociari facies, ipsosque *Phaen*ensibus vel Proconnensibus metallis dari. 8. Ut igitur stirpitus amputari *lues* haec nequitiae de saeculo beatissimo nostro possit, devotio tua jussis ac statutis tranquillitatis nostrae matur*et* obsecundare. Dat. pridie k. Aprilis, Alexandriae (*a.* 302¹).

[TITULUS XVI.] DE LEGITIMA SUCCESSIONE.

I, 1. Scriptura divina sic dicit :

Filiae Salfad, adstantes ante Moysen et Eleazarum sacerdotem et principes omnemque senatum filiorum Israhel in foribus tabernaculi testimonii dixerunt : 2. Pater noster mortuus est et filii non fuerunt ei, sed filiae, 3. et ideo non deleatur nomen patris nostri de medio tribus suae. Non est ei masculus: date nobis possessionem in medio fratrum patris nostri. 4. Et obtulit Moyses petitionem earum coram deo. 5. Et locutus est dominus Moysi dicens : 6. Recte filiae Salphad locutae sunt : et ideo dabitis eis possessionem hereditatis in medio fratrum patris earum. 7. Et dices haec filiis Israel : Homo si decesserit, et filios non habuerit. . . . .
. . . . dabitis hereditatem proximo eorum de tribu ejus : et possidebit omnia ejus : et erit haec filiis Israhel justificatio judiciorum secundum quae constituit dominus Moysi.

II, 1. GAIUS institutionum libro III legitimas sic ordinat successiones² :

Intestatorum hereditates lege duodecim tabularum primum ad suos heredes pertinent. 2. *Sui* autem heredes existimantur liberi qui in potestate morientis fuerunt, veluti filius filiave, nepos neptisve *ex filio*, pronepos proneptisve ex nepote filio nato prognatus prognatave. Nec interes*t* naturales *sint* liberi an adoptivi. Ita demum tamen nepos neptisve et pronepos proneptisve suorum heredum numero sunt, si praecedens persona desierit *in potestate parentis esse*, *sive morte id acciderit* sive alia ratione, veluti emancipatione. Nam si per id tempus, quo quisque moritur, filius in potestate ejus sit, nepos ex eo suus heres esse non potest. Idem et in ceteris deinceps liberorum personis dictum intellegimus. 3. Uxor quoque, quae in manu est, *ei cujus in manu est*³ sua heres est, quia filiae loco est : item nurus quae in filii manu est, nam et haec neptis loco est. Sed ita demum erit sua heres, *si* filius,

1. Plutôt que 297 ; cf. la note de Mommsen. — 2. = Gaius, 3, 1-17. — 3. Mommsen ; les mss.: 'ejus est is sua heres est' et 'ejus est valere et'.

cujus in manu sit cum pater moritur, in potestate ejus non sit. Idemque dicimus et de ea, quae *in* nepotis manu matrimonii causa sit, quia proneptis loco est. 4. Postumi quoque, *qui*, si vivo parente nati essent, in potestate ejus *futuri* forent, sui heredes sunt. 5. Idem juris est de his, quorum nomin*e* ex lege Aelia Sentia vel ex senatus consulto post mortem patris causa *probatur*: *nam et hi vivo patre causa* probata in potestate ejus futuri essent. 6. *Quod* et de eo filio, qui ex prima secundave mancipatione post mortem patris manumittitur, intellegemus. 7. *Igitur* cum filius filiave et ex altero filio nepotes neptesve ex*tant*, pariter ad hereditatem vocantur nec qui gradu propior est, ulteriorem excludit. Aeq*u*um enim videtur nepotes neptesve in patris sui locum portionemque succedere. Pari ratione et si nepos neptisve sit ex filio et ex nepote pronepos proneptisve, simul vocantur. 8. Et quia placebat nepotes neptesve, item pronepotes proneptesve in patris sui locum succedere, conveniens esse visum est non in capita, sed in stirpes hereditat*es* dividi, ita ut filius dimidiam partem hereditatis ferat *et* ex altero filio duo pluresve nepotes alteram dimidiam : item si ex duobus filiis nepotes extent, ex altero filio unus forte vel *duo*, ex altero tres aut quattuor, *ad unum aut ad duos dimidia pars pertineat et ad tres aut quattuor* altera dimidia.

9. De agnatis. Si nullus sit suorum heredum, tunc hereditas pertinet ex eadem lege duodecim tabularum ad agnatos. 10. Vocantur autem agnati, qui legitima cognatione juncti sunt. Legitima autem cognatio *est* quae per virilis sexus personas conjungitur; itaque *qui* eodem patre nati sunt fratres agnati sibi sunt, qui etiam consanguinei vocantur, nec requiritur, an matre*m* eandem habuerint. Item patruus fratris filio et invicem is illi agnatus est. Eodem numero sunt fratres patrueles inter se, id est qui ex duobus fratribus progenerati sunt, quos plerique etiam consobrinos vocant : qua ratione scilicet etiam ad plures gradus agnationis pervenire poterimus. 11. Non tamen omnibus simul agnatis dat lex duodecim tabularum hereditatem, sed his, qui tum *cum* certum est aliquem intes*tatum* decessisse, proximo gradu sunt. 12. Nec in eo jure successio est : ideoque si her*editat*em proxim*us* omiserit vel antequam hereditatem adierit decesserit, sequentibus nihil juris ex lege competit. 13. Ideo autem non mortis tempore, quis proximus erit, requirimus, sed eo tempore, quo certum fuerit aliquem intestatum decessisse, qu*ia* si quis testamento facto decesserit, melius esse visum est, tunc requiri proximum, cum certum esse coeperit neminem ex eo testamento heredem fore. 14.

Quod ad feminas tamen adtinet hoc jure aliud in ipsarum hereditatibus capiendis placet, aliud in ceterorum ab his capiendis. Nam feminarum hereditates proinde agnationis jure redeunt atque masculorum : nostrae vero hereditates ad feminas ultra consanguineorum gradum non pertinent. Itaque soror fratri sororive legitima heres est, amita vero et fratris filia heres esse non potest. Sororis autem nobis loco est etiam mater aut noverca, quae per in manum conventionem apud patrem nostrum jus filiae nancta est. 15. Si *ei* qu*i* defunctus erit sit frater et alterius fratris filius, sicut ex superioribus intellegitur, frater potior est, quia gradu praecedit : sed alia facta *est* juris interpretatio inter suos heredes. 16. Quod si defuncti nullus frater extet, sed sint liberi fratrum, ad omnes quidem hereditas pertinet : sed quaesitum est, si dispari numero sint, forte nati ex uno unus vel duo et ex altero tres aut quattuor, utrum in stirpes dividenda sit hereditas, sicut inter suos heredes juris est, an potius in capita. Jam dudum autem placuit in capita dividendam hereditatem : itaque quotquot erunt ab utraque parte personae, in tot portiones hereditas dividetur et singuli singulas portiones ferunt. 17. Si nullus agnatus sit, eadem lex duodecim tabularum gentiles ad hereditatem vocat. Qui sint autem gentiles primo commentario *re*tulimus, et cum illic admonuerimus gentilicium jus in desuetudinem abisse, supervacuum est hoc quoque loco de ea re curiosius tractare.

III, 1. Paulus libro sententiarum IIII sub titulo de intestatorum successionibus[1] :

Intestati dicuntur, qui testamentum facere non possunt, vel ipsi linum ut intestati decederent abruperunt, vel quorum hereditas repudiata est *qui*b*u*sve condicio defecerit, *nisi* jure praetorio *non jure* factum testamentum objecta doli ex*ce*ptione optinebit[2]. 2. *Contra* quorum testamenta rumpuntur aut inrita fiunt, ipso quidem jure testati decedunt, sed per consequentias sublato testamento intestati decedunt. 3. Intestatorum hereditas lege duodecim tabularum primum suis heredibus, deinde agnatis et aliquando quoque gentilibus deferebatur. Sane consanguinei, *quos* lex non adprehenderat, interpretatione prudentium primum inter agnatos locum acceperunt. 4. Sui heredes sunt primo loco filius filia in potestate patris constituti : nec interest, [si] adoptivi sint an naturales et secundum legem Juliam Papiamve quaesiti, modo maneant in potestate. 5. Qui sui heredes sunt, ipso jure here-

1. 4, 8. — 2. Cf. les observations sous Gaius, 2, 151.

des etiam ignorantes constituuntur, ut furiosi aut infantes et peregrinantes : quibus bonorum possessio nisi propter praetoriam actionem non erat necessaria. 6. Suis heredibus adeo a morte testatoris rerum hereditariarum dominium continuatur, ut nec tutoris auctoritas pupillis nec furiosis curator sit necessarius, nisi forte *ut abstineant, si minus forte* solvendo sit hereditas: quamvis etiam furiosus, si resipuerit, et pupillus, si adoleverit, abstinere possint. 7. Post mortem patris natus vel ab hostibus reversus aut ex primo secundove mancipio manumissus cujusve erroris causa probata *est*, licet non fuerint in potestate, sui tamen patri heredes efficiuntur. 8. Post filios filias ad intestatorum successionem inter suos veniunt nepotes neptes, pronepotes proneptes ac deinde masculino sexu per filium descendentes, si nullo parentum inpedimento ipsi in avi potestate vel proavi familia remanserint: parentes enim liberis suis, cum quibus in potestate fuerint ipsi, ordine successionis obsistunt. 9. Filii, si cum nepotibus ex alio filio susceptis in familia retinentur, ad intestati patris successionem cum fratris filiis vocantur : quibus in patris sui partem venientibus hereditas in stirpes, non in capita dividitur, ita ut unus filius et plures nepotes singulos semisses habeant. Idemque evenit, si avo ex duobus filiis inpari numero nepotes successerint. 10. Ex filia nepotes sui heredes non sunt : in avi enim materni potestate alienam familiam sequentes ipsa ratione esse non possunt. 11. Eo tempore suus heres constituendus est, quo certum est aliquem intestatum decessisse: quod ex eventu deficientis condicionis et ortu nepotis, qui vivo avo post mortem patris *conceptus sit et post mortem avi*[1] natus finiri potest. 12. Quem filius emancipatus suscepit vel adoptavit, sui heredis locum in avi successione sic ut ipse pater obtinere non potest : *potest* adoptivus, tamen nec quasi cognatus bonorum possessionem ejus petere potest. 13. Si sui heredes non sunt, ad agnatos legitima hereditas pertinebit, inter quos primum locum consanguinei optinent. Agnati autem sunt cognati virilis sexus per virilem *sexum* descendentes, sicut filius fratris et patruus et deinceps tota successio. 14. Inter agnatos et cognatos hoc interest, *quod* in agnatis etiam cognati continentur, inter cognatos vero agnati non conprehenduntur. Et ideo patruus agnatus est et cognatus, avunculus autem cognatus tantummodo est. 15. Consanguinei sunt eodem patre nati, licet diversis matribus, qui in potestate fuerunt mortis tempore: adoptivus quoque frater, si non sit emancipatus, et hi qui post mortem patris nati sunt vel causam probaverunt. 16. Soror jure consanguinitatis tam ad fratris quam ad sororis hereditatem admittitur. 17. Consanguineis non existentibus agnatis defertur hereditas, prout quis alterum grad*u* praecesserit. Quod si plures eodem grad*u* consistunt, simul admittuntur. 18. Si si*nt* defuncti fratris et filius et nepos fratre non existente, filius fratris nepoti praefertur. 19. Sed si duorum fratrum sint liberi, non in stirpes, sed in capita hereditas distribuitur, scilicet ut pro numero singulorum viritim distribuatur hereditas. 20. Feminae ad hereditates legitimas ultra consanguineorum successiones non admittuntur : id quod jure civili Voconiana ratione videtur effectum : ceterum lex duodecim tabularum sine ulla discretione sexus [cognatos] admittit.

IV, 1. Ulpianus libro singulari *regularum* sub titulo de legitimis hereditatibus[1] :

Intestatorum gentiliciorum hereditates pertinent primum ad suos heredes, id est liberos qui in potestate sunt ceterosque qui liberorum loco sunt. Si sui heredes non sunt, ad consanguineos, id est fratres et sorores ex eodem patre : si nec hi sunt, ad reliquos agnatos *proximos, id est cognatos* virilis sexus per mares descendentes ejusdem familiae. Id enim cautum est lege duodecim tabularum hac : 'Si intestatus moritur, cui *s*u*u*s heres nec es*c*it, agnatus proximus familiam habe*to*'. 2. Si agnatus defuncti non sit, eadem lex duodecim tabularum gentiles ad hereditatem vocat his verbis : 'Si *a*gnatus n*ec* escit, gentiles familiam *habento*'. *Nunc nec ullus est* heres hinc nec gentilicia jura in usu sunt.

V, 1. Idem *libro* institutionum.... *sub titulo de successionibus* ab intestato :

Ab intestato quoque hereditas defertur aut per jus civile aut per praetoris beneficium : per jus civile suis heredibus vel liberis, qui in potestate fuerunt, *qui sunt* filii filiae et deinceps qui in locum defuncti parentis, qui*a* ex eodem nati sunt, succedunt.

VI, 1. Idem eodem libro :

Post suos ab intestato legitimi admittuntur, primum consanguinei. *Consanguinei* sunt frater et soror qui in ejusdem potestate patris fuerunt, etsi ex diversis matribus nati sunt. 2. Consanguineos et adoptio facit et adrogatio *et* causae probatio et in manum conventio.

VII, 1. Idem eodem libro :

De*ficientibus* consanguineis legitimi vocantur. Hi sunt agnati qui nos per patris cognationem contingunt virilis sexus : nam sciendum feminis ultra consanguineas hereditates legitimas

1. Ulpien, *Reg.*, 26, 1-1a.

non deferri. 2. Suis praetor solet emancipatos liberos itemque civitate donatos conjungere data bonorum possessioni *ita* tamen, ut bona si qua propria habent, his qui in potestate manserunt conferant. Nam aequissimum putavit neque eos bonis paternis carere per hoc, quo*d* non sunt in potestate neque praecipua bona propria habere, cum partem sint ablaturi suis heredibus.

VIII, 1. IDEM libro qui supra *sub titulo* de suis heredibus:

Post agnatos praetor vocat cognatos: cognati autem sunt, qui nos per patrem aut matrem contingunt: post cognatos virum et uxorem. 2. Et haec, si qui decessit non fuit libertinus vel stirpis libertinae: ceterum si libertinus est vel libertina, patrono ejus legitima hereditas patronaeve lege duodecim tabularum *d*efertur.

IX, 1. IDEM eodem libro :

Post familiam patroni vocat praetor patronum et patronam, item liberos et parentes patroni et patronae, deinde virum et uxorem, mox cognatos patroni et patronae. 2. Quod si is qui decessit liber fuit *nec* ex remancipatione manumissus, lex quidem duodecim tabularum manumissor*i* legitima*m* hereditatem detulit, sed praetor aequitate motus decem personas cognatorum ei praetulit has: patrem matrem, filium filiam, av*um* aviam, nepote*m* neptem, fratrem sororem, ne quis occasione juris sanguinis necessitudinem vinceret. 3. Sed imperator noster in hereditatibus quae ab intestato deferuntur eas solas personas voluit admitti, quibus decimae inmunitate*m* ipse tribuit.

19. FRAGMENTS DU SINAI.

Fragments découverts et copiés dans un monastère du Sinaï par M. G. Bernadakis et édités d'après cette copie, d'abord par M. R. Dareste, *Bulletin de correspondance hellénique*, 1880, p. 449 et ss. et *N. R. Hist.*, 1880, pp. 643-656, puis par MM. Zachariæ, *Sitzungsberichte* de Berlin, 1881, p. 62 et ss., Krueger, *Zsavst.*, 4, 1883, pp. 1-32 et Huschke, *J. a.*, pp. 815-834. V. aussi le fac-simile d'une page de l'original dû à M. Gardthausen et les observations de M. Lenel, *Zsavst.*, 2, 1881, p. 233 et ss. Ce sont des scolies en langue grecque, sur Ulpien, *ad Sabinum*, livres 36, 37, 38 et peut-être 39, que le ms. reproduit seules sans le texte commenté. L'abréviation Σαβ ou *Cab.* qu'on trouve en tête de beaucoup de passages, semble désigner leur auteur, qui est peut-être même celui de tous les fragments. On trouve cités d'autres ouvrages d'Ulpien, les *libri ad Sabinum* et les *responsa* de Paul, Marcien, *ad formulam hypothecariam*, les Institutes de Florentinus, les *regulae* et les *differentiae* de Modestin et les trois codes grégorien, hermogénien et théodosien. Connaissant le code théodosien et ne connaissant pas la législation de Justinien, l'ouvrage se place nécessairement entre les années 438 et 529. Il fournit quelques renseignements antérieurement inconnus sur les théories de la dot et de la tutelle : persistance de l'inapplicabilité de la loi Julia *de fundo dotali* aux fonds provinciaux, fr. 5 ; tutelle des Latins coloniaires, fr. 16 ; exclusion des Latins de la tutelle *ex lege Atilia*, fr. 17 ; incessibilité de la tutelle légitime à l'un des co-tuteurs, fr. 18 ; différence de la loi Atilia et de la loi Titia, fr. 20. Mais il présente un intérêt au moins égal par les jours nouveaux qu'il ouvre sur la disposition matérielle et le mode de citation des ouvrages juridiques. V. sur tous ces points : Krueger, *Zsavst.*, 4, 28-32, et *Gesch. d. Q.*, pp. 320. 253. 137, n. 64 et n. 65 ; Alibrandi, *Studi e doc.*, 3, 1883, pp. 33-48, 99-132, Karlowa, *R. R. G.*, 1, pp. 985-987 ; Huschke, *J. a.*, pp. 815-816, et les observations de Lenel, *Pal.*, 2, pp. 1151-1159, sur les livres 36 à 39 d'Ulpien, *ad Sabinum*. — Le texte que nous reproduisons ici est, à part quelques modifications signalées dans les notes, celui de M. Krueger ; nous avons seulement omis les signes en partie douteux, par lesquels sont distinguées, dans la copie médiocrement sûre de M. Bernadakis, les restitutions et les solutions d'abréviations, et nous avons simplement indiqué par des points d'interrogation les leçons les plus incertaines. Pour le classement des fragments, nous avons également suivi l'ordre de M. Krueger déjà adopté par M. Huschke et confirmé sauf en deux ou trois points par la restitution de l'ouvrage d'Ulpien de M. Lenel (cf. notamment pour le fr. 5, Lenel, *Pal.*, 2, p. 1154, n. 5, et pour le fr. 16, Lenel, *Pal.*, 2, p. 1159, n. 2), en indiquant entre parenthèses les chiffres des éditions de M. Dareste, qui avait reproduit les fragments dans l'ordre des feuilles de la copie de M. Bernadakis, et de M. Zachariæ, duquel vint le premier essai de classement méthodique. Comme M. Zachariæ, M. Krueger et M. Huschke, nous avons cru rendre service à nos lecteurs en joignant au texte grec une traduction latine.

1. (Dar. 1. Zach. 1.)

τὸν ἀπελεύθερον ἐδεξα....

libertum...

... ιον.ο[1] ἀκίνδυνον εἶναι τὴν παράβασιν τῇ μνηστῇ καὶ τῷ μνηστῆρι p ἀλλ' ἐν τῷ γ' βιβλίῳ τοῦ Θεοδ. κώδικος τίτλῳ ιε ἡ ιέ τοῦ τίτλου διάταξις[2] κρατύνει τὰς περὶ συστάσεως τῶν γάμων poenas καὶ μέχρι τοῦ διπλοῦ[3].....

... periculosam non esse violationem sponsae vel sponso... in libro III Theodosiani codicis titulo 15 const. 15 confirmat poenas super nuptias contrahendas permissas et usque ad duplum...

Cαβ. : Ἐκ πλεύρου τῆς μνηστῆς παραιτουμένης τὸν γάμον κέχρησο τῇ ἐν τῷ γ' βιβλίῳ τοῦ Θεοδοσιανοῦ κώδικος διατάξει ˙περὶ γὰρ αὐτῆς μόνης διαλέγεται˙ εἰς δὲ τὸ πρόσωπον τοῦ μνηστῆρος

Sab.: Ex parte sponsae recusantis nuptias utere constitutione... in libro III Theodosiani codicis : nam de ea sola loquitur. In sponsi vero persona...

---

1. Zachariae : *stipulationos*. — 2. Const. perdue. — 3. Cf. Karlowa, *R. R. G.*, 1, 987.

διακελεύομεν (?) τῇ ἐν τῷ ε΄ βιβλίῳ, τοῦ Gregorianoῦ κώδικος ις΄ διατάξει,..... τατ τὸν ἐπερωτηθέντα πρόστιμον ἐκ τοῦ ἐμποδίσαι τῷ γάμῳ μὴ κατέχεσθαι ἐνδυνάμως. Ἐν δὲ τῷ τέλει τοῦ....

constitutione 17 in Gregoriani codicis libro V...... eum ex poena promissa non efficaciter teneri, quod nuptias prohibuerit. In fine autem...

2. (Dar. 8. Zach. 2.)

...ὅπερ ἐν facto συνέβη τοιῷδε· ἔχων τις ἀδελφὴν καὶ δεόμενος Στεφάνου τινὸς ἐπί τινι πράγματι ἐρῶντος τῆς αὐτοῦ ἀδελφῆς ἐπηγγείλατο τῷ Στεφάνῳ, παρασκευάζειν τὴν ἀδελφὴν αὐτοῦ συναφθῆναι αὐτῷ, ἐπερωτηθείς, καὶ πρόστιμον ι΄ νομισμάτων, εἰ μὴ τοῦτο ποιήσῃ· ὁ δὲ οὐκ ἠδυνήθη τὴν αὐτοῦ ἀδελφὴν πείθειν ἢ καὶ οὐ θέλει αὐτὴν ἐνδοθῆναι. Καὶ ἐρωτηθεὶς εἶπον, ἀδύναμον εἶναι τὴν ἐπερώτησιν ὡς contra bonos mores ὑπάρχουσαν ὥσπερ φησὶν ὁ Παῦλος βιβλίῳ ιε responson[1] αὐτοῦ..... de stipulation.... δὲ τῆς μὲν πεύσεως.....

... quod tali facto evenit : qui sororem habuit indiguitque in aliqua re Stephani cujusdam qui ejus sororem amabat, Stephano promisit facturum se, ut soror sua ei copularetur, poena quoque X aureorum adjecta, si id non fecerit. Is autem non potuit sororem movere vel in matrimonium collocare non vult. Et consultus dixi inutilem esse stipulationem utpote contra bonos mores factam, quemadmodum ait Paulus in libro XV responsorum... de stipulation... quaestionis...

3. (Dar. 8 bis. Zach. 5.)

τὰ αὐτὰ..... ἐν τῷ Hermogeniano κώδικι τίτλῳ ξθ΄ ἢ ρκ, ἧς ἡ ἀρχὴ u..... biut n. e. Σαβ.: κάνονα γὰρ ἔχει τοιοῦτον· ...ιονα[2] προσήκει κρατεῖν τὰ μὴ... ἀλλὰ καθαρᾷ διαθέσει γινόμενα, ὡς ἐν τῷ Hermogeniano κώδικι τίτλῳ μα ἢ ιδ΄ καὶ διάταξίς φησι... θέμα, ἐφ᾽ ᾧ τὸ εἰκονικὸν repudion ἀντὶ ἀληθοῦς λαμβάνεται. Ὡς ὅτε ἡ emancipata θυγάτηρ τὴν ficto repudio..... ἢ τὴν προῖκα καὶ.... ω ταύτην τῷ ἀνδρὶ πάλιν τελευτ...[3]

eadem..... in Hermogeniano codice titulo 69, c. 120, cujus initium est u... biut n. è. Sab : Regulam enim hanc tene : repudia (?) valere oportet ea, quae non... sed mera voluntate facta ut in Hermogeniano codice tit. 41, constitutio 14 et... dicit... casus in quo simulatum repudium pro vero accipitur, veluti cum emancipata filia ficto repudio... dotem et... hanc viro rursus...

---

1. Cf. D., 45, 1, 134, pr. — 2. Zachariae: τα σύμφωνα; Krueger: τα repudia. — 3. Cf., sur la finale, C., 5, 17, 12.

4. (Dar. 9. Zach. 6.)

.... εν των responso (?) ου
ης πεύσεως η α...δεν. G..ulgini καί βιβλίῳ ε΄ τοῦ διπλοῦ¹ αὐτοῦ ro τίτλῳ de sponsalibus. Ἀρχὴ τῶν ῥητῶν de die pone ciuera : ἐχέτο πᾶς ἐξουσίαν repudio λύειν τὸν γάμον καὶ μνηστείαν. Ἄτοπον γὰρ τὸν γάμον διηνεκοῦς τῆς ὁμονοίας δεόμενον διὰ τῆς poenas καὶ μὴ διαθέσει συνίστασθαι.

Ὁ ἐπερωτηθεὶς καὶ ἡ ἐπερωτηθεῖσα poenan, ἐὰν διαλύσῃ τὸν γάμον, οὐ κατέχεται εἰ μὴ ἕως τοῦ μέτρου τῆς ob mortem², ὅσον ἠδύνατο παρακατέχειν ὁ ἀνὴρ διὰ τῆς mortis παίδων ὑπόντων (?) ἢ ἡ γυνὴ³ ἄνδρα ἀπαιτεῖν ἀπὸ τῆς ἐπὶ τῷ προστίμῳ ἐπερωτήσεως, ὅσον ἠδύνατο κινεῖν κατά. τοῦτο...

..... initium contextus de die poenae... habeat quisquis licentiam repudio matrimonium et sponsalia dissolvere. Absurdum enim est matrimonium, cui perpetua concordia opus est, propter poenam non voluntatem consistere.

Qui quaeve poenam promisit si matrimonium dissolverit, non tenetur, nisi in quantitatem ejus quod ob mortem promissum est, quantum vir propter mortem liberis intervenientibus (?) retinere potuit vel mulier a viro exigere ex poenae promissione...

5. (Dar. 4. Zach. 12.)

.... ἐκποίητο ....
..... νόμῳ (?) julio⁴ ει.....
tributarioi ὡς ἐν τ. u .....
ἐστιν de dote ἡ ς΄ καὶ ζ΄ αχ.
καὶ α.β καὶ.... τ φησὶ διάταξις.
Τὸ πλέον μάθε· κἂν ἰδικῶς γραφῇ ἐν τῷ προικῴῳ μὴ ἐξεῖναι τῷ ἀνδρὶ ἐνεχυράζειν τὰ ἐπαρχιακὰ κτήματα, καὶ οὕτω συνέστηκεν ἡ αὐτῶν ὑποθήκη ἡ ἐν γάμῳ γενομένη κατὰ τοῦ ἀνδρὸς ὡς βιβλίῳ ε΄ τοῦ Gregorianu κώδικος τίτλῳ παρατελεύτῳ ἡ γ΄ τοῦ τίτλου φησί. Sab. σημείωσαι τοῦτο καὶ μὴ συναρπαγῇς ἀπὸ τῆς. διατάξεως

.....
... lege Julia...
.... tributarii ut in.........
est de dote 6 et 7..........
... ait constitutio. Amplius disce : etiam si specialiter in dotali instrumento scriptum sit non licere viro pignerare provincialia praedia, sic quoque constitit eorum hypotheca durante matrimonio facta contra virum, ut libro V Gregoriani codicis titulo paenultimo, const. 3 dicit. Sab.: Nota hoc, neque turbere constitu-

---

1. Zachariae: τῶν disputationon. — 2. Zachariae, Huschke : mores. —
3. Ms.: 'mores'; Huschke: 'μοιρας'; Krueger; 'mortis παίδων ὑπόντων ἢ ἡ γυνή'. — 4. Huschke; ms.: 'julio'.

τοῦ..... μετὰ τὸν Gregorianon κώδικα ἢ τῆς ἐν τῷ ια΄ βιβλίῳ τοῦ Gregorianu τίτλῳ ια΄ ιβ΄ τοῦ τίτλου.

Ex pecunia dotali: τὸ ἀπὸ προικιμαίας οὐσίας ἀγοραζόμενον πρᾶγμα ὑπόκειται τῇ γυναικί. Σημείωσαι τὸ dotali. Τοῦτό φησι καὶ ὁ Marcianus ἐν τῇ ὑποθηκαρίᾳ.

tione... post Gregorianum codicem vel ea quae est in libro XI Gregoriani titulo 11, duodecima tituli.

Ex pecunia dotali]. Res ex dotali pecunia empta tenetur mulieri nota 'dotali'. Hoc dicit etiam Marcianus in hypothecaria.

6. (Dar. 9 bis. Zach. 13.)

S. iinsτιζιι καὶ ἐπὶ τῆς.... προικὸς κατέχεται ὁ ἀνὴρ εἰς ὅσον δύναται καταβάλλειν (?) ὡραῖον. Σαβ...... Ὁ Modestinus βιβλίῳ β΄ differention αὐτοῦ τίτλῳ ς΄ ἀναφέρει Piu διάταξιν λέγουσαν μὴ μόνον ἐπὶ προικὸς, ἀλλὰ καὶ ἐπὶ παντὸς συναλλάγματος ἐναχθέντα τὸν ἄνδρα καὶ εἰς ὅσον ἔχει καταδικάζεσθαι ε...

(Suivent 4 lignes illisibles).

Δανειστὴς ἐπάστευσεν πρὸς τὸν χρεώστην αὐτοῦ τοσοῦτον αὐτὸν ἀπαιτεῖν μόνον, ὅσον δύναται καταβάλλειν· ἰσχυρὸν τὸ pacton.

Καὶ ὁ πατὴρ καὶ ὁ πάτρων κατέχονται εἰς ὅσον ἔχουσιν μόνον, οὐκ εἰς τὸ πᾶν.

Νος

s.......... et de.......... dote tenetur vir in quantum facere potest. Pulchrum. Sab... Modestinus libro II differentiarum titulo 6 refert Pii constitutionem quae dicit non solum de dote sed etiam ex omni contractu conventum virum et in quantum habet condemnari...

Creditor pactus est cum debitore suo, tantum modo ab eo se exacturum, quantum facere potest: valet hoc pactum.

Et pater et patronus tenentur dumtaxat in quod habent, non in solidum.

7. (Dar. 5. Zach. 9.)

Graviori: ὁ ἀνὴρ βαρύ τι πλημμελήσας οι.

Graviori] Vir, qui gravius aliquid deliquit.

8. (Dar. 7. Zach. 8.)[1]

...¹κανόνα γενικόν, τί ἐστι necessaria δαπανήματα.

Necessaria ἐστιν δαπανή-

... regulam generalem, quae sint necessariae impensae.

Necessariae impensae

---

1. Se rapporte à *D.*, 25, 1, 1. 3. 5.

μάτα, ὧν μὴ γινομένων κατεδικάζετο ὁ ἀνὴρ ἐναγόμενος τῇ rei uxoriae.

Nos generaliter[1] : ὁρᾷς πῶς καὶ Ulpianos κανονίζει ἡμῖν, ὅσα δαπανήματα πεποίηκεν ὁ ἀνὴρ πρόσκαιρα τῶν καρπῶν ἕνεκεν, ταῦτα τοῖς καρποῖς compensateuεται, οὐ μὴν ποιεῖ τὴν retentiona· ὅσα δὲ διηνεκῆ ᾖ καὶ ἐπὶ πολὺν καιρὸν παρέχει τὴν χρείαν, οἷον μῶλος ἢ ἀρτοκοπεῖον ἢ τὸ φυτεῦσαι, ταῦτα necessaria ἐστὶ καὶ μειοῖ τὴν προῖκα. Τοῦτό φησι καὶ ὁ Paulos βιβλίῳ ζ΄ τῶν ad Sabinum αὐτοῦ τίτλῳ λε΄.

Ubi non sunt corpora[2] : τότε τὰ necessaria δαπανήματα....

sunt, quibus non factis condemnaretur vir rei uxoriae actione conventus.

Nos generaliter]. Vides, quomodo etiam Ulpianus regulam nobis ponit, quas impensas fecit vir ad tempus fructuum causa, eas cum fructibus compensat nec facit retentionem : quae vero perpetuae sunt et in multum tempus praebent utilitatem, velut moles vel pistrinum vel plantatio, eae necessariae sunt et minuunt dotem. Hoc ait et Paulus libro VII ad Sabinum titulo 35.

Ubi non sunt corpora]: tunc necessariae impensae...

9. (Dar. 11. Zach. 7.)

[3] να ἄλλα............ τὰ μέντοι voluptaria οὐδὲ ἀπαιτεῖ οὐδὲ λογίζεται, εἰ μὴ ἄρα ἕλοιτο ἡ γυνὴ ἔχειν αὐτά· εἰ δὲ οὐ βούλεται ἔχειν αὐτὰ ἡ γυνή, δίδοται τῷ ἀνδρὶ παρρησία τοῦ ἀφελέσθαι αὐτὰ μὴ βλάπτοντι τὴν ἀρχαίαν στάσιν[4].

.... tamen voluptaria neque exigit neque computat, nisi mulier habere eas voluerit : si vero nolit habere eas mulier, datur viro licentia tollendi, si modo non laedat pristinum statum.

Ob donationes[5] : μὴ ἰσχυέτω pacton ἀναιροῦν τὴν ob res donatas ἢ ob impensas ἢ ob res amotas retentiona.

Ob donationes]. Ne valeat pactum, quod retentionem ob res donatas vel ob impensas vel ob res amotas tollit.

Sab. arbitrum rei uxoriae: ἐν τῷ παρόντι ιε κεφαλαίῳ διδάσκει τοὺς δυναμένους κινεῖν τὴν rei uxoriae.

Sab. arbitrum rei uxoriae : in praesenti 15 capitulo exponit, qui rei uxoriae actione experiri possint.

1. D., 25, 1, 3, 1. — 2. D., 25, 1, 5, pr. — 3. Se rapporte à D., 25, 1, 9. — 4. Huschke; Zachariae, Krueger: ὄψιν. — 5. Cf. D., 23, 4, 5.

Mora: σημείωσαι, ὅτι moras γενομένης ἐπὶ τῆς adventicias προικὸς ὁ πατὴρ ἔχει τὴν rei uxoriae· μάθε ὅτι τελευτησάσης τῆς κόρης ὁ πατὴρ ἔχει τὴν . . . .

Mora]. Notandum, quod mora facta in dote adventicia pater habet rei uxoriae actionem : disce, quod mortua filia pater habet. . .

10. (Dar. 12. Zach. 3.)

ap. . . . αχ τῇ τῶν e c θνι ὅταν ἐν γάμῳ τελευτήσῃ ἡ γυνὴ καὶ αυ..ε ἐπερωτη . . . . . . το committeuθῆναι α . . . . . εινεχι . . του ἐπεροτήσαντα.

. . . .si in matrimonio mulier mortua est et. . . . .

Sab. . . . ἐν τῷ παρόντι τίτλῳ ασεο διαλεσ . . . βε. ι τῆς adventicias προικός.

Sab. . . in praesente titulo. . . de adventicia dote loquitur.

De dote : περὶ τῆς adventicias προικὸς εἶπον[1], ἐν τοῖς προλαβοῦσιν βιβλίῳ λα΄ τίτλῳ α΄· ἀνάγνωθι τὰ ἐκεῖ ῥηθέντα.
Ac socer: ὅταν εἰς τὸν πένθερον ἡ προὶξ ἔρχεται, δύναται διὰ pactu βλαβῆναι, καὶ ὅτι ὁ πατὴρ ἐπιδοὺς προῖκα δύναται ποιῆσαι αὐτὴν adventician. Σημείωσαι ὡραῖον . . .

De dote]. De adventicia dote dixi in antecedentibus libro XXXI titulo primo : lege quae ibi dicta sunt.
Ac socer]. Cum ad socerum dos pervenit, potest pacto condicio ejus deterior fieri, et quod pater, cum dotem dat, potest eam facere adventiciam. Nota pulchrum. . . .

Ἐὰν ὑπεξούσιος δανεισάμενος ἐπιδῷ λδγωπριν καὶ ετης ἑαυτου θυγατρός, οὐκ ἐστὶν adventicia (?)[2] κ ἡ προίξ. Ἔτερον ἐστιν, εἴ τις εν . . .

Si filius familias mutuo accepto dat. . . . . suae filiae, non est adventicia dos. Aliud est, si quis. . . .

11. (Dar. 10. Zach. 10.)

Θε.ιτικοινη rei uxoriae διδόμενον procuratorem ο.τε. . . . . δι. . . . . αὐτῷ mandaton τοῦ τε πατρὸς καὶ τῆς θυγατρός. Μᾶλλον δὲ ὁ μὲν πατὴρ ἐντελλέσθω μόνος, ἡ δὲ κόρη συναινείτω[3].

. . . . rei uxoriae datum procuratorem. . . . . ei mandatum et patris et filiae. Potius autem pater mandet solus, filia consentiat.

1. Huschke: φησι = inquit (Ulpianus). — 2. Huschke: 'profectioia'. — 3. Cf. D., 3, 3, 8, pr.

Sab. e.osa : ἐν τῷ παρόντι ιϛ′ κεφαλαίῳ διδάσκει, τίνι κινδυνεύεται τὰ ἐπὶ τῇ προικὶ συμβαίνοντα.

Sab........ in praesenti 16 titulo docet, cujus periculo sint, quae circa dotem eveniant.

Ἐπὶ πάσῃ οἱᾳδήποτε προικὶ dolon καὶ culpan χρεωστεῖ ὁ ἀνήρ. Ὁμοίως φησὶ καὶ ὁ Paulos βιβλίῳ η′ τῶν responson αὐτοῦ πρὸ β′ φύλλων τοῦ τέλους τοῦ βιβλίου, ὡς οροι β ετ. χων τοῦ de liberis adgnoscendis τουτως....

In omni qualicumque dote dolum et culpam praestat maritus. Similiter ait et Paulus libro VIII responsorum ejus duobus foliis ante finem libri..................... de liberis adgnoscendis...

12. (Dar. 3. Zach. 11.)

.... ιανελα. νον........
¹ἐπὶ τοῦ πατρὸς ἐπερωτηθέντος προῖκα· ἀλλ' ἐσθότε μὴ ἀπαιτήσας αὐτὸν ὁ ἀνήρ ε... ἐγκαλεῖται, ὅτε adventicia εἴη ἡ προίξ· καὶ ὁ πατὴρ γὰρ ἐπιδιδοὺς ἐσθότε ποιεῖ τὴν προῖκα adventician. Σημείωσαι ὅτι καὶ ὁ πατὴρ ποιεῖ adventician προῖκα.

....
cum pater dotem promisit; sed interdum viro, qui ab eo non petiit..., imputabitur si adventicia sit dos; nam et pater, qui dotem dat, interdum facit dotem adventiciam. Nota quod etiam pater facit dotem adventiciam.

Δίελθε τὸ ιϛ′ καὶ ιη′ κεφάλαιον· πάντα γὰρ τὰ ἐν αὐτοῖς εἶπον ἄνω βιβλίῳ λε′ τίτλῳ β καὶ γ′. Ὁμοίως καὶ ὁ Paulos βιβλίῳ ζ′ τῶν ad Sabinum τίτλῳ λ. Ἐκεῖ πλατέως φησὶ περὶ τῆς ἀμβλωσάσης γυναικός, ὅτι ἡ ἄκοντος τοῦ ἀνδρὸς ἀμβλώσασα ζημιοῦται ἕκτῃ τῆς προικὸς ὡς τεκοῦσα, ὅπερ καὶ ὧδέ φησι...

Praetereas 17 et 18 capitulum : omnia enim quae in his tractantur dixi supra in libro XXXV titulo 2 et 3. Similiter et Paulus libro VII ad Sabinum titulo 30. Ibi late ait de muliere, quae abortum fecit, quod quae invito viro fecit, punitur sexta dotis, quasi pepererit. Quod et hoc loco dicit...

13. (Dar. 15. Zach. 4.)

Ouap².
Sab. Volenti: ἐν τῷ παρόντι ιθ κεφαλαίῳ διδάσκει περὶ τῆς ἐν συνεστῶτι τῷ γάμῳ καταβληθείσης

Sab. Volenti]. In praesenti titulo 19 docet de dote constante matrimonio reddita et

---

1. Se rapporte à D., 23, 3, 33. — 2. Huschke : Ὁ Ulp(ιανος).

προικὸς καὶ μειωθείσης, καὶ
σημείωσαι, ὅτι ὃν τρόπον γίνεται
προικὸς αὔξησις ἐν συνεστῶτι τῷ
γάμῳ, οὕτως καὶ μείωσις προικὸς
ἐν συνεστῶτι τῷ γάμῳ προβαίνει.
Καὶ τοῦτό σοι ἐσημειωσάμην καὶ ἐν
τῇ λβ´ παραγραφῇ τοῦ de in integrum restitutione τῶν α Ulpiani, ὅπου ἡ ἀφῆλιξ γυνὴ ἀπο-
καθίσταται, εἰ νασμικ.νη τὴν
προῖκα. Τὸ αὐτό φησι καὶ ὁ
Florentinus βιβλίῳ γ τῶν insti-
tutionon αὐτοῦ, περὶ τὰ τέλη τοῦ
βιβλίου πρὸ ε´ φύλλων τοῦ τέλους ῥήμασιν τουτοις ut incrementum dotis prosit et deminutio noceat. Συνᾴδει τού-
τοις καὶ ὁ Modestinus βιβλίῳ α´
regularum αὐτοῦ πρὸ ιζ´ regulas, τοῦ τέλους τοῦ βιβλίου ἐν
regula, οὗ ἡ ἀρχή· Dotis..
divortio semper esse....

deminuta. Et nota quo modo
fit dotis augmentum du-
rante matrimonio, ita et deminutionem dotis durante
matrimonio locum habere.
Et hoc tibi indicavi etiam in
32 paragrapho tituli de in
integrum restitutione τῶν
πρώτων Ulpiani, ubi mulier
restituitur, si.............
dotem. Idem dicit etiam
Florentinus libro III institutionum circa finem libri,
quinque foliis a fine his verbis : 'Ut incrementum dotis
prosit et deminutio noceat'.
Quibus consentit etiam Modestinus libro I regularum
ante 17 regulam, in fine libri, in regula, cujus initium :
'Dotis......... divortio semper esse....

14. (Dar. 15 bis. Zach. 18.)

...διάταξίς ἐστίν, φησι, τῶν ἀδελ-
φῶν λέγουσα, τῷ ἀπόντι[1] μήτε
διὰ procuratoros δίδοσθαι ἐπίτροπον ἀπ᾽ ἔθους ἢ νόμου. Σημείωσαι ταύτης μέμνηται τῆς
διατάξεως μετὰ β´ φύλλων πάλιν.
In plano.: ἡ σύντομος διάγνωσις καὶ ἐξ ἐπιπέδου γίνεται, ὡς
ἡ τῶν ἐπιτρόπων. Διὰ τοῦτο καὶ ἡ
τοῦ in locum absentis διδομέ-
νου ἐπιτρόπου διάγνωσις εὐθὺς ἐξ
ἐπιπέδου γυμνάζεται καὶ εἰ μὴ
παρείη.
Insulas : τῆς Italias εἶναι
δοκοῦσιν καὶ αἱ νῆσοι τῆς Italias[2]·
οὐκοῦν ἡ τῆς Italias ἐξορισθεὶς
εἴργεται καὶ τῶν νήσων ταύτης.

...constitutio est, inquit, fratrum, quae dicit absenti nec
per procuratorem dari tutorem more vel lege. Nota hujus
constitutionis post 2 folia rursus mentionem facit.
In plano]. Summaria cognitio
etiam de plano fit velut de tutoribus. Propterea etiam cognitio de tutore in absentis
locum dando statim de plano
exercetur, etiamsi praesens
non sit.
Insulas]. Italiae esse videntur etiam insulae Italiae;
igitur ex Italia relegatus arce-
tur etiam insulis ejus.

1. Dar., Huschke ajoutent: μὴ ἔχοντι. — 2. Cf. D., 5, 1, 9.

Ubicumque: ὁ ἀνθύπατος ὁπουδήποτε ὤν, τουτέστι καὶ ἐν ἄλλῃ ἐπαρχίᾳ, ἧς οὐκ ἄρχει διδόναι δύναται. Οὕτως καὶ ὁ ὕπατος.) δὲ praetor ε...

Ubicumque]. Proconsul ubicumque est, id est etiam in provincia, cui non praeest, dare potest. Ita etiam consul. Praetor autem...

15. (Dar. 10. Zach. 16.)

In tutelis. Sab.: ἐν τῷ παρόντι τίτλῳ διαλέγεται περὶ testamentarion ἐπιτρόπων, καὶ ὅτι ὁ διδοὺς παισὶν ἐπίτροπον ἔδοξεν δεδωκέναι καὶ τοῖς postumois τὸν αὐτὸν ἐπίτροπον.

Quid si[1]. Sab.: τῇ τῶν παίδων προσηγορίᾳ καὶ οἱ ἔγγονοι περιέχονται, οὐκέτι δὲ τῇ τῶν υἱῶν. Διὰ τοῦτο ὁ δεδωκὼς τοῖς παισὶν ἐπίτροπον ἔδοξεν αὐτὸν καὶ τοῖς ἐγγόνοις δεδωκέναι.

In tutelis] Sab.: in praesenti titulo disseritur de testamentariis tutoribus et quod is, qui dedit liberis tutorem, videtur dedisse etiam postumis eundem tutorem.

Quid si] Sab.: liberorum appellatione etiam nepotes comprehenduntur, non vero filiorum. Ob id qui dedit liberis tutorem videtur eum etiam nepotibus dedisse.

16. (Dar. 2. Zach. 14.)

...εἶπεν ἐν τῷ de tutelis αὐτοῦ α´ βιβλίῳ[2], ὡς ὅπου τις τοῦ οἰκείου ἀδελφοῦ ἀπογραφέντος εἰς τὰς latinas colonias ἐπιτροπεύει ἀνήβου ὄντος· παρέλθε ἕως τοῦ τέλους τοῦ κεφαλαίου, καὶ τὸ δ´ καὶ ε´ κεφάλαιον, εὑρήσεις δὲ τοῦτο ἐν τῷ ε´ κεφαλαίῳ, ὡς μετὰ ρ´ ἔπη ἀπὸ τοῦ τέλους:

Nam et..co qui a furioso: ὅτι ὁ παρὰ μαινομένου ἀγοράσας δύναται usucapere. Sab.: πάρελθε υ´ ἔπη ἕως τοῦ et quidem cum res venit : οὐκ ἄλλως γίνεται δεσπότης ὁ ἀγοραστής.

... dixit in ejus de tutelis libro I, velut ubi quis fratris sui impuberis descripti in Latinas colonias tutor est. Praeterea usque ad finem capituli et 4 et 5 capitulum : invenies autem hoc in 5 capitulo post verba circiter 100 a fine :

Nam et... qui a furioso. Qui a furioso emit potest usucapere. Sab.: praeterea 50 verba usque ad : 'et quidem cum res venit'. Non aliter fit dominus emtor.

17. (Dar. 14. Zach. 15.)

4 lignes illisibles.

Nam Latinus e lege Atilia

Nam Latinus e lege Atilia

---

1. Krueger, suivi dubitativement par Lenel, *Pal.*, 2, 1155, n° 5 : se rapporterait alors à *D.*, 26, 2, 6. Zach. : 'videtur'. — 4. Peut-être μονοβίβλῳ.

tutor dari non potest : σεμείωσαι ὅτι λατῖνος οὐ δίδοται Atilianos ἐπίτροπος, ὡς ἐν τῷ τέλει τοῦ ἑξῆς λη΄ βιβλίου τοῦτό σοι ἐδίδαξα¹.

Ὁ κατὰ inquisitiona δοθεὶς ἐπίτροπος κἂν πάθῃ capitis deminutiona μένει ἐπίτροπος. Πάρελθε ι΄ ἔπη ἕως τοῦ aliis quoque modis² : ἡ αἰχμαλωσία τῶν ἐπιτρόπων ἢ καὶ τῶν ἐπιτροπευομένων λύει τὴν ἐπιτροπήν, ὁμοίως δὲ καὶ ὁ προσκαίρως δοθείς...

tutor dari non potest]. Nota quod Latinus non datur Atilianus tutor, ut in fine sequentis XXXVIII libri hoc te docui.

Ex inquisitione datus tutor etiamsi patiatur capitis deminutionem, manet tutor. Praetereas 10 verba usque ad 'aliis quoque modis' : captivitas tutorum vel etiam pupillorum solvit tutelam ; similiter vero etiam ad tempus datus...

18. (Dar. 13. Zach. 17.)

..... p οὐκ ἔστιν......
Atilianos ἐπίτροπος οὔτε ἀφίστασθαι δύναται οὔτε in jure cedere ... e. πάρελθε κέ΄ ἔπη ἕως τοῦ Tutelam... ὁ ὑπεξούσιος ὡς μὴ ὢν legis³ δεκτικὸς οὐ δύναται in jure cedere ἑτέρῳ τὴν ἐπιτροπήν. Capax : ὡς... ὁ ὑπεξούσιος ἐπίτροπος ουετει testamentarian ἐπιτροπήν.

Legitimos οὐ δύναται legitimo ἄλλῳ in jure cedere τὴν ἐπιτροπήν, οὐ γὰρ οἷόν τε τὸν αὐτὸν καὶ legitimon εἶναι καὶ cessicion.

.... non est...........
Atilianus tutor neque abdicare potest neque in jure cedere... praetereas 25 verba usque ad 'tutelam'.... Filius familias cum legis actionis (?) capax non sit, non potest in jure cedere alii tutelam. Capax] :... filius familias tutor... testamentariam tutelam.

Legitimus non potest legitimo alio in jure cedere tutelam, neque enim consentaneum est eundem et legitimum esse et cessicium.

19. (Dar. 14. Zach. 19.)

r. Sab. παρακατιὼν ὁ Ulpianos ε.... κεφαλαίῳ τὸ πλέον φησί, ὅτι καὶ ὁ τοποτηρητὴς τῶν στρατηγῶν⁴ δίδωσιν ἐπίτροπον· εἰ δὲ θέλεις εἰδέναι τὰ περὶ τῶν τοποτηρούντων τοῖς ἄρχουσιν, ανά-

r. Sab. : infra Ulpianus..... capite plus dicit, etiam vicarium majistratuum dare tutorem; si vero vis scire quae pertinent ad vicarios judicum, lege Theo-

---

1. Cf. Gaius, 1, 23. Ulpien, 11, 16. — 2. Se rapporte à *D.*, 26, 1, 14, 2. — 3. Manque probablement 'actionis'. — 4. C. a. d. des duumvirs.

γνῶθι Θεοδοσιανὸν... τὴν ρκς΄ διάταξιν κειμένην μετὰ τὸν νεμ....
ἐξ ἑτέρων ἐδίδαξα πλατέως τί δύνανται ποιεῖν οἱ τοποτηροῦντες.

dosiani..... 126 constitutionem, quae posita est post...
Ex aliis docui late, quid possint facere vicarii.

20. (Dar. 6. Zach. 20.)

uenηνι... (?) διδόασιν....
quod ὅτι u δύνανται καὶ excu-
sationas δοκιμάζειν καὶ potioras.
Ἄλλος Titiu νόμου τίτλος ἦν
τὸν ὀρφανὸν δι' ἑαυτοῦ αἰτεῖν ἐπίτροπον. Civis Romanus (?)[1] δύναται Latino ἐπιτροπεύσιμος εἶναι
.... δύναται ποτὲ ἄλλος α....
αὐτῷ. Ἕτερόν ἐστιν ἐπὶ τοῦ Ati-
liannu ἐπιτρόπου.

..... possunt etiam excusationes examinare et potiores.
Alius Titiae legis titulus
erat pupillum per semetipsum
petere tutorem. Civis Romanus
potest Latino tutor esse.....
potest quando alius..... ei.
Aliud est in Atiliano tu-
tore.

21. CONSULTATIO VETERIS CUJUSDAM JURISCONSULTI.

L'ouvrage désigné de ce nom par Cujas, son 1er éditeur, est un recueil de consultations adressées par un jurisconsulte d'une époque récente à des avocats auxquels il donne en même temps la solution de la question posée et les textes qui appuient cette solution. Parmi ces consultations, quelques-unes se rapportent directement à des hypothèses concrètes, d'autres semblent indiquer d'avance à l'avocat la solution de difficultés futures. Le chapitre final ne contient que des textes et est considéré par certains comme une addition. Malgré l'utilité qu'il présente soit pour l'appréciation du niveau juridique de son temps, soit pour la connaissance des rapports qui existaient alors entre les jurisconsultes et les praticiens, ce document nous intéresse surtout par les textes qu'il cite et qui sont empruntés aux sentences de Paul et aux trois codes grégorien, hermogénien et théodosien. Le cercle même des sources auxquelles puise le compilateur et les ressemblances relevées par Huschke entre le langage de la *Consultatio* et celui de la *lex Romana Burgundionum* portent à placer sa composition au début du VIe siècle, et elle paraît avoir été écrite en France, où l'on en trouve une citation dans l'évêque Ives de Chartres au début du XIIe siècle et où l'on rencontre aussi, au XVIe, le seul manuscrit dont on ait connaissance : un ms. appartenant à Antoine Loisel duquel il offrit une copie à Cujas. C'est d'après cette copie que Cujas a publié d'abord des citations, puis le texte intégral de la *Consultatio* dans divers volumes qui, le ms. de Loisel et la copie de Cujas étant aujourd'hui perdus, restent le seul instrument de la critique moderne. V. la liste des éditions dans Krueger, *Gesch. d. Q.*, p. 307. Cf. aussi, sur les diverses questions soulevées par cet ouvrage, Huschke, *J. a.*, pp. 834-838; Karlowa, *R. R. G.*, 1, pp. 973-976; Krue-

---

1. Krueger, suivi par Lenel: 'Civis Romanus'; Huschke: ὅπου ; Zachariae: ὅτι.

ger, *Gesch. d. Q.*, pp. 305-307. — Les deux éditions les plus récentes sont celles de Puggé, *Corpus juris antejustiniani* 1, 1831, pp. 393-407, et de Huschke, *J. a.*, pp. 835-859. Les chiffres placés entre parenthèses à la suite des constitutions sont ceux de leurs dates.

I, 1. Consuluisti me, utrum inter fratrem et sororem habita de rebus dividendis pactio virtutem aliquam possit retinere: quam tamen pactionem dicis mulierem illam metu mariti et imperio subscripsisse et ignorasse, quae vel quales condiciones ipsi pactioni fuissent inditae vel insertae. 2. Ergo si ita est, quemadmodum tua consultatione significas, pactum hujusmodi jure dissolvitur, nec stare poterit, quia legum beneficiis omnimodis impugnatur. 3. Primoreque juxta id, quod proposuisti, capite inviti pactio et metu coacti ipsis legibus de pactis clamantibus apertissime infirmatur; nam manifeste constitutum est, ne quispiam pacisci cogetur invitus. 4. Dein textus memoratarum legum sic continet: 'quas libero arbitrio et voluntate confecit'. Quis erit tam destitutus sapientia et vacuus intellectu, ut dicat illam pactionem fortem et firmam esse debere, quam mulier metu coacta mariti subscripsit imperio? Ac sic liberam voluntatem et proprium arbitrium non intellegitur habuisse. 5. Ac per hoc ipso legum capite, sicut jam supra dictum est, tale pactum nullius judicatur esse momenti, quantum leges subter annexae testantur. 6. Ex corpore Gregoriani lib. II.: Imp. Severus A. Julio Conserturino. Ea, quae per vim et metum gesta sunt, etiam citra principale auxilium irrita esse debere jam pridem constitutum est. Accepta kal. Jul. Dextro II et *Prisco* coss. (*a*. 196).

7. Item alia ex corpore et libro supradicto: Imp. Antoninus A. Juliae Basiliae. Pacta, quae ab invitis contra leges constitutionesque fiunt, nullam vim habere indubitati juris est, et cet. PP. V kal. Aug. Antonino A. *IIII* et Albino coss. (*a*. 213).

8. Imp. Alexander A. Dionysio. Ad locum: Pactum, quod mala fide factum est, irritum esse, et cetera. PP. II id. Sept. Alexandro Aug. cons. (*a*. 226).

9. Item alia eod. libro et corpore: Impp. Diocletianus et Maximianus AA. Aurelio Heraclidi. Si non ex mandato uxoris tuae adversario ejus cautionem remisisti, idque evidentibus documentis monstrari potest, quod citra conscientiam uxoris tuae et ea invita factum est, carebit effectu. PP. VIII id. Sept. Diocletiano *IIII* et Maximiano III coss. (*a*. 290).

10. Item alia eodem libro et corpore: Impp. Carus et Numerianus AA. Aurelio. Cum fraudis studio transactionem

interpositam esse dicas, quod inter vos gestum est, infirmat juris auctoritas, et reliqua. PP. VI idus Decembr. Caro et Carino coss. (*a*. 283).

11. Ergo si leges servantur et custodiuntur principum statuta, pactionem, de qua locuti sumus, manifestissimum est nullas vires habere. 12. Nam hoc loco Theodosiani legem de pactis pro hoc credidi inserendam, quia initium ipsius constitutionis tale est, ut dicas: 'Si adversum pacta vel transactiones, quas libero arbitrio et voluntate confecit, putaverit esse veniendum, et poenam reddat, et emolumenta perdat, et infamiam incurrat'; sed ille, qui liberum arbitrium habuit, non ille, qui invitus fecit et faciendi voluntatem non habuit.

II, 1. Secundo loco me consulendum sub hac voce duxisti, ut diceres divisionem in castello sic factam a marito mulieris ipsius, ut illa nesciente domus cum membris suis vel hospitiis circumjectis divisa sit. 2. Sine conscientia uxoris si ea praedictus maritus fecerit nulla aequalitate servata, nulla compensatione in omnibus custodita, ad haec verba ex legum constitutione respondi maritum in negotiis uxoris sine mandato non recte aliquid definire: nec posse aliquid firmum et stabile esse, quod sine conscientia uxoris de rebus uxoriis visus fuerit transegisse; praesertim si doceatur inutilis esse et sine aequalitate vel compensatione ipsa divisio. 3. Notum est, quod etiam si mandato uxoris niteretur, et fraudulenta divisio vel minus aequalis posset ostendi, vacua et inanis specialiter remaneret. 4. Adde, quod sine uxoris conscientia maritus dicitur definisse, qualem poterit habere virtutem? Aut quid valebit, cum primum hoc refragari voluerit? 5. Sed ne forte dicat: 'Amplexa es divisionem et acquievisti rebus divisis', respondendum est legaliter, et pro omni veritate hoc specialiter habendum, quia etiam inter majores personas et legales, si fraudulenta divisio facta probetur, legibus rescinditur, et a judice divisio ipsa, aestimantibus magnis viris, ad meliora reducitur, et facta compensatione firmior divisio constituitur, sicut lex infra scripta evidenti lectione declarat. 6. Ex corpore Gregor. libro III: Impp. Diocletianus et Maximianus AA. Aureliae Severae. An divisio, quam jam factam esse proponis, convelli debeat, rector provinciae praesente parte diversa diligenter examinabit; et si fraudibus eam non caruisse perspexerit, quando etiam majoribus in perperam factis divisionibus soleat subveniri, quod improbum atque inaequaliter factum esse constiterit, in melius reformabit. PP. XVII kal. Jul. ipsis *IIII* et [Constantio] III coss. (*a*. 290).

7. Item alia eodem libro et corpore: Impp. Diocletianus et Maximianus AA. Aproniae Mammae. Si divisio inter te et sororem tuam non bona fide facta est, etiam citra principalis restitutionis auxilium, quod etiam majoribus tribui solet, ad aequitatis temperamentum reformari potest, etc. PP. VI kal. Jul. Maximo II et Aqui*lino* coss. (*a*. 286).

III, 1. Tertio loco vel capite interrogandum me specialius censuisti, utrum contra judicium iri possit, quod adversus maritum in causa mulieris prius datum est, eo quod mandato usus fuerit uxoris suae et in causa ipsa victus abscesserit et contra eum judicium prolatum fuerit. Addidisti etiam, quod mandatum neque gestis legaliter fuerit allegatum, nec satisdatorem dedisset ille ipse procurator ab uxore factus, et sic causam dixisset quam agebat. 2. Quod si verum est, illud judicium dici non potest. Sed nec judices sine verecundia et turpitudine erunt, qui personam in ipso litis initio non inquisierunt, sicut est legitimum, nec fecerunt ut satisdatorem daret procurator, quod et consuetudinis est et re vera legaliter observatur. Ac praeterea si hoc factum non est, nullam personam habuit litigandi. Sed nec illi potuerunt in causa proferre judicium, ubi fuit ludificatoria inanis et nulla persona. 3. Quid potest esse miserius? Quid abjectius? Quid legibus sic contrarium, ut ingrediatur audientiam, sedentibus judicibus, ille qui nullam in se habuit firmitatem et citra legum sollemnia vanas actiones intendat? 4. Respice leges subter adjectas; tunc intelleges quod qui mandato utitur satisdatorem dare debet. Sed in illo mandato hoc futurum est, ubi aut verbo mandatur aut gestis epistula mandati non legitur allegata. 5. Ergo testimonium legum, sicut jam dictum est, sequentium diligenter attendite. Sic agnoscetis judicium stare non posse, ubi ad agendum sollemnis persona, id est sollemniter ordinata, ingressa non fuerit. 6. Ex Paulli sententiarum lib. I[1]: Voluntarius procurator, qui se negotiis alienis offert, rem ratam dominum habiturum cavere debet. 7. Item alia eodem libro et corpore[2]: Actoris procurator non solum absentem defendere sed et rem ratam dominum habiturum satisdare cogitur. 8. Item alia eodem libro et corpore[3]: Petitoris procurator rem ratam dominum habiturum desiderante adversario satisdare cogendus est, quia nemo in re aliena idoneus est sine satisdatione. 9. Item alia eodem libro et corpore[4]: Si satis non det procurator absentis, actio ei absentis nomine non datur.

10. Quid apertius, quam leges supra scriptae declarant,

1. 1, 3, 3. — 2. 1, 3, 5. — 3. 1, 3, 7. — 4. 1, 3, 8.

quod nulla actio per procuratorem sine satisdatione intendi potest aut proponi? 11. Ergo si actio non datur illi procuratori qui satis non dederit, quomodo poterit dici aut nominari judicium, ubi *satisd*ationis vestigium nullatenus invenitur? Quid testificantur principes per constitutiones innumeras, nisi nulla esse debere judicia, ubi procurator satisdationem non dederit aut rem ratam dominum habiturum evidentissima sponsione firmarit? Attentus audi quod loquitur lex subter adjecta: tunc intelleges cadere judicia quae sine procuratoris satisdatione fuerint omnino prolata. 12. Ex corpore Theodosiani lib. II: Impp. Valentinianus et Valens AA. Commune negotium et quibusdam absentibus agi potest, si praesentes rem ratam dominum habiturum cavere sint parati, vel si quod ab his petitur judicatum solvi satisdatione firmaverint. PP. II Id. Decembr. divo Joviano et Varron*iano* coss. (*a.* 364).

13. Item eodem libro et titulo: Impp. Gratianus Valentinianus et Theodosius AAA. Pancratio Pf. P. In principio quaestionis persona inquiri debet, utrum ad agendum negotium mandato utatur accepto. Quibus rite et sollemniter constitutis potest esse sententia; praeteritis autem his, nec dici controversiae solent, nec potest esse judicium etc. Dat. prid. non Apr. CP. Antonio et Syagrio coss. (*a.* 382).

IV, 1. In dei nomine quid tractari aut observari debeat, quoties pacta inter partes emissa fuerint, si condiciones tales interponantur, quae nec legibus nec rationi conveniunt? 2. Quid agere aut objicere adversario debeas, lectionibus subter annexis poteris evidentius informari, quod tantum *de* dubiis rebus pacisci possumus; de rebus enim certis *nec* incertis *f*uturis aut de crimine transigi nulla paenitus ratione potest. 3. Paullus sentent. lib. I tit. de pact. et conventionibus vel transactionibus[1]: Functio dotis pacto mutari non potest, quia privata conventio juri publico nihil derogat. 4. In bonae fidei contractibus pactum conventum alio pacto dissolvitur, et licet exceptionem pariat, replicatione tamen excluditur. Eodem libro et titul.[2] 5. Enimvero si de re judicata aliqua pactio interponatur, stare legibus non potest. 6. Ad quam pactionem excludendam harum Paulli sententiarum proferes lectionem: Post rem judicatam pactum, nisi donationis causa interponatur, servari non potest. Lib. I tit. de transact.[3] 7. Item eodem lib. et tit.[4]: Neque contra leges neque contra bonos mores pacisci possumus. De criminibus propter infamiam nemo cum adversario pacisci potest. 8. Idem lib. III tit. de instit.

1. 1, 1, 6. — 2. 1, 1, 2. — 3. 1, 1, 5 a. — 4. 1, 1, 4. 7.

hered.[1] : Pacta vel condiciones contra leges vel decreta principum vel bonos mores nullius sunt momenti. 9. Ex corpore Hermogeniani tit. de pact. et transact. : Impp. Diocletianus et Maximianus AA. Se*b*astiano. Neque ex nudo nascitur pacto actio, neque si contra bonos mores verborum intercessit obligatio, ex his actionem dari convenit, et reliqua. PP. IIII kal. Jan. iisdem coss. (*a*. 293)[2].

10. Item eodem corpore et *tit*.: Iidem AA. et CC. Flavio Rumitalo. Inter cetera et ad locum : Pactum neque contra bonos mores neque contra leges emissum valet et reliqua. PP. isd. AA. coss. (*a*. 293).

11. Item eodem corpore et tit. : Iidem AA. et CC. Zeuxiano Antonino. Pacto transactionis exactio judicati non tollitur. Unde si pater tuus condemnatus judicio post transegit et solvit, solutione magis quam transactione tuum defende negotium, et reliq. PP. XVIII kal. Jan. ipsis AA. coss. (*a*. 293).

V, 1. In dei nomine quid tractari debeat, quotiens adversarius aliqua sibi direpta sublata proposita intendit actione reposcere ? 2. Primore in loco debet personam suam, quae sit ad repetendum idonea, evidenter ostendere, et dum claruerit eum ad repetendum personam habere legitimam, in genere actionis quid aut quantum aut quas species in modum et mensuram vel summam et quantitatem debet specialiter designare et indubitanter exprimere. 3. Quae universa secundum leges subter annexas hi qui judicaturi sunt petitorem implere compellunt : qui si aut negle*x*eri*t* aut satisfacere legibus fortasse nequiverit, causam perdat secundum leges subter annexas. 4. Quibus modis causa petitor cadat, leges lib. I Paulli sentent. tit. de eo qui causa cadit ita[3] : Causa cadimus aut loco aut summa aut tempore aut qualitate : loco alibi, summa *plus* petendo, tempore ante petendo, qualitate ejusdem rei speciem meliorem postulando.

5. Item lib. I Paulli sentent. sub titulo si hereditas vel quid aliud petatur[4] : Hereditas pro ea parte peti debet, pro qua ad nos pertinet : alioquin plus petendi periculum incurrimus et causam perdimus.

6. Ex corpore Hermogeniani, titul. de calumniatoribus et plus petendo : Impp. Diocletianus et Maximianus AA. Aurelio Dextro. Inter cetera et ad locum : Si tutor vel curator plus petierit, causa cadit. Quod cum factum esse dicas, frustra a nobis remedium quaeris, quia te ratio juris impugnat. PP. IIII id.

---

1. 3, 4 b, 2. — 2. Sur la date de ce consulat, cf. Mommsen, *Abh.* de Berlin, 1860, pp. 432-435. — 3. 1, 10, 1. — 4. 1, 13 b, 5.

Decembr. Nicomedia Constantio et Maxim*iano* coss. (*a.* 294).

7. Idem eodem corpore : I*i*dem AA. et CC. Claudio Menandro. Quotiescunque ordinatis actionibus aliquid petitur, ideo petitor cogitur specialiter genus litis edere, ne plus debito aut eo quod competit postuletur. Sive itaque fideicommissum sive fundus sive pars fundi sive domus sive pars domus sive debitum aut quodcunque petatur, specialiter designari debet petitionis summa vel quantitas, cum genus litis editur. Si quis igitur plus *eo* quod ei competit vel debetur petierit, rem et causam de qua agitur perdit. Plus enim petitur, sicut responsis prudentum continetur, summa loco tempore causa qualitate aestimatione. Unde istius lege rescripti excipe adversarium apud judicem competentem; quem si judex plus petiisse perspexerit, extinctis adversarii tui petitionibus, pro partibus tuis sententiam dicet. PP. Mediol. XII. kal. Aprilis, Tusco et A*nul*lino coss. (*a*. 295).

Hic require, qualiter actionis editio pulsato fiat.

VI, 1. Juvante deo quid tractari debeat adversus eum, qui se heredem dicit alicujus aut ad se hereditatem personae cujuslibet aestimat posse competere ? 2. Et dum agere forsitan tentaverit, primore in loco debet evidenter ostendere se personam habere legitimam ; et hoc dum ostenderit ut juris legumque dictat auctoritas, genus actionis edere debet, in quo manu sua subscribat ; quo dato genere actionis, acceptis triduanis induciis, quarto die respondeat adversarius suus, ut leges praecipiunt, responsionibus salvis pulsato, quae de jure et legibus suffragantur ; salva etiam actione calumniae, quia, dum calumniator qui pulsat ostensus fuerit, qualis sit poena calumniae legibus subter annexis ostenditur : sic tamen, ut ipse probet quemadmodum sua interest et ostendat ad se universa quae repetit pertinere. 3. Illud praecipue summa cum cautela observari oportet ut, si adversarius scripturam aliquam donationis ostenderit, et primore in loco fidem faciat scripturae : quam dum fecerit, in eadem munificentia singulae quaeque res si scriptae fuerint quae donantur, sicut leges jubent, valet facta donatio : et si eas dum vixit in bonis suis habuit, aut ejus juri vel dominio competebant, aut si lite contestata de hac luce migraverit. Quae universa qualiter et quibus modis adstruere defensare vel adversario divinitatis auxilio resistere debeas, inferius continentur adscripta. 4. Et ne forte dicat adversa pars aliqua sibi principali rescripto aut praeceptione fuisse concessa, ad hujus modi versutiam potest pulsatus modis omnibus replicare principem ea semper velle concedere quae legibus rationique conveniunt: quia causa, quae nullam de legibus sortitur firmitatem, in praejudicium alterius a principe non potest sumere firmitatem ; sicut idem inferius declaratur.

5. Petitio hereditatis, cujus defunctus litem non erat contestatus, ad heredem non transmittitur : lib. I sentent. tit. [6] si hereditas vel quid aliud petatur[1]. 5 [a]. Qui petit hereditatem, ipse probare debet ad se magis quam ad eum qui possidet sive ex testamento sive ab intestato pertinere. Idem eod. lib. sententiarum receptarum, eodem titulo si hereditas etc.[2] 6. Eas res, quas quis juris sui esse putat, petere potest, ita tamen ut ipsi incumbat necessitas probandi eas ad se pertinere. Idem eod. leges lib. et tit. [4][3] 7. In petitione hereditatis ea veniunt, quae defunctus mortis tempore dereliquit, vel ea, quae post mortem ante aditam hereditatem ex ea quaesita sunt. Eod. lib. et tit. si hereditas vel quid aliud petatur[4]. 8. Lib. II sent. Paulli tit. ex empto et vendito[5] : Heredibus debitoris adversus creditorem, qui pignora vel fiducias distraxit, nulla actio datur, nisi a testatore inchoata ad eos transmissa sit. 9. Lib. III Paul. sent. tit. de legatis[6] : Post diem legati cedentem actio, quae inchoata non est, ad heredem non transmittitur. 10. Item qualiter donatio fieri debeat, ex corpore Hermogeniani, tit. de donat. inter vir. et uxor : Impp. Diocletianus et Maximianus AA. Septimio Sabiniano. Cum de bonis tuis partem quidem tertiam penes te retinuisse, partem vero tertiam in eum quem in potestate habes ac tertiam in emancipatum donationis titulo contulisse commemores, non est juris incerti in eum quidem qui in sacris familiae tuae remanet destinationem magis paternae voluntatis factam quam perpetuam donationem pervenisse, nec in emancipatum translatam, si generaliter eidem partem tertiam bonorum donasti: quia generaliter bonorum portionem donare non posses, cum singulae res nominari debeant quae donatione mancipatione vel in jure cessione transferuntur, et reliqua. Dat. prid. kalend. Mai Heraclea ipsis AA. coss. (a. 293). 11. Idem eod. lib. et tit. : Impp. Diocletian. et Maximian. AA. Cretiano Maximo. Nec venditio donationis causa bonorum omnium valet sed rerum singularum nominatim donatio facta capit effectum etc. Dat. VIII kal. Januar. Caesaribus coss. (a. 294)[7]. 12. Item leges legatum si per codicillos dimissum fuerit, sine testamento valere non posse, ex

---

1. 1, 13 b, 4. — 2. 1, 13 b, 6. — 3. 1, 13 b, 7. — 4. 1, 13 b, 1. — 5. 2, 17, 15. — 6. 3, 6, 3. — 7. Sur la date de ce consulat, cf. Mommsen, *Abh.* de Berlin, 1860, p. 440.

corpore Hermogeniani tit. de donat. inter vir. et uxor. : Iidem AA. et CC. Aurelio Altino. Inter cetera et ad locum : Codicillis autem sine testamento legatum nec adimi nec dari potest. Datum sub die VIII kal. Januar. Nicomedia CC. coss. (*a.* 294).

13. Item leges, qua poena calumniatores plectendi sint, ex corpore Hermogeniani tit. de calumniatorib. : Impp. Diocletian. et Max. AA. Quintiano : Tibi magis quam adversario qui per calumniam petit, contra quem supplicas, judicio tutelae convenit excipere actionem ad quam respondere debes; quippe si per calumniam hoc eum facere confidis, remedio repromissionis initio postulatae, calumniae decimae partis ejus quod petit tibi condemnari eum desiderare potes. PP. XI kal. Novembr. AA. coss. (*a.* 293).

14. Item leges qualiter petitor probare debeat, quod intendit, non ab adversario instrui, ex corpore Hermogeniani tit. ad exhib. : Impp. Dioclet. et Maximian. AA. Aurelio Diogeni. Nimis grave est quod petitis urgeri ad exhibitionem partem adversam eorum per quos sibi negotium fiat. Unde intellegitis quod intentioni vestrae proprias afferre debeatis probationes, non adversum se ab adversariis adduci. PP. kal. Mai AA. et CC. coss. (*a.* 293). 15. Idem eodem corpore titul. ubi agi debeat : Impp. Diocletian. et Maximian. AA. Flavianae. Inter cetera et ad locum : Quaecunque ad te pertinentia detineri dicis ab his quorum meministi vel probaveris tibi deberi praeses provinciae restitui providebit. PP. VII id. Januar. AA. coss. (*a.* 293). 16. Idem eodem corpore tit. de instrum. : Impp. Diocletian. et Maximian. AA. Julio Pancratio. Inter cetera et ad locum : Omissis itaque istiusmodi moris, si intentionem suam incipiat adversarius tuus implere, praescriptionibus temporis vel alterius *rei* et tu causam magis tuam defende, habens securitatem victoriae, si quod intendit adversarius tuus probationibus implere non possit. PP. DD. Diocletian. A. V et Maximian. A. coss. (*a.* 293). 17. Item leges quod scriptura, quae nullam de legibus habeat firmitatem, firmari a principe non debet, eodem corpore tit. de testament. : Impp. Diocletian. et Maximian. AA. Aurelio Secundino, Optioni. Inter cetera et ad locum : Scriptura, quae nec jure nec legibus consistit, nec a nobis hanc confirmari convenit ; quippe cum beneficia circa cujusquam injuriam petentibus decernere minime soleamus. PP. VII kal. Nov. Martianopoli, CC. coss. (*a.* 294). 18. Item leges qualiter quod *auctor* habuit hoc ejus heredi possit competere, ex corpore Hermogeniani tit. de successionibus : Impp. Diocletian. et Maximian. AA. Aurelio Asterio. Inter cetera et ad

CONSULTATIO VETERIS CUJUSDAM JURISCONSULTI, 7   529

locum : Si secundum edicti formam testamentum obsignatum existit, bona, quae cum moreretur auctor tuus ejus fuerunt, sollemniter petes, et reliq. PP. III kal. April. Sirmio, CC. coss. (*a.* 294).

19. Idem eodem corpore titul. de pact. et transact.: Impp. Dioclet. et Maxim. AA. Eusebio. Inter cetera et ad locum : Manifesti atque evidentis juris est, antequam cerneret vel pro herede gereret vel bonorum possessionem peteret defuncta, successionem eam non potuisse ad heredes suos transmittere. PP. X kal. Mart. iisdem AA. coss. (*a.* 293).

20. Item leges qua poena calumniatores plectendi sunt, lib. I sentent. tit. de calumniator.[1] : Calumniosus est, qui sciens prudensque per fraudem negotium alicui comparat.

21. Idem lib. [V] tit.[2] : *Et in* privatis et *in* publicis judiciis omnes calumniosi extra ordinem pro qualitate admissi plectendi sunt.

VII, 1. Quantum ad nos delatae pactionis textus insinuat, potius contra bonos mores carthola ipsa litigii seminarium propagavit, quam tum utili deliberatione assurgentium jurgiorum scandala resecavit. Dignoscitur ita calliditas dictantis non habuisse prudentiam. 2. Dum igitur contra legum jurisque ordinem veniens justam arbitrii ignoravit custodire mensuram, quae tanta duarum personarum dignitas potuit reperiri, aut quae intra regionem tanta fuit defectio judicantium, ut nec triumvirale judicium etiam de rebus judicatis male paciscentium non tam electio sed, quod verius dici constat, facilitas eligeret ? De rebus enim judicatis soli principi et contra judices licuit judicare, aut si ita convenerat ut judicii vinculum solveretur. 3. Ergo pactio ipsa judicii ordinem et constitutionem infirmat *atque* discingit, quod tamen non paciscendo, sed donando fieri potuisset, secundum sententiam Paulli juridici, cujus sententias sacratissimorum principum scita semper valituras, ac divalis constitutio, declara*n*t.

4. Paulli sentent. I lib. de pact.[3] : Nec contra leges, nec contra bonos mores pacisci possumus. 5. Item eod. lib. et tit.[4] : Pactum contra jus aut constitutiones aut S. C. interpositum nihil momenti habet. 6. Item ex corpore Paulli de pact. et conventis[5] : Post rem judicatam pactum, nisi donationis causa interponatur, servari non potest. 7. Intellegis memoratae pactionis constitutionem juridici auctoris sententiis vacuam. Quid, inquam, ulterius requirendum ? Dicit pars adversa : Pacti sumus libero arbitrio, nullo cogentis imperio, tibi et bonis

1. 1, 5, 1. — 2. 1, 5, 2. — 3. 1, 1, 4. — 4. 1, 1, 4 a. — 5. 1, 1, 5 a.

moribus constat. Si certum non contra jussa et senatus consulta, quae judicata sunt prius, effectui contradantur : et de his, quae altercationi superesse noscuntur, sit dignus ac legalis numerus judicum, qui cuncta lata sententia moderatione discingat. 8. Certe si necesse est rusticis improbisque moribus aliquid amplius satisfieri, ipsi duo, quos praefata cathola nominavit, sub praesentia electarum personarum, defensore quoque adhibito, appellentur, ut, si praesumunt aut putant justum vel legale, audiant, quae partes jurgantium crediderint intimanda : et si ipsius cartholae, quae jam dignoscitur juris formulis vacuata, modum aestimant se supplere, promant de agnitis legi*bus* sententiam. 9. Tunc et ipsi sentient, quid sit temeritas judicantis, ubi minor numerus post majorem, praeterea et religiosorum, quos non summi pontificatus honor attollit, contra res judicio terminatas praesumpserit ferre sententiam : ac, si destiterint, contestatio allegetur illos aut differre, aut non praesumere, aut electionem impleant paciscentium. 10. Demum si quae in contentionem veniunt, aut ampliori numero judicum, aut summae potestatis sunt arbitrio decernenda.

VII[a], 1. Deinde vero quod minime fuerat necessarium consultationem nostram tuis utilitatibus sciscitaris, si avus maternus nepoti aliqua contulisse noscatur, utrum in jure ejus manere debeant, an matri in possessione sua consorti persuasionibus lubricis imputari, pro eo fortasse, quod usufructuaria de proprietate filii constituta ac si filiae, proprium vel cuilibet extraneo aliquid reliquisset, domino de facultate sua testari non licuit ; cumque etiamsi pater filii superesset, nec ad ipsum ab avo materno quod nepoti collatum fuerat, pertineret, ut etiam C. Th. declarat auctoritas. 2. Quod tamen superfluum penes electas magnificasque personas fieri judicamus: sed necesse est, ut ignorantia rusticitatis vel tergiversationis iniquitas directis semper oblationibus comprimatur. 3. Ex Theodosiani lib. *VIII* sub tit. de mat. bon. et mat. gen. cretione sublata : Impp. Honor. et Arcad. AA. Florentio praef. urb. Ad locum : Quicquid avus avia proavus proavia nepoti nepti pronepoti pronepti cujuslibet tituli largitate contulerint, id est testamento fideicommisso legato codicillo donatione vel etiam intestati successione, pater filio filiaeve integra illibataque custodiat. Dat. prid. id. Octobr. Mediolano Olibrio et Probino coss. (*a*. 395). 4. Luce clarius constitit patefactum nec matri usum obesse, ut de reliqua facultate portionem debitam consequatur: et circa nepotem munus aviaticum perpetua liberalitate mansurum. Hoc et consultorum jura declarant, quae necessarium tractatui nostro non duximus adhiberi.

VIII, 1. Addendum sollicitudinis tuae cura tractavit, ut de effractoribus et manifesto crimine comprehensis quam judex debuit ferre sententiam tractatus nostri pagina declaret, aut si maritus, quem judiciariae potestatis cingit auctoritas, de servis qui res uxorias manifesto crimine abstulisse convicti sunt, peremptoriam debuerit ferre sententiam, quasi id objici possit, in propria causa quis judicet stulte : huic lex divorum principum, quae infra legitur, opponenda maritum illa tantum negotia uxoris velut extraneum *actorem* prosecuturum, quae procuratio emissa *pr*aescripserit. 2. Ex corpore Theodosiani: Impp. Theodosius et Arcadius et Honorius AA. Victori proconsuli Asiae. Procurator, licet maritus sit, id solum exequi debet quod procuratio emissa praescripserit. Dat. V kal. Jul. Theodosio A. III et Abundantio coss. (*a*. 393). 3. Agnoscis maritum velut extraneum causam uxoriam prosecutum. 4. Agnosce et judicem de manifestis reis non potuisse tardare sententiam. 5. Item ex corpore Theodosiani lib. IX tit. de accusationibus et inscription. : Impp. Arcadius et Honorius AA. Nec diversorum criminum rei vel desidia judicum vel quadam *levitatis* ambitione per provincias detenti in carcerem crudelius differantur, moneantur omnes judices productos e custodiis reos discussioni debitae subjicere et quod leges suaserint definire. Datum III non. Aug. CP. Arcadio IIII et Honorio coss. (*a*. 396).

6. Hoc etiam specialiter post hanc legem judex sibi metuat inferendum, quod si dignam tardarit ex lege ferre sententiam, dum principum praecepta respexit, ipse legibus damnabitur. 7. Unde ex corpore Theodosiani sub titulo de diversis rescriptis id est auctoritatibus : Impp. Constantius A. et Julianus Caes. ad Taurum Pf. P. Ad locum : Multabuntur judices, qui rescripta contempserint aut distulerint. Dat. III non. Jul. Constantino A. VII et Juliano coss. (*a*. 356).

8. Intellegat nunc improbus accusator cinctum judicem et uxoria velut externa debuisse negotia definire et non licuisse, ut alienum reatum metueret, cui de manifestis reis non licuit tardare sententiam.

IX, 1. Ex corpore Hermogeniani : Impp. Valens et Valentinianus AA. ad Volusianum praefect. urbis. Post sententiam pacisci non licere juris ordine praecavetur. Unde cum supplicans inique se oppressum et post sententiam sacri auditorii depactum esse commemoret, Volusiane parens carissime et amantissime, amota poena quam pacto contra jus facto serenitas tua inesse praeviderit, legum auxilio consulat supplicanti. Dat. IIII id. Aug. Mediolani (a. 365). 2. Iidem AA. Pompeio Favonio. Hereditatem, quam tibi competere jure confirmas, negotii merito discusso, approbatis allegationibus, restitui efficiet legum fonte demanans sententia judicantis, remota videlicet pactione quam dolo patuerit elicitam. Dat. VIII id. Februar. Alleg. non kal. April. in basilica Thermarum Comm. ipsis AA. coss. (a. 365). 3. Iidem Aug. Mamertino Pf. P. Inter cet. et ad locum: Pacta quidem per vim et metum apud omnes satis constat cassata viribus esse respuenda. Dat. XII kal. April. ipsis AA. coss. (a. 365). 4. Iidem AA. ad Valentinianum consularem Piceni. Non dubium est eum a fide placiti recessisse qui quae promiserat implere nolit, Valentiniane carissime. Proinde si adversario supersedente cominus explicare ea, quae spoponderat, fides placiti vacillat, familiares litterae quas ad se missas dicit supplici Exoperio non oberunt. Fines etiam, quos temeratos asseverat, amota praescriptione temporis, hi qui pervaserunt, ut ratio juris est, redhibere cogantur. Alleg. IIII. kal. Mai Flavia Fanestri in secretario, ipsis AA. coss. (a. 365).

5. Iidem AA. Heliae Bavoniae. Lites trahi et sub quodam potentiae terrore infimos fatigari judiciorum spectat invidia. Unde si adversarium tuum longe a filii tui successione positum haec in te, quae precibus texuisti, excogitasse constiterit, rector provinciae hominis, qui nec paciscendi nec colloquendi de negotio substantiam habuit, impudentiam summoveat reddique faciat quicquid claruerit usurpatum nec impudentia vindicet quod concedere leges et jura non possunt, maxime cum memores nec a prima pactione, quae substantiam non habebat, secunda conventione discessum, sed etiam inaniter resedisse, quod non jam pactio, sed quaedam usurpaticiis non subsistentibus causis immoderatio doceatur. Dat. III kalend. Aug. Mediolani, ipsis AA. coss. (a. 365). 6. Impp. Valens et Valentinianus AA. Ampeliae. Ea, quae heredes inter se transactione interposita composuerint, firma illibataque perseverabunt. Et ideo secundum fidem instrumenti competens tibi portio a possessoribus cum fructibus restituetur per virum clarissimum proconsulem Africae, amicum nostrum, fide gestorum diligenti examinatione comprobata. Dat. III non. Jul. Sirmio, divo Joviano et Varron. coss. (a. 364). 7. Impp. Valentinian. et Valens AA. Felici consulari Macedoniae. Inter cetera et ad locum: Si servilibus contuberniis sese mulieres quondam ingenuae subdiderint et nunc contemnentes dominum minoris

aetatis servitutis jugum conantur effugere, gravitas tua his, quae servilem condicionem non statim in ipsis conjunctionum primordiis refugerunt, necessitatem subeundae servitutis imponat. Dat. XIIII kalend. Aug. Mediolani, ipsis AA. coss. (*a*. 365). 8. Ex corpore Gregoriano: Imp. Antoninus A. Prisciano militi. Summa sententia comprehensa, quam, cessantibus curatoribus quondam tuis, judex secutus jurisjurandi a te perlati religionem in condemnationem deduxit, minui pacto non potuit: ac praeterea sublata cautione transactionis, quae nullo jure interposita est, Septimius Varianus rem judicatam exequatur. PP. kal. Jul. Laeto II et Cereale coss. (*a*. 215). 9. Impp. Dioclet. et Maximian. AA. Ulpiae Marcellinae. Si praeses provinciae ignorantiam tuam fraudulenta transactione ac dolosis artibus generi tui circumscriptam esse cognoverit, si quidem Aquiliana stipulatio et acceptilatio insecuta non est, pactum callide scriptum, integris singulorum actionibus, amovebit. PP. III. non Octobr. ipsis AA. coss. (*a*. 293).

10. Imp. Gordianus A. Cliniae Antoniae. Pacta quae contra bonos mores interponuntur juris ratio non tuetur. PP. non. Octobr. ipso A. II et Pompeiano coss. (*a*. 241).

11. Imp. Alexander Aurelio Dionysio. Cum posteaquam adversarius matris tuae victus esset, matrem tuam circumvenerit ut pacisceretur nullam se controversiam de servis moturam, id pactum mala fide factum irritum est. Et cum ex ea conventione cum matre tua agi coeperit, judex eam liberabit, quia de re judicata pacisci nemo potest. PP. prid. id. Sept. Alexandro A. coss. (*a*. 222).

12. Ex corpore Theodosiani: Impp. Honorius et Theodosius AA. Juliano proconsuli Africae. Et mulieribus et minoribus in iis, quae praetermiserint vel ignoraverint, innumeris auctoritatibus constat esse consultum. Dat. prid. non. Mart. Ravennae Constantio cos. (*a*. 414). 13. Item eodem corpore: Imp. Constantinus A. ad Maximum praefect. urb. Inter cetera et ad locum: Pactiones eas valere volumus, si cum legibus consentiant, et reliqua. Dat. VI non. Febr. Romae Sabino et Rufino coss. (*a*. 316).

14. Ex corpore Gregoriani: Impp. Valerian. et Gallienus AA. et Valerianus Caesar Aurelio. Praeses provinciae aestimabit utrum de dubia lite transactio inter te et civitatis tuae ordinem facta sit, an de re judicata: quia de re judicata pacisci nemo potest. PP. III kalend. Jun. Aemiliano et Basso coss. (*a*. 259). 15. Idem ex corpore Gregoriani tit. de transact.: Imp. Gordianus A. Flavio Hercolano. Super judicato non sub-

secuta appellatione frustra transigi non est opinionis incertae. PP. XIIII kalend. Nov. Sabino et Venusto coss. (*a.* 240). 16. Idem eodem corpore : Imp. Alexander Donato militi. Si certa quantitas in condemnatione judicii deducta fuerit, pacisci exinde non posse, etc. PP. VIIII kalend. Jun. Fusco II et Dextro coss. (*a.* 225). 17. Item ex corpore Gregoriani : Qui contra arbitri sententiam petit, sola in eum poenae actio ex compromisso competit, non etiam *exceptio* pacti conventi : lib. I tit. X. 18. Ex eodem libro et tit. : Impp. Diocletian. et Maximian. AA. Sergiae et Anagio. Inter cetera et ad locum : De dubia vero lite facta transactio rescindi non potest. PP. VIII id. April. Caes. coss. (*a.* 294). 19. Item eodem corpore et titulo : Impp. Diocletian. et Maximian. AA. Aurelio Hermogeni militi. Pactum, quod contra juris formam provinciae rector factum animadvertit, id infirmare minime dubitabit. PP. XIIII kal. Nov. Caess. coss. (*a.* 294).

21. INSTITUTES DE JUSTINIEN.

Ouvrage didactique spécialement destiné aux étudiants, mais cependant muni de la force législative publié par Justinien le 21 novembre 533, après la 1re édition du Code, publiée le 7 avril 529, et avant le Digeste, publié seulement le 16 décembre 533, et la 2e édition du Code, publiée le 17 décembre 534. Les Institutes sont, comme le Digeste, composées en grande partie d'extraits de jurisconsultes classiques; mais, à la différence de ce qui existe pour le Digeste, les extraits y sont fondus dans le texte sans indication d'origine. On y discerne principalement des fragments des Institutes et des *Res cottidianæ* de Gaius, des Institutes de Florentinus, d'Ulpien et de Marcien et des *libri VII regularum* d'Ulpien, qui paraissent avoir été consultés directement, ainsi que d'autres ouvrages plus volumineux, pour lesquels on croit au contraire que les compilateurs ont simplement emprunté leur texte au Digeste. L'ouvrage contient de plus des renvois et des emprunts aux constitutions impériales contenues dans la 1re éd. du Code ou rendues postérieurement. Quant au plan, il suit en général celui des Institutes de Gaius dont il adopte la division en quatre livres en la compliquant par une subdivision en titres; seulement, par suite de la simplification de la théorie des actions, le quatrième livre contient en outre, à son début, la théorie des obligations qui naissent des délits et, à la fin, deux titres relatifs à l'office du juge et aux *judicia publica*. La commission chargée de la confection des Institutes était composée de trois membres, Tribonien, Dorothée et Théophile. Ce qui a été fait pour le Digeste donne à penser que Tribonien prit la présidence, et diverses particularités de rédaction font croire que le travail fut divisé par moitié entre les deux autres, l'un étant chargé des deux premiers livres et du dernier titre du livre IV, l'autre du livre III et du reste du livre IV (v. la préface de l'éd. de Huschke, 1868, p. v et ss. et surtout E. Grupe, *De Justiniani institutionum compositione*, 1884, et *Commentationes in honorem Guillelmi Studemund*, 1889, pp. 175-180; cf. C. Ferrini, *Archivio*, 87, 1886, p. 373 et ss.) — Parmi les mss.

nombreux que nous possédons des Institutes, les plus anciens et les meilleurs paraissent être un ms. complet de Bamberg (D II 3), du IX⁰ ou du X⁰ siècle, et un ms. incomplet de Turin, de la même période, (D III 13), dont les lacunes sont d'autant plus regrettables que ces deux mss. paraissent les meilleurs représentants de deux familles auxquelles se ramènent tous les mss. plus récents. — Quant aux éditions, parmi celles antérieures à notre temps, les meilleures sont celles de Cujas dont la 1ʳᵉ est de 1585 et dont le texte a été jusqu'à notre siècle reproduit plus ou moins fidèlement par tous les éditeurs postérieurs. Celle donnée en 1832 par E. Schrader, comme 1ᵉʳ vol. (seul paru) d'une éd. complète du *Corpus*, s'appuie sur un examen nouveau de mss. nombreux, entre lesquels l'auteur n'a malheureusement pas su établir de classification méthodique. Un texte beaucoup plus scientifique en a été donné par M. P. Krueger, d'abord dans une éd. spéciale publiée en 1867, puis, avec des corrections qui rendent cette nouvelle version préférable, dans le 1ᵉʳ vol. de l'éd. stéréotype du *Corpus juris civilis* publié par lui et M. Mommsen. C'est ce texte que nous avons le plus ordinairement reproduit, en indiquant en note quelques-unes des variantes les plus importantes et la source des passages empruntés à des ouvrages antérieurs ; nous avons en outre mis au texte ces passages entre apostrophes.

IN NOMINE DOMINI NOSTRI JESU CHRISTI

IMPERATOR CAESAR FLAVIUS JUSTINIANUS ALAMANNICUS GOTHICUS FRANCICUS GERMANICUS ANTICUS ALANICUS VANDALICUS AFRICANUS PIUS FELIX INCLITUS VICTOR AC TRIUMPHATOR SEMPER AUGUSTUS CUPIDAE LEGUM JUVENTUTI.

Imperatoriam majestatem non solum armis decoratam, sed etiam legibus oportet esse armatam, ut utrumque tempus et bellorum et pacis recte possit gubernari et princeps Romanus victor existat non solum in hostilibus proeliis, sed etiam per legitimos tramites calumniantium iniquitates expellens, et fiat tam juris religiosissimus quam victis hostibus triumphator.

1. Quorum utramque viam cum summis vigiliis et summa providentia adnuente deo perfecimus. Et bellicos quidem sudores nostros barbaricae gentes sub juga nostra deductae cognoscunt et tam Africa quam aliae innumerosae provinciae post tanta temporum spatia nostris victoriis a caelesti numine praestitis iterum dicioni Romanae nostroque additae imperio protestantur. Omnes vero populi legibus jam a nobis vel promulgatis vel compositis reguntur. 2. Et cum sacratissimas constitutiones antea confusas in luculentam eteximus consonantiam, tunc nostram extendimus curam et ad immensa

prudentiae veteris volumina, et opus desperatum quasi per medium profundum euntes caelesti favore jam adimplevimus. 3. Cumque hoc deo propitio peractum est, Triboniano viro magnifico magistro et exquaestore sacri palatii nostri nec non Theophilo et Dorotheo viris illustribus antecessoribus, quorum omnium sollertiam et legum scientiam et circa nostras jussiones fidem jam ex multis rerum argumentis accepimus, convocatis specialiter mandavimus, ut nostra auctoritate nostrisque suasionibus componant institutiones: ut liceat vobis prima legum cunabula non ab antiquis fabulis discere, sed ab imperiali splendore appetere et tam aures quam animae vestrae nihil inutile nihilque perperam positum, sed quod in ipsis rerum optinet argumentis accipiant: et quod in priore tempore vix post quadriennium prioribus contingebat, ut tunc constitutiones imperatorias legerent, hoc vos a primordio ingrediamini digni tanto honore tantaque reperti felicitate, ut et initium vobis et finis legum eruditionis a voce principali procedat. 4. Igitur post libros quinquaginta digestorum seu pandectarum, in quos omne jus antiquum collatum est (quos per eundem virum excelsum Tribonianum nec non ceteros viros illustres et facundissimos confecimus), in hos quattuor libros easdem institutiones partiri jussimus, ut sint totius legitimae scientiae prima elementa. 5. Quibus breviter expositum est et quod antea optinebat et quod postea desuetudine inumbratum ab imperiali remedio illuminatum est. 6. Quas ex omnibus antiquorum institutionibus et praecipue ex commentariis Gaii nostri tam institutionum quam rerum cottidianarum aliisque multis commentariis compositas cum tres praedicti viri prudentes nobis optulerunt, et legimus et cognovimus et plenissimum nostrarum constitutionum robur eis accommodavimus.

7. Summa itaque ope et alacri studio has leges nostras accipite et vosmet ipsos sic eruditos ostendite, ut spes vos pulcherrima foveat toto legitimo opere perfecto posse etiam nostram rem publicam in partibus ejus vobis credendis gubernare.

Data undecimo kalendas Decembres Constantinopoli domino nostro Justiniano perpetuo Augusto tertium consule.

DOMINI NOSTRI JUSTINIANI PERPETUO AUGUSTI

INSTITUTIONUM SIVE ELEMENTORUM

COMPOSITORUM PER TRIBONIANUM VIRUM EXCELSUM JURISQUE DOCTIS-
SIMUM MAGISTRUM ET EX QUAESTORE SACRI PALATII ET THEOPHILUM
VIRUM MAGNIFICUM JURIS PERITUM ET ANTECESSOREM HUJUS ALMAE
URBIS ET DOROTHEUM VIRUM MAGNIFICUM QUAESTORIUM JURIS
PERITUM ET ANTECESSOREM BERYTENSIUM INCLITAE CIVITATIS.

LIBER PRIMUS.

I. De justitia et jure[1].

²'Justitia est constans et perpetua voluntas jus suum cuique tribuens.³ 1. Juris prudentia est divinarum atque humanarum rerum notitia, justi atque injusti scientia'.

2. His generaliter cognitis et incipientibus nobis exponere jura populi Romani ita maxime videntur posse tradi commodissime, si primo levi ac simplici, post deinde diligentissima atque exactissima interpretatione singula tradantur. Alioquin si statim ab initio rudem adhuc et infirmum animum studiosi multitudine ac varietate rerum oneraverimus, duorum alterum aut desertorem studiorum efficiemus aut cum magno labore ejus, saepe etiam cum diffidentia, quae plerumque juvenes avertit, serius ad id perducamus, ad quod leniore via ductus sine magno labore et sine ulla diffidentia maturius perduci potuisset.

3. ⁴'Juris praecepta sunt haec: honeste vivere, alterum non laedere, suum cuique tribuere'. 4. ⁵'Hujus studii duae sunt positiones, publicum et privatum. Publicum jus est, quod ad statum rei Romanae spectat, privatum, quod ad singulorum utilitatem pertinet. Dicendum est igitur de jure privato, quod est tripertitum : collectum est enim ex naturalibus praeceptis aut gentium aut civilibus'.

II. De jure naturali et gentium et civili[6].

⁷'Jus naturale est, quod natura omnia animalia docuit;

---

1. Cf. *D.*, 1, 1. — 2. Ulp., *L. 1 reg.*, *D.*, 1, 1, 10, *pr.* 2. — 3. *D.*, suivi par Pellat, Accarias: 'tribuendi'. — 4. Ulp., *l. c.*, *D.*, 1, 1, 10, 1. — 5. Ulp., *L. 1 inst.*, *D.*, 1, 1, 2. — 6. Cf. Gaius 1, 1-8. *D.*, 1, 1. — 7. Ulp., *L. 1 inst.*, *D.*, 1, 1, 1, 3.

nam jus istud non humani generis proprium est, sed omnium animalium, quae in caelo, quae in terra, quae in mari nascuntur. Hinc descendit maris atque feminae conjugatio, quam nos matrimonium appellamus, hinc liberorum procreatio et educatio : videmus etenim cetera quoque animalia istius juris peritia censeri'. 1. Jus autem civile vel gentium ita dividitur: ¹'omnes populi, qui legibus et moribus reguntur, partim suo proprio, partim communi omnium hominum jure utuntur; nam quod quisque populus ipse sibi jus constituit, id ipsius proprium civitatis est vocaturque jus civile, quasi jus proprium ipsius civitatis, quod vero naturalis ratio inter omnes homines constituit, id apud omnes populos peraeque custoditur vocaturque jus gentium, quasi quo jure omnes gentes utuntur. Et populus itaque Romanus partim suo proprio, partim communi omnium hominum jure utitur. Quae singula qualia sunt, suis locis proponemus'. 2. Sed jus quidem civile ex unaquaque civitate appellatur, veluti Atheniensium; nam si quis velit Solonis vel Draconis leges appellare jus civile Atheniensium, non erraverit. Sic enim et jus, quo populus Romanus utitur, jus civile Romanorum appellamus, vel jus Quiritium, quo Quirites utuntur ; Romani enim a Quirino Quirites appellantur. Sed quotiens non addimus, cujus sit civitatis, nostrum jus significamus: sicuti cum poetam dicimus nec addimus nomen, subauditur apud Graecos egregius Homerus, apud nos Virgilius. Jus autem gentium omni humano generi commune est. Nam usu exigente et humanis necessitatibus gentes humanae quaedam sibi constituerunt; bella etenim orta sunt et captivitates secutae et servitutes, quae sunt juri naturali contrariae. Jure enim naturali ab initio omnes homines liberi nascebantur. Ex hoc jure gentium et omnes paene contractus introducti sunt, ut emptio venditio, locatio conductio, societas, depositum, mutuum et alii innumerabiles.

3² 'Constat autem jus nostrum aut ex scripto aut ex non scripto, ut apud Graecos : τῶν νόμων οἱ μὲν ἔγγραφοι, οἱ δὲ ἄγραφοι³. Scriptum jus est lex, plebi scita, senatus consulta, principum placita, magistratuum edicta, responsa prudentium. 4⁴. Lex est, quod populus Romanus senatore magistratu interrogante, veluti consule, constituebat. Plebi scitum est, quod plebs plebeio magistratu interrogante, veluti tribuno, constituebat. Plebs autem a populo eo differt, quo species a genere; nam appellatione populi universi cives significantur connu-

1. Gaius, 1, 1 (D., 1, 1, 9). — 2. Ulp., L. 1 inst. D., 1, 1, 6, 1. — 3. (legum aliae scriptae, aliae non scriptae). — 4. Cf. Gaius, 1, 3.

meratis etiam patriciis et senatoribus, plebis autem appellatione sine patriciis et senatoribus ceteri cives significantur. Sed et plebi scita lege Hortensia lata non minus valere quam leges coeperunt. 5. [1]'Senatus consultum est, quod senatus jubet atque constituit'. Nam cum auctus est populus Romanus in eum modum, ut difficile sit in unum eum convocare legis sanciendae causa, aequum visum est senatum vice populi consuli. 6. [2]'Sed et quod principi placuit, legis habet vigorem, cum lege regia, quae de imperio ejus lata est, populus ei et in eum omne suum imperium et potestatem concessit. Quodcumque igitur imperator per epistulam constituit vel cognoscens decrevit vel edicto praecepit, legem esse constat : haec sunt, quae constitutiones appellantur. Plane ex his quaedam sunt personales, quae nec ad exemplum trahuntur, quoniam non hoc princeps vult; nam quod alicui ob merita indulsit, vel si cui poenam irrogavit, vel si cui sine exemplo subvenit, personam non egreditur'. Aliae autem, cum generales sunt, omnes procul dubio tenent. 7. Praetorum quoque edicta non modicam juris optinent auctoritatem. Haec etiam jus honorarium solemus appellare, quod qui honorem gerunt, id est magistratus, auctoritatem huic juri dederunt. Proponebant et aediles curules edictum de quibusdam casibus, quod edictum juris honorarii portio est. 8. [3]'Responsa prudentium sunt sententiae et opiniones eorum, quibus permissum erat jura condere'. Nam antiquitus institutum erat, ut essent qui jura publice interpretarentur, quibus a Caesare jus respondendi datum est, qui juris consulti appellabantur. Quorum omnium sententiae et opiniones eam auctoritatem tenent, ut judici recedere a responso eorum non liceat, ut est constitutum. 9. Ex non scripto jus venit, quod usus comprobavit. Nam diuturni mores consensu utentium comprobati legem imitantur. 10. Et non ineleganter in duas species jus civile distributum videtur. Nam origo ejus ab institutis duarum civitatium, Athenarum scilicet et Lacedaemonis, fluxisse videtur ; in his enim civitatibus ita agi solitum erat, ut Lacedaemonii quidem magis ea, quae pro legibus observarent, memoriae mandarent, Athenienses vero ea, quae in legibus scripta reprehendissent, custodirent.

11. Sed naturalia quidem jura, quae apud omnes gentes peraeque servantur, divina quadam providentia constituta semper firma atque immutabilia permanent ; ea vero, quae ipsa

---

1. Gaius, 1, 4. — 2. Ulp., L. 1 inst., D., 1, 4, 1. — 3. Gaius, 1, 7.

sibi quaeque civitas constituit, saepe mutari solent vel tacito consensu populi vel alia postea lege lata.

12. [1]'Omne autem jus, quo utimur, vel ad personas pertinet vel ad res vel ad actiones. Ac prius de personis videamus'. Nam parum est jus nosse, si personae, quarum causa statutum est, ignorentur.

III. DE JURE PERSONARUM[2].

[3] 'Summa itaque divisio de jure personarum haec est, quod omnes homines aut liberi sunt aut servi'. 1.[4] 'Et libertas quidem est, ex qua etiam liberi vocantur, naturalis facultas ejus quod cuique facere libet, nisi si quid aut vi aut jure prohibetur. 2. Servitus autem est constitutio juris gentium, qua quis dominio alieno contra naturam subjicitur. 3. Servi autem ex eo appellati sunt, quod imperatores captivos vendere jubent ac per hoc servare nec occidere solent. Qui etiam mancipia dicti sunt, quod ab hostibus manu capiuntur'. 4. Servi autem aut nascuntur aut fiunt. Nascuntur ex ancillis nostris ; fiunt aut jure gentium, id est ex captivitate, aut jure civili, cum homo liber major viginti annis ad pretium participandum sese venumdari passus est. In servorum condicione nulla differentia est. 5. In liberis multae differentiae sunt : aut enim ingenui sunt aut libertini.

IIII. DE INGENUIS[5].

Ingenuus is est, qui statim ut natus est liber est, sive ex duobus ingenuis matrimonio editus, sive ex libertinis, sive ex altero libertino altero ingenuo. Sed et si quis ex matre libera nascatur, patre servo, ingenuus nihilo minus nascitur : quemadmodum qui ex matre libera et incerto patre natus est, quoniam vulgo conceptus est.[6] 'Sufficit autem liberam fuisse matrem eo tempore quo nascitur, licet ancilla conceperit. Et ex contrario si libera conceperit, deinde ancilla facta pariat, placuit eum qui nascitur liberum nasci, quia non debet calamitas matris ei nocere, qui in utero est. Ex his et illud quaesitum est, si ancilla praegnans manumissa sit, deinde ancilla postea facta peperit, liberum an servum pariat ? Et Marcianus[7] probat liberum nasci ; sufficit enim ei qui in ventre est liberam matrem vel medio tempore habuisse' : quod et verum est. 1. Cum autem ingenuus aliquis natus sit, non officit illi

---

1. Gaius, 1, 8. — 2. Cf. *D.*, 1, 5. — 3. Gaius, 1, 9 (*D.*, 1, 5, 3). — 4. Flor., *L. 9 inst.*, *D.*, 1, 5, 4. — 5. Cf. Gaius, 1, 11. — 6. Cf. Marcien, *L. 1 inst. D.*, 1, 5, 2. 3. — 7. Accarias, Lenel ; les mss. : 'Marcellus'.

in servitute fuisse et postea manumissum esse ; saepissime enim constitutum est natalibus non officere manumissionem.

V. De libertinis[1].

[2]'Libertini sunt, qui ex justa servitute manumissi sunt'. [3]'Manumissio autem est datio libertatis; nam quamdiu quis in servitute est, manui et potestati suppositus est, et manumissus liberatur potestate. Quae res a jure gentium originem sumpsit, utpote cum jure naturali omnes liberi nascerentur nec esset nota manumissio, cum servitus esset incognita ; sed posteaquam jure gentium servitus invasit, secutum est beneficium manumissionis. Et cum uno communi nomine homines appellaremur, jure gentium tria genera hominum esse coeperunt, liberi et his contrarium servi et tertium genus libertini, qui desierant esse servi'. 1. Multis autem modis manumissio procedit : aut enim ex sacris constitutionibus in sacrosanctis ecclesiis aut vindicta aut inter amicos aut per epistulam aut per testamentum aut aliam quamlibet ultimam voluntatem. Sed et aliis multis modis libertas servo competere potest, qui tam ex veteribus quam nostris constitutionibus introducti sunt. 2. [4]'Servi vero a dominis semper manumitti solent : adeo ut vel in transitu manumittantur, veluti cum praetor aut proconsul aut praeses in balneum vel in theatrum eat'.

3. Libertinorum autem status tripertitus antea fuerat ; nam qui manumittebantur, modo majorem et justam libertatem consequebantur et fiebant cives Romani, modo minorem et Latini ex lege Junia Norbana fiebant, modo inferiorem et fiebant ex lege Aelia Sentia dediticiorum numero. Sed dediticiorum quidem pessima condicio jam ex multis temporibus in desuetudinem abiit, Latinorum vero nomen non frequentabatur : ideoque nostra pietas omnia augere et in meliorem statum reducere desiderans in duabus constitutionibus[5] hoc emendavit et in pristinum statum reduxit, quia et a primis urbis Romae cunabulis una atque simplex libertas competebat, id est eadem, quam habebat manumissor, nisi quod scilicet libertinus fit qui manumittitur, licet manumissor ingenuus sit. Et dediticios quidem per constitutionem expulimus, quam promulgavimus inter nostras decisiones, per quas suggerente nobis Triboniano viro excelso quaestore antiqui juris altercationes placavimus. Latinos autem Junianos et omnem

---

1. Cf. Gaius, 1, 11-34. D. 40, 1 et ss. C., 7, 1 et ss. — 2. Gaius, 1, 11 (D. 1, 5, 0). — 3. Ulp. L. 1 inst., D., 1, 1, 4. — 4. Gaius, 1, 20. — 5. C., 7, 5. 6.

quae circa eos fuerit observantiam alia constitutione per ejusdem quaestoris suggestionem correximus, quae inter imperiales radiat sanctiones, et omnes libertos nullo nec aetatis manumissi nec dominii manumissoris nec in manumissionis modo discrimine habito, sicuti antea observabatur, civitate Romana donavimus : multis additis modis per quos possit libertas servis cum civitate Romana, quae sola in praesenti est, praestari.

VI. Qui ex quibus causis manumittere non possunt[1].

[2]'Non tamen cuicumque volenti manumittere licet. Nam is qui in fraudem creditorum manumittit nihil agit, quia lex Aelia Sentia impedit libertatem'. 1. Licet autem domino, qui solvendo non est, testamento servum suum cum libertate heredem instituere, ut fiat liber heresque ei solus et necessarius, si modo nemo alius ex eo testamento heres extiterit, aut quia nemo heres scriptus sit, aut quia is qui scriptus est qualibet ex causa heres non extiterit. Idque eadem lege Aelia Sentia provisum est et recte ; valde enim prospiciendum erat, ut egentes homines, quibus alius heres extaturus non esset, vel servum suum necessarium heredem habeant, qui satisfacturus esset creditoribus, aut hoc eo non faciente creditores res hereditarias servi nomine vendant, ne injuria defunctus afficiatur. 2. Idemque juris est et si sine libertate servus heres institutus est. Quod nostra constitutio[3] non solum in domino, qui solvendo non est, sed generaliter constituit nova humanitatis ratione, ut ex ipsa scriptura institutionis etiam libertas ei competere videatur, cum non est verisimile eum, quem heredem sibi elegit, si praetermiserit libertatis dationem, servum remanere voluisse et neminem sibi heredem fore. 3. [4]'In fraudem autem creditorum manumittere videtur, qui vel jam eo tempore quo manumittit solvendo non est, vel qui datis libertatibus desiturus est solvendo esse'. Praevaluisse tamen videtur, nisi animum quoque fraudandi manumissor habuit, non impediri libertatem, quamvis bona ejus creditoribus non sufficiant : 'saepe enim de facultatibus suis amplius quam in his est sperant homines'. Itaque tunc intellegimus impediri libertatem, cum utroque modo fraudantur creditores, id est et consilio manumittentis et ipsa re, eo quod bona non suffectura sunt creditoribus.

1. Cf. Gaius, 1, 19-21. 36-42. 47. D., 40, 2. 9. C., 7, 1, 11. — 2. Gaius, 1, 36-37. — 3. C., 6, 27, 5. — 4. Gaius, L. 1 rcr. cott., D., 40, 9, 10.

4. ¹'Eadem lege Aelia Sentia domino minori annis viginti non aliter manumittere permittitur, quam si vindicta apud consilium justa causa manumissionis adprobata fuerint manumissi. 5. ²'Justae autem manumissionis causae sunt, veluti si quis patrem aut matrem aut filium filiamve aut fratrem sororemve naturales aut paedagogum nutricem educatorem aut alumnum alumnamve aut collactaneum manumittat, aut servum procuratoris habendi gratia, aut ancillam matrimonii causa', dum tamen intra sex menses uxor ducatur, nisi justa causa impediat, et qui manumittitur procuratoris habendi gratia ne minor septem et decem³ annis manumittatur. 6. Semel autem causa adprobata, sive vera sive falsa sit, non retractatur.

7. ⁴'Cum ergo certus modus manumittendi minoribus viginti annis dominis per legem Aeliam Sentiam constitutus sit, eveniebat ut qui quattuordecim annos aetatis expleverit, licet testamentum facere possit et in eo heredem sibi instituere legataque relinquere possit, tamen, si adhuc minor sit annis viginti, libertatem servo dare non poterat'. Quod non erat ferendum, si is cui totorum bonorum in testamento dispositio data erat uni servo libertatem dare non permittebatur. Quare nos similiter ei quemadmodum alias res ita et servos suos in ultima voluntate disponere quemadmodum voluerit permittimus, ut et libertatem eis possit praestare. Sed cum libertas inaestimabilis est et propter hoc ante vicesimum aetatis annum antiquitas libertatem servo dari prohibebat, ideo nos mediam quodammodo viam eligentes non aliter minori viginti annis libertatem in testamento dare servo suo concedimus, nisi septimum et decimum annum impleverit et octavum decimum tetigerit. Cum enim antiquitas hujusmodi aetati et pro aliis postulare concessit, cur non etiam sui judicii stabilitas ita eos adjuvare credatur, ut et ad libertates dandas servis suis possint provenire.

VII. DE LEGE FUFIA CANINIA SUBLATA⁵.

⁶'Lege Fufia Caninia certus modus constitutus erat in servis testamento manumittendis'. Quam quasi libertatibus impedientem et quodammodo invidam tollendam esse censuimus, cum satis fuerat inhumanum vivos quidem licentiam habere

---

1. Gaius, 1, 38. — 2. Gaius, 1, 39, cf. 1, 19. — 3. Les mss. et la paraphrase; D., 40, 2, 13 : 'decem et octo'. — 4. Gaius, 1, 40. — 5. Cf. Gaius, 1, 42-46. C., 7, 3. — 6. Gaius, 1, 42.

totam suam familiam libertate donare, nisi alia causa impediat libertati, morientibus autem hujusmodi licentiam adimere.

VIII. DE HIS QUI SUI VEL ALIENI JURIS SUNT[1].

[2] 'Sequitur de jure personarum alia divisio. Nam quaedam personae sui juris sunt, quaedam alieno juri subjectae sunt: rursus earum quae alieno juri subjectae sunt, aliae in potestate parentum, aliae in potestate dominorum sunt. Videamus itaque de his quae alieno juri subjectae sunt ; nam si cognoverimus quae istae personae sint, simul intellegemus quae sui juris sunt. Ac prius dispiciamus de his qui in potestate dominorum sunt.

1. In potestate itaque dominorum sunt servi. Quae quidem potestas juris gentium est ; nam apud omnes peraeque gentes animadvertere possumus dominis in servos vitae necisque potestatem esse; et quodcumque per servum adquiritur, id domino adquiritur. 2. Sed hoc tempore nullis hominibus, qui sub imperio nostro sunt, licet sine causa legibus cognita et supra modum in servos suos saevire. Nam ex constitutione divi Pii Antonini qui sine causa servum suum occiderit, non minus puniri jubetur, quam qui servum alienum occiderit. Sed et major asperitas dominorum ejusdem principis constitutione coercetur; nam consultus a quibusdam praesidibus provinciarum de his servis qui ad aedem sacram vel ad statuas principum confugiunt, praecepit ut, si intolerabilis videatur dominorum saevitia, cogantur servos bonis condicionibus vendere, ut pretium dominis daretur, et recte : expedit enim rei publicae, ne quis re sua male utatur '.[3] 'Cujus rescripti ad Aelium Marcianum emissi verba haec sunt: 'Dominorum quidem potestatem in suos servos illibatam esse oportet nec cuiquam hominum jus suum detrahi. Sed dominorum interest, ne auxilium contra saevitiam vel famem vel intolerabilem injuriam denegetur his qui juste deprecantur. Ideoque cognosce de querellis eorum, qui ex familia Julii Sabini ad statuam confugerunt et si vel durius habitos quam aequum est vel infami injuria affectos cognoveris, veniri jube, ita ut in potestatem domini non revertantur. Qui Sabinus si meae constitutioni fraudem fecerit, sciet me admissum severius exsecuturum'.

1. Cf. *D.*, 1, 6. — 2. Gaius, 1, 48-53 (*D.*, 1, 6, 1). — 3. Ulp., *L.* 8 *de off. proc.*, *D.*, 1, 6, 2; *Coll.* 3, 3.

VIIII. De patria potestate[1].

[2]'In potestate nostra sunt liberi nostri, quos ex justis nuptiis procreaverimus'. 1. Nuptiae autem sive matrimonium est viri et mulieris conjunctio, individuam consuetudinem vitae continens. 2. [3]'Jus autem potestatis, quod in liberos habemus, proprium est civium Romanorum ; nulli enim alii sunt homines qui talem in liberos habeant potestatem qualem nos habemus'. 3[4]. 'Qui igitur ex te et uxore tua nascitur, in tua potestate est : item qui ex filio tuo et uxore ejus nascitur, id est nepos tuus et neptis, aeque in tua sunt potestate, et pronepos et proneptis et deinceps ceteri'. Qui tamen ex filia tua nascitur, in tua potestate non est, sed in patris ejus.

X. De nuptiis[5].

Justas autem nuptias inter se cives Romani contrahunt, qui secundum praecepta legum coeunt, masculi quidem puberes, feminae autem viripotentes, sive patres familias sint sive filii familias, dum tamen filii familias et consensum habeant parentum, quorum in potestate sunt. Nam hoc fieri debere et civilis et naturalis ratio suadet in tantum, ut jussum parentis praecedere debeat. Unde quaesitum est, an furiosi filia nubere aut furiosi filius uxorem ducere possit ? Cumque super filio variabatur, nostra processit decisio[6], qua permissum est ad exemplum filiae furiosi filium quoque posse et sine patris interventu matrimonium sibi copulare secundum datum ex constitutione modum.

1. [7] 'Ergo non omnes nobis uxores ducere licet : nam quarundam nuptiis abstinendum est. Inter eas enim personas quae parentum liberorumve locum inter se optinent, nuptiae contrahi non possunt, veluti inter patrem et filiam vel avum et neptem vel matrem et filium vel aviam et nepotem et usque ad infinitum ; et si tales personae inter se coierint, nefarias atque incestas nuptias contraxisse dicuntur. Et haec adeo ita sunt, ut, quamvis per adoptionem parentum liberorumve loco sibi esse coeperint, non possint inter se matrimonio jungi in tantum, ut etiam dissoluta adoptione idem juris maneat ; itaque eam quae tibi per adoptionem filia aut neptis esse coeperit, non poteris uxorem ducere, quamvis eam emancipaveris.

---

1. Cf. *D.*, 1, 6. *C.*, 8, 46 (47). — 2. Gaius, 1, 55 (*D.*, 1, 6, 3). — 3. Gaius, l. c. — 4. Ulp., *L.* 1 *inst.*, *D.*, 1, 6, 4. — 5. Cf. Gaius, 1, 56-65. *D.*, 23, 2. *C.*, 5, 4. — 6. *C.*, 5, 4, 25. — 7. Gaius, 1, 58-61.

2. Inter eas quoque personas, quae ex transverso gradu cognationis junguntur, est quaedam similis observatio, sed non tanta. Sane enim inter fratrem sororemque nuptiae prohibitae sunt, sive ab eodem patre eademque matre nati fuerint, sive ex alterutro eorum. Sed si qua per adoptionem soror tibi esse coeperit, quamdiu quidem constat adoptio, sane inter te et eam nuptiae consistere non possunt; cum vero per emancipationem adoptio dissoluta sit, poteris eam uxorem ducere; sed et si tu emancipatus fueris, nihil est impedimento nuptiis. Et ideo constat, si quis generum adoptare velit, debere eum ante filiam suam emancipare, et si quis velit nurum adoptare, debere eum ante filium emancipare. 3. Fratris vel sororis filiam uxorem ducere non licet. Sed nec neptem fratris vel sororis ducere quis potest, quamvis quarto gradu sint; cujus enim filiam uxorem ducere non licet, ejus neque neptem permittitur. Ejus vero mulieris, quam pater tuus adoptavit, filiam non videris impediri uxorem ducere, quia neque naturali neque civili jure tibi conjungitur. 4. Duorum autem fratrum vel sororum liberi vel fratris et sororis jungi possunt. 5. Item amitam licet adoptivam uxorem ducere non licet, item materteram, quia parentum loco habentur. Qua ratione verum est magnam quoque amitam et materteram magnam prohiberi uxorem ducere. 6. Adfinitatis quoque veneratione quarundam nuptiis abstinere necesse est. Ut ecce privignam aut nurum uxorem ducere non licet, quia utraeque filiae loco sunt. Quod scilicet ita accipi debeat, si fuit nurus aut privigna; nam si adhuc nurus est, id est si adhuc nupta est filio tuo, alia ratione uxorem eam ducere non possis, quia eadem duobus nupta esse non potest; item si adhuc privigna tua est, id est si mater ejus tibi nupta est, ideo eam uxorem ducere non poteris, quia duas uxores eodem tempore habere non licet. 7. Socrum quoque et novercam prohibitum est uxorem ducere, quia matris loco sunt. Quod et ipsum dissoluta demum adfinitate procedit; alioquin si adhuc noverca est, id est si adhuc patri tuo nupta est, communi jure impeditur tibi nubere, quia eadem duobus nupta esse non potest; item si adhuc socrus est, id est si adhuc filia ejus tibi nupta est, ideo impediuntur nuptiae, quia duas uxores habere non possis. 8. Mariti tamen filius ex alia uxore et uxoris filia ex alio marito vel contra matrimonium recte contrahunt, licet habeant fratrem sororemve ex matrimonio postea contracto natos. 9. Si uxor tua post divortium ex alio filiam procreaverit, haec non est quidem privigna tua; sed

Julianus[1] hujusmodi nuptiis abstinere debere ait; nam nec sponsam filii nurum esse nec patris sponsam novercam esse, rectius tamen et jure facturos eos, qui hujusmodi nuptiis se abstinuerint. 10. Illud certum est serviles quoque cognationes impedimento esse nuptiis, si forte pater et filia aut frater et soror manumissi fuerint. 11. Sunt et aliae personae, quae propter diversas rationes nuptias contrahere prohibentur, quas in libris digestorum seu pandectarum ex veteri jure collectarum enumerari permisimus.

12. Si adversus ea quae diximus aliqui coierint, nec vir nec uxor nec nuptiae nec matrimonium nec dos intellegitur. Itaque ii, qui ex eo coitu nascuntur, in potestate patris non sunt, sed tales sunt, quantum ad patriam potestatem pertinet, quales sunt ii, quos mater vulgo concepit. [2]'Nam nec hi patrem habere intelleguntur, cum his etiam incertus est; unde solent filii spurii appellari, vel a Graeca voce quasi σποράδην concepti vel quasi sine patre filii'. Sequitur ergo, ut et dissoluto tali coitu nec dotis exactioni locus sit. Qui autem prohibitas nuptias coeunt, et alias poenas patiuntur, quae sacris constitutionibus continentur.

13. [3]'Aliquando autem evenit, ut liberi, qui statim ut nati sunt in potestate parentum non fiant, postea *tamen* redigantur in potestatem'. Qualis est is, qui, dum naturalis fuerat, postea curiae datus potestati patris subjicitur. Nec non is, qui a muliere libera procreatus, cujus matrimonium minime legibus interdictum fuerat, sed ad quam pater consuetudinem habuerat, postea ex nostra constitutione[4] dotalibus instrumentis compositis in potestate patris efficitur: quod et aliis, si ex eodem matrimonio fuerint procreati, similiter nostra constitutio[5] praebuit.

XI. De adoptionibus[6].

[7]'Non solum tamen naturales liberi secundum ea quae diximus in potestate nostra sunt, verum etiam ii quos adoptamus. 1. Adoptio autem duobus modis fit, aut principali rescripto aut imperio magistratus. Imperatoris auctoritate adoptamus eos easve, qui quaeve sui juris sunt. Quae species adoptionis dicitur adrogatio. Imperio magistratus adoptamus eos easve, qui quaeve in potestate parentium sunt, sive primum gradum liberorum optineant, qualis est filius filia, sive inferiorem,

---

1. Cf. *D.*, 23, 2, 12. 3. — 2. Gaius, 1, 64. — 3. Gaius, 1, 65. — 4. *C.*, 5, 27, 10. — 5. *C.*, 5, 27, 11. — 6. Cf. Gaius, 1, 97-107. *D.*, 1, 7. *C.*, 8, 47 (48). — 7. Gaius, 1, 97-99 (*D.*, 1, 7, 2).

qualis est nepos neptis, pronepos proneptis'. 2. Sed hodie e nostra constitutione[1], cum filius familias a patre naturali extraneae personae in adoptionem datur, jura potestatis naturali patris minime dissolvuntur nec quidquam ad patrem adoptivum transit nec in potestate ejus est, licet ab intestato jur successionis ei a nobis tributa sunt. Si vero pater naturalis noc extraneo, sed avo filii sui materno, vel si ipse pater naturali fuerit emancipatus, etiam paterno, vel proavo simili modo paterno vel materno filium suum dederit in adoptionem, in hoc casu, quia in unam personam concurrunt et naturalia et adoptionis jura, manet stabile jus patris adoptivi et naturali vinculo copulatum et legitimo adoptionis modo constrictum, ut et in familia et in potestate hujusmodi patris adoptivi sit. 3. Cum autem impubes per principale rescriptum adrogatur, causa cognita adrogatio permittitur et exquiritur causa adrogationis, an honesta si expediatque pupillo, et cum quibusdam condicionibus adrogatio fit, id est ut caveat adrogator personae publicae, hoc est tabulario, si intra pubertatem pupillus decesserit, restituturum se bona illis, qui, si adoptio facta non esset, ad successionem ejus venturi essent. Item non aliæ emancipare eos potest adrogator, nisi causa cognita dign emancipatione fuerint et tunc sua bona eis reddat. Sed et si decedens pater eum exheredaverit vel vivus sine justa causa eum emancipaverit, jubetur quartam partem ei suorum bonorum relinquere, videlicet praeter bona, quae ad patrem adoptivum transtulit et quorum commodum ei adquisivit postea. 4. Minorem natu non posse majorem adoptare placet ; adoptio enim naturam imitatur et pro monstro est, ut major sit filius quam pater. Debet itaque is, qui sibi per adrogationem vel adoptionem filium facit, plena pubertate, id est decem et octo annis praecedere. 5. Licet autem et in locum nepotis vel neptis vel in locum pronepotis vel proneptis vel deinceps adoptare, quamvis filium quis non habeat. 6. Et tam filium alienum quis in locum nepotis potest adoptare, quam nepotem in locum filii. 7. Sed si quis nepotis loco adoptet vel quas ex eo filio, quem habet jam adoptatum, vel quasi ex illo quem naturalem in sua potestate habet, in eo casu et filius consentire debet, ne ei invito suus heres adgnascatur. Sed et contrario si avus ex filio nepotem dat in adoptionem, non est necesse filium consentire. 8. In plurimis autem causis adsimilatur is, qui adoptatus vel adrogatus est, ei qui ex legitimo matrimonio natus est. [2]'Et ideo si quis per imperatorem sin

1. *C*., 8, 47 (48), 10. — 2. Gaius, 1, 105.

apud praetorem vel apud praesidem provinciae non extraneum adoptaverit, potest eundem alii in adoptionem dare'. 9. ¹'Sed et illud utriusque adoptionis commune est, quod et hi, qui generare non possunt, quales sunt spadones, adoptare possunt, castrati autem non possunt. 10. Feminae quoque adoptare non possunt, quia nec naturales liberos in potestate sua habent' ; sed ex indulgentia principis ad solatium liberorum amissorum adoptare possunt. 11. ²'Illud proprium est illius adoptionis quae per sacrum oraculum fit, quod is qui liberos in potestate habet, si se adrogandum dederit, non solum ipse potestati adrogatoris subjicitur, sed etiam liberi ejus in ejusdem fiunt potestate tamquam nepotes'. Sic enim et divus Augustus non ante Tiberium adoptavit, quam is Germanicum adoptavit: ut protinus adoptione facta incipiat Germanicus Augusti nepos esse. 12. Apud Catonem bene scriptum refert antiquitas, servi si a domino adoptati sint, ex hoc ipso posse liberari. Unde et nos eruditi in nostra constitutione³ etiam eum servum, quem dominus actis intervenientibus filium suum nominaverit, liberum esse constituimus, licet hoc ad jus filii accipiendum ei non sufficit.

XII. Quibus modis jus potestatis solvitur⁴.

⁵'Videamus nunc quibus modis ii, qui alieno juri subjecti sunt, eo jure liberantur. Et quidem servi quemadmodum potestate liberantur, ex his intellegere possumus, quae de servis manumittendis superius exposuimus. Hi vero, qui in potestate parentis sunt, mortuo eo sui juris fiunt. Sed hoc distinctionem recipit. Nam mortuo patre sane omnimodo filii filiaeve sui juris efficiuntur. Mortuo vero avo non omnimodo nepotes neptesque sui juris fiunt, sed ita, si post mortem avi in potestatem patris sui recasuri non sunt. Itaque si moriente avo pater eorum et vivit et in potestate patris sui est, tunc post obitum avi in potestate patris sui fiunt ; si vero is, quo tempore avus moritur, aut jam mortuus est aut exiit de potestate patris, tunc hi, quia in potestatem ejus cadere non possunt, sui juris fiunt. 1. Cum autem is, qui ob aliquod maleficium in insulam deportatur, civitatem amittit, sequitur ut, quia eo modo ex numero civium Romanorum tollitur, perinde acsi mortuo eo desinant liberi in potestate ejus esse. Pari ratione et si is, qui in potestate parentis sit, in insulam deportatus

---

1. Gaius, 1, 103-104 (D., 1, 7, 2, 1). — 2. Gaius, 1, 107 (D., 1, 7, 2, 2). — 3. C. 7, 6, 1, 10. — 4. Cf. Gaius, 1, 124-141. D., 1, 7. C., 8, 48 (49). — 5. Gaius, 1, 124.126-128.

fuerit, desinit in potestate parentis esse'. Sed si ex indulgentia principali restituti fuerint, per omnia[1] pristinum statum recipiunt. 2. [2]'Relegati autem patres in insulam in potestate sua liberos retinent': et e contrario liberi relegati in potestate parentum remanent. 3. Poenae servus effectus filios in potestate habere desinit. Servi autem poenae efficiuntur, qui in metallum damnantur et qui bestiis subjiciuntur. 4. Filius familias si militaverit, vel si senator vel consul fuerit factus, manet in patris potestate. Militia enim vel consularia dignitas patris potestate filium non liberat. Sed ex constitutione nostra[3] summa patriciatus dignitas ilico ab imperialibus codicillis praestitis a patria potestate liberat. Quis enim patiatur patrem quidem posse per emancipationis modum suae potestatis nexibus filium relaxare, imperatoriam autem celsitudinem non valere eum quem sibi patrem elegit ab aliena eximere potestate? 5. [4]" Si ab hostibus captus fuerit parens, quamvis servus hostium fiat, tamen pendet jus liberorum propter jus postliminii, quia hi, qui ab hostibus capti sunt, si reversi fuerint, omnia pristina jura recipiunt. Idcirco reversus et liberos habebit in potestate', quia postliminium fingit eum qui captus est semper in civitate fuisse. Si vero ibi decesserit, exinde, ex quo captus est pater, filius sui juris fuisse videtur. 'Ipse quoque filius neposve si ab hostibus captus fuerit, similiter dicimus propter jus postliminii jus quoque potestatis parentis in suspenso esse'. Dictum est autem postliminium a limine et post, ut eum, qui ab hostibus captus in fines nostros postea pervenit, postliminio reversum recte dicimus. Nam limina sicut in domibus finem quendam faciunt, sic et imperii finem limen esse veteres voluerunt. Hinc et limes dictus est quasi finis quidam et terminus. Ab eo postliminium dictum, quia eodem limine revertebatur, quo amissus erat. [5]"Sed et qui victis hostibus recuperatur, postliminio rediisse existimatur'. 6. [6]'Praeterea emancipatione quoque desinunt liberi in potestate parentum esse'. Sed ea emancipatio antea quidem vel per antiquam legis observationem procedebat, quae per imaginarias venditiones et intercedentes manumissiones celebrabatur, vel ex imperiali rescripto. Nostra autem providentia et hoc in melius per constitutionem[7] reformavit, ut fictione pristina explosa recta via apud competentes judices vel magistratus parentes intrent et filios suos vel filias vel nepotes vel neptes ac deinceps sua

---

1. Sur la ponctuation, cf., en sens divers, Accarias et Pellat. — 2. Marcien, L. 2 inst., D., 48, 22, 4. — 3. C., 12, 3, 5. — 4. Gaius, 1, 129. — 5. Florentinus, L. 6 inst., D., 49, 15, 26. — 6. Gaius, 1, 132. — 7. C., 8, 48 (49), 6.

manu dimitterent. Et tunc ex edicto praetoris in hujus filii vel filiae, nepotis vel neptis bonis, qui vel quae a parente manumissus vel manumissa fuerit, eadem jura praestantur parenti, quae tribuuntur patrono in bonis liberti; et praeterea si impubes sit filius vel filia vel ceteri, ipse parens ex manumissione tutelam ejus nanciscitur. 7. ¹'Admonendi autem sumus liberum esse arbitrium ei, qui filium et ex eo nepotem vel neptem in potestate habebit, filium quidem de potestate dimittere, nepotem vero vel neptem retinere, et ex diverso filium quidem in potestate retinere, nepotem vero vel neptem manumittere (eadem et de pronepote vel pronepte dicta esse intellegantur), vel omnes sui juris efficere'. 8. Sed et si pater filium, quem in potestate habet, avo vel proavo naturali secundum nostras constitutiones² super his habitas in adoptionem dederit, id est si hoc ipsum actis intervenientibus apud competentem judicem manifestavit, praesente eo qui adoptatur et non contradicente nec non eo qui adoptat, solvitur quidem jus potestatis patris naturalis, transit autem in hujusmodi parentem adoptivum, in cujus persona et adoptionem plenissimam esse antea diximus. 9. Illud autem scire oportet, quod, si nurus tua ex filio tuo conceperit et filium postea emancipaveris vel in adoptionem dederis praegnante nuru tua, nihilo minus quod ex ea nascitur in potestate tua nascitur; quod si post emancipationem vel adoptionem fuerit conceptum, patris sui emancipati vel avi adoptivi potestati subjicitur 10. Et quod neque naturales liberi neque adoptivi ullo paene modo possunt cogere parentem de potestate sua eos dimittere.

XIII. De tutelis³.

⁴'Transeamus nunc ad aliam divisionem. Nam ex his personis quae in potestate non sunt, quaedam vel in tutela sunt vel in curatione, quaedam neutro jure tenentur. Videamus igitur de his, quae in tutela vel in curatione sunt: ita enim intellegemus ceteras personas, quae neutro jure tenentur. Ac prius dispiciamus de his, quae in tutela sunt' 1. ⁵'Est autem tutela, ut Servius definivit, jus⁶ ac potestas in capite libero ad tuendum eum, qui propter aetatem se defendere nequit, jure civili data ac permissa. 2. Tutores autem sunt, qui eam vim ac potestatem habent, ex qua re ipsa nomen ceperunt. Itaque appellantur tutores quasi tuitores atque defensores, sicut aedi-

---

1. Gaius, 1, 133 (D., 1, 7, 28). — 2. C., 8, 47 (48), 11. — 3. Cf. Gaius, 1, 142-154. D., 26, 1-3. C., 5, 28-29. — 4. Gaius, 1, 142. 143. — 5. Paul, L. 38 ad ed. D., 26, 1, 1. — 6. D.: 'vis'.

tui dicuntur qui aedes tuentur'. 3. ¹'Permissum est itaque parentibus liberis impuberibus, quos in potestate habent, testamento tutores dare'. Et hoc in filio filiaque omnimodo procedit ; 'nepotibus tamen neptibusque ita demum parentes possunt testamento tutores dare, si post mortem eorum in patris sui potestatem non sint recasuri. Itaque si filius tuus mortis tuae tempore in potestate tua sit, nepotes ex eo non poterunt testamento tuo tutorem habere, quamvis in potestate tua fuerint ; scilicet quia mortuo te in patris sui potestatem recasuri sunt. 4. Cum autem in compluribus aliis causis postumi pro jam natis habentur, et in hac causa placuit non minus postumis quam jam natis testamento tutores dari posse, si modo in ea causa sint, ut, si vivis parentibus nascerentur, sui et in potestate eorum fierent'. 5. Sed si emancipato filio tutor a patre testamento datus fuerit, confirmandus est ex sententia praesidis omnimodo, id est sine inquisitione.

XIIII. QUI DARI TUTORES TESTAMENTO POSSUNT².

Dari autem potest tutor non solum pater familias, sed etiam filius familias. 1. Sed et servus proprius testamento cum libertate recte tutor dari potest. Sed sciendum est eum et sine libertate tutorem datum tacite et libertatem directam accepisse videri et per hoc recte tutorem esse. Plane si per errorem quasi liber tutor datus sit, aliud dicendum est. Servus autem alienus pure inutiliter datur testamento tutor ; sed ita 'cum liber erit' utiliter datur. Proprius autem servus inutiliter eo modo datur tutor. 2. Furiosus vel minor viginti quinque annis tutor testamento datus tutor erit, cum compos mentis aut major viginti quinque annis fuerit factus.

3. Ad certum tempus et ex certo tempore vel sub condicione vel ante heredis institutionem posse dari tutorem non dubitatur. 4. Certae autem rei vel causae tutor dari non potest ³'quia personae, non causae vel rei datur'.

5. ⁴'Si quis filiabus suis vel filiis tutores dederit, etiam postumae vel postumo videtur dedisse, quia filii vel filiae appellatione et postumus et postuma continentur'. ⁵'Quid si nepotes sint, an appellatione filiorum et ipsis tutores dati sunt? Dicendum est ut ipsis quoque dati videantur, si modo liberos dixit. Ceterum si filios, non continebuntur ; aliter enim filii,

---

1. Gaius, 1. 144. 146. 147. — 2. Cf. D., 26, 2. C., 5, 28. — 3. Marcien, L. 2 inst., D., 26, 2, 14. — 4. Ulp., L. 15 ad Sab., D., 26, 2, 5. — 5. Ulp., L. 39 ad Sab., D , 26, 2, 6.

aliter nepotes appellantur. Plane si postumis dederit, tam filii postumi quam ceteri liberi continebuntur'.

XV. DE LEGITIMA ADGNATORUM TUTELA[1].

[2]'Quibus autem testamento tutor datus non sit, his ex lege duodecim tabularum adgnati sunt tutores, qui vocantur legitimi. 1. Sunt autem adgnati per virilis sexus cognationem conjuncti, quasi a patre cognati, veluti frater eodem patre natus, fratris filius neposve ex eo, item patruus et patrui filius neposve ex eo. At qui per feminini sexus personas cognatione junguntur, non sunt adgnati, sed alias naturali jure cognati. Itaque amitae tuae filius non est tibi adgnatus, sed cognatus, et invicem scilicet tu illi eodem jure conjungeris, quia qui nascuntur patris, non matris familiam sequuntur'. 2. Quod autem lex ab intestato vocat ad tutelam adgnatos, non hanc habet significationem, si omnino non fecerit testamentum is qui poterat tutores dare, sed si quantum ad tutelam pertinet intestatus decesserit. Quod tunc quoque accidere intellegitur, cum is qui datus est tutor vivo testatore decesserit. 3.[3] 'Sed adgnationis quidem jus omnibus modis capitis deminutione plerumque perimitur'; nam adgnatio juris est nomen. 'Cognationis vero jus non omnibus modis commutatur, quia civilis ratio civilia quidem jura corrumpere potest, naturalia vero non utique'.

XVI. DE CAPITIS MINUTIONE[4].

[5]'Est autem capitis deminutio prioris status commutatio, eaque tribus modis accidit: nam aut maxima est capitis deminutio aut minor, quam quidam mediam vocant, aut minima. 1. Maxima est capitis deminutio, cum aliquis simul et civitatem et libertatem amittit; quod accidit in his, qui servi poenae efficiuntur atrocitate sententiae, vel liberti ut ingrati circa patronos condemnati, vel qui ad pretium participandum se venumdari passi sunt. 2. Minor sive media est capitis deminutio, cum civitas quidem amittitur, libertas vero retinetur; quod accidit ei, cui aqua et igni interdictum fuerit', vel ei, qui in insulam deportatus est. 3. 'Minima est capitis deminutio, cum et civitas et libertas retinetur, sed status hominis commutatur; quod accidit in his qui cum sui juris fuerunt, coeperunt alieno juri subjecti esse, vel contra. 4. Servus autem manumissus ca-

---
1. Cf. Gaius, 1, 155-158. D., 26, 4. C., 5, 30. — 2. Gaius, 1, 155-156 (D., 26, 4, 7). — 3. Gaius, 1, 158. — 4. Cf. Gaius, 1, 150-164. D., 4, 5. — 5. Gaius, 1, 150-162.

pite non minuitur, quia nullum caput habuit. 5. Quibus autem dignitas magis quam status permutatur, capite non minuuntur : et ideo senatu motos capite non minui constat.

6. Quod autem dictum est manere cognationis jus et post capitis deminutionem, hoc ita est, si minima capitis deminutio interveniat ; manet enim cognatio. Nam si maxima capitis deminutio incurrat, jus quoque cognationis perit, ut puta servitute alicujus cognati, et ne quidem, si manumissus fuerit, recipit cognationem. Sed et si in insulam deportatus quis sit, cognatio solvitur. 7.[1] 'Cum autem ad adgnatos tutela pertineat, non simul ad omnes pertinet, sed ad eos tantum, qui proximo gradu sunt', vel, si ejusdem gradus sint, ad omnes.

XVII. DE LEGITIMA PATRONORUM TUTELA[2].

[3]'Ex eadem lege duodecim tabularum libertorum et libertarum tutela ad patronos liberosque eorum pertinet, quae et ipsa legitima tutela vocatur, non quia nominatim ea lege de hac tutela cavetur, sed quia perinde accepta est per interpretationem, atque si verbis legis introducta esset. Eo enim ipso, quod hereditates libertorum libertarumque, si intestati decessissent, jusserat lex ad patronos liberosve eorum pertinere, crediderunt veteres voluisse legem etiam tutelas ad eos pertinere, cum et adgnatos, quos ad hereditatem vocat, eosdem et tutores esse jussit' et quia plerumque, ubi successionis est emolumentum, ibi et tutelae onus esse debet. Ideo autem diximus plerumque, quia, si a femina impubes manumittatur, ipsa ad hereditatem vocatur, cum alius est tutor.

XVIII. DE LEGITIMA PARENTUM TUTELA[4].

Exemplo patronorum recepta est et alia tutela, quae et ipsa legitima vocatur. Nam si quis filium aut filiam, nepotem aut neptem ex filio et deinceps impuberes emancipaverit, legitimus eorum tutor erit.

XVIIII. DE FIDUCIARIA TUTELA[5].

Est et alia tutela, quae fiduciaria appellatur. Nam si parens filium vel filiam, nepotem vel neptem et deinceps impuberes manumiserit, legitimam nanciscitur eorum tutelam : quo defuncto si liberi virilis sexus extant, fiduciarii tutores

---

1. Gaius, 1, 164. — 2. Cf. Gaius, 1, 165-167. D., 26, 4. — 3. Gaius, 1, 165. — 4. Cf. Gaius, 1, 175. D., 26, 4, 3, 10. — 5. Cf. Gaius, 1, 166. 175. D., 26, 4, 3. 4.

filiorum suorum vel fratris vel sororis et ceterorum efficiuntur. Atqui patrono legitimo tutore mortuo, liberi quoque ejus legitimi sunt tutores : quoniam filius quidem defuncti, si non esset a vivo patre emancipatus, post obitum ejus sui juris efficeretur nec in fratrum potestatem recideret ideoque nec in tutelam, libertus autem si servus mansisset, utique eodem jure apud liberos domini post mortem ejus futurus esset. Ita tamen ii ad tutelam vocantur, si perfectae aetatis sint. Quod nostra constitutio[1] generaliter in omnibus tutelis et curationibus observari praecepit.

XX. De Atiliano tutore vel eo qui ex lege Julia et Titia dabatur[2].

[3]'Si cui nullus omnino tutor fuerat, ei dabatur in urbe quidem Roma a praetore urbano et majore parte tribunorum plebis tutor ex lege Atilia, in provinciis vero a praesidibus provinciarum ex lege Julia et Titia. 1. Sed et si testamento tutor sub condicione aut die certo datus fuerat, quamdiu condicio aut dies pendebat, ex isdem legibus tutor dari poterat. Item si pure datus fuerit, quamdiu nemo ex testamento heres existat, tamdiu ex isdem legibus tutor petendus erat, qui desinebat tutor esse, si condicio existeret aut dies veniret aut heres existeret. 2. Ab hostibus quoque tutore capto ex his legibus tutor petebatur, qui desinebat esse tutor, si is qui captus erat in civitatem reversus fuerat; nam reversus recipiebat tutelam jure postliminii'. 3. Sed ex his legibus pupillis tutores desierunt dari, posteaquam primo consules pupillis utriusque sexus tutores ex inquisitione dare coeperunt, deinde praetores ex constitutionibus; nam supra scriptis legibus neque de cautione a tutoribus exigenda rem salvam pupillis fore neque de compellendis tutoribus ad tutelae administrationem quidquam cavetur. 4. Sed hoc jure utimur, ut Romae quidem praefectus urbis vel praetor secundum suam jurisdictionem, in provinciis autem praesides ex inquisitione tutores crearent, vel magistratus jussu praesidum, si non sint magnae pupilli facultates. 5. Nos autem per constitutionem nostram[4] et hujusmodi difficultates hominum resecantes nec exspectata jussione praesidum disposuimus, si facultas pupilli vel adulti usque ad quingentos solidos valeat, defensores civitatum una cum ejusdem civitatis religiosissimo antistite vel apud alias publicas personas, id est magistratus, vel juridicum Alexandrinae civitatis

---

1. C., 5, 30, 5. — 2. Cf. Gaius, 1, 185-191. D., 26, 5. C., 5, 34. — 3. Gaius, 1, 185-187. — 4. C., 1, 4, 30.

tutores vel curatores creare, legitima cautela secundum ejusdem constitutionis normam praestanda, videlicet eorum periculo qui eam accipiant.

6. [1]'Impuberes autem in tutela esse naturali jure conveniens est, ut is qui perfectae aetatis non sit alterius tutela regatur'. 7. Cum igitur [2]'pupillorum pupillarumque tutores negotia gerunt, post pubertatem tutelae judicio rationem reddunt'.

XXI. DE AUCTORITATE TUTORUM[3].

Auctoritas autem tutoris in quibusdam causis necessaria pupillis est, in quibusdam non est necessaria. Ut ecce si quid dari sibi stipulentur, non est necessaria tutoris auctoritas; quod si aliis pupilli promittant, necessaria est; namque placuit meliorem quidem suam condicionem licere eis facere etiam sine tutoris auctoritate, deteriorem vero non aliter quam tutore auctore. Unde in his causis, ex quibus mutuae obligationes nascuntur, in emptionibus venditionibus, locationibus conductionibus, mandatis, depositis, si tutoris auctoritas non interveniat, ipsi quidem qui cum his contrahunt obligantur, at invicem pupilli non obligantur. 1. [4]'Neque tamen hereditatem adire neque bonorum possessionem petere neque hereditatem ex fideicommisso suscipere aliter possunt nisi tutoris auctoritate, quamvis lucrosa sit neque ullum damnum habeat. 2. Tutor autem statim in ipso negotio praesens debet auctor fieri, si hoc pupillo prodesse existimaverit. Post tempus vero aut per epistulam interposita auctoritas nihil agit'. 3. [5]Si inter tutorem pupillumve judicium agendum sit, quia ipse tutor in rem suam auctor esse non potest, non praetorius tutor ut olim constituitur, sed curator in locum ejus datur, quo interveniente judicium peragitur et eo peracto curator esse desinit.

XXII. QUIBUS MODIS TUTELA FINITUR[6].

Pupilli pupillaeque cum puberes esse coeperint, tutela liberantur. Pubertatem autem veteres quidem non solum ex annis, sed etiam ex habitu corporis in masculis aestimari volebant. Nostra autem majestas dignum esse castitate temporum nostrorum bene putavit, quod in feminis et antiquis impudicum esse visum est, id est inspectionem habitudinis corporis, hoc etiam in masculos extendere; et ideo sancta constitutione pro-

---

1. Gaius, 1, 189. — 2. Gaius, 1, 191. — 3. Cf. *D.*, 26, 8. *C.*, 5, 59. — 4. Cf. Gaius, *L. 12 ad ed. prov.*, *D.*, 26, 8, 9, 3-5. — 5. Cf. Gaius, 1, 184.— 6. Cf. Gaius, 1, 170. 173. 182. 187. 194. 196. *D.*, 26, 1, 12. 14-17. *C.*, 5, 60.

mulgata[1] pubertatem in masculis post quartum decimum annum completum ilico initium accipere disposuimus, antiquitatis normam in femininis personis bene positam suo ordine relinquentes, ut post duodecimum annum completum viripotentes esse credantur. 1. Item finitur tutela, si adrogati sint adhuc impuberes vel deportati ; item si in servitutem pupillus redigatur vel ab hostibus fuerit captus. 2. [2]'Sed et si usque ad certam condicionem datus sit testamento, aeque evenit, ut desinat esse tutor existente condicione'. 3. Simili modo finitur tutela morte vel tutorum vel pupillorum. 4. Sed et capitis deminutione tutoris, per quam libertas vel civitas ejus amittitur, omnis tutela perit. Minima autem capitis deminutione tutoris, veluti si se in adoptionem dederit, legitima tantum tutela perit, ceterae non pereunt. Sed pupilli et pupillae capitis deminutio, licet minima sit, omnes tutelas tollit. 5. Praeterea qui ad certum tempus testamento dantur tutores, finito eo deponunt tutelam. 6. Desinunt autem esse tutores, qui vel removentur a tutela ob id quod suspecti visi sunt, vel ex justa causa sese excusant et onus administrandae tutelae deponunt secundum ea quae inferius proponemus.

XXIII. DE CURATORIBUS[3].

Masculi puberes et feminae viripotentes usque ad vicesimum quintum annum completum curatores accipiunt ; qui licet puberes sint, adhuc tamen hujus aetatis sunt, ut negotia sua tueri non possint. 1. Dantur autem curatores ab isdem magistratibus, a quibus et tutores. Sed curator testamento non datur, sed datus confirmatur decreto praetoris vel praesidis. 2. Item inviti adulescentes curatores non accipiunt praeterquam in litem : curator enim et ad certam causam dari potest. 3. Furiosi quoque et prodigi, licet majores viginti quinque annis sint, tamen in curatione sunt adgnatorum ex lege duodecim tabularum. Sed solent Romae praefectus urbis vel praetor et in provinciis praesides ex inquisitione eis dare curatores. 4. Sed et mente captis et surdis et mutis et qui morbo perpetuo laborant, quia rebus suis superesse non possunt, curatores dandi sunt. 5. Interdum autem et pupilli curatores accipiunt, ut puta si legitimus tutor non sit idoneus, quia habenti tutorem tutor dari non potest. Item si testamento datus tutor vel a praetore vel a praeside idoneus non sit ad administrationem nec tamen fraudulenter negotia administrat, solet ei curator adjungi.

1. C., 5, 60, 3. — 2. Cf. Ulp., L. 37 ad Sab., D., 26, 1, 14, 5. — 3. Cf. Gaius, 1, 197-198. D, 26, 5.

Item in locum tutorum, qui non in perpetuum, sed ad tempus a tutela excusantur, solent curatores dari.

6. Quodsi tutor adversa valetudine vel alia necessitate impeditur, quo minus negotia pupilli administrare possit, et pupillus vel absit vel infans sit, quem velit actorem periculo ipsius tutoris praetor vel qui provinciae praeerit decreto constituet.

XXIIII. DE SATISDATIONE TUTORUM ET CURATORUM[1].

[2]'Ne tamen pupillorum pupillarumve et eorum, qui quaeve in curatione sunt, negotia a tutoribus curatoribusve consumantur vel deminuantur, curat praetor, ut et tutores et curatores eo nomine satisdent. Sed hoc non est perpetuum ; nam tutores testamento dati satisdare non coguntur, quia fides eorum et diligentia ab ipso testatore probata est ; item ex inquisitione tutores vel curatores dati satisdatione non onerantur, quia idonei electi sunt'. 1. Sed et si ex testamento vel inquisitione duo pluresve dati fuerint, potest unus offerre satis de indemnitate pupilli vel adulescentis et contutori vel concuratori praeferri, ut solus administret, vel ut contutor satis offerens praeponatur ei, ut ipse solus administret. Itaque per se non potest petere satis a contutore vel concuratore suo, sed offerre debet, ut electionem det contutori suo, utrum velit satis accipere an satis dare. Quodsi nemo eorum satis offerat, si quidem adscriptum fuerit a testatore quis gerat, ille gerere debet ; quodsi non fuerit adscriptum, quem major pars elegerit, ipse gerere debet, ut edicto praetoris cavetur. Sin autem ipsi tutores dissenserint circa eligendum eum vel eos qui gerere debent, praetor partes suas interponere debet. Idem et in pluribus ex inquisitione datis probandum est, id est ut major pars eligere possit, per quem administratio fieret.

2. Sciendum autem est non solum tutores vel curatores pupillis et adultis ceterisque personis ex administratione teneri, sed etiam in eos qui satisdationes accipiunt subsidiariam actionem esse, quae ultimum eis praesidium possit afferre. Subsidiaria autem actio datur in eos, qui vel omnino a tutoribus vel curatoribus satisdari non curaverint aut non idonee passi essent caveri. Quae quidem tam ex prudentium responsis quam ex constitutionibus imperialibus et in heredes eorum extenditur. 3. Quibus constitutionibus et illud exprimitur, ut, nisi caveant tutores vel curatores, pignoribus captis coerceantur.

---

1. Cf. *D.*, 27, 7, 46, 6. *C.*, 5, 42. 57. — 2. Gaius, 1, 199-200.

4. Neque autem praefectus urbis neque praetor neque praeses provinciae neque quis alius cui tutores dandi jus est hac actione tenebitur, sed hi tantummodo qui satisdationem exigere solent.

XXV. DE EXCUSATIONIBUS[1].

Excusantur autem tutores vel curatores variis ex causis: plerumque autem propter liberos, sive in potestate sint sive emancipati. Si enim tres liberos quis superstites Romae habeat vel in Italia quattuor vel in provinciis quinque, a tutela vel cura possunt excusari exemplo ceterorum munerum; nam et tutelam et curam placuit publicum munus esse. Sed adoptivi liberi non prosunt, in adoptionem autem dati naturali patri prosunt. Item nepotes ex filio prosunt, ut in locum patris succedant, ex filia non prosunt. Filii autem superstites tantum ad tutelae vel curae muneris excusationem prosunt, defuncti non prosunt. Sed si in bello amissi sunt, quaesitum est, an prosint. Et constat eos solos prodesse, qui in acie amittuntur; hi enim, quia pro re publica ceciderunt, in perpetuum per gloriam vivere intelleguntur. 1. Item divus Marcus in semestribus rescripsit eum, qui res fisci administrat, a tutela vel cura quamdiu administrat excusari posse. 2. Item qui rei publicae causa absunt, a tutela et cura excusantur. Sed et si fuerunt tutores vel curatores, deinde rei publicae causa abesse coeperunt, a tutela et cura excusantur, quatenus rei publicae causa absunt, et interea curator loco eorum datur. Qui si reversi fuerint, recipiunt onus tutelae nec anni habent vacationem, ut Papinianus responsorum libro quinto scripsit; nam hoc spatium habent ad novas tutelas vocati. 3. Et qui potestatem aliquam habent, excusare se possunt, ut divus Marcus rescripsit, sed coeptam tutelam deserere non possunt. 4. Item propter litem, quam cum pupillo vel adulto tutor vel curator habet, excusare se nemo potest: nisi forte de omnibus bonis vel hereditate controversia sit. 5. Item tria onera tutelae non affectatae vel curae praestant vacationem, quamdiu administrantur: ut tamen plurium pupillorum tutela vel cura eorundem bonorum, veluti fratrum, pro una computetur. 6. Sed et propter paupertatem excusationem tribui tam divi fratres quam per se divus Marcus rescripsit, si quis imparem se oneri injuncto possit docere. 7. Item propter adversam valetudinem, propter quam nec suis quidem negotiis interesse potest, excusatio lo-

---

1. Cf. *D.*, 27, 1. *C.*, 5, 62-69.

cum habet. 8. Similiter eum, qui litteras nesciret, excusandum esse divus Pius rescripsit: quamvis et imperiti litterarum possunt ad administrationem negotiorum sufficere. 9. Item si propter inimicitiam aliquem testamento tutorem pater dederit, hoc ipsum praestat ei excusationem : sicut per contrarium non excusantur, qui se tutelam patri pupillorum administraturos promiserunt. 10. Non esse autem admittendam excusationem ejus, qui hoc solo utitur, quod ignotus patri pupillorum sit, divi fratres rescripserunt. 11. Inimicitiae, quas quis cum patre pupillorum vel adultorum exercuit, si capitales fuerunt nec reconciliatio intervenit, a tutela vel cura solent excusare. 12. Item si quis status controversiam a pupillorum patre passus est, excusatur a tutela. 13. Item major septuaginta annis a tutela vel cura se potest excusare. Minores autem viginti et quinque annis olim quidem excusabantur; a nostra autem constitutione[1] prohibentur ad tutelam vel curam aspirare, adeo ut nec excusatione opus fiat. Qua constitutione cavetur, ut nec pupillus ad legitimam tutelam vocetur nec adultus, cum erat incivile eos, qui alieno auxilio in rebus suis administrandis egere noscuntur et sub aliis reguntur, aliorum tutelam vel curam subire. 14. Idem et in milite observandum est, ut nec volens ad tutelae munus admittatur. 15. Item Romae grammatici rhetores et medici et qui in patria sua id exercent et intra numerum sunt, a tutela vel cura habent vacationem.

16[2]. 'Qui autem se vult excusare, si plures habeat excusationes et de quibusdam non probaverit, aliis uti intra tempora non prohibetur'. Qui excusare se volunt, non appellant; sed intra dies quinquaginta continuos, ex quo cognoverunt, excusare se debent (cujuscumque generis sunt, id est qualitercumque dati fuerint tutores), si intra centesimum lapidem sunt ab eo loco, ubi tutores dati sunt; si vero ultra centesimum habitant, dinumeratione facta viginti millium diurnorum et amplius triginta dierum. Quod tamen, ut Scaevola dicebat, sic debet computari, ne minus sint quam quinquaginta dies. 17. Datus autem tutor ad universum patrimonium datus esse creditur. 18. Qui tutelam alicujus gessit, invitus curator ejusdem fieri non compellitur, in tantum ut, licet pater, qui testamento tutorem dederit, adjecit se eundem curatorem dare, tamen invitum eum curam suscipere non cogendum divi Severus et Antoninus rescripserunt. 19. Idem rescripserunt maritum uxori suae curatorem datum excusare se posse, licet se immisceat.

1. *C.*, 5, 30, 5. — 2. Marcien, *L. 2 inst.*, *D.*, 27, 1, 21, 1.

20. Si quis autem falsis allegationibus excusationem tutelae meruit, non est liberatus onere tutelae.

XXVI. DE SUSPECTIS TUTORIBUS ET CURATORIBUS[1].

[2]'Sciendum est suspecti crimen e lege duodecim tabularum descendere. 1. Datum est autem jus removendi suspectos tutores Romae praetori et in provinciis praesidibus earum et legato proconsulis. 2. Ostendimus, qui possunt de suspecto cognoscere : nunc videamus, qui suspecti fieri possunt. Et quidem omnes tutores possunt, sive testamentarii sint sive non, sed alterius generis tutores. Quare et si legitimus sit tutor, accusari poterit. Quid si patronus? Adhuc idem erit dicendum, dummodo meminerimus famae patroni parcendum, licet ut suspectus remotus fuerit. 3. Consequens est, ut videamus, qui possint suspectos postulare. Et sciendum est quasi publicam esse hanc actionem, hoc est omnibus patere. Quin immo et mulieres admittuntur ex rescripto divorum Severi et Antonini, sed hae solae, quae pietatis necessitudine ductae ad hoc procedunt, ut puta mater : nutrix quoque et avia possunt, potest et soror : sed et si qua mulier fuerit, cujus praetor perpensam pietatem intellexerit non sexus verecundiam egredientis, sed pietate productam non continere injuriam pupillorum, admittit eam ad accusationem'. 4. Impuberes non possunt tutores suos suspectos postulare, puberes autem curatores suos ex consilio necessariorum suspectos possunt arguere : et ita divi Severus et Antoninus rescripserunt. 5. Suspectus est autem, qui non ex fide tutelam gerit, licet solvendo est, ut et Julianus quoque scripsit; sed et ante, quam incipiat gerere tutelam tutor, posse eum quasi suspectum removeri idem Julianus scripsit et secundum eum constitutum est. 6. Suspectus autem remotus, si quidem ob dolum, famosus est, si ob culpam, non aeque. 7. Si quis autem suspectus postulatur, quoad cognitio finiatur, interdicitur ei administratio, ut Papiniano visum est. 8. Sed si suspecti cognitio suscepta fuerit posteaque tutor vel curator decesserit, extinguitur cognitio suspecti. 9. Si quis tutor copiam sui non faciat, ut alimenta pupillo decernantur, cavetur epistula divorum Severi et Antonini[3], ut in possessionem bonorum ejus pupillus mittatur; et quae mora deteriora futura sunt, dato curatore distrahi jubentur. Ergo ut suspectus removeri poterit qui non praestat alimenta. 10. Sed si quis praesens negat propter inopiam alimenta posse decerni,

---

1. Cf. D., 26, 10. C., 5, 43. — 2. Cf. Ulp., L. 35 ad ed., D., 26, 10, 1, 2-7. — 3. Cf. D., 26, 10, 7, 2.

si hoc per mendacium dicat, remittendum eum esse ad praefectum urbis puniendum placuit, sicut ille remittitur, qui data pecunia ministerium tutelae redemit. 11. [1]'Libertus quoque, si fraudulenter gessisse tutelam filiorum vel nepotum patroni probetur, ad praefectum urbis remittitur puniendus'. 12. Novissime sciendum est eos, qui fraudulenter tutelam vel curam administrant, etiamsi satis afferant, removendos a tutela, [2]'quia satisdatio propositum tutoris malevolum non mutat, sed diutius grassandi in re familiari facultatem praestat'. 13. [3]'Suspectum enim eum putamus, qui moribus talis est, ut suspectus sit : enimvero tutor vel curator, quamvis pauper est, fidelis tamen et diligens, removendus non est quasi suspectus'.

LIBER SECUNDUS.

I. DE RERUM DIVISIONE[4].

[5]'Superiore libro de jure personarum exposuimus ; modo videamus de rebus ; quae vel in nostro patrimonio vel extra nostrum patrimonium habentur'. [6]'Quaedam enim naturali jure communia sunt omnium, quaedam publica, quaedam universitatis, quaedam nullius, pleraque singulorum, quae variis ex causis cuique adquiruntur, sicut ex subjectis apparebit.

1. Et quidem naturali jure communia sunt omnium haec: aer et aqua profluens et mare et per hoc litora maris. Nemo igitur ad litus maris accedere prohibetur, dum tamen villis et monumentis et aedificiis abstineat, quia non sunt juris gentium, sicut et mare. 2. Flumina autem omnia et portus publica sunt : ideoque jus piscandi omnibus commune est in portu fluminibusque. 3. Est autem litus maris, quatenus hibernus fluctus maximus excurrit. 4. [7]'Riparum quoque usus publicus est juris gentium, sicut ipsius fluminis. Itaque navem ad eas appellere, funes ex arboribus ibi natis religare, onus aliquid in his reponere cuilibet liberum est, sicuti per ipsum flumen navigare. Sed proprietas earum illorum est, quorum praediis haerent: qua de causa arbores quoque in isdem natae eorundem sunt'. 5. Litorum quoque usus publicus juris gentium est, sicut ipsius maris : et ob id quibuslibet liberum est casam ibi imponere, in qua se recipiant, sicut retia siccare et ex mare deducere.

---

1. Ulp., *L. 1 de omm. trib.*, D., 26, 10, 2. — 2. Callistrate, *L. 4 de cogn.*, D., 26, 10, 6. - 3. Ulp., *L. 61 ad ed.*, D., 26, 10, 8. — 4. Cf. Gaius, 2, 1-11. 19-21. 41. 65-79. D., 1, 8. 41, 1. — 5. Gaius, 2, 1. — 6. Murcien, *L. 3, inst.*, D., 1, 8, 2. 4. — 7. Gaius, *L. 2 rer. cott.*, D., 1, 8, 5.

Proprietas autem eorum potest intellegi nullius esse, sed ejusdem juris esse, cujus et mare et quae subjacent mari, terra vel harena. 6. ¹'Universitatis sunt, non singulorum veluti quae in civitatibus sunt, ut theatra stadia et similia et si qua alia sunt communia civitatium'.

7. Nullius autem sunt res sacrae et religiosae et sanctae: quod enim divini juris est, id nullius in bonis est. 8. Sacra sunt, quae rite et per pontifices deo consecrata sunt, veluti aedes sacrae et dona, quae rite ad ministerium dei dedicata sunt, quae etiam per nostram constitutionem² alienari et obligari prohibuimus, excepta causa redemptionis captivorum. Si quis vero auctoritate sua quasi sacrum sibi constituerit, sacrum non est, sed profanum. Locus autem, in quo sacrae aedes aedificatae sunt, etiam diruto aedificio adhuc sacer manet, ut et Papinianus scripsit³. 9. ⁴'Religiosum locum unusquisque sua voluntate facit, dum mortuum infert in locum suum. In communem autem locum purum invito socio inferre non licet. In commune vero sepulcrum etiam invitis ceteris licet inferre. Item si alienus usus fructus est, proprietarium placet nisi consentiente usufructuario locum religiosum non facere. In alienum locum concedente domino licet inferre: et licet postea ratum habuerit, quam illatus est mortuus, tamen religiosus locus fit'. 10. ⁵'Sanctae quoque res, veluti muri et portae, quodammodo divini juris sunt et ideo nullius in bonis sunt'. Ideo autem muros sanctos dicimus, quia poena capitis constituta sit in eos, qui aliquid in muros deliquerint. Ideo et legum eas partes, quibus poenas constituimus adversus eos qui contra leges fecerint, sanctiones vocamus.

11⁶. Singulorum autem hominum multis modis res fiunt: quarundam enim rerum dominium nanciscimur jure naturali, quod, sicut diximus, appellatur jus gentium, quarundam jure civili. Commodius est itaque a vetustiore jure incipere. Palam est autem vetustius esse naturale jus, quod cum ipso genere humano rerum natura prodidit: civilia enim jura tunc coeperunt, cum et civitates condi et magistratus creari et leges scribi coeperunt.

12. ⁷'Ferae igitur bestiae et volucres et pisces, id est omnia animalia, quae in terra mari caelo nascuntur, simulatque ab aliquo capta fuerint, jure gentium statim illius esse incipiunt:

---

1. Marcien, *L.* 3 *inst., D.*, 1, 8, 6, 1. — 2. *C.*, 1, 2, 21. — 3. Papinien, *L.* 3 *resp., D.*, 18, 1, 73, *pr.* = *F. V.*, 5. — 4. Marcien, *l. c., D.*, 1, 8, 6, 4. — 5. Gaius, 2, 8. 9 (*D.*, 1, 8, 1, *pr*). — 6. Cf. Gaius, *L.* 2 *rer. cott., D.*, 41, 1, 1, *pr.* — 7. Gaius, *L.* 2 *rer. cott., D.*, 41, 1, 1. 3. 5. 7, *pr.*

quod enim ante nullius est, id naturali ratione occupanti conceditur. Nec interest, feras bestias et volucres utrum in suo fundo quisque capiat an in alieno. Plane qui in alienum fundum ingreditur venandi aut aucupandi gratia, potest a domino, si is providerit, prohiberi ne ingrediatur. Quidquid autem eorum ceperis, eo usque tuum esse intellegitur, donec tua custodia coercetur; cum vero evaserit custodiam tuam et in naturalem libertatem se receperit, tuum esse desinit et rursus occupantis fit. Naturalem autem libertatem recipere intellegitur, cum vel oculos tuos effugerit vel ita sit in conspecto tuo, ut difficilis sit ejus persecutio. 13. Illud quaesitum est, an, si fera bestia ita vulnerata sit, ut capi possit, statim tua esse intellegatur. Quibusdam placuit statim tuam esse et eo usque tuam videri, donec eam persequaris, quod si desieris persequi, desinere tuam esse et rursus fieri occupantis. Alii non aliter putaverunt tuam esse, quam si ceperis. Sed posteriorem sententiam nos confirmamus, quia multa accidere solent, ut eam non capias. 14. Apium quoque natura fera est. Itaque quae in arbore tua consederint, antequam a te alveo includantur, non magis tuae esse intelleguntur quam volucres, quae in tua arbore nidum fecerint : ideoque si alius eas incluserit, is earum dominus erit. Favos quoque si quos hae *f*ecerint, quilibet eximere potest. Plane integra re si provideris ingredientem in fundum tuum, potes eum jure prohibere ne ingrediatur. Examen, quod ex alveo tuo evolaverit, eo usque tuum esse intellegitur, donec in conspectu tuo est nec difficilis ejus persecutio est : alioquin occupantis fit. 15. Pavonum et columbarum fera natura est. Nec ad rem pertinet, quod ex consuetudine avolare et revolare solent; nam et apes idem faciunt, quarum constat feram esse naturam. Cervos quoque ita quidam mansuetos habent, ut in silvas ire et redire soleant, quorum et ipsorum feram esse naturam nemo negat. In his autem animalibus, quae ex consuetudine abire et redire solent, talis regula comprobata est, ut eo usque tua esse intellegantur, donec animum revertendi habeant; nam si revertendi animum habere desierint, etiam tua esse desinunt et fiunt occupantium. Revertendi autem animum videntur desinere habere, cum revertendi consuetudinem deseruerint. 16. Gallinarum et anserum non est fera natura idque eo possumus intellegere, quod aliae sunt gallinae, quas feras vocamus, item alii anseres, quos feros appellamus. Ideoque si anseres tui aut gallinae tuae aliquo casu turbati turbataeve evolaverint, licet conspectum tuum effugerint, quocumque tamen loco sint, tui tuaeve esse intelleguntur : et qui lucrandi animo ea animalia retinet, furtum committere intellegitur. 17. Item ea, quae ex hostibus capimus, jure gentium statim nostra fiunt : adeo quidem, ut et liberi homines in servitutem nostram deducantur : qui tamen, si evaserint nostram potestatem et ad suos reversi fuerint, pristinum statum recipiunt'. 18. [1]'Item lapilli gemmae et cetera, quae in litore inveniuntur, jure naturali statim inventoris fiunt'. 19. [2]'Item ea, quae ex animalibus dominio tuo subjectis nata sunt, eodem jure tibi adquiruntur'.

20. [3]'Praeterea quod per alluvionem agro tuo flumen adjecit, jure gentium tibi adquiritur. Est autem alluvio incrementum latens. Per alluvionem autem id videtur adjici, quod ita paulatim adjicitur, ut intellegere non possis, quantum quoquo momento temporis adjiciatur. 21. Quodsi vis fluminis partem aliquam ex tuo praedio detraxerit et vicini praedio appulerit, palam est eam tuam permanere. Plane si longiore tempore fundo vicini haeserit arboresque, quas secum traxerit, in eum fundum radices egerint, ex eo tempore videntur vicini fundo adquisitae esse. 22. Insula, quae in mari nata est, quod raro accidit, occupantis fit ; nullius enim esse creditur. At in flumine nata, quod frequenter accidit, si quidem mediam partem fluminis teneat, communis est eorum, qui ab utraque parte fluminis prope ripam praedia possident, pro modo latitudinis cujusque fundi, quae latitudo prope ripam sit. Quodsi alteri parti proximior sit, eorum est tantum, qui ab ea parte prope ripam praedia possident. Quodsi aliqua parte divisum flumen, deinde infra unitum agrum alicujus in formam insulae redegerit, ejusdem permanet is ager, cujus et fuerat. 23. Quodsi naturali alveo in universum derelicto alia parte fluere coeperit, prior quidem alveus eorum est, qui propre ripam ejus praedia possident, pro modo scilicet latitudinis cujusque agri, quae latitudo prope ripam sit, novus autem alveus ejus juris esse incipit, cujus et ipsum flumen, id est publicus. Quodsi post aliquod tempus ad priorem alveum reversum fuerit flumen, rursus novus alveus eorum esse incipit, qui prope ripam ejus praedia possident. 24. Alia sane causa est, si cujus totus ager inundatus fuerit. Neque enim inundatio speciem fundi commutat et ob id, si recesserit aqua, palam est eum fundum ejus manere, cujus et fuit'.

25. [4]'Cum ex aliena materia species aliqua facta sit ab

---

1. Florentinus, *L. 6 inst.*, *D.*, 1, 8, 3. — 2. Florentinus, *l. c.*, *D.*, 41, 1, 6. — 3. Gaius, *L. 2 rer. cott.*, *D.*, 41, 1, 7, 1-6. — 4. Cf. Gaius, *l. c.*, *D.*, 41, 1, 7, 7.

aliquo, quaeri solet, quis eorum naturali ratione dominus sit, utrum is qui fecerit, an ille potius qui materiae dominus fuerit: ut ecce si quis ex alienis uvis aut olivis aut spicis vinum aut oleum aut frumentum fecerit, aut ex alieno auro vel argento vel aere vas aliquod fecerit, vel ex alieno vino et melle mulsum miscuerit, vel ex alienis medicamentis emplastrum aut collyrium composuerit, vel ex aliena lana vestimentum fecerit, vel ex alienis tabulis navem vel armarium vel subsellium fabricaverit. Et post multas Sabinianorum et Proculianorum ambiguitates placuit media sententia existimantium, si ea species ad materiam reduci possit, eum videri dominum esse, qui materiae dominus fuerat, si non possit reduci, eum potius intellegi dominum qui fecerit : ut ecce vas conflatum potest ad rudem massam aeris vel argenti vel auri reduci, vinum autem aut oleum aut frumentum ad uvas et olivas et spicas reverti non potest ac ne mulsum quidem ad vinum et mel resolvi potest'. Quodsi partim ex sua materia, partim ex aliena speciem aliquam fecerit quisque, veluti ex suo vino et alieno melle mulsum aut ex suis et alienis medicamentis emplastrum aut collyrium aut ex sua et aliena lana vestimentum fecerit, dubitandum non est hoc casu eum esse dominum qui fecerit, cum non solum operam suam dedit, sed et partem ejusdem materiae praestavit. 26. Si tamen alienam purpuram quis intexuit suo vestimento, licet pretiosior est purpura, accessionis vice cedit vestimento : et qui dominus fuit purpurae, adversus eum qui subripuit habet furti actionem et condictionem, sive ipse est qui vestimentum fecit, sive alius. Nam [1]'extinctae res licet vindicari non possint, condici tamen a furibus et a quibusdam aliis possessoribus possunt'. 27. Si duorum materiae ex voluntate dominorum confusae sint, totum id corpus, quod ex confusione fit, utriusque commune est, veluti si qui vina sua confuderint aut massas argenti vel auri conflaverint. Sed *et* si diversae materiae sint et ob id propria species facta sit, forte ex vino et melle mulsum aut ex auro et argento electrum, idem juris est : nam et eo casu communem esse speciem non dubitatur. Quodsi fortuitu et non voluntate dominorum confusae fuerint vel diversae materiae vel quae ejusdem generis sunt, idem juris esse placuit. 28. Quodsi frumentum Titii tuo frumento mixtum fuerit, si quidem ex voluntate vestra, commune erit, quia singula corpora, id est singula grana, quae cujusque propria fuerunt, ex consensu vestro communicata sunt. Quodsi casu id mixtum fuerit vel Titius id miscuerit sine voluntate tua, non videtur

1. Gaius, 2, 79.

commune esse, quia singula corpora in sua substantia durant
nec magis istis casibus commune fit frumentum, quam grex
communis esse intellegitur, si pecora Titii tuis pecoribus mixta
fuerint; sed si ab alterutro vestrum id totum frumentum reti-
neatur, in rem quidem actio pro modo frumenti cujusque competat, arbitrio autem judicis continetur, ut is aestimet, quale
cujusque frumentum fuerit. 29. [1]"Cum in suo solo aliquis aliena
materia aedificaverit, ipse dominus intellegitur aedificii, quia
omne quod inaedificatur solo cedit. Nec tamen ideo is, qui
materiae dominus fuerat, desinit ejus dominus esse ; sed tantisper neque vindicare eam potest neque ad exhibendum de ea
re agere propter legem duodecim tabularum, qua cavetur, ne
quis tignum alienum aedibus suis injunctum eximere cogatur,
sed duplum pro eo praestet per actionem, quae vocatur de
tigno juncto (appellatione autem tigni omnis materia significatur, ex qua aedificia fiunt) : quod ideo provisum est, ne
aedificia rescindi necesse sit. Sed si aliqua ex causa dirutum
sit aedificium, poterit materiae dominus, si non fuerit duplum
jam persecutus, tunc eam vindicare et ad exhibendum agere.
30. Ex diverso si quis in alieno solo sua materia domum aedificaverit, illius fit domus, cujus et solum est. Sed hoc casu materiae dominus proprietatem ejus amittit, quia voluntate ejus
alienata intellegitur, utique si non ignorabat in alieno solo se
aedificare : et ideo, licet diruta sit domus, vindicare materiam
non possit. Certe illud constat, si in possessione constituto
aedificatore soli dominus petat domum suam esse nec solvat
pretium materiae et mercedes fabrorum, posse eum per exceptionem doli mali repelli, utique si bonae fidei possessor
fuit qui aedificasset ; nam scienti alienum esse solum potest
culpa objici, quod temere aedificaverit in eo solo, quod intelle-
geret alienum esse. 31. Si Titius alienam plantam in suo solo
posuerit, ipsius erit, et ex diverso si Titius suam plantam in
Maevii solo posuerit, Maevii planta erit, si modo utroque casu
radices egerit. Antequam autem radices egerit, ejus permanet,
cujus et fuerat. Adeo autem ex eo, ex quo radices agit planta,
proprietas ejus commutatur, ut, si vicini arborem ita terra[2]
Titii presserit, ut in ejus fundum radices ageret, Titii effici
arborem dicimus ; rationem etenim non permittere, ut alterius
arbor esse intellegatur, quam cujus in fundum radices egisset.
Et ideo prope confinium arbor posita si etiam in vicini fun-

---

1. Gaius, L. 2 *rer. cott.*, D., 41, 1, 7, 10. 12. 13. — 2. Pellat, Accarias : 'ar-
bar ita terram'; D.: 'si vicini arborem ita terra presserim'.

dum radices egerit, communis fit'. 32. [1]'Qua ratione autem plantae, quae terra coalescunt, solo cedunt, eadem ratione frumenta quoque, quae sata sunt, solo cedere intelleguntur. Ceterum sicut is, qui in alieno solo aedificaverit, si ab eo dominus petat aedificium, defendi potest per exceptionem doli mali secundum ea quae diximus, ita ejusdem exceptionis auxilio tutus esse potest is, qui alienum fundum sua impensa bona fide consevit. 33. Litterae quoque, licet aureae sint, perinde chartis membranisque cedunt, acsi solo cedere solent ea quae inaedificantur aut inseruntur : ideoque si in chartis membranisve tuis carmen vel historiam vel orationem Titius scripserit, hujus corporis non Titius, sed tu dominus esse judiceris. Sed si a Titio petas tuos libros tuasve membranas esse nec impensam scripturae solvere paratus sis, poterit se Titius defendere per exceptionem doli mali, utique si bona fide earum chartarum membranarumve possessionem nanctus est'. 34. Si quis in aliena tabula pinxerit, quidam putant tabulam picturae cedere; aliis videtur picturam, qualiscumque sit, tabulae cedere. Sed nobis videtur melius esse tabulam picturae cedere ; ridiculum est enim picturam Apellis vel Parrhasii in accessionem vilissimae tabulae cedere. [2]'Unde si a domino tabulae imaginem possidente is qui pinxit eam petat nec solvat pretium tabulae, poterit per exceptionem doli mali summoveri ; at si is qui pinxit possideat, consequens est ut utilis actio domino tabulae adversus eum detur, quo casu, si non solvat impensam picturae, poterit per exceptionem doli mali repelli, utique si bona fide possessor fuerit ille qui picturam imposuit. Illud enim palam est, quod, sive is qui pinxit subripuit tabulas sive alius, competit domino tabularum furti actio'.

35. Si quis a non domino, quem dominum esse crederet, bona fide fundum emerit vel ex donatione aliave qua justa causa aeque bona fide acceperit, naturali ratione placuit fructus quos percepit ejus esse pro cultura et cura. Et ideo si postea dominus supervenerit et fundum vindicet, de fructibus ab eo consumptis agere non potest. Ei vero, qui sciens alienum fundum possederit, non idem concessum est. Itaque cum fundo etiam fructus, licet consumpti sint, cogitur restituere. 36. Is, ad quem usus fructus fundi pertinet, non aliter fructuum dominus efficitur, quam si eos ipse perceperit. Et ideo licet maturis fructibus, nondum tamen perceptis decesserit, ad heredem ejus non pertinent, sed domino proprietatis adquiruntur.

---

1. Gaius, *L.* 2 *rer. cott.*, *D.*, 41, 1, 9, *pr.* 1. — 2. Gaius, 2, 78.

Eadem fere et de colono dicuntur. 37. ¹'In pecudum fructu etiam fetus est, sicuti lac et pilus et lana. Itaque agni et haedi et vituli et equuli statim naturali jure dominii sunt fructuarii. Partus vero ancillae in fructu non est itaque ad dominum proprietatis pertinet; absurdum enim videbatur hominem in fructu esse, cum omnes fructus rerum natura hominum gratia comparavit'. 38. Sed si gregis usum fructum quis habeat, in locum demortuorum capitum ex fetu fructuarius summittere debet, ut et Juliano² visum est, et in vinearum demortuarum vel arborum locum alias debet substituere. Recte enim colere debet et quasi bonus pater familias uti debet.

39. Thesauros, quos quis in suo loco invenerit, divus Hadrianus naturalem aequitatem secutus ei concessit qui invenerit. Idemque statuit, si quis in sacro aut in religioso loco fortuito casu invenerit. At si quis in alieno loco non data ad hoc opera, sed fortuitu invenerit, dimidium domino soli concessit. Et convenienter, si quis in Caesaris loco invenerit, dimidium inventoris, dimidium Caesaris esse statuit. Cui conveniens est, ut, si quis in publico loco vel fiscali invenerit, dimidium ipsius esse, dimidium fisci vel civitatis.

40. ³'Per traditionem quoque jure naturali res nobis adquiruntur: nihil enim tam conveniens est naturali aequitati, quam voluntatem domini, volentis rem suam in alium transferre, ratam haberi'. Et ideo cujuscumque generis sit corporalis res, tradi potest et a domino tradita alienatur. Itaque stipendiaria quoque et tributaria praedia eodem modo alienantur. Vocantur autem stipendiaria et tributaria praedia, quae in provinciis sunt, inter quae nec non Italica praedia ex nostra constitutione⁴ nulla differentia est. 41. Sed si quidem ex causa donationis aut dotis aut qualibet alia ex causa tradantur, sine dubio transferuntur : venditae vero et traditae non aliter emptori adquiruntur, quam si is venditori pretium solverit vel alio modo ei satisfecerit, veluti expromissore aut pignore dato. Quod cavetur quidem etiam lege duodecim tabularum : tamen recte dicitur et jure gentium, id est jure naturali, id effici. Sed si is qui vendidit fidem emptoris secutus fuerit, dicendum est statim rem emptoris fieri. 42. ⁵'Nihil autem interest, utrum ipse dominus tradat alicui rem, an voluntate ejus alius. 43. Qua ratione, si cui libera negotiorum administratio a domino permissa fuerit isque ex his negotiis rem ven-

---

1. Gaius, L. 2 rer. cott., D., 22, 1, 28. — 2. Cf. Ulp., L. 17 ad Sab., D., 7, 1, 70, 1. 5. — 3. Gaius, L. 2 rer. cott., D., 41, 1, 9, 3. — 4. C., 7, 31, 1. — 5. Gaius, L. 2 rer. cott. D., 41, 1, 9, 4-7.

diderit et tradiderit, facit eam accipientis. 44. Interdum etiam sine traditione nuda voluntas sufficit domini ad rem transferendam, veluti si rem, quam tibi aliquis commodavit aut locavit aut apud te deposuit, vendiderit tibi aut donaverit. Quamvis enim ex ea causa tibi eam non tradiderit, eo tamen ipso, quod patitur tuam esse, statim adquiritur tibi proprietas perinde ac si eo nomine tradita fuisset. 45. Item si quis merces in horreo depositas vendiderit, simul atque claves horrei tradiderit emptori, transfert proprietatem mercium ad emptorem. 46. Hoc amplius interdum et in incertam personam collocata voluntas domini transfert rei proprietatem : ut ecce praetores vel consules, qui missilia jactant in vulgus, ignorant, quid eorum quisque excepturus sit, et tamen, quia volunt quod quisque exceperit ejus esse, statim eum dominum efficiunt'. 47. Qua ratione verius esse videtur et, si rem pro derelicto a domino habitam occupaverit quis, statim eum dominum effici. Pro derelicto autem habetur, quod dominus ea mente abjecerit, ut id rerum suarum esse nollet, ideoque statim dominus esse desinit. 48. ¹'Alia causa est earum rerum, quae in tempestate maris levandae navis causa ejiciuntur. Hae enim dominorum permanent, quia palam est eas non eo animo ejici, quo quis eas habere non vult, sed quo magis cum ipsa nave periculum maris effugiat : qua de causa si quis eas fluctibus expulsas vel etiam in ipso mari nactus lucrandi animo abstulerit, furtum committit'. Nec longe discedere videntur ab his, quae de rheda currente non intellegentibus dominis cadunt.

II. — DE REBUS INCORPORALIBUS.

²'Quaedam praeterea res corporales sunt, quaedam incorporales. 1. Corporales eae sunt, quae sui natura tangi possunt : veluti fundus homo vestis aurum argentum et denique aliae res innumerabiles. 2. Incorporales autem sunt, quae tangi non possunt ; qualia sunt ea quae in jure consistunt : sicut hereditas, usus fructus, [usus] obligationes quoquo modo contractae. Nec ad rem pertinet, quod in hereditate res corporales continentur ; nam et fructus, qui ex fundo percipiuntur, corporales sunt et id, quod ex aliqua obligatione nobis debetur, plerumque corporale est, veluti fundus homo pecunia : nam ipsum jus hereditatis et ipsum jus utendi fruendi et ipsum jus obligationis incorporale est. 3. Eodem numero sunt jura praediorum urbanorum et rusticorum', quae etiam servitutes vocantur.

---

1. Gaius, L. 2 *rer. cott.* D., 41, 1, 9, 8. — 2. Gaius, 2, 12-14 (D., 1, 8, 1, 1).

III. De servitutibus[1].

[2]'Rusticorum praediorum jura sunt haec : iter actus via aquae ductus. Iter est jus eundi ambulandi homini, non etiam jumentum agendi vel vehiculum. Actus est jus agendi vel jumentum vel vehiculum. Itaque qui iter habet, actum non habet. Qui actum habet, et iter habet eoque uti potest etiam sine jumento. Via est jus eundi et agendi et ambulandi; nam et iter et actum in se via continet. Aquae ductus est jus aquae ducendae per fundum alienum'. 1. [3]'Praediorum urbanorum sunt servitutes, quae aedificiis inhaerent, ideo urbanorum praediorum dictae, quoniam aedificia omnia urbana praedia appellantur, etsi in villa aedificata sunt. Item praediorum urbanorum servitutes sunt hae : ut vicinus onera vicini sustineat ; ut in parietem ejus liceat vicino tignum immittere ; ut stillicidium vel flumen recipiat quis in aedes suas vel in aream[4], vel non recipiat ; et ne altius tollat quis aedes suas, ne luminibus vicini officiatur. 2. [5]'In rusticorum praediorum servitutes quidam computari recte putant aquae haustum, pecoris ad aquam adpulsum, jus pascendi, calcis coquendae, harenae fodiendae.

3. Ideo autem hae servitutes praediorum appellantur, quoniam sine praediis constitui non possunt. Nemo enim potest servitutem adquirere urbani vel rustici praedii, nisi qui habet praedium, nec quisquam debere, nisi qui habet praedium'. 4. Si quis velit vicino aliquod jus constituere, pactionibus atque stipulationibus id efficere debet. [6]'Potest etiam in testamento quis heredem suum damnare, ne altius tollat, ne luminibus aedium vicini officiat, vel ut patiatur eum tignum in parietem immittere vel stillicidium habere, vel ut patiatur eum per fundum ire agere aquamve ex eo ducere'.

IIII. De usu fructu[7].

[8]'Usus fructus est jus alienis rebus utendi fruendi salva rerum substantia'. [9]'Est enim jus in corpore : quo sublato et ipsum tolli necesse est'. 1. Usus fructus a proprietate separationem recipit idque plurimis modis accidit. Ut ecce si quis alicui usum fructum legaverit, nam heres nudam habet pro-

---

1. Cf. D., 8. C., 3, 34. — 2. Ulp. L. 2 inst., D., 8, 3, 1, pr. — 3. Cf. Ulp., l. c. D., 8, 4, 1, pr. — 4. Les mss. inférieurs ajoutent : 'vel in cloacam'. — 5. Ulp., l. c., D., 8, 3, 1, 1. 8, 4, 1, 1. — 6. Gaius, L. 2 rer. cott., D., 8, 4, 16. D., 7, 1, 1. — 7. Cf. Gaius, 2, 30,33. D., 7, 1. 4. 5. 33, 2. C., 3, 33. — 8. Paul, L. 3 ad Vitell. D., 7, 1, 1. — 9. Celse, L. 18 Dig., D., 7, 1, 2.

prietatem, legatarius usum fructum, et contra si fundum legaverit deducto usu fructu, legatarius nudam habet proprietatem, heres vero usum fructum ; item alii usum fructum, alii deducto eo fundum legare potest. [1]"Sine testamento vero si quis velit alii usum fructum constituere, pactionibus et stipulationibus id efficere debet. Ne tamen in universum inutiles essent proprietates semper abscedente usu fructu, placuit certis modis extingui usum fructum et ad proprietatem reverti. 2. Constituitur autem usus fructus non tantum in fundo et aedibus, verum etiam in servis et jumentis ceterisque rebus' exceptis his quae ipso usu consumuntur : nam eae neque naturali ratione neque civili recipiunt usum fructum. Quo numero sunt vinum oleum frumentum vestimenta. Quibus proxima est pecunia numerata; namque in ipso usu adsidua permutatione quodammodo extinguitur. Sed utilitatis causa senatus censuit posse etiam rerum usum fructum constitui, ut tamen eo nomine heredi utiliter caveatur. Itaque si pecuniae usus fructus legatus sit, ita datur legatario, ut ejus fiat, et legatarius satisdat heredi de tanta pecunia restituenda, si morietur aut capite minuetur. Ceterae quoque res ita traduntur legatario, ut ejus fiant ; sed aestimatis his satisdatur, ut, si morietur aut capite minuetur, tanta pecunia restituatur, quanti eae fuerint aestimatae. Ergo senatus non fecit quidem earum rerum usum fructum (nec enim poterat), sed per cautionem quasi usum fructum constituit. 3. Finitur autem usus fructus morte fructuarii et duabus capitis deminutionibus, maxima et media, et non utendo per modum et tempus. Quae omnia nostra statuit constitutio[2]. Item finitur usus fructus, si domino proprietatis ab usufructuario cedatur (nam extraneo cedendo nihil agitur): vel ex contrario si fructuarius proprietatem rei adquisierit, quae res consolidatio appellatur. Eo amplius constat, si aedes incendio consumptae fuerint vel etiam terrae motu aut vitio suo corruerint, extingui usum fructum et ne areae quidem usum fructum deberi. 4. Cum autem finitus fuerit usus fructus, revertitur scilicet ad proprietatem et ex eo tempore nudae proprietatis dominus incipit plenam habere in potestatem.

V. De usu et habitatione[3].

Isdem istis modis, quibus usus fructus constituitur, etiam nudus usus constitui solet isdemque illis modis finitur, quibus et usus fructus desinit. 1. Minus autem scilicet juris in usu est

---

1. Gaius, *L. 2 rer. cott.*, D., 7, 1, 3. — 2. C., 3, 33, 16. — 3. Cf. D., 7, 8. 33,2. C., 3, 33.

quam in usu fructu. Namque is, qui fundi nudum usum habet, nihil ulterius habere intellegitur, quam ut oleribus pomis floribus feno stramentis lignis ad usum cottidianum utatur: [1]'in eoque fundo hactenus ei morari licet, ut neque domino fundi molestus sit neque his, per quos opera rustica fiunt, impedimento sit, nec ulli alii jus quod habet aut vendere aut locare aut gratis concedere potest', cum is qui usum fructum habet potest haec omnia facere. 2. Item is, qui aedium usum habet, hactenus juris habere intellegitur, ut ipse tantum habitet, nec hoc jus ad alium transferre potest, et vix receptum videtur, ut hospitem ei recipere liceat. Et cum uxore sua liberisque suis, item libertis nec non aliis liberis personis, quibus non minus quam servis utitur, habitandi jus habeat: et convenienter si ad mulierem usus aedium pertineat, cum marito *ei* habitare liceat. 3. Item *is*, ad quem servi usus pertinet, ipse tantum operis atque ministerio ejus uti potest: ad alium vero nullo modo jus suum transferre ei concessum est. Idem scilicet juris est et in jumento. 4. Sed si pecoris vel ovium usus legatus fuerit, neque lacte neque agnis neque lana utetur usuarius, quia ea in fructu sunt. Plane ad stercorandum agrum suum pecoribus uti potest.

5. Sed si cui habitatio legata sive aliquo modo constituta sit, neque usus videtur neque usus fructus, sed quasi proprium aliquod jus. Quam habitationem habentibus propter rerum utilitatem secundum Marcelli sententiam nostra decisione[2] promulgata permisimus non solum in ea degere, sed etiam aliis locare.

6. Haec de servitutibus et usu fructu et usu et habitatione dixisse sufficiat. De hereditate autem et de obligationibus suis locis proponamus. Exposuimus summatim, quibus modis jure gentium res adquiruntur: modo videamus, quibus modis legitimo et civili jure adquiruntur.

VI. DE USUCAPIONIBUS ET LONGI TEMPORIS POSSESSIONIBUS[3].

Jure civili constitutum fuerat, ut qui bona fide ab eo, qui dominus non erat, cum crediderit eum dominum esse, rem emerit, vel ex donatione aliave qua justa causa acceperit, is eam rem, si mobilis erat, anno ubique, si immobilis, biennio tantum in Italico solo usucapiat, ne rerum dominia in incerto essent. Et cum hoc placitum erat, putantibus antiquioribus dominis sufficere ad inquirendas res suas praefata tempora;

---

1. Gaius, *L. 2 rer. cott, D*, 7, 8, 11. — 2. C., 3, 33, 13. — 3. Cf. Gaius, 2, 41-61. *D.*, 41, 3-10. 44, 3. *C.*, 7, 26-40.

nobis melior sententia resedit, ne domini maturius suis rebus defraudentur neque certo loco beneficium hoc concludatur. Et ideo constitutionem[1] super hoc promulgavimus, qua cautum est, ut res quidem mobiles per triennium usucapiantur, immobiles vero per longi temporis possessionem, id est inter praesentes decennio, inter absentes viginti annis usucapiantur et his modis non solum in Italia, sed in omni terra, quae nostro imperio gubernatur, dominium rerum justa causa possessionis praecedente adquiratur.

1. [2]Sed aliquando etiamsi maxime quis bona fide rem possederit, non tamen illi usucapio ullo tempore procedit, veluti si quis liberum hominem vel rem sacram vel religiosam vel servum fugitivum possideat. 2. Furtivae quoque res et quae vi possessae sunt, nec si praedicto longo tempore bona fide possessae fuerint, usucapi possunt; nam furtivarum rerum lex duodecim tabularum et lex Atinia inhibet usucapionem, vi possessarum lex Julia et Plautia. 3. [3]'Quod autem dictum est furtivarum et vi possessarum rerum usucapionem per legem prohibitam esse, non eo pertinet, ut ne ipse fur quive per vim possidet usucapere possit; nam his alia ratione usucapio non competit, quia scilicet mala fide possident, sed ne ullus alius, quamvis ab eis bona fide emerit vel ex alia causa acceperit, usucapiendi jus habeat. Unde in rebus mobilibus non facile procedit, ut bonae fidei possessori usucapio competat. Nam qui alienam rem vendidit vel ex alia causa tradidit, furtum ejus committit. 4. Sed tamen id aliquando aliter se habet Nam si heres rem defuncto commodatam aut locatam vel apud eum depositam existimans hereditariam esse bona fide accipienti vendiderit' aut donaverit aut dotis nomine dederit, quin is qui acceperit usucapere possit, dubium non est, quippe ea res in furti vitium non ceciderit, cum utique heres, qui bona fide tamquam suam alienaverit, furtum non committit. 5. [4]'Item si is, ad quem ancillae usus fructus pertinet, partum suum esse credens vendiderit aut donaverit, furtum non committit; furtum enim sine affectu furandi non committitur. 6. Aliis quoque modis accidere potest, ut quis sine vitio furti rem alienam ad aliquem transferat et efficiat, ut a possessore usucapiatur'. 7. Quod autem ad eas res, quae solo continentur, expeditius procedit. Ut si quis loci vacantis possessionem propter absentiam aut neglegentiam domini, aut quia sine successore decesserit, sine vi nanciscatur. [5]'Qui quamvis ipse mala

---

1. *C.*, 7, 31, 1. — 2. Cf. Gaius, 2, 45. — 3. Gaius, 2, 49-50. — 4. Gaius, *l. c.* — 5. Gaius, *L. 2 rer. cott.*, *D.*, 41, 3, 38.

fide possidet, quia intellegit se alienum fundum occupasse, tamen, si alii bona fide accipienti tradiderit, poterit ei longa possessione res adquiri, quia neque furtivum neque vi possessum accepit : abolita est enim quorundam veterum sententia existimantium etiam fundi locive furtum fieri' et eorum, qui res soli possident, principalibus constitutionibus prospicitur, ne cui longa et indubitata possessio auferri debeat. 8. Aliquando etiam furtiva vel vi possessa res usucapi potest : veluti si in domini potestatem reversa fuerit. Tunc enim vitio rei purgato procedit ejus usucapio. 9. Res fisci nostri usucapi non potest. Sed Papinianus scribit bonis vacantibus fisco nondum nuntiatis bona fide emptorem sibi traditam rem ex his bonis usucapere posse : et ita divus Pius et divus Severus et Antoninus rescripserunt. 10. Novissime sciendum est rem talem esse debere, ut in se non habeat vitium, ut a bona fide emptore usucapi possit vel qui ex alia justa causa possidet.

11. Error autem falsae causae usucapionem non parit. Veluti si quis, cum non emerit, emisse se existimans possideat, vel cum ei donatum non fuerat, quasi ex donatione possideat.

12. Diutina possessio, quae prodesse coeperat defuncto, et heredi et bonorum possessori continuatur, licet ipse sciat praedium alienum : quodsi ille initium justum non habuit, heredi et bonorum possessori licet ignoranti possessio non prodest. Quod nostra constitutio[1] similiter et in usucapionibus observari constituit, ut tempora continuentur. 13. Inter venditorem quoque et emptorem conjungi tempora divus Severus et Antoninus rescripserunt.

14. Edicto divi Marci cavetur eum, qui a fisco rem alienam emit, si post venditionem quinquennium praeterierit, posse dominum rei per exceptionem repellere. Constitutio autem divae memoriae Zenonis[2] bene prospexit his, qui a fisco per venditionem vel donationem vel alium titulum aliquid accipiunt, ut ipsi quidem securi statim fiant et victores existant, sive conveniantur sive experiantur ; adversus sacratissimum autem aerarium usque ad quadriennium liceat intendere his, qui pro dominio vel hypotheca earum rerum, quae alienatae sunt, putaverint sibi quasdam competere actiones. Nostra autem divina constitutio[3], quam nuper promulgavimus, etiam de his, qui a nostra vel venerabilis Augustae domo aliquid acceperint, haec statuit, quae in fiscalibus alienationibus praefatae Zenonianae constitutioni continentur.

1. *C.*, 7, 31, 1. — 2. *C.*, 7, 37, 2. — 3. *C.*, 7, 37, 3.

VII. De donationibus[1].

Est etiam aliud genus adquisitionis donatio. Donationum autem duo genera sunt : mortis causa et non mortis causa. 1. Mortis causa donatio est, quae propter mortis fit suspicionem, cum quis ita donat, ut, si quid humanitus ei contigisset, haberet is qui accepit : sin autem supervixisset qui donavit, reciperet, vel si eum donationis poenituisset aut prior decesserit is cui donatum sit. Hae mortis causa donationes ad exemplum legatorum redactae sunt per omnia. Nam cum prudentibus ambiguum fuerat, utrum donationis an legati instar eam optinere oporteret, et utriusque causae quaedam habebat insignia et alii ad aliud genus eam retrahebant : a nobis constitutum est[2], ut per omnia fere legatis connumeretur et sic procedat, quemadmodum eam nostra formavit constitutio. [3]'Et in summa mortis causa donatio est, cum magis se quis velit habere, quam eum cui donatur, magisque eum cui donat, quam heredem suum. Sic et apud Homerum Telemachus donat Piraeo'[4].

2. Aliae autem donationes sunt, quae sine ulla mortis cogitatione fiunt, quas inter vivos appellamus. Quae omnino non comparantur legatis : quae si fuerint perfectae, temere revocari non possunt. Perficiuntur autem, cum donator suam voluntatem scriptis aut sine scriptis manifestaverit : et ad exemplum venditionis nostra constitutio[5] eas etiam in se habere necessitatem traditionis voluit, ut, et si non tradantur, habeant plenissimum et perfectum robur et traditionis necessitas incumbat donatori. Et cum retro principum dispositiones insinuari eas actis intervenientibus volebant, si majores ducentorum fuerant solidorum, nostra constitutio[6] et quantitatem usque ad quingentos solidos ampliavit, quam stare et sine insinuatione statuit, et quasdam donationes invenit, quae penitus insinuationem fieri minime desiderant, sed in se plenissimam habent firmitatem. Alia insuper multa ad uberiorem exitum donationum invenimus, quae omnia ex nostris constitutionibus, quas super his posuimus, colligenda sunt. Sciendum tamen est, quod, etsi plenissimae sint donationes, tamen si ingrati existant homines, in quos beneficium collatum est, donatoribus per nostram constitutionem[7] licentiam praestavimus certis ex causis eas revocare, ne qui suas res in alios

---

1. Cf. *D.*, 24, 1. 39, 5-6. *C.*, 5, 3, 16. 8, 53-56 (54-57). — 2. *C.*, 8, 56 (57), 4. — 3. Marcien. *L. 2 inst.*, *D.*, 39, 6, 1. — 4. *Od.*, 17, 78-83. — 5. *C.*, 8, 53 (54), 35, 5. — 6. *C.*, 8, 53 (54), 36. — 7. *C.*, 8, 55 (56), 10.

contulerunt, ab his quandam patiantur injuriam vel jacturam, secundum enumeratos in nostra constitutione modos. 3. Est et aliud genus inter vivos donationum, quod veteribus quidem prudentibus penitus erat incognitum, postea autem a junioribus divis principibus introductum est, quod ante nuptias vocabatur et tacitam in se condicionem habebat, ut tunc ratum esset, cum matrimonium fuerit insecutum : ideoque ante nuptias appellabatur, quod ante matrimonium efficiebatur et nusquam post nuptias celebratas talis donatio procedebat. Sed primus quidem divus Justinus pater noster, cum augeri dotes et post nuptias fuerat permissum, si quid tale evenit, etiam ante nuptias donationem augeri et constante matrimonio sua constitutione[1] permisit ; sed tamen nomen inconveniens remanebat, cum ante nuptias quidem vocabatur, post nuptias autem tale accipiebat incrementum. Sed nos plenissimo fini tradere sanctiones cupientes et consequentia nomina rebus esse studentes constituimus[2], ut tales donationes non augeantur tantum, sed et constante matrimonio initium accipiant et non ante nuptias, sed propter nuptias vocentur et dotibus in hoc exaequentur, ut, quemadmodum dotes et constante matrimonio non solum augentur, sed etiam fiunt, ita et istae donationes, quae propter nuptias introductae sunt, non solum antecedant matrimonium, sed etiam eo contracto et augeantur et constituantur.

4. Erat olim et alius modus civilis adquisitionis per jus adcrescendi, quod est tale : si communem servum habens aliquis cum Titio solus libertatem ei imposuit vel vindicta vel testamento, eo casu pars ejus amittebatur et socio adcrescebat. Sed cum pessimo fuerat exemplo et libertate servum defraudari et ex ea humanioribus quidem dominis damnum inferri, severioribus autem lucrum adcrescere, hoc quasi invidiae plenum pio remedio per nostram constitutionem[3] mederi necessarium duximis et invenimus viam, per quam et manumissor et socius ejus et qui libertatem accepit nostro fruantur beneficio, libertate cum effectu procedente (cujus favore et antiquos legislatores multa et contra communes regulas statuisse manifestissimum est) et eo qui eam imposuit suae liberalitatis stabilitate gaudente et socio indemni conservato pretiumque servi secundum partem dominii, quod nos definivimus, accipiente.

---

1. *C.*, 5, 3, 19. — 2. *C.*, 5, 3, 20. — 3. *C.*, 7, 7, 1.

VIII. Quibus alienare licet vel non[1].

[2]'Accidit aliquando, ut qui dominus sit alienare non possit et contra qui dominus non sit alienandae rei potestatem habeat. Nam dotale praedium maritus invita muliere per legem Juliam prohibetur alienare, quamvis ipsius sit dotis causa ei datum'. Quod nos legem Juliam corrigentes in meliorem statum deduximus[3]. Cum enim lex in soli tantummodo rebus locum habebat, quae Italicae fuerant, et alienationes inhibebat, quae invita muliere fiebant, hypothecas autem earum etiam volente, utrisque remedium imposuimus, ut etiam in eas res, quae in provinciali solo positae sunt, interdicta fiat alienatio vel obligatio et neutrum eorum neque consentientibus mulieribus procedat, ne sexus muliebris fragilitas in perniciem substantiae earum converteretur. 1. [4]'Contra autem creditor pignus ex pactione, quamvis ejus ea res non sit, alienare potest. Sed hoc forsitan ideo videtur fieri, quod voluntate debitoris intellegitur pignus alienare, qui ab initio contractus pactus est, ut liceret creditori pignus vendere, si pecunia non solvatur'. Sed ne creditores jus suum persequi impedirentur neque debitores temere suarum rerum dominium amittere videantur, nostra constitutione[5] consultum est et certus modus impositus est, per quem pignorum distractio possit procedere, cujus tenore utrique parti creditorum et debitorum satis abundeque provisum est. 2. [6]'Nunc admonendi sumus neque pupillum neque pupillam ullam rem sine tutoris auctoritate alienare posse. Ideoque si mutuam pecuniam alicui sine tutoris auctoritate dederit, non contrahit obligationem, quia pecuniam non facit accipientis. Ideoque vindicare nummos possunt, sicubi extent'. Sed si nummi, quos mutuos dedit, ab eo qui accepit bona fide consumpti sunt, condici possunt, si mala fide, ad exhibendum de his agi potest. At ex contrario omnes res pupillo et pupillae sine tutoris auctoritate recte dari possunt. Ideoque si debitor pupillo solvat, necessaria est tutoris auctoritas: alioquin non liberabitur. Sed etiam hoc evidentissima ratione statutum est in constitutione, quam ad Caesareenses advocatos ex suggestione Triboniani viri eminentissimi quaestoris sacri palatii nostri promulgavimus[7], qua dispositum est ita licere tutori vel curatori debitorem pupillarem solvere, ut prius sententia judicialis sine omni damno celebrata hoc permittat. Quo subsecuto, si et judex pronuntiaverit et debitor solverit, sequitur

---

1. Cf. Gaius, 2, 62-64, 80-85. — 2. Gaius, 2, 62-63. — 3. *C.*, 5, 13, 1, 15. — 4. Gaius, 2, 64. — 5. *C.*, 8, 33 (34), 3. — 6. Gaius, 2, 80-82. — 7. *C.*, 5, 37, 25.

hujusmodi solutionem plenissima securitas. Sin autem aliter quam disposuimus solutio facta fuerit et pecuniam salvam habeat pupillus aut ex ea locupletior sit et adhuc eandem summam pecuniae petat, per exceptionem doli mali summoveri poterit. Quodsi aut male consumpserit aut furto amiserit, nihil proderit debitori doli mali exceptio, sed nihilo minus damnabitur, quia temere sine tutoris auctoritate et non secundum nostram dispositionem solverit. Sed ex diverso pupilli vel pupillae solvere sine tutore auctore non possunt, quia id quod solvunt non fit accipientis, cum scilicet nullius rei alienatio eis sine tutoris auctoritate concessa est.

IX. PER QUAS PERSONAS NOBIS ADQUIRITUR[1].

[2]'Adquiritur nobis non solum per nosmet ipsos, sed etiam per eos, quos in potestate habemus; item per eos servos, in quibus usum fructum habemus; item per homines liberos et servos alienos, quos bona fide possidemus. De quibus singulis diligentius dispiciamus. 1. Igitur liberi vestri utriusque sexus, quos in potestate habetis', olim quidem, quidquid ad eos pervenerat (exceptis videlicet castrensibus peculiis), hoc parentibus suis adquirebant sine ulla distinctione : et hoc ita parentum fiebat, ut esset eis licentia, quod per unum vel unam eorum adquisitum est, alii vel extraneo donare vel vendere vel quocumque modo voluerant applicare. Quod nobis inhumanum visum est et generali constitutione[3] emissa et liberis pepercimus et patribus debitum reservavimus. Sancitum etenim a nobis est, ut, si quid ex re patris ei obveniat, hoc secundum antiquam observationem totum parenti adquirat (quae enim invidia est, quod ex patris occasione profectum est, hoc ad eum reverti?), quod autem ex alia causa sibi filius familias adquisivit, hujus usum fructum quidem patri adquiret, dominium autem apud eum remaneat, ne, quod ei suis laboribus vel prospera fortuna accessit, hoc in alium perveniens luctuosum ei procedat. 2. Hocque a nobis dispositum est et in ea specie, ubi parens emancipando liberum ex rebus, quae adquisitionem effugiunt, sibi partem tertiam retinere si voluerat licentiam ex anterioribus constitutionibus habebat, quasi pro pretio quodammodo emancipationis, et inhumanum quid accidebat, ut filius rerum suarum ex hac emancipatione dominio pro parte defraudetur et, quod honoris ei ex emancipatione additum est, quod sui juris effectus est, hoc per rerum demi-

[1]. Cf. Gaius, 2, 86-100. D., 41, 1. C., 4, 27. — 2. Gaius, 2, 86-87. (D., 41, 1, 10). — 3. C., 6, 61, 6.

nutionem decrescat. Ideoque statuimus, ut parens pro tertia bonorum parte dominii, quam retinere poterat, dimidiam non dominii rerum, sed usus fructus retineat; ita etenim et res intactae apud filium remanebunt et pater ampliore summa fruetur pro tertia dimidia potiturus. 3. [1]'Item vobis adquiritur, quod servi vestri ex traditione nanciscuntur sive quid stipulentur vel ex qualibet alia causa adquirunt'. Hoc enim vobis et ignorantibus et invitis obvenit. 'Ipse enim servus qui in potestate alterius est nihil suum habere potest. Sed si heres institutus sit, non alias nisi jussu vestro hereditatem adire potest; et si jubentibus vobis adierit, vobis hereditas adquiritur, perinde ac si vos ipsi heredes instituti essetis. Et convenienter scilicet legatum per eos vobis adquiritur. Non solum autem proprietas per eos quos in potestate habetis adquiritur vobis, sed etiam possessio; cujuscumque enim rei possessionem adepti fuerint, id vos possidere videmini. Unde etiam per eos usucapio vel longi temporis possessio vobis accedit. 4. De his autem servis, in quibus tantum usum fructum habetis, ita placuit, ut, quidquid ex re vestra vel ex operibus suis adquirant, id vobis adjiciatur, quod vero extra eas causas persecuti sunt, id ad dominum proprietatis pertineat. Itaque si is servus heres institutus sit legatumve quid ei aut donatum fuerit, non usufructuario, sed domino proprietatis adquiritur. Idem placet et de eo, qui a vobis bona fide possidetur, sive is liber sit sive alienus servus; quod enim placuit de usufructuario, idem placet et de bonae fidei possessore. Itaque quod extra duas istas causas adquiritur, id vel ad ipsum pertinet, si liber est, vel ad dominum, si servus est. Sed bonae fidei possessor cum usuceperit servum, quia eo modo dominus fit, ex omnibus causis per eum sibi adquirere potest; fructuarius vero usucapere non potest, primum quia non possidet, sed habet jus utendi fruendi, deinde quia scit servum alienum esse'. Non solum autem proprietas, per eos servos, in quibus usum fructum habetis vel quos bona fide possidetis, vel per liberam personam, quae bona fide vobis servit, adquiritur vobis, sed etiam possessio; [2]'loquimur autem in utriusque persona secundum definitionem, quam proxime exposuimus, id est si quam possessionem ex re vestra vel ex operibus suis adepti fuerint. 5. Ex his itaque apparet per liberos homines, quos neque vestro juri subjectos habetis neque bona fide possidetis, item per alienos servos, in quibus neque usum fructum habetis neque justam possessionem, nulla ex causa vobis adquiri posse. Et

1. Gaius, 2, 87. 89. 91-93 (*D.*, 41, 1, 10). — 2. Gaius, 2, 94. 95.

hoc est, quod dicitur per extraneam personam nihil adquiri posse', excepto eo, quod per liberam personam veluti per procuratorem placet non solum scientibus, sed etiam ignorantibus vobis adquiri possessionem secundum divi Severi constitutionem[1] et per hanc possessionem etiam dominium, si dominus fuit qui tradidit, vel usucapionem aut longi temporis praescriptionem, si dominus non sit.

6. [2]'Hactenus tantisper admonuisse sufficiat, quemadmodum singulae res adquiruntur ; nam legatorum jus, quo et ipso singulae res vobis adquiruntur, item fideicommissorum, ubi singulae res vobis relinquuntur, opportunius inferiori loco referemus. Videamus itaque nunc, quibus modis per universitatem res vobis adquiruntur. Si cui ergo heredes facti sitis sive cujus bonorum possessionem petieritis vel si quem adrogaveritis vel si cujus bona libertatum conservandarum causa vobis addicta fuerint, ejus res omnes ad vos transeunt. Ac prius de hereditatibus dispiciamus. Quarum duplex condicio est : nam vel ex testamento vel ab intestato ad vos pertinent. Et prius est, ut de his dispiciamus, quae vobis ex testamento obveniunt'. Qua in re necessarium est initio de ordinandis testamentis exponere.

X. De testamentis ordinandis[3].

Testamentum ex eo appellatur, quod testatio mentis est.
1. Sed ut nihil antiquitatis penitus ignoretur, sciendum est olim quidem duo genera testamentorum in usu fuisse, quorum altero in pace et in otio utebantur, quod calatis comitiis appellabatur, altero, cum in proelium exituri essent, quod procinctum dicebatur. Accessit deinde tertium genus testamentorum, quod dicebatur per aes et libram, scilicet quia per emancipationem, id est imaginariam quandam venditionem, agebatur quinque testibus et libripende civibus Romanis puberibus praesentibus et eo qui familiae emptor dicebatur. Sed illa quidem priora duo genera testamentorum ex veteribus temporibus in desuetudinem abierunt; quod vero per aes et libram fiebat, licet diutius permansit, attamen partim et hoc in usu esse desiit. 2. Sed praedicta quidem nomina testamentorum ad jus civile referebantur. Postea vero ex edicto praetoris alia forma faciendorum testamentorum introducta est ; jure enim honorario nulla emancipatio desiderabatur, sed septem testium signa sufficiebant, cum jure civili signa testium

1. C., 7, 32, 1. — 2. Gaius, 2, 97-100. — 3. Cf. Gaius, 2, 101-108. 119. D., 28, 1. C., 6, 23.

non erant necessaria. 3. Sed cum paulatim tam ex usu hominum quam ex constitutionum emendationibus coepit in unam consonantiam jus civile et praetorium jungi, constitutum est, ut uno eodemque tempore, quod jus civile quodammodo exigebat, septem testibus adhibitis et subscriptione testium, quod ex constitutionibus inventum est, et ex edicto praetoris signacula testamentis imponerentur: ut hoc jus tripertitum esse videatur, ut testes quidem et eorum praesentia uno contextu testamenti celebrandi gratia a jure civili descendant, subscriptiones autem testatoris et testium ex sacrarum constitutionum observatione adhibeantur, signacula autem et numerus testium ex edicto praetoris. 4. Sed his omnibus ex nostra constitutione[1] propter testamentorum sinceritatem, ut nulla fraus adhibeatur, hoc additum est, ut per manum testatoris vel testium nomen heredis exprimatur et omnia secundum illius constitutionis tenorem procedant.

5. Possunt autem testes omnes et uno anulo signare testamentum (quid enim, si septem anuli una sculptura fuerint?) secundum quod Pomponio visum est. Sed et alieno quoque anulo licet signare. 6. Testes autem adhiberi possunt ii, cum quibus testamenti factio est. Sed neque mulier neque impubes neque servus neque mutus neque surdus neque furiosus nec cui bonis interdictum est nec is, quem leges jubent improbum intestabilemque esse, possunt in numero testium adhiberi. 7. Sed cum aliquis ex testibus testamenti quidem faciendi tempore liber existimabatur, postea vero servus apparuit, tam divus Hadrianus Catonio Vero[2] quam postea divi Severus et Antoninus rescripserunt subvenire se ex sua liberalitate testamento, ut sic habeatur, atque si ut oportet factum esset, cum eo tempore, quo testamentum signaretur, omnium consensu hic testis liberorum loco fuerit nec quisquam esset, qui ei status quaestionem moveat. 8. [3]'Pater nec non is, qui in potestate ejus est, item duo fratres, qui in ejusdem patris potestate sunt, utrique testes in unum testamentum fieri possunt: quia nihil nocet ex una domo plures testes alieno negotio adhiberi'. 9. [4]'In testibus autem non debet esse qui in potestate testatoris est. Sed si filius familias de castrensi peculio post missionem faciat testamentum, nec pater ejus recte testis adhibetur nec is qui in potestate ejusdem patris est; reprobatum est enim in ea re domesticum testimonium'. 10. Sed neque heres scriptus neque is qui in potestate ejus est neque pater ejus qui habet

---

1. C., 6, 23, 29. — 2. C., 6, 23, 1. — 3. Ulp. Reg., 20, 6 (D., 22, 5, 17). — 4. Gaius, 2, 105-106.

eum in potestate neque fratres qui in ejusdem patris potestate sunt testes adhiberi possunt, quia totum hoc negotium, quod agitur testamenti ordinandi gratia, creditur hodie inter heredem et testatorem agi. Licet enim totum jus tale conturbatum fuerat et veteres, qui familiae emptorem et eos, qui per potestatem ei coadunati fuerant, testamentariis testimoniis repellebant, heredi et his, qui conjuncti ei per potestatem fuerant, concedebant testimonia in testamentis praestare, licet hi, qui id permittebant, hoc jure minime abuti debere eos suadebant : tamen nos eandem observationem corrigentes et, quod ab illis suasum est, in legis necessitatem transferentes ad imitationem pristini familiae emptoris merito nec heredi, qui imaginem vetustissimi familiae emptoris optinet, nec aliis personis, quae ei ut dictum est conjunctae sunt, licentiam concedimus sibi quodammodo testimonia praestare : ideoque nec ejusmodi veterem constitutionem nostro codici inseri permisimus. 11. Legatariis autem et fideicommissariis, quia non juris successores sunt, et aliis personis eis conjunctis testimonium non denegamus, immo in quadam nostra constitutione[1] et hoc specialiter concessimus, et multo magis his, qui in eorum potestate sunt, vel qui eos habent in potestate, hujusmodi licentiam damus.

12. Nihil autem interest, testamentum in tabulis an in chartis membranisve vel in alia materia fiat. 13[2]. Sed et unum testamentum pluribus codicibus conficere quis potest, secundum optinentem tamen observationem omnibus factis. Quod interdum et necessarium est, si quis navigaturus et secum ferre et domi relinquere judiciorum suorum contestationem velit, vel propter alias innumerabiles causas, quae humanis necessitatibus imminent. 14. Sed haec quidem de testamentis, quae in scriptis conficiuntur. Si quis autem voluerit sine scriptis ordinare jure civili testamentum, septem testibus adhibitis et sua voluntate coram eis nuncupata sciat hoc perfectissimum testamentum jure civili firmumque constitutum.

XI. DE MILITARI TESTAMENTO[3].

[4]"Supra dicta diligens observatio in ordinandis testamentis militibus propter nimiam imperitiam constitutionibus principalibus remissa est. Nam quamvis hi neque legitimum numerum testium adhibuerint neque aliam testamentorum sollemnita-

---

1. Non insérée au Code. — 2. Cf. Florentinus, *L. 10. inst.*, *D.*, 28, 1, 24. — 3. Cf. Gaius, 2, 109-111. *D.*, 29, 1. 37, 13. *C.*, 6, 21. — 4. Gaius, 2, 109.

tem observaverint, recte nihilo minus testantur', videlicet cum in expeditionibus occupati sunt : quod merito nostra constitutio[1] induxit. Quoquo enim modo voluntas ejus suprema sive scripta inveniatur sive sine scriptura, valet testamentum ex voluntate ejus. Illis autem temporibus, per quae citra expeditionum necessitatem in aliis locis vel in suis sedibus degunt, minime ad vindicandum tale privilegium adjuvantur ; sed testari quidem et si filii familias sunt propter militiam conceduntur, jure tamen communi, ea observatione et in eorum testamentis adhibenda, quam et in testamentis pagnorum proxime exposuimus. 1. [2]'Plane de militum testamentis divus Trajanus Statilio Severo ita rescripsit : 'Id privilegium, quod militantibus datum est, ut quoquo modo facta ab his testamenta rata sint, sic intellegi debet, ut utique prius constare debeat testamentum factum esse, quod et sine scriptura a non militantibus quoque fieri potest. Is ergo miles, de cujus bonis apud te quaeritur, si convocatis ad hoc hominibus, ut voluntatem suam testaretur, ita locutus est, ut declararet, quem vellet sibi esse heredem et cui libertatem tribuere, potest videri sine scripto hoc modo esse testatus et voluntas ejus rata habenda est. Ceterum si, ut plerumque sermonibus fieri solet, dixit alicui : EGO TE HEREDEM FACIO aut TIBI BONA MEA RELINQUO, non oportet hoc pro testamento observari. Nec ullorum magis interest quam ipsorum, quibus id privilegium datum est, ejusmodi exemplum non admitti ; alioquin non difficulter post mortem alicujus militis testes existerent, qui adfirmarent se audisse dicentem aliquem relinquere se bona, cui visum sit, et per hoc judicia vera subvertantur'. 2. Quin immo et mutus et surdus miles testamentum facere possunt. 3. Sed hactenus hoc illis a principalibus constitutionibus conceditur, quatenus militant et in castris degunt ; post missionem vero veterani vel extra castra si faciant adhuc militantes testamentum, communi omnium civium Romanorum jure facere debent. Et quod in castris fecerint testamentum non communi jure, sed quomodo voluerint, post missionem intra annum tantum valebit. Quid igitur, si intra annum quidem decesserit, condicio autem heredi adscripta post annum extiterit ? An quasi militis testamentum valeat ? Et placet valere quasi militis. 4. Sed et si quis ante militiam non jure fecit testamentum et miles factus et in expeditione degens resignavit illud et quaedam adjecit sive detraxit vel alias manifesta est militis voluntas hoc valere volentis, dicendum est valere testamentum quasi

1. *C.*, 6, 21, 17. — 2. Florentinus, *L. 10 inst.*, *D.*, 29, 1, 24.

ex nova militis voluntate. 5. ¹Denique et si in adrogationem datus fuerit miles vel filius familias emancipatus est, testamentum ejus quasi militis ex nova voluntate valet nec videtur capitis deminutione irritum fieri.

6. Sciendum tamen est, quod ad exemplum castrensis peculii tam anteriores leges quam principales constitutiones quibusdam quasi castrensia dederunt peculia, quorum quibusdam permissum erat etiam in potestate degentibus testari. Quod nostra constitutio² latius extendens permisit omnibus in his tantummodo peculiis testari quidem, sed jure communi : cujus constitutionis tenore perspecto licentia est nihil eorum quae ad praefatum jus pertinet ignorare.

XII. Quibus non est permissum testamenta facere[3].

⁴Non tamen omnibus licet facere testamentum. Statim enim hi, qui alieno juri subjecti sunt, testamenti faciendi jus non habent, adeo quidem ut, quamvis parentes eis permiserint, nihilo magis jure testari possint : exceptis his quos antea enumeravimus et praecipue militibus qui in potestate parentum sunt, quibus de eo, quod in castris adquisierint, permissum est ex constitutionibus principum testamentum facere. Quod quidem initio tantum militantibus datum est tam ex auctoritate divi Augusti quam Nervae nec non optimi imperatoris Trajani, postea vero subscriptione divi Hadriani etiam dimissis militia, id est veteranis, concessum est. Itaque si quidem fecerint de castrensi peculio testamentum, pertinebit hoc ad eum quem heredem reliquerint ; si vero intestati decesserint nullis liberis vel fratribus superstitibus, ad parentes eorum jure communi pertinebit. Ex hoc intellegere possumus, quod in castris adquisierit miles, qui in potestate patris est, neque ipsum patrem adimere posse neque patris creditores id vendere vel aliter inquietare neque patre mortuo cum fratribus esse commune, sed scilicet proprium ejus esse id quod in castris adquisierit, quamquam jure civili omnium qui in potestate parentum sunt peculia perinde in bonis parentum computantur, acsi servorum peculia in bonis dominorum numerantur : exceptis videlicet his, quae ex sacris constitutionibus et praecipue nostris propter diversas causas non adquiruntur. Praeter hos igitur, qui castrense peculium vel quasi castrense habent, si quis alius filius familias testamentum fecerit, inutile est, licet suae pote-

---

1. Cf. Marcien, *L. 4 inst.,D.*, 29, 1, 22. — 2. *C.*, 6, 22, 12. — 3. Cf. Gaius, 2, 111-114. *D.*, 28, 1. *C.*, 6, 22. — 4. Cf. Gaius, *L. 17 ad ed. prov., D.*, 28, 1, 6, *pr.*

statis factus decesserit. 1. Praeterea testamentum facere non possunt impuberes, quia nullum eorum animi judicium est, item furiosi, quia mente carent. Nec ad rem pertinet, si impubes postea pubes factus aut furiosus postea compos mentis factus fuerit et decesserit. Furiosi autem si per id tempus fecerint testamentum, quo furor eorum intermissus est, jure testati esse videntur, certe eo quod ante furorem fecerint testamento valente; nam neque testamenta recte facta neque aliud ullum negotium recte gestum postea furor interveniens peremit. 2. Item prodigus, cui bonorum suorum administratio interdicta est, testamentum facere non potest, sed id. quod ante fecerit, quam interdictio ei bonorum fiat, ratum est. 3. Item mutus et surdus non semper facere testamentum possunt. Utique autem de eo surdo loquimur, qui omnino non exaudit, non qui tarde exaudit; nam et mutus is intellegitur, qui eloqui nihil potest, non qui tarde loquitur. Saepe autem etiam litterati et eruditi homines variis casibus et audiendi et loquendi facultatem amittunt: unde nostra constitutio[1] etiam his subvenit, ut certis casibus et modis secundum normam ejus possint testari aliaque facere quae eis permissa sunt. [2]Sed si quis post testamentum factum valetudine aut quolibet alio casu mutus aut surdus esse coeperit, ratum nihilo minus ejus remanet testamentum. 4. Caecus autem non potest facere testamentum nisi per observationem, quam lex[3] divi Justini patris mei introduxit. 5. [4]'Ejus, qui apud hostes est, testamentum quod ibi fecit non valet, quamvis redierit'; sed quod dum in civitate fuerat fecit, sive redierit, valet jure postliminii, sive illic decesserit, valet ex lege Cornelia.

XIII. DE EXHEREDATIONE LIBERORUM[5].

[6]'Non tamen, ut omnimodo valeat testamentum, sufficit haec observatio, quam supra exposuimus. Sed qui filium in potestate habet, curare debet, ut eum heredem instituat vel exheredem nominatim faciat; alioquin si eum silentio praeterierit, inutiliter testabitur, adeo quidem ut, etsi vivo patre filius mortuus sit, nemo ex eo testamento heres existere possit, quia scilicet ab initio non constiterit testamentum'. Sed non ita de filiabus vel aliis per virilem sexum descendentibus liberis utriusque sexus fuerat antiquitati observatum; sed si non fuerant heredes scripti scriptaeve vel exheredati

---

1. C., 6, 22, 10. — 2. Cf. Gaius, L. 17 ad ed. prov., D., 28, 1. 6,1. — 3. C., 6, 22, 8. — 4. Gaius, l. c., D., 28, 1, 8, pr. — 5. Cf. Gaius, 2, 123-143. D., 28, 2. 3. C., 6, 28-29. — 6. Gaius, 2, 115. 123.

exheredataeve, testamentum quidem non infirmabatur, jus autem adcrescendi eis ad certam portionem praestabatur. Sed nec nominatim eas personas exheredare parentibus necesse erat, sed licebat et inter ceteros hoc facere. 1.[1] 'Nominatim autem exheredari quis videtur, sive ita exheredetur : TITIUS FILIUS MEUS EXHERES ESTO, sive ita : FILIUS MEUS EXHERES ESTO non adjecto proprio nomine, scilicet si alius filius non extet. [2]'Postumi quoque liberi vel heredes institui debent vel exheredari. Et in eo par omnium condicio est, quod et in filio postumo et in quolibet ex ceteris liberis sive feminini sexus sive masculini praeterito valet quidem testamentum, sed postea adgnatione postumi sive postumae rumpitur et ea ratione totum infirmatur: ideoque si mulier, ex qua postumus aut postuma sperabatur, abortum fecerit, nihil impedimentum est scriptis heredibus ad hereditatem adeundam. Sed feminini quidem sexus personae vel nominatim vel inter ceteros exheredari solebant, dum tamen, si inter ceteros exheredentur, aliquid eis legetur, ne videantur per oblivionem praeteritae esse, masculos vero postumos, id est filium et deinceps, placuit non aliter recte exheredari, nisi nominatim exheredentur, hoc scilicet modo : QUICUMQUE MIHI FILIUS GENITUS FUERIT, EXHERES ESTO. 2. Postumorum autem loco sunt et hi, qui in sui heredis locum succedendo quasi adgnascendo fiunt parentibus sui heredes. Ut ecce si quis filium et ex eo nepotem neptemve in potestate habeat, quia filius gradu praecedit, is solus jura sui heredis habet, quamvis nepos quoque et neptis ex eo in eadem potestate sunt ; sed si filius ejus vivo eo moriatur aut qualibet alia ratione exeat de potestate ejus, incipit nepos neptisve in ejus locum succedere et eo modo jura suorum heredum quasi adgnatione nanciscuntur. Ne ergo eo modo rumpatur ejus testamentum, sicut ipsum filium vel heredem instituere vel nominatim exheredare debet testator, ne non jure faciat testamentum, ita et nepotem neptemve ex filio necesse est ei vel heredem instituere vel exheredare, ne forte vivo eo filio mortuo, succedendo in locum ejus nepos neptisve quasi adgnatione rumpant testamentum. Idque lege Junia Velleia provisum est, in qua simul exheredationis modus' ad similitudinem postumorum demonstratur. 3. [3]'Emancipatos liberos jure civili neque heredes instituere neque exheredare necesse est, quia non sunt sui heredes. Sed praetor omnes tam feminini quam masculini sexus, si heredes non instituantur, exheredari jubet;

1. Gaius, 2, 127. — 2. Gaius, 2, 130. 131. 134 (D., 28, 3, 13). — 3. Gaius, 2, 135.

virilis sexus nominatim, feminini vero et inter ceteros. Quodsi neque heredes instituti fuerint neque ita ut diximus exheredati, promittit praetor eis contra tabulas testamenti bonorum possessionem'. 4. Adoptivi liberi quamdiu sunt in potestate patris adoptivi, ejusdem juris habentur, cujus sunt justis nuptiis quaesiti, itaque heredes instituendi vel exheredandi sunt secundum ea quae de naturalibus exposuimus ; ¹'emancipati vero a patre adoptivo neque jure civili neque quod ad edictum praetoris attinet inter liberos numerantur. Qua ratione accidit, ut ex diverso quod ad naturalem parentem attinet, quamdiu quidem sint in adoptiva familia, extraneorum numero habeantur', ut eos neque heredes instituere neque exheredare necesse sit. 'Cum vero emancipati fuerint ab adoptivo patre, tunc incipiunt in ea causa esse, in qua futuri essent, si ab ipso naturali patre emancipati fuissent'. 5. Sed haec vetustas introducebat. Nostra vero constitutio² inter masculos et feminas in hoc jure nihil interesse existimans, quia utraque persona in hominum procreatione similiter naturae officio fungitur et lege antiqua duodecim tabularum omnes similiter ad successiones ab intestato vocabantur, quod et praetores postea secuti esse videntur, ideo simplex ac simile jus et in filiis et in filiabus et in ceteris descendentibus per virilem sexum personis non solum natis, sed etiam postumis introduxit, ut omnes, sive sui sive emancipati sunt, et nominatim exheredentur et eundem habeant effectum circa testamenta parentum suorum infirmanda et hereditatem auferendam, quem filii sui vel emancipati habent, sive jam nati sunt sive adhuc in utero constituti postea nati sunt. Circa adoptivos autem certam induximus divisionem, quae constitutioni nostrae³, quam super adoptivis tulimus, continetur. 6. Sed si expeditione occupatus miles testamentum faciat et liberos suos jam natos vel postumos nominatim non exheredaverit, sed silentio praeterierit non ignorans, an habeat liberos, silentium ejus pro exheredatione nominatim facta valere constitutionibus principum cautum est. 7. Mater vel avus maternus necesse non habent liberos suos aut heredes instituere aut exheredare, sed possunt eos omittere. Nam silentium matris aut avi materni ceterorumque per matrem ascendentium tantum facit, quantum exheredatio patris. Neque enim matri filium filiamve neque avo materno nepotem neptemve ex filia, si eum eamve heredem non instituat, exheredare necesse est, sive de jure civili quaeramus, sive de edicto praetoris, quo praeteritis libe-

1. Gaius, 2, 136-137. — 2. *C.*, 6, 28, 4. — 3. *C.*, 8, 47 (48), 10.

ris contra tabulas bonorum possessionem promittit. Sed aliud eis adminiculum servatur, quod paulo post vobis manifestum fiat.

XIIII. DE HEREDIBUS INSTITUENDIS[1].

Heredes instituere permissum est tam liberos homines quam servos tam proprios quam alienos. Proprios autem olim quidem secundum plurium sententias non aliter quam cum libertate recte instituere licebat. Hodie vero etiam sine libertate ex nostra constitutione[2] heredes eos instituere permissum est. Quod non per innovationem induximus, sed quoniam et aequius erat et Atilicino placuisse Paulus suis libris, quos tam ad Masurium Sabinum quam ad Plautium scripsit, refert. Proprius autem servus etiam is intellegitur, in quo nudam proprietatem testator habet, alio usum fructum habente. [3]'Est autem casus, in quo nec cum libertate utiliter servus a domina heres instituitur, ut constitutione divorum Severi et Antonini cavetur, cujus verba haec sunt : 'Servum adulterio maculatum non jure testamento manumissum ante sententiam ab ea muliere videri, quae rea fuerat ejusdem criminis postulata, rationis est: quare sequitur, ut in eundem a domina collata institutio nullius momenti habeatur'. Alienus servus etiam is intellegitur, in quo usum fructum testator habet. 1. [4]'Servus autem a domino suo heres institutus, si quidem in eadem causa manserit, fit ex testamento liber heresque necessarius. Si vero a vivo testatore manumissus fuerit, suo arbitrio adire hereditatem potest', quia non fit necessarius, cum utrumque ex domini testamento non consequitur. 'Quodsi alienatus fuerit, jussu novi domini adire hereditatem debet et ea ratione per eum dominus fit heres ; nam ipse alienatus neque liber neque heres esse potest', etiamsi cum libertate heres institutus fuerit ; destitisse etenim a libertatis datione videtur dominus, qui eum alienavit. 'Alienus quoque servus heres institutus si in eadem causa duraverit, jussu domini adire hereditatem debet. Si vero alienatus ab eo fuerit aut vivo testatore aut post mortem ejus antequam adeat, debet jussu novi domini adire. At si manumissus est' vivo testatore, vel mortuo antequam adeat, 'suo arbitrio adire hereditatem potest'. 2. Servus alienus post domini mortem recte heres instituitur, quia et cum hereditariis servis est testamenti factio ; nondum enim adita hereditas personae vicem sustinet, non heredis futuri, sed defuncti, cum et ejus,

---

[1]. Cf. Gaius, 2, 185-190. *D*., 28, 5. *C*., 6, 24. — [2]. *C*., 6, 27, 5. — [3]. Marcien, *L. 4 inst.*, *D*., 28, 5, 49 (48), 2. — [4]. Gaius, 2, 188. 189.

qui in utero est, servus recte heres instituitur. 3. Servus plurium, cum quibus testamenti factio est, ab extraneo institutus heres unicuique dominorum, cujus jussu adierit, pro portione dominii adquirit hereditatem.

4. Et unum hominem et plures in infinitum, quot quis velit, heredes facere licet. 5. [1]'Hereditas plerumque dividitur in duodecim uncias, quae assis appellatione continentur. Habent autem et hae partes propria nomina ab uncia usque ad assem, ut puta haec: sextans, quadrans, triens, quincunx, semis, septunx, bes, dodrans, dextans, deunx, as'. Non autem utique duodecim uncias esse oportet; nam tot unciae assem efficiunt, quot testator voluerit, et si unum tantum quis ex semisse verbi gratia heredem scripserit, totus as in semisse erit: neque enim idem ex parte testatus et ex parte intestatus decedere potest, nisi sit miles, cujus sola voluntas in testando spectatur. Et e contrario potest quis in quantascumque voluerit plurimas uncias suam hereditatem dividere. 6. Si plures instituantur, ita demum partium distributio necessaria est, si nolit testator eos ex aequis partibus heredes esse; satis enim constat, nullis partibus nominatis, aequis ex partibus eos heredes esse. Partibus autem in quorundam personis expressis, si quis alius sine parte nominatus erit, si quidem aliqua pars assi deerit, ex ea parte heres fit, et si plures sine parte scripti sunt, omnes in eadem parte concurrent. Si vero totus as completus sit, in partem dimidiam vocatur et ille vel illi omnes in alteram dimidiam. Nec interest, primus an medius an novissimus sine parte scriptus sit; ea enim pars data intellegitur quae vacat. 7. Videamus, si pars aliqua vacet nec tamen quisquam sine parte heres institutus sit, quid juris sit? Veluti si tres ex quartis partibus heredes scripti sunt? Et constat vacantem partem singulis tacite pro hereditaria parte accedere et perinde haberi, ac si ex tertiis partibus heredes scripti essent: et ex diverso si plus in portionibus sit, tacite singulis decrescere, ut, si verbi gratia quattuor ex tertiis partibus heredes scripti sint, perinde habeantur, ac si unusquisque ex quarta parte scriptus fuisset. 8. Et si plures unciae quam duodecim distributae sunt, is, qui sine parte institutus est, quod dipondio deest habebit: idemque erit, si dipondius expletus sit. Quae omnes partes ad assem postea revocantur, quamvis sint plurium unciarum.

9. Heres et pure et sub condicione institui potest. Ex certo tempore aut ad certum tempus non potest, veluti POST QUINQUENNIUM QUAM MORIAR vel EX KALENDIS ILLIS aut USQUE AD

---

1. Ulp., *L. 6 reg.*, *D.*, 28, 5, 51 (50), 2.

KALENDAS ILLAS HERES ESTO : diemque adjectum pro supervacuo haberi placet et perinde esse, ac si pure heres institutus esset. 10. Impossibilis condicio in institutionibus et legatis nec non in fideicommissis et libertatibus pro non scripto habetur. 11. Si plures condiciones institutioni adscriptae sunt, si quidem conjunctim, ut puta SI ILLUD ET ILLUD FACTUM ERIT, omnibus parendum est; si separatim, veluti SI ILLUD AUT ILLUD FACTUM ERIT, cuilibet obtemperare satis est.

12. Hi, quos numquam testator vidit, heredes institui possunt. Veluti si fratris filios peregri natos ignorans qui essent heredes instituerit; ignorantia enim testantis inutilem institutionem non facit.

XV. DE VULGARI SUBSTITUTIONE[1].

[2]'Potest autem quis in testamento suo plures gradus heredum facere, ut puta SI ILLE HERES NON ERIT, ILLE HERES ESTO, et deinceps in quantum velit testator substituere potest et novissimo loco in subsidium vel servum necessarium heredem instituere. 1. Et plures in unius locum possunt substitui, vel unus in plurium, vel singuli singulis, vel invicem ipsi qui heredes instituti sunt'. 2. Et si ex disparibus partibus heredes scriptos invicem substituerit et nullam mentionem in substitutione habuerit partium, eas videtur partes in substitutione dedisse, quas in institutione expressit : et ita divus Pius rescripsit. 3. Sed si instituto heredi et coheredi suo substituto dato alius substitutus fuerit, divi Severus et Antoninus sine distinctione rescripserunt ad utramque partem substitutum admitti. 4. Si servum alienum quis patrem familias arbitratus heredem scripserit et, si heres non esset, Maevium ei substituerit isque servus jussu domini adierit hereditatem, Maevius in partem admittitur. Illa enim verba SI HERES NON ERIT in eo quidem, quem alieno juri subjectum esse testator scit, sic accipiuntur: si neque ipse heres erit neque alium heredem effecerit; in eo vero, quem patrem familias esse arbitratur, illud significant : si hereditatem sibi eive, cujus juri postea subjectus esse coeperit, non adquisierit. [4]Idque Tiberius Caesar in persona Parthenii servi sui constituit.

XVI. DE PUPILLARI SUBSTITUTIONE[5].

[6]'Liberis suis impuberibus, quos in potestate quis habet,

---

1. Cf. Gaius, 2, 174-178. D., 28, 6. C., 6, 26. — 2. Marcien, L. 4 inst., D., 28, 6, 36. — 3. C., 6, 26, 1. — 4. Cf. D., 28, 5, 42 (41). — 5. Cf. Gaius, 2, 179-184. D., 28, 6. C., 6, 26. — 6. Gaius, 2, 179-180.

non solum ita, ut supra diximus, substituere potest, id est ut, si heredes ei non extiterint, alius ei sit heres, sed eo amplius ut et, si heredes ei extiterint et adhuc impuberes mortui fuerint, sit eis aliquis heres. Veluti si quis dicat hoc modo: TITIUS FILIUS MEUS HERES MIHI ESTO; SI FILIUS MEUS HERES MIHI NON ERIT, SIVE HERES ERIT ET PRIUS MORIATUR, QUAM IN SUAM TUTELAM VENERIT (id est pubes factus sit) TUNC SEIUS HERES ESTO. Quo casu si quidem non extiterit heres filius, tunc substitutus patri fit heres; si vero extiterit heres filius, et ante pubertatem decesserit, ipsi filio fit heres substitutus'. Nam moribus institutum est, ut, cum ejus aetatis sunt, in qua ipsi sibi testamentum facere non possunt, parentes eis faciant. 1. Qua ratione excitati etiam constitutionem[1] in nostro posuimus codice, qua prospectum est, ut, si mente captos habeant filios vel nepotes vel pronepotes cujuscumque sexus vel gradus, liceat eis, etsi puberes sint, ad exemplum pupillaris substitutionis certas personas substituere : sin autem resipuerint, eandem substitutionem infirmari, et hoc ad exemplum pupillaris substitutionis, quae postquam pupillus adoleverit infirmatur. 2. [2]'Igitur in pupillari substitutione secundum praefatum modum ordinata duo quodammodo sunt testamenta, alterum patris, alterum filii, tamquam si ipse filius sibi heredem instituisset : aut certe unum est testamentum duarum causarum, id est duarum hereditatum'. 3. Sin autem quis ita formidolosus sit, ut timeret, ne filius ejus pupillus adhuc ex eo, quod palam substitutum accepit, post obitum ejus periculo insidiarum subjiceretur : 'vulgarem quidem substitutionem palam facere' et in primis testamenti partibus debet, 'illam autem substitutionem, per quam et si heres extiterit pupillus et intra pubertatem decesserit substitutus vocatur, separatim in inferioribus partibus scribere eamque partem proprio lino propriaque cera consignare et in priore parte testamenti cavere, ne inferiores tabulae vivo filio et adhuc impubere aperiantur'. Illud palam est non ideo minus valere substitutionem impuberis filii, quod in isdem tabulis scripta sit, quibus sibi quisque heredem instituisset, quamvis hoc pupillo periculosum sit. 4. [3]'Non solum autem heredibus institutis impuberibus liberis ita substituere parentes possunt, ut et si heredes eis extiterint et ante pubertatem mortui fuerint, sit eis heres is quem ipsi voluerint, sed etiam exheredatis. Itaque eo casu si quid pupillo ex hereditatibus legatisve aut donationibus propinquorum at-

---

1. *C.*, 6, 26, 9. — 2. Gaius, 2, 180-181. — 3. Gaius, 2, 182-183.

que amicorum adquisitum fuerit, id omne ad substitutum pertineat. Quaecumque diximus de substitutione impuberum liberorum vel heredum institutorum vel exheredatorum, eadem etiam de postumis intellegimus'. 5. Liberis autem suis testamentum facere nemo potest, nisi et sibi faciat; nam pupillare testamentum pars et sequela est paterni testamenti, adeo ut, si patris testamentum non valeat, ne filii quidem valebit. 6. [1]'Vel singulis autem liberis vel qui eorum novissimus impubes morietur substitui potest. Singulis quidem, si neminem eorum intestato decedere voluit, novissimo, si jus legitimarum hereditatium integrum inter eos custodiri velit'. 7. Substituitur autem impuberi aut nominatim, veluti TITIUS, aut generaliter QUISQUIS MIHI HERES ERIT : quibus verbis vocantur ex substitutione impubere filio mortuo, qui et scripti sunt heredes et extiterunt, et pro qua parte heredes facti sunt. 8. Masculo igitur usque ad quattuordecim annos substitui potest, feminae usque ad duodecim annos; et si hoc tempus excesserit, substitutio evanescit. 9. [2]'Extraneo vero vel filio puberi heredi instituto ita substituere nemo potest, ut, si heres extiterit et intra aliquod tempus decesserit, alius ei sit heres; sed hoc solum permissum est, ut eum per fideicommissum testator obliget alii hereditatem ejus vel totam vel pro parte restituere : quod jus quale sit, suo loco trademus'.

XVII. Quibus modis testamenta infirmantur[3].

Testamentum jure factum usque eo valet, donec rumpatur irritumve fiat. 1. Rumpitur autem testamentum, cum in eodem statu manente testatore ipsius testamenti jus vitiatur. [4]'Si quis enim post factum testamentum adoptaverit sibi filium per imperatorem eum, qui sui juris est, aut per praetorem secundum nostram constitutionem eum, qui in potestate parentis fuerit, testamentum ejus rumpitur quasi adgnatione sui heredis. 2. Posteriore quoque testamento, quod jure perfectum est, superius rumpitur, nec interest, an extiterit aliquis heres ex eo, an non extiterit; hoc enim solum spectatur, an aliquo casu existere potuerit. Ideoque si quis aut noluerit heres esse, aut vivo testatore aut post mortem ejus antequam hereditatem adiret decesserit, aut condicione, sub qua heres institutus est, defectus sit, in his casibus pater familias intestatus moritur; nam et prius testamentum non valet ruptum a posteriore et posterius aeque nullas vires habet, cum ex eo nemo

---

1. Florentinus, *L. 10 inst.*, D., 28, 6, 37. — 2. Gaius, 2, 184. — 3. Cf. Gaius, 2, 138-151. D., 28, 3. — 4. Gaius, 2, 138. 144.

heres extiterit'. 3. [1]'Sed si quis priore testamento jure perfecto posterius aeque jure fecerit, etiamsi ex certis rebus in eo heredem instituerit, superius testamentum sublatum esse divi Severus et Antoninus rescripserunt. Cujus constitutionis inseri verba jussimus, cum aliud quoque praeterea in ea constitutione expressum est. 'Imperatores Severus et Antoninus Cocceio Campano. Testamentum secundo loco factum, licet in eo certarum rerum heres scriptus sit, jure valere, perinde ac si rerum mentio facta non esset, sed teneri heredem scriptum, ut contentus rebus sibi datis aut suppleta quarta ex lege Falcidia hereditatem restituat his, qui in priore testamento scripti fuerant, propter inserta verba secundo testamento, quibus ut valeret prius testamentum expressum est, dubitari non oportet'. Et ruptum quidem testamentum hoc modo efficitur. 4. [2]'Alio quoque modo testamenta jure facta infirmantur, veluti cum is qui fecerit testamentum capite deminutus sit. Quod quibus modis accidit, primo libro rettulimus. 5. Hoc autem casu irrita fieri testamenta dicuntur, cum alioquin et quae rumpuntur irrita fiant et quae statim ab initio non jure fiunt irrita sint: et ea, quae jure facta [sunt], postea propter capitis deminutionem irrita fiunt, possumus nihilo minus rupta dicere. Sed quia sane commodius erat singulas causas singulis appellationibus distingui, ideo quaedam non jure facta dicuntur, quaedam jure facta rumpi vel irrita fieri. 6 (5). Non tamen per omnia inutilia sunt ea testamenta, quae ab initio jure facta propter capitis deminutionem irrita facta sunt. Nam si septem testium signis signata sunt, potest scriptus heres secundum tabulas testamenti bonorum possessionem agnoscere, si modo defunctus et civis Romanus et suae potestatis mortis tempore fuerit; nam si ideo irritum factum sit testamentum, quod civitatem vel etiam libertatem testator amisit, aut quia in adoptionem se dedit et mortis tempore in adoptivi patris potestate sit, non potest scriptus heres secundum tabulas bonorum possessionem petere'. 7 (6). Ex eo autem solo non potest infirmari testamentum, quod postea testator id noluit valere: usque adeo ut et, si quis post factum prius testamentum posterius facere coeperit et aut mortalitate praeventus, aut quia eum ejus rei poenituit, id non perfecisset, divi Pertinacis oratione cautum est, ne alias tabulae priores jure factae irritae fiant, nisi sequentes jure ordinatae et perfectae fuerint. Nam imperfectum testamentum sine dubio nullum est. 8

---

1. Marcien, *L. 4 inst.*, D., 36, 1, 30 (29). — 2. Gaius, 2, 145-147.

(7). Eadem oratione expressit non admissurum se hereditatem ejus, qui litis causa principem heredem reliquerit, neque tabulas non legitime factas, in quibus ipse ob eam causam heres institutus erat, probaturum neque ex nuda voce heredis nomen admissurum neque ex ulla scriptura, cui juris auctoritas desit, aliquid adepturum. Secundum haec divi quoque Severus et Antoninus saepissime rescripserunt : 'licet enim' inquiunt 'legibus soluti sumus, attamen legibus vivimus'.

XVIII. DE INOFFICIOSO TESTAMENTO[1].

Quia plerumque parentes sine causa liberos suos vel exheredant vel omittunt, inductum est, ut de inofficioso testamento agere possint liberi, qui queruntur aut inique se exheredatos aut inique praeteritos, [2]'hoc colore, quasi non sanae mentis fuerunt, cum testamentum ordinarent. Sed hoc dicitur, non quasi vere furiosus sit, sed recte quidem fecit testamentum, non autem ex officio pietatis ; nam si vere furiosus est, nullum est testamentum'. 1. Non tantum autem liberis permissum est parentum testamentum inofficiosum accusare, verum etiam parentibus liberorum. Soror autem et frater turpibus personis scriptis heredibus ex sacris constitutionibus praelati sunt : non ergo contra omnes heredes agere possunt. Ultra fratres et sorores cognati nullo modo aut agere possunt aut agentes vincere. 2. Tam autem naturales liberi, quam secundum nostrae constitutionis[3] divisionem adoptati ita demum de inofficioso testamento agere possunt, si nullo alio jure ad bona defuncti venire possunt. Nam qui alio jure veniunt ad totam hereditatem vel partem ejus, de inofficioso agere non possunt. Postumi quoque, qui nullo alio jure venire possunt, de inofficioso agere possunt. 3. Sed haec ita accipienda sunt, si nihil eis penitus a testatoribus testamento relictum est. Quod nostra constitutio[4] ad verecundiam naturae introduxit. Sin vero quantacumque pars hereditatis vel res eis fuerit relicta, de inofficiosi querela quiescente id quod eis deest usque ad quartam legitimae partis repletur, licet non fuerit adjectum boni viri arbitratu debere eam repleri. 4. Si tutor nomine pupilli, cujus tutelam gerebat, ex testamento patris sui legatum acceperit, cum nihil erat ipsi tutori relictum a patre suo, nihilo minus possit nomine suo de inofficioso patris testamento agere. 5. Sed et si e contrario pupilli nomine, cui nihil relictum fuerit, de

---

[1]. Cf. D., 5, 2. C., 3, 28. — 2. Marcien, L. 4 inst., D., 5, 2, 2. — 3. C., 8, 47 (48), 10. — 4. C., 3, 28, 30.

inofficioso egerit et superatus est, ipse quod sibi in eodem testamento legatum relictum est non amittit. 6. Igitur quartam quis debet habere, ut de inofficioso testamento agere non possit : sive jure hereditario sive jure legati vel fideicommissi, vel si mortis causa ei quarta donata fuerit, vel inter vivos in his tantummodo casibus, quorum nostra constitutio mentionem facit, vel aliis modis qui constitutionibus continentur. 7. Quod autem de quarta diximus, ita intellegendum est, ut, sive unus fuerit sive plures, quibus agere de inofficioso testamento permittitur, una quarta eis dari possit, ut pro rata distribuatur eis, id est pro virili portione quarta.

XVIIII. De heredum qualitate et differentia[1].

[2]'Heredes autem aut necessarii dicuntur aut sui et necessarii aut extranei. 1. Necessarius heres est servus heres institutus, ideo sic appellatus, quia, sive velit sive nolit, omnimodo post mortem testatoris protinus liber et necessarius heres fit. Unde qui facultates suas suspectas habent, solent servum suum primo aut secundo vel etiam ulteriore gradu heredem instituere, ut, si creditoribus satis non fiat, potius ejus heredis bona quam ipsius testatoris a creditoribus possideantur vel distrahantur vel inter eos dividantur. Pro hoc tamen incommodo illud ei commodum praestatur, ut ea, quae post mortem patroni sui sibi adquisierit, ipsi reserventur : et quamvis non sufficiant bona defuncti creditoribus, iterum ex ea causa res ejus, quas sibi adquisierit, non veneunt. 2. Sui autem et necessarii heredes sunt veluti filius filia nepos neptisque ex filio et deinceps ceteri liberi, qui modo in potestate morientis fuerint. Sed ut nepos neptisve sui heredes sint, non sufficit eum eamve in potestate avi mortis tempore fuisse, sed opus est, ut pater ejus vivo patre suo desierit suus heres esse aut morte interceptus aut qualibet alia ratione liberatus potestate ; tunc enim nepos neptisve in locum patris sui succedit. Sed sui quidem heredes ideo appellantur, quia domestici heredes sunt et vivo quoque patre quodammodo domini existimantur. Unde etiam, si quis intestatus mortuus sit, prima causa est in successione liberorum. Necessarii vero ideo dicuntur, quia omnimodo, sive velint sive nolint, tam ab intestato quam ex testamento heredes fiunt. Sed his praetor permittit volentibus abstinere se ab hereditate, ut potius parentis quam ipsorum bona similiter a creditoribus possideantur'.

---

1. Cf. Gaius, 2, 152-173. *D.*, 29, 2. *C.*, 6, 30-31. — 2. Gaius, 2, 152-158.

3. ¹"Ceteri, qui testatoris juri subjecti non sunt, extrane heredes appellantur. Itaque liberi quoque nostri, qui in potestate nostra non sunt, heredes a nobis instituti extranei heredes videntur. Qua de causa et qui heredes a matre instituuntur, eodem numero sunt, quia feminae in potestate liberos non habent. Servus quoque a domino heres institutus et post testamentum factum ab eo manumissus eodem numero habetur'. 4. ²'In extraneis heredibus illud observatur, ut sit cum eis testamenti factio, sive ipsi heredes instituantur sive hi qui in potestate eorum sunt. Et id duobus temporibus inspicitur, testamenti quidem facti, ut constiterit institutio, mortis vero testatoris, ut effectum habeat. Hoc amplius et cum adit hereditatem, esse debet cum eo testamenti factio, sive pure sive sub condicione heres institutus sit; nam jus heredis eo vel maxime tempore inspiciendum est, quo adquirit hereditatem. Medio autem tempore inter factum testamentum et mortem testatoris vel condicionem institutionis existentem mutatio juris, heredi non nocet, quia ut diximus tria tempora inspici debent'. Testamenti autem factionem non solum is habere videtur, qui testamentum facere potest, sed etiam qui ex alieno testamento vel ipse capere potest vel alii adquirere, licet non potest facere testamentum. ³Et ideo et furiosus et mutus et postumus et infans et filius familias et servus alienus testamenti factionem habere dicuntur; licet enim testamentum facere non possunt, attamen ex testamento vel sibi vel alii adquirere possunt. 5. ⁴'Extraneis autem heredibus deliberandi potestas est de adeunda hereditate vel non adeunda. Sed sive is, cui abstinendi potestas est, immiscuerit se bonis hereditariis, sive extraneus, cui de adeunda hereditate deliberare licet, adierit, postea relinquendae hereditatis facultatem non habet, nisi minor sit annis viginti quinque; nam hujus aetatis hominibus sicut in ceteris omnibus causis deceptis, ita et si temere damnosam hereditatem susceperint, praetor succurrit. 6. Sciendum tamen est divum Hadrianum etiam majori viginti quinque annis veniam dedisse, cum post aditam hereditatem grande aes alienum, quod aditae hereditatis tempore latebat, emersisset'. Sed hoc divus quidem Hadrianus speciali beneficio cuidam praestitit: divus autem Gordianus postea in militibus tantummodo hoc extendit; (6) sed nostra benevolentia commune omnibus subjectis imperio nostro hoc praestavit beneficium et constitu-

---

1. Gaius, 2, 161. — 2. Florentinus, *L. 10 inst., D.*, 28, 5, 50 (49), 1. — 3. Cf. Pomponius, *Lib. sing. reg., D.*, 28, 1, 16, *pr.* — 4. Gaius, 2, 162-163.

tionem tam aequissimam quam nobilem scripsit¹, cujus tenorem si observaverint homines, licet eis adire hereditatem et in tantum teneri, in quantum valere bona hereditatis contingit: ut ex hac causa neque deliberationis auxilium eis fiat necessarium, nisi omissa observatione nostrae constitutionis et deliberandum existimaverint et sese veteri gravamini aditionis supponere maluerint. 7. ²'Item extraneus heres testamento intitutus aut ab intestato ad legitimam hereditatem vocatus potest aut pro herede gerendo vel etiam nuda voluntate suscipiendae hereditatis heres fieri'. Pro herede autem gerere quis videtur, si rebus hereditariis tamquam heres utatur vel vendendo res hereditarias aut praedia colendo locandove et quoquo modo si voluntatem suam declaret vel re vel verbis de adeunda hereditate, dummodo sciat eum, in cujus bonis pro herede gerit, testato intestatove obiisse et se ei heredem esse. Pro herede enim gerere est pro domino gerere: veteres enim heredes pro dominis appellabant. ³'Sicut autem nuda voluntate extraneus heres fit, ita et contraria destinatione statim ab hereditate repellitur'. Eum, qui mutus vel surdus natus est vel postea factus, nihil prohibet pro herede gerere et adquirere sibi hereditatem, si tamen intellegit quod agitur.

XX. DE LEGATIS⁴.

⁵'Post haec videamus de legatis. Quae pars juris extra propositam quidem materiam videtur; nam loquimur de his juris figuris, quibus per universitatem res nobis adquiruntur. Sed cum omnino de testamentis deque heredibus qui testamento instituuntur locuti sumus, non sine causa sequenti loco potest haec juris materia tractari'.

1. Legatum itaque est donatio quaedam a defuncto relicta. 2. Sed olim quidem erant legatorum genera quattuor: per vindicationem, per damnationem, sinendi modo, per praeceptionem: et certa quaedam verba cuique generi legatorum adsignata erant, per quae singula genera legatorum significabantur. Sed ex constitutionibus divorum principum sollemnitas hujusmodi verborum penitus sublata est. Nostra autem constitutio⁶, quam cum magna fecimus lucubratione, defunctorum voluntates validiores esse cupientes et non verbis, sed voluntatibus eorum faventes, disposuit, ut omnibus legatis una sit natura et, quibuscumque verbis aliquid derelictum sit, liceat legatariis id

---

1. *C.*, 6, 30, 22. — 2. Gaius, 2, 167. — 3. Gaius, 2, 169. — 4. Cf. Gaius, 2, 191-223. 229-245. *D.*, 30-32. *C.*, 6, 37-43. — 5. Gaius, 2, 191. — 6. *C.*, 6, 43, 1.

persequi non solum per actiones personales, sed etiam per in rem et per hypothecariam : cujus constitutionis perpensum modum ex ipsius tenore perfectissime accipere possibile est. 3. Sed non usque ad eam constitutionem standum esse existimavimus. Cum enim antiquitatem invenimus legata quidem stricte concludentem, fideicommissis autem, quae ex voluntate magis descendebant defunctorum, pinguiorem naturam indulgentem : necessarium esse duximus[1] omnia legata fideicommissis exaequare, ut nulla sit inter ea differentia, sed quod deest legatis, hoc repleatur ex natura fideicommissorum et, si quid amplius est in legatis, per hoc crescat fideicommissi natura. Sed ne in primis legum cunabulis permixte de his exponendo studiosis adulescentibus quandam introducamus difficultatem, operae pretium esse duximus interim separatim prius de legatis et postea de fideicommissis tractare, ut natura utriusque juris cognita facile possint permixtionem eorum eruditi suptilioribus auribus accipere.

4. Non solum autem testatoris vel heredis res, sed et aliena legari potest : ita ut heres cogatur redimere eam et praestare vel, si non potest redimere, aestimationem ejus dare. Sed si talis res sit, cujus non est commercium, nec aestimatio ejus debetur, sicuti si campum Martium vel basilicas vel templa vel quae publico usui destinata sunt legaverit ; nam nullius momenti legatum est. Quod autem diximus alienam rem posse legari, ita intellegendum est, si defunctus sciebat alienam rem esse, non et si ignorabat ; forsitan enim, si scisset alienam, non legasset. Et ita divus Pius rescripsit [2]'et verius est ipsum qui agit, id est legatarium, probare oportere scisse alienam rem legare defunctum, non heredem probare oportere ignorasse alienam, quia semper necessitas probandi incumbit illi qui agit'. 5. Sed et si rem obligatam creditori aliquis legaverit, necesse habet heres luere. Et hoc quoque casu idem placet, quod in re aliena, ut ita demum luere necesse habeat heres, si sciebat defunctus rem obligatam esse : et ita divi Severus et Antoninus rescripserunt. Si tamen defunctus voluit legatarium luere et hoc expressit, non debet heres eam luere. 6. Si res aliena legata fuerit et ejus vivo testatore legatarius dominus factus fuerit, si quidem ex causa emptionis, ex testamento actione pretium consequi potest ; si vero ex causa lucrativa, veluti ex donatione vel ex alia simili causa, agere non potest. Nam traditum est duas lucrativas causas in eundem hominem et in eandem rem concurrere non posse. Hac

1. *C.*, 6, 43, 2. — 2. Marcien, *L.* 6 *inst.*, *D.*, 22, 3, 21.

ratione si ex duobus testamentis eadem res eidem debeatur, interest, utrum rem an aestimationem ex testamento consecutus est; nam si rem, agere non potest, quia habet eam ex causa lucrativa, si aestimationem, agere potest. 7. "Ea quoque res, quae in rerum natura non est, si modo futura est, recte legatur, veluti fructus qui in illo fundo nati erunt, aut quod ex illa ancilla natum erit". 8. Si eadem res duobus legata sit sive conjunctim sive disjunctim, si ambo perveniant ad legatum, scinditur inter eos legatum ; si alter deficiat, quia aut spreverit legatum aut vivo testatore decesserit aut alio quolibet modo defecerit, totum ad collegatarium pertinet. Conjunctim autem legatur, veluti si quis dicat : TITIO ET SEIO HOMINEM STICHUM DO LEGO, disjunctim ita : TITIO HOMINEM STICHUM DO LEGO, SEIO STICHUM DO LEGO. Sed *et* si expresserit EUNDEM HOMINEM STICHUM, aeque disjunctim legatum intellegitur. 9. Si cui fundus alienus legatus fuerit et emerit proprietatem detracto usu fructu et usus fructus ad eum pervenerit et postea ex testamento agat, recte eum agere et fundum petere Julianus[2] ait, quia usus fructus in petitione servitutis locum optinet, sed officio judicis contineri, ut deducto usu fructu jubeat aestimationem praestari. 10. Sed si rem legatarii quis ei legaverit, inutile legatum est, quia quod proprium est ipsius, amplius ejus fieri non potest; et licet alienaverit eam, non debetur nec ipsa nec aestimatio ejus. 11. Si quis rem suam quasi alienam legaverit, valet legatum ; nam plus valet, quod in veritate est, quam quod in opinione. Sed et si legatarii putavit, valere constat, quia exitum voluntas defuncti potest habere. 12. Si rem suam legaverit testator posteaque eam alienaverit, Celsus existimat, si non adimendi animo vendidit, nihilo minus deberi, idque divi Severus et Antoninus rescripserunt. Idem rescripserunt[3] eum, qui post testamentum factum praedia quae legata erant pignori dedit, ademisse legatum non videri et ideo legatarium cum herede agere posse, ut praedia a creditore luantur. Si vero quis partem rei legatae alienaverit, pars quae non est alienata omnimodo debetur, pars autem alienata ita debetur, si non adimendi animo alienata sit. 13. Si quis debitori suo liberationem legaverit, legatum utile est et neque ab ipso debitore neque ab herede ejus potest heres petere nec ab alio, qui heredis loco est, sed et potest a debitore conveniri, ut liberet eum. Potest autem quis vel ad tempus jubere ne heres petat. 14. Ex contrario si debitor creditori suo quod debet legaverit, inutile est legatum, si nihil plus est in

1. Gaius, 2, 203. — 2. Julien, *L.* 33 *dig.*, *D.*, 30, 82, 2. — 3. *C.*, 6, 37, 3.

legato quam in debito, quia nihil amplius habet per legatum. Quodsi in diem vel sub condicione debitum ei pure legaverit, utile est legatum propter repraesentationem. Quodsi vivo testatore dies venerit aut condicio extiterit, Papinianus scripsit[1] utile esse nihilo minus legatum, quia semel constitit. Quod et verum est; non enim placuit sententia existimantium extinctum esse legatum, quia in eam causam pervenit, a qua incipere non potest. 15. Sed si uxori maritus dotem legaverit, valet legatum, quia plenius est legatum quam de dote actio. Sed si quam non acceperit dotem legaverit, divi Severus et Antoninus rescripserunt, si quidem simpliciter legaverit, inutile esse legatum, si vero certa pecunia vel certum corpus aut instrumentum dotis in praelegando demonstrata sunt, valere legatum. 16. Si res legata sine facto heredis perierit, legatario decedit. Et si servus alienus legatus sine facto heredis manumissus fuerit, non tenetur heres. Si vero heredis servus legatus fuerit et ipse eum manumiserit, teneri eum Julianus scripsit, [2]'nec interest, scierit an ignoraverit a se legatum esse. Sed et si alii donaverit servum et is, cui donatus est, eum manumiserit, tenetur heres, quamvis ignoraverit a se eum legatum esse'. 17. Si quis ancillas cum suis natis legaverit, etiamsi ancillae mortuae fuerint, partus legato cedunt. Idem est, si ordinarii servi cum vicariis legati fuerint, ut, licet mortui sint ordinarii, tamen vicarii legato cedant. Sed si servus cum peculio fuerit legatus, mortuo servo vel manumisso vel alienato et peculii legatum extinguitur. Idem est, si fundus instructus vel cum instrumento legatus fuerit; nam fundo alienato et instrumenti legatum extinguitur. 18. Si grex legatus fuerit posteaque ad unam ovem pervenerit, quod superfuerit vindicari potest. Grege autem legato etiam eas oves, quae post testamentum factum gregi adjiciuntur, legato cedere Julianus ait; esse enim gregis unum corpus ex distantibus capitibus, sicuti aedium unum corpus est ex cohaerentibus lapidibus. 19. Aedibus denique legatis columnas et marmora, quae post testamentum factum adjecta sunt, legato cedere. 20. Si peculium legatum fuerit, sine dubio quidquid peculio accedit vel decedit vivo testatore, legatarii lucro vel damno est. Quodsi post mortem testatoris ante aditam hereditatem servus adquisierit, Julianus[3] ait, si quidem ipsi manumisso peculium legatum fuerit, omne, quod ante aditam hereditatem adquisitum est, legatario cedere, quia dies hujus legati adita hereditate cedit, sed si extraneo

---

1. Papinien, *L.* 5 *resp.*, *D.*, 35, 2, 5. — 2. Marcien, *L.* 6 *inst.*, *D.*, 30, 112, 1. — 3. Cf. Ulp., *L.* 24 *ad Sab.*, *D.*, 33, 8, 8, 8.

peculium legatum fuerit, non cedere ea legato, nisi ex rebus peculiaribus auctum fuerit peculium. Peculium autem nisi legatum fuerit, manumisso non debetur, quamvis si vivus manumiserit, sufficit, si non adimatur : et ita divi Severus et Antoninus rescripserunt. Idem rescripserunt peculio legato non videri id relictum, ut petitionem habeat pecuniae, quam in rationes dominicas impendit. Idem rescripserunt peculium videri legatum, cum rationibus redditis liber esse jussus est et ex eo reliquas inferre. 21. Tam autem corporales res quam incorporales legari possunt. Et ideo et quod defuncto debetur, potest alicui legari, ut actiones suas heres legatario praestet, nisi exegerit vivus testator pecuniam ; nam hoc casu legatum extinguitur. Sed et tale legatum valet : DAMNAS ESTO HERES DOMUM ILLIUS REFICERE vel ILLUM AERE ALIENO LIBERARE. 22. Si generaliter servus vel alia res legetur, electio legatarii est, nisi aliud testator dixerit. 23. Optionis legatum, id est ubi testator ex servis suis vel aliis rebus optare legatarium jusserat, habebat in se condicionem, et ideo nisi ipse legatarius vivus optaverat, ad heredem legatum non transmittebat. Sed ex constitutione nostra[1] et hoc in meliorem statum reformatum est et data est licentia et heredi legatarii optare, licet vivus legatarius hoc non fecit. Et diligentiore tractatu habito et hoc in nostra constitutione additum est, ut, sive plures legatarii existant, quibus optio relicta est, et dissentiant in corpore eligendo, sive unius legatarii plures heredes, et inter se circa optandum dissentiant alio aliud corpus eligere cupiente, ne pereat legatum (quod plerique prudentium contra benevolentiam introducebant), fortunam esse hujus optionis judicem et sorte esse hoc dirimendum, ut, ad quem sors perveniat, illius sententia in optione praecellat.

24. Legari autem illis solis potest, cum quibus testamenti factio est. 25. Incertis vero personis neque legata neque fideicommissa olim relinqui concessum erat ; nam nec miles quidem incertae personae poterat relinquere, ut divus Hadrianus rescripsit. [2] Incerta autem persona videbatur, quam incerta opinione animo suo testator subjiciebat, veluti si quis ita dicat : QUICUMQUE FILIO MEO IN MATRIMONIUM FILIAM SUAM [DEDERIT ID EST] COLLOCAVERIT, EI HERES MEUS ILLUM FUNDUM DATO : illud quoque, quod his relinquebatur, qui post testamentum scriptum primi consules designati erunt, aeque incertae personae legari videbatur : et denique multae aliae hujusmodi species sunt. Libertas quoque non videbatur posse incertae personae dari, quia

---

1. *C.*, 6, 43, 3. — 2. Gaius, 2, 238-240.

placebat nominatim servos liberari. Tutor quoque certus dari debebat. Sub certa vero demonstratione, id est ex certis personis incertae personae, recte legabatur, veluti : EX COGNATIS MEIS QUI NUNC SUNT SI QUIS FILIAM MEAM UXOREM DUXERIT, EI HERES MEUS ILLAM REM DATO. Incertis autem personis legata vel fideicommissa relicta et per errorem soluta repeti non posse sacris constitutionibus cautum erat. 26. [1]'Postumo quoque alieno inutiliter legabatur : est autem alienus postumus, qui natus inter suos heredes testatoris futurus non est ; ideoque ex emancipato filio conceptus nepos extraneus erat postumus avo'. 27. Sed nec hujusmodi species penitus est sine justa emendatione derelicta, cum in nostro codice constitutio[2] posita est, per quam et huic parti medevimus non solum in hereditatibus, sed etiam in legatis et fideicommissis : quod evidenter ex ipsius constitutionis lectione clarescit. Tutor autem nec per nostram constitutionem incertus dari debeat, quia certo judicio debet quis pro tutela suae posteritati cavere. 28. Postumus autem alienus heres institui et antea poterat et nunc potest, nisi in utero ejus sit, quae jure nostra uxor esse non potest. 29. Si quid in nomine cognomine praenomine legatarii erraverit testator, si de persona constat, nihilo minus valet legatum : idem in heredibus servatur et recte ; nomina enim significandorum hominum gratia reperta sunt, qui si quolibet alio modo intellegantur, nihil interest. 30. Huic proxima est illa juris regula falsa demonstratione legatum non peremi. Veluti si quis ita legaverit : STICHUM SERVUM MEUM VERNAM DO LEGO ; licet enim non verna, sed emptus sit, de servo tamen constat, utile est legatum. Et convenienter si ita demonstraverit STICHUM SERVUM, QUEM A SEIO EMI, sitque ab alio emptus, utile legatum est, si de servo constat. 31. Longe magis legato falsa causa non nocet. Veluti cum ita quis dixerit : TITIO, QUIA ABSENTE ME NEGOTIA MEA CURAVIT, STICHUM DO LEGO, vel ita : TITIO, QUIA PATROCINIO EJUS CAPITALI CRIMINE LIBERATUS SUM, STICHUM DO LEGO ; licet enim neque negotia testatoris umquam gessit Titius neque patrocinio ejus liberatus est, legatum tamen valet. Sed si condicionaliter enuntiata fuerit causa, aliud juris est, veluti hoc modo : TITIO, SI NEGOTIA MEA CURAVERIT, FUNDUM DO LEGO. 32. An servo heredis recte legamus, quaeritur. Et constat pure inutiliter legari nec quidquam proficere, si vivo testatore de potestate heredis exierit, quia quod inutile foret legatum, si statim post factum testamentum decessisset testator, hoc non debet ideo valere, quia diutius testator vixerit. Sub condicione vero

---

1. Gaius, 2. 241. — 2. C., 6, 48, 1.

recte legatur, ut requiramus, an, quo tempore dies legati cedit, in potestate heredis non sit. 33. Ex diverso herede instituto servo quin domino recte etiam sine condicione legetur, non dubitatur. Nam et si statim post factum testamentum decesserit testator, non tamen apud eum qui heres sit dies legati cedere intellegitur, cum hereditas a legato separata sit et possit per eum servum alius heres effici, si prius, quam jussu domini adeat, in alterius potestatem translatus sit, vel manumissus ipse heres efficitur : quibus casibus utile est legatum ; quodsi in eadem causa permanserit et jussu legatarii adierit, evanescit legatum. 34. [1]'Ante heredis institutionem inutiliter antea legabatur, scilicet quia testamenta vim ex institutione heredum accipiunt et ob id veluti caput atque fundamentum intellegitur totius testamenti heredis institutio. Pari ratione nec libertas ante heredis institutionem dari poterat'. Sed quia incivile esse putavimus ordinem quidem scripturae sequi (quod et ipsi antiquitati vituperandum fuerat visum), sperni autem testatoris voluntatem, per nostram constitutionem[2] et hoc vitium emendavimus, ut liceat et ante heredis institutionem et inter medias heredum institutiones legatum relinquere et multo magis libertatem, cujus usus favorabilior est. 35. [3]'Post mortem quoque heredis aut legatarii simili modo inutiliter legabatur, veluti si quis ita dicat: CUM HERES MEUS MORTUUS ERIT, DO LEGO, item : PRIDIE QUAM HERES AUT LEGATARIUS MORIETUR. Sed simili modo et hoc correximus[4] firmitatem hujusmodi legatis ad fideicommissorum similitudinem praestantes, ne vel in hoc casu deterior causa legatorum quam fideicommissorum inveniatur. 36. [5]Poenae quoque nomine inutiliter legabatur et adimebatur vel transferebatur. Poenae autem nomine legari videtur, quod coercendi heredis causa relinquitur, quo magis is aliquid faciat aut non faciat, veluti si quis ita scripserit : HERES MEUS SI FILIAM SUAM IN MATRIMONIUM TITIO COLLOCAVERIT (vel ex diverso SI NON COLLOCAVERIT), DATO DECEM AUREOS SEIO, aut si ita scripserit : HERES MEUS SI SERVUM STICHUM ALIENAVERIT (vel ex diverso SI NON ALIENAVERIT), TITIO DECEM AUREOS DATO. Et in tantum haec regula observabatur, ut perquam pluribus principalibus constitutionibus significetur nec principem quidem agnoscere, quod ei poenae nomine legatum sit. Nec ex militis quidem testamento talia legata valebant, quamvis aliae militum voluntates in ordinandis testamentis valde observantur. Quin etiam nec libertatem poenae nomine dari posse placebat.

1. Gaius, 2, 229-230. — 2. C., 6, 23, 24. — 3. Gaius, 2, 232. — 4. C., 8, 37 (38), 11. — 5. Cf. Gaius, 2, 235.

Eo amplius nec heredem poenae nomine adjici posse Sabinus existimabat, veluti si quis ita dicat: TITIUS HERES ESTO ; SI TITIUS FILIAM SUAM SEIO IN MATRIMONIUM COLLOCAVERIT, SEIUS QUOQUE HERES ESTO ; nihil enim intererat, qua ratione Titius coerceatur, utrum legati datione an coheredis adjectione. At hujusmodi scupulositas nobis non placuit et generaliter ea quae relinquuntur, licet poenae nomine fuerint relicta vel adempta vel in alios translata, nihil distare a ceteris legatis constituimus[1] vel in dando vel in adimendo vel in transferendo: exceptis his videlicet, quae impossibilia sunt vel legibus interdicta aut alias probrosa ; hujusmodi enim testatorum dispositiones valere secta temporum meorum non patitur.

XXI. DE ADEMPTIONE LEGATORUM ET TRANSLATIONE[2].

Ademptio legatorum, sive eodem testamento adimantur sive codicillis, firma est, sive contrariis verbis fiat ademptio, veluti si, quod ita quis legaverit: DO LEGO, ita adimatur: NON DO NON LEGO, sive non contrariis, id est aliis quibuscumque verbis. 1. Transferri quoque legatum ab alio ad alium potest, veluti si quis ita dixerit: HOMINEM STICHUM, QUEM TITIO LEGAVI, SEIO DO LEGO, sive in eodem testamento sive in codicillis hoc fecerit; quo casu simul Titio adimi videtur et Seio dari.

XXII. DE LEGE FALCIDIA[3].

Superest, ut de lege Falcidia dispiciamus, qua modus novissime legatis impositus est. Cum enim olim lege duodecim tabularum libera erat legandi potestas, ut liceret vel totum patrimonium legatis erogare (quippe ea lege ita cautum esset : UTI LEGASSIT SUAE REI, ITA JUS ESTO) : visum est hanc legandi licentiam coartare, idque ipsorum testatorum gratia provisum est ob id, quod plerumque intestati moriebantur, recusantibus scriptis heredibus pro nullo aut minimo lucro hereditates adire. Et cum super hoc tam lex Furia quam lex Voconia latae sunt, quarum neutra sufficiens ad rei consummationem videbatur, novissime lata est lex Falcidia, qua cavetur, ne plus legare liceat, quam dodrantem totorum bonorum, id est ut, sive unus heres institutus esset sive plures, apud eum eosve pars quarta remaneret. 1. Et cum quaesitum esset, duobus heredibus institutis, veluti Titio et Seio, si Titii pars aut tota exhausta sit legatis, quae nominatim ab eo data sunt, aut supra modum

---

1. C., 6, 41, 1. — 2. Cf. D., 34, 4. — 3. Cf. Gaius, 2, 224-228. D., 35, 2. C., 6, 50.

onerata, a Seio vero aut nulla relicta sint legata, aut quae partem ejus dumtaxat in partem dimidiam minuunt, an, quia is quartam partem totius hereditatis aut amplius habet, Titio nihil ex legatis, quae ab eo relicta sunt, retinere liceret : placuit, ut quartam partem suae partis salvam habeat et posse retinere ; etenim in singulis heredibus ratio legis Falcidiae ponenda est. 2. [1]Quantitas autem patrimonii, ad quam ratio legis Falcidiae redigitur, mortis tempore spectatur. Itaque si verbi gratia is, qui centum aureorum patrimonium habebat, centum aureos legaverit, nihil legatariis prodest, si ante aditam hereditatem per servos hereditarios aut ex partu ancillarum hereditariarum aut ex fetu pecorum tantum accesserit hereditati, ut centum aureis legatorum nomine erogatis heres quartam partem hereditatis habiturus sit, sed necesse est, ut nihilo minus quarta pars legatis detrahatur. Ex diverso si septuaginta quinque legaverit et ante aditam hereditatem in tantum decreverint bona incendiis forte aut naufragiis aut morte servorum, ut non amplius quam septuaginta quinque aureorum substantia vel etiam minus relinquatur, solida legata debentur. Nec ea res damnosa est heredi, cui liberum est non adire hereditatem : quae res efficit, ut necesse sit legatariis, ne destituto testamento nihil consequantur, cum herede in portione pacisci. 3. Cum autem ratio legis Falcidiae ponitur, ante deducitur aes alienum, item funeris impensa et pretia servorum manumissorum, tunc deinde in reliquo ita ratio habetur, ut ex eo quarta pars apud heredes remaneat, tres vero partes inter legatarios distribuantur, pro rata scilicet portione ejus, quod cuique eorum legatum fuerit. Itaque si fingamus quadringentos aureos legatos esse et patrimonii quantitatem, ex qua legata erogari oportet, quadringentorum esse, quarta pars singulis legatariis detrahi debet. Quodsi trecentos quinquaginta legatos fingamus, octava debet detrahi. Quodsi quingentos legaverit, initio quinta, deinde quarta detrahi debet : ante enim detrahendum est, quod extra bonorum quantitatem est, deinde quod ex bonis apud heredem remanere oportet.

XXIII. De fideicommissariis hereditatibus[2].

[3]'Nunc transeamus ad fideicommissa, et prius de hereditatibus fideicommissaris videamus'.

1. Sciendum itaque est omnia fideicommissa primis temporibus infirma esse, quia nemo invitus cogebatur praestare id de

---

1. Cf. Gaius, *L.* 18 *ad ed. prov.*, *D.*, 35, 2, 73, *pr.* — 2. Cf. Gaius, 2, 246-259. *D.*, 36, 1. *C.*, 6, 49. — 3. Gaius, 2, 246-247.

quo rogatus erat; quibus enim non poterant hereditates vel legata relinquere, si relinquebant, fidei committebant eorum, qui capere ex testamento poterant : et ideo fideicommissa appellata sunt, quia nullo vinculo juris, sed tantum pudore eorum qui rogabantur continebantur. Postea primus divus Augustus semel iterumque gratia personarum motus, vel quia per ipsius salutem rogatus quis diceretur, aut ob insignem quorundam perfidiam jussit consulibus auctoritatem suam interponere. Quod quia justum videbatur et populare erat, paulatim conversum est in adsiduam jurisdictionem, tantusque favor eorum factus est, ut paulatim etiam praetor proprius crearetur, qui fideicommissis jus diceret, quem fideicommissarium appellabant.

2. [1]'In primis igitur sciendum est opus esse, ut aliquis recto jure testamento heres instituatur ejusque fidei committatur, ut eam hereditatem alii restituat; alioquin inutile est testamentum, in quo nemo heres instituitur. Cum igitur aliquis scripserit : LUCIUS TITIUS HERES ESTO, poterit adjicere : ROGO TE, LUCI TITI, UT, CUM PRIMUM POSSIS HEREDITATEM MEAM ADIRE, EAM GAIO SEIO REDDAS RESTITUAS. Potest autem quisque et de parte restituenda heredem rogare; et liberum est vel pure vel sub condicione relinquere fideicommissum vel ex die certo.

3. 'Restituta autem hereditate is quidem qui restituit nihilo minus heres permanet; is vero qui recipit hereditatem aliquando heredis aliquando legatarii loco habebatur'. 4. [2]'Et in Neronis quidem temporibus Trebellio Maximo et Annaeo Seneca consulibus[3] senatus consultum factum est, quo cautum est, ut, si hereditas ex fideicommissi causa restituta sit, omnes actiones, quae jure civili heredi et in heredem competerent, ei et in eum darentur, cui ex fideicommisso restituta esset hereditas. Post quod senatus consultum praetor utiles actiones ei et in eum qui recepit hereditatem quasi heredi et in heredem dare coepit. 5. Sed quia heredes scripti, cum aut totam hereditatem aut paene totam plerumque restituere rogabantur, adire hereditatem ob nullum vel minimum lucrum recusabant atque ob id extinguebantur fideicommissa, postea Vespasiani Augusti temporibus Pegaso et Pusione consulibus[4] senatus censuit, ut ei, qui rogatus esset hereditatem restituere, perinde liceret quartam partem retinere, atque lege Falcidia ex legatis retinere conceditur. Ex singulis quoque rebus, quae per fideicommissum relinquuntur, eadem retentio permissa

---

[1]. Gaius, 2, 248. 250. 251. — 2. Gaius, 2, 253-258. — 3. An 56 après J.-C. — 4. Date incertaine.

est. Post quod senatus consultum ipse heres onera hereditaria sustinebat. Ille autem, qui ex fideicommisso recepit partem hereditatis, legatarii partiarii loco erat, id est ejus legatarii, cui pars bonorum legabatur. Quae species legati partitio vocabatur, quia cum herede legatarius partiebatur hereditatem. Unde quae solebant stipulationes inter heredem et partiarium legatarium interponi, eaedem interponebantur inter eum, qui ex fideicommisso recepit hereditatem, et heredem, id est ut et lucrum et damnum hereditarium pro rata parte inter eos commune sit. 6. Ergo si quidem non plus quam dodrantem hereditatis scriptus heres rogatus sit restituere, tunc ex Trebelliano senatus consulto restituebatur hereditas et in utrumque actiones hereditariae pro rata parte dabantur, in heredem quidem jure civili, in eum vero qui recipiebat hereditatem ex senatus consulto Trebelliano tamquam in heredem. At si plus quam dodrantem vel etiam totam hereditatem restituere rogatus sit, locus erat Pegasiano senatus consulto, et heres, qui semel adierit hereditatem, si modo sua voluntate adierit, sive retinuerit quartam partem sive noluerit retinere, ipse universa onera hereditaria sustinebat. Sed quarta quidem retenta quasi partis et pro parte stipulationes interponebantur tamquam inter partiarium legatarium et heredem ; si vero totam hereditatem restituerit, emptae et venditae hereditatis stipulationes interponebantur. Sed si recuset scriptus heres adire hereditatem ob id, quod dicat eam sibi suspectam esse quasi damnosam, cavetur Pegasiano senatus consulto, ut desiderante eo, cui restituere rogatus est, jussu praetoris adeat et restituat hereditatem perindeque ei et in eum qui recipit hereditatem actiones dentur, acsi juris est ex Trebelliano senatus consulto: quo casu nullis stipulationibus opus est, quia simul et huic qui restituit securitas datur et actiones hereditariae ei et in eum transferuntur qui recipit hereditatem', utroque senatus consulto in hac specie concurrente. 7. Sed quia stipulationes ex senatus consulto Pegasiano descendentes et ipsi antiquitati displicuerunt et quibusdam casibus captiosas eas homo excelsi ingenii Papinianus appellat et nobis in legibus magis simplicitas quam difficultas placet, ideo omnibus nobis suggestis tam similitudinibus quam differentiis utriusque senatus consulti placuit exploso senatus consulto Pegasiano, quod postea supervenit, omnem auctoritatem Trebelliano senatus consulto praestare, ut ex eo fideicommissariae hereditates restituantur, sive habeat heres ex voluntate testatoris quartam sive plus sive minus sive penitus nihil, ut tunc, quando vel nihil vel minus quarta apud eum remaneat, liceat ei vel quartam vel quod deest ex nostra auctoritate retinere vel repetere solutum, quasi ex Trebelliano senatus consulto pro rata portione actionibus tam in heredem quam in fideicommissarium competentibus. Si vero totam hereditatem sponte restituerit, omnes hereditariae actiones fideicommissario et adversus eum competunt. Sed etiam id, quod praecipuum Pegasiani senatus consulti fuerat, ut, quando recusabat heres scriptus sibi datam hereditatem adire, necessitas ei imponeretur totam hereditatem volenti fideicommissario restituere et omnes ad eum et contra eum transire actiones, et hoc transponimus ad senatus consultum Trebellianum, ut ex hoc solo et necessitas heredi imponatur, si ipso nolente adire fideicommissarius desiderat restitui sibi hereditatem, nullo nec damno nec commodo apud heredem manente. 8. [1]‘Nihil autem interest, utrum aliquis ex asse heres institutus aut totam hereditatem aut pro parte restituere rogatur, an ex parte heres institutus aut totam eam partem aut partis partem restituere rogatur ; nam et hoc casu' eadem observari praecipimus, quae in totius hereditatis restitutione diximus. 9. Si quis una aliqua re deducta sive praecepta, quae quartam continet, veluti fundo vel alia re rogatus sit restituere hereditatem, simili modo ex Trebelliano senatus consulto restitutio fiat, perinde ac si quarta parte retenta rogatus esset reliquam hereditatem restituere. Sed illud interest, quod altero casu, id est cum deducta sive praecepta aliqua re restituitur hereditas, in solidum ex eo senatus consulto actiones transferuntur et res quae remanet apud heredem sine ullo onere hereditario apud eum manet quasi ex legato ei adquisita, altero vero casu, id est cum quarta parte retenta rogatus est heres restituere hereditatem et restituit, scindantur actiones et pro dodrante quidem transferantur ad fideicommissarium, pro quadrante remaneant apud heredem. Quin etiam licet in una re, qua deducta aut praecepta restituere aliquis hereditatem rogatus est, maxima pars hereditatis contineatur, aeque in solidum transferuntur actiones et secum deliberare debet is, cui restituitur hereditas, an expediat sibi restitui. Eadem scilicet interveniunt et si duabus pluribusve rebus deductis praeceptisve restituere hereditatem rogatus sit. Sed et si certa summa deducta praeceptave, quae quartam vel etiam maximam partem hereditatis continet, rogatus sit aliquis hereditatem restituere, idem juris est. Quae diximus de

1. Gaius, 2, 259.

eo qui ex asse heres institutus est, eadem transferimus et ad eum qui ex parte heres scriptus est.

10. Praeterea intestatus quoque moriturus potest rogare eum, ad quem bona sua vel legitimo jure vel honorario pertinere intellegit, ut hereditatem suam totam partemve ejus aut rem aliquam, veluti fundum hominem pecuniam, alicui restituat : cum alioquin legata nisi ex testamento non valeant. 11. Eum quoque, cui aliquid restituitur, potest rogare, ut id rursus alii totum aut pro parte vel etiam aliud aliquid restituat. 12. Et quia prima fideicommissorum cunabula a fide heredum pendent et tam nomen quam substantiam acceperunt et ideo divus Augustus ad necessitatem juris ea detraxit, nuper et nos eundem principem superare contendentes ex facto, quod Tribonianus vir excelsus quaestor sacri palatii suggessit, constitutionem[1] fecimus, per quam disposuimus : si testator fidei heredis sui commissit, ut vel hereditatem vel speciale fideicommissum restituat, et neque ex scriptura neque ex quinque testium numero, qui in fideicommissis legitimus esse noscitur, res possit manifestari, sed vel pauciores quam quinque vel nemo penitus testis intervenerit, tunc sive pater heredis sive alius quicumque sit, qui fidem elegit heredis et ab eo aliquid restitui voluerit, si heres perfidia tentus adimplere fidem recusat negando rem ita esse subsecutam, si fideicommissarius jusjurandum ei detulerit, cum prius ipse de calumnia juraverit, necesse eum habere vel jusjurandum subire, quod nihil tale a testatore audivit, vel recusantem ad fideicommissi vel universitatis vel specialis solutionem coartari, ne depereat ultima voluntas testatoris fidei heredis commissa. Eadem observari censuimus et si a legatario vel fideicommissario aliquid similiter relictum sit. Quod si is, a quo relictum dicitur, confiteatur quidem aliquid a se relictum esse, sed ad legis suptilitatem decurrat, omnimodo cogendus est solvere.

XXIIII. DE SINGULIS REBUS PER FIDEICOMMISSUM RELICTIS[2].

[3]"Potest autem quis etiam singulas res per fideicommissum relinquere, veluti fundum hominem vestem argentum pecuniam numeratam, et vel ipsum heredem rogare, ut alicui restituat, vel legatarium, quamvis a legatario legari non possit. 1. Potest autem non solum proprias testator res per fideicommissum relinquere, sed et heredis aut legatarii aut fideicommissarii aut cujuslibet alterius. Itaque et legatarius et fidei-

---

1. C., 6, 42, 32. — 2. Cf. Gaius, 2, 260-267. C., 6, 42. — 3. Gaius, 2, 260-265.

commissarius non solum de ea re rogari potest, ut eam alicui restituat, quae ei relicta sit, sed etiam de alia, sive ipsius sive aliena sit. Hoc solum observandum est, ne plus quisquam rogetur alicui restituere, quam ipse ex testamento ceperit; nam quod amplius est, inutiliter relinquitur. Cum autem aliena res per fideicommissum relinquitur, necesse est ei qui rogatus est aut ipsam redimere et praestare aut aestimationem ejus solvere. 2. Libertas quoque servo per fideicommissum dari potest, ut heres eum rogetur manumittere vel legatarius vel fideicommissarius. Nec interest, utrum de suo proprio servo testator roget, an de eo qui ipsius heredis aut legatarii vel etiam extranei sit. Itaque alienus servus redimi et manumitti debet: quod si dominus eum non vendat', si modo nihil ex judicio ejus qui reliquit libertatem percepit, non statim extinguitur fideicommissaria libertas, sed differtur, quia possit tempore procedente, ubicumque occasio redimendi servi fuerit, praestari libertas. ¹'Qui autem ex causa fideicommissi manumittitur, non testatoris fit libertus, etiamsi testatoris servus sit, sed ejus qui manumittit; at is, qui directo testamento liber esse jubetur, ipsius testatoris fit libertus', qui etiam orcinus appellatur. 'Nec alius ullus directo ex testamento libertatem habere potest, quam qui utroque tempore testatoris fuerit, et quo faceret testamentum et quo moreretur'. Directo autem libertas tunc dari videtur, cum non ab alio servum manumitti rogat, sed velut ex suo testamento libertatem ei competere vult. 3. ²'Verba autem fideicommissorum haec maxime in usu habeantur: PETO, ROGO, VOLO, MANDO, FIDEI TUAE COMMITTO, quae perinde singula firma sunt, atque si omnia in unum congesta essent'.

XXV. DE CODICILLIS³.

Ante Augusti tempora constat jus codicillorum non fuisse, sed primus Lucius Lentulus, ex cujus persona etiam fideicommissa coeperunt, codicillos introduxit. Nam cum decederet in Africa, scripsit codicillos testamento confirmatos, quibus ab Augusto petiit per fideicommissum, ut faceret aliquid: et cum divus Augustus voluntatem ejus implesset, deinceps reliqui auctoritatem ejus secuti fideicommissa praestabant et filia Lentuli legata, quae jure non debebat, solvit. Dicitur Augustus convocasse prudentes, inter quos Trebatium quoque, cujus tunc auctoritas maxima erat, et quaesisse, an possit hoc recipi nec absonans a juris ratione codicillorum usus esset: et Treba-

---

1. Gaius, 2, 266.ʳ — 2. Gaius, 2, 249. — 3. Cf. *D.*, 29, 7. *C.*, 6, 36.

tium suasisse Augusto, quod diceret utilissimum et necessarium hoc civibus esse propter magnas et longas peregrinationes, quae apud veteres fuissent, ubi, si quis testamentum facere non posset, tamen codicillos posset. Post quae tempora cum et Labeo codicillos fecisset, jam nemini dubium erat, quin codicilli jure optimo admitterentur.

1. Non tantum autem testamento facto potest quis codicillos facere, sed et intestatus quis decedens fideicommittere codicillis potest. Sed cum ante testamentum factum codicilli facti erant, Papinianus[1] ait non aliter vires habere, quam si speciali postea voluntate confirmentur. Sed divi Severus et Antoninus rescripserunt ex his codicillis qui testamentum praecedunt posse fideicommissum peti, si appareat eum, qui postea testamentum fecerat, a voluntate quam codicillis expresserat non recessisse. 2. Codicillis autem hereditas neque dari neque adimi potest, ne confundatur jus testamentorum et codicillorum, et ideo nec exheredatio scribi. Directo autem hereditas codicillis neque dari neque adimi potest; nam per fideicommissum hereditas codicillis jure relinquitur. [2]'Nec condicionem heredi instituto codicillis adjicere neque substituere directo potest. 3. Codicillos autem etiam plures quis facere potest; et nullam solemnitatem ordinationis desiderant'.

LIBER TERTIUS.

I. De hereditatibus quae ab intestato deferuntur[3].

Intestatus decedit, qui aut omnino testamentum non fecit aut non jure fecit aut id quod fecerat ruptum irritumve factum est aut nemo ex eo heres extitit.

1. [4]'Intestatorum autem hereditates ex lege duodecim tabularum primum ad suos heredes pertinent. 2. Sui autem heredes existimantur, ut et supra diximus[5], qui in potestate morientis fuerunt: veluti filius filia, nepos neptisve ex filio, pronepos proneptisve ex nepote filio nato, prognatus prognatave. Nec interest, utrum naturales sunt liberi an adoptivi'. 2ª. Quibus connumerari necesse est etiam eos, qui ex legitimis quidem matrimoniis non sunt progeniti, curiis tamen civitatum dati secundum divalium constitutionum, quae super his positae sunt, tenorem suorum jura nanciscuntur: nec non eos, quos nostrae amplexae sunt constitutiones[6], per quas jussimus, si

1. Papinien, *L. 7 resp. D.*, 29, 7, 5. — 2. Marcien, *L. 6 inst., D.*, 29, 7, 6, pr. 1. — 3. Cf. Gaius, 3, 78. *D.*, 38, 16. *C.*, 6, 55. — 4. Gaius, 3, 1, 2. — 5. 2, 19, 2. — 6. *C.*, 5, 27, 10-11.

quis mulierem in suo contubernio copulaverit non ab initio affectione maritali, eam tamen, cum qua poterat habere conjugium, et ex ea liberos sustulerit, postea vero affectione procedente etiam nuptialia instrumenta cum ea fecerit filiosque vel filias habuerit : non solum eos liberos, qui post dotem editi sunt, justos et in potestate esse patribus, sed etiam anteriores, qui et his qui postea nati sunt occasionem legitimi nominis praestiterunt : quod optinere censuimus, etiamsi non progeniti fuerunt post dotale instrumentum confectum liberi vel etiam nati ab hac luce subtracti fuerint. 2^b. [1]'Ita demum tamen nepos neptisve et pronepos proneptisve suorum heredum numero sunt, si praecedens persona desierit in potestate parentis esse, sive morte id acciderit sive alia ratione, veluti emancipatione ; nam si per id tempus, quo quis moreretur, filius in potestate ejus sit, nepos ex eo suus heres esse non potest. Idque et in ceteris deinceps liberorum personis dictum intellegimus. Postumi quoque, qui, si vivo parente nati essent, in potestate futuri forent, sui heredes sunt'. 3. Sui autem etiam ignorantes fiunt heredes et, licet furiosi sint, heredes possunt existere : quia quibus ex causis ignorantibus adquiritur nobis, ex his causis et furiosis adquiri potest. Et statim morte parentis quasi continuatur dominium : et ideo nec tutoris auctoritate opus est in pupillis, cum etiam ignorantibus adquiritur suis heredibus hereditas, nec curatoris consensu adquiritur furioso, sed ipso jure. 4. Interdum autem, licet in potestate mortis tempore suus heres non fuit, tamen suus heres parenti efficitur, veluti si ab hostibus quis reversus fuerit post mortem patris sui ; jus enim postliminii hoc facit. 5. Per contrarium evenit ut, licet quis in familia defuncti sit mortis tempore, tamen suus heres non fiat, veluti si post mortem suam pater judicatus fuerit reus perduellionis ac per hoc memoria ejus damnata fuerit; suum enim heredem habere non potest, cum fiscus ei succedit. Sed potest dici ipso jure esse suum heredem, sed desinere. 6. [2]'Cum filius filiave et ex altero filio nepos neptisve extant, pariter ad hereditatem vocantur nec qui gradu proximior est ulteriorem excludit ; aequum enim esse videtur nepotes neptesque in patris sui locum succedere. Pari ratione et si nepos neptisque sit ex filio et ex nepote pronepos proneptisve, simul vocantur. Et quia placuit nepotes neptesque, item pronepotes proneptesque in parentis sui locum succedere, conveniens esse visum est non in capita, sed in stirpes hereditatem dividi, ut filius partem dimidiam hereditatis habeat et

6. Gaius, 3, 2. 4. — 2. Gaius, 3, 7. 8.

ex altero filio duo pluresve nepotes alteram dimidiam. Item si ex duobus filiis nepotes extant et ex altero unus forte aut duo, ex altero tres aut quattuor, ad unum aut duos dimidia pars pertinet, ad tres vel ad quattuor altera dimidia'. 7. Cum autem quaeritur, an quis suus heres existere potest, eo tempore quaerendum est, quo certum est aliquem sine testamento decessisse, quod accidit et destituto testamento. Hac ratione si filius exheredatus fuerit et extraneus heres institutus est, filio mortuo postea certum fuerit heredem institutum ex testamento non fieri heredem, aut quia noluit esse heres aut quia non potuit: nepos avo suus heres existet, quia quo tempore certum est intestatum decessisse patrem familias, solus invenitur nepos. Et hoc certum est. 8. Et licet post mortem avi natus sit, tamen avo vivo conceptus, mortuo patre ejus posteaque deserto avi testamento suus heres efficitur. Plane si et conceptus et natus fuerit post mortem avi, mortuo patre suo desertoque postea avi testamento suus heres avo non existit, quia nullo jure cognationis patrem sui patris tetigit. Sic nec ille est inter liberos avo, quem filius emancipatus adoptaverat. Hi autem cum non sunt quantum ad hereditatem liberi, neque bonorum possessionem petere possunt quasi proximi cognati. Haec de suis heredibus.

9. Emancipati autem liberi jure civili nihil juris habent; neque enim sui heredes sunt, quia in potestate esse desierunt parentis, neque alio ullo jure per legem duodecim tabularum vocantur. Sed praetor naturali aequitate motus dat eis bonorum possessionem unde liberi, perinde ac si in potestate parentis mortis tempore fuissent, sive soli sint sive cum suis heredibus concurrant. Itaque duobus liberis extantibus, emancipato et qui mortis tempore in potestate fuerit, sane quidem is qui in potestate fuerit solus jure civili heres est, id est solus suus heres est; sed cum emancipatus beneficio praetoris in partem admittitur, evenit ut suus heres pro parte heres fiat. 10. At hi, qui emancipati a parente in adoptionem se dederunt, non admittuntur ad bona naturalis patris quasi liberi, si modo cum is moreretur in adoptiva familia sint. Nam vivo eo emancipati ab adoptivo patre perinde admittuntur ad bona naturalis patris, ac si emancipati ab ipso essent nec umquam in adoptiva familia fuissent: et convenienter quod ad adoptivum patrem pertinet extraneorum loco esse incipiunt. Post mortem vero naturalis patris emancipati ab adoptivo et quantum ad hunc aeque extraneorum loco fiunt et quantum ad naturalis parentis bona pertinet nihilo magis liberorum gra-

dum nanciscuntur : quod ideo sic placuit, quia iniquum erat esse in potestate patris adoptivi, ad quos bona naturalis patris pertinerent, utrum ad liberos ejus an ad adgnatos. 11. Minus ergo juris habent adoptivi quam naturales. Namque naturales emancipati beneficio praetoris gradum liberorum retinent, licet jure civili perdunt, adoptivi vero emancipati et jure civili perdunt gradum liberorum et a praetore non adjuvantur. Et recte; naturalia enim jura civilis ratio peremere non potest nec, quia desinunt sui heredes esse, desinere possunt filii filiaeve aut nepotes neptesve esse, adoptivi vero emancipati extraneorum loco incipiunt esse, quia jus nomenque filii filiaeve, quod per adoptionem consecuti sunt, alia civili ratione, id est emancipatione, perdunt. 12. Eadem haec observantur et in ea bonorum possessione, quam contra tabulas testamenti parentis liberis praeteritis, id est neque heredibus institutis neque ut oportet exheredatis, praetor pollicetur. Nam eos quidem, qui in potestate parentis mortis tempore fuerunt, et emancipatos vocat praetor ad eam bonorum possessionem, eos vero, qui in adoptiva familia fuerunt per hoc tempus, quo naturalis parens moreretur, repellit. Item adoptivos liberos emancipatos ab adoptivo patre sicut ab intestato, ita longe minus contra tabulas testamenti ad bona ejus admittit, quia desinunt in liberorum numero esse. 13. Admonendi tamen sumus eos, qui in adoptiva familia sunt quive post mortem naturalis parentis ab adoptivo patre emancipati fuerint, intestato parente naturali mortuo licet ea parte edicti, qua liberi ad bonorum possessionem vocantur, non admittantur, alia tamen parte vocari, id est qua cognati defuncti vocantur. Ex qua parte ita admittuntur, si neque sui heredes liberi neque emancipati obstent neque adgnatus quidem ullus interveniat; ante enim praetor liberos vocat tam suos heredes quam emancipatos, deinde legitimos heredes, deinde proximos cognatos. 14. Sed ea omnia antiquitati quidem placuerunt, aliquam autem emendationem a nostra constitutione[1] acceperunt, quam super his personis posuimus, quae a patribus suis naturalibus in adoptionem aliis dantur. Invenimus etenim nonnullos casus, in quibus filii et naturalium parentum successionem propter adoptionem amittebant et adoptione facile per emancipationem soluta ad neutrius patris successionem vocabantur. Hoc solito more corrigentes constitutionem scripsimus, per quam definivimus, quando parens naturalis filium suum adoptandum alii dederit, integra omnia jura ita servari, atque si in patris na-

1. C., 8, 47 (48), 10.

turalis potestate permansisset nec penitus adoptio fuerit subsecuta : nisi in hoc tantummodo casu, ut possit ab intestato ad patris adoptivi venire successionem. Testamento autem ab eo facto neque jure civili neque praetorio aliquid ex hereditate ejus persequi potest neque contra tabulas bonorum possessione agnita neque inofficiosi querella instituta, cum nec necessitas patri adoptivo imponitur vel heredem eum instituere vel exheredatum facere utpote nullo naturali vinculo copulatum. Neque si ex Afiniano[1] senatus consulto ex tribus maribus fuerit adoptatus ; nam et in hujusmodi casu neque quarta ei servatur nec ulla actio ad ejus persecutionem ei competit. Nostra autem constitutione exceptus est is, quem parens naturalis adoptandum susceperit ; utroque enim jure tam naturali quam legitimo in hanc personam concurrente pristina jura tali adoptioni servavimus, quemadmodum si pater familias sese dederit adrogandum. Quae specialiter et singillatim ex praefatae constitutionis tenore possunt colligi.

15. Item vetustas ex masculis progenitos plus diligens solos nepotes vel neptes, qui ex virili sexu descendunt, ad suorum vocabat successionem et juri adgnatorum eos anteponebat; nepotes autem, qui ex filiabus nati sunt, et pronepotes ex neptibus cognatorum loco numerans post adgnatorum lineam eos vocabat tam in avi vel proavi materni quam in aviae vel proaviae sive paternae sive maternae successionem. Divi autem principes[2] non passi sunt talem contra naturam injuriam sine competenti emendatione relinquere ; sed cum nepotis et pronepotis nomen commune est utrisque, qui tam ex masculis quam ex feminis descendunt, ideo eundem gradum et ordinem successionis eis donaverunt. Sed ut aliquid amplius sit eis, qui non solum naturae, sed etiam veteris juris suffragio muniuntur, portionem nepotum et neptium vel deinceps, de quibus supra diximus, paulo minuendam esse existimaverunt, ut minus tertiam partem acciperent, quam mater eorum vel avia fuerat acceptura, vel pater eorum vel avus parternus sive maternus, quando femina mortua sit cujus de hereditate agitur, hisque, licet soli sint, adeuntibus adgnatos minime vocabant. Et quemadmodum lex duodecim tabularum filio mortuo nepotes vel neptes vel pronepotes et proneptes in locum patris sui ad successionem avi vocat: ita et principalis dispositio[3] in locum matris suae vel aviae eos cum jam designata partis tertiae deminutione vocat. 16. Sed nos, cum adhuc dubitatio

1. Krueger, avec la paraphase des Institutes et les meilleurs mss. des Institutes et du Code. D'autres mss. suivis par Pellat, Giraud, Accarias 'Sabiniano'. — 2. *C.*, 6, 55, 9. — 3. *C.*, 6, 55, 9.

manebat inter adgnatos et memoratos nepotes, partem quartam defuncti substantiae adgnatis sibi vindicantibus ex cujusdam constitutionis auctoritate, memoratam quidem constitutionem a nostro codice segregavimus neque inseri eam ex Theodosiano codice in eo concessimus. Nostra autem constitutione[1] promulgata toti juri ejus derogatum est : et sanximus talibus nepotibus ex filia vel pronepotibus ex nepte et deinceps superstitibus adgnatos nullam partem mortui successionis sibi vindicare, ne hi, qui ex transversa linea veniunt, potiores his habeantur, qui recto jure descendunt. Quam constitutionem nostram optinere secundum sui vigorem et tempora et nunc sancimus : ita tamen ut, quemadmodum inter filios et nepotes ex filio antiquitas statuit non in capita sed in stirpes dividi hereditatem, similiter nos inter filios et nepotes ex filia distributionem fieri jubemus, vel inter omnes nepotes et neptes et alias deinceps personas, ut utraque progenies matris suae vel patris, aviae vel avi portionem sine ulla deminutione consequantur, ut, si forte unus vel duo ex una parte, ex altera tres aut quattuor extent, unus aut duo dimidiam, alteri tres aut quattuor alteram dimidiam hereditatis habeant.

II. De legitima adgnatorum successione[2].

Si nemo suus heres vel eorum, quos inter suos heredes praetor vel constitutiones vocant, extat et successionem quoquo modo amplectatur, tunc ex lege duodecim tabularum ad adgnatum proximum hereditas pertinet. 1. Sunt autem adgnati, ut primo quoque libro[3] tradidimus, cognati per virilis sexus personas cognatione juncti, quasi a patre cognati. [4]'Itaque eodem patre nati fratres adgnati sibi sunt, qui et consanguinei vocantur, nec requiritur, an etiam eandem matrem habuerint. Item patruus fratris filio et invicem is illi adgnatus est. Eodem numero sunt fratres patrueles, id est qui ex duobus fratribus procreati sunt, qui etiam consobrini vocantur. Qua ratione etiam ad plures gradus adgnationis pervenire poterimus'. Hi quoque, qui post mortem patris nascuntur, nanciscuntur consanguinitatis jura. [5]'Non tamen omnibus simul adgnatis dat lex hereditatem, sed his, qui tunc proximo gradu sunt, cum certum esse coeperit aliquem intestatum decessisse'. 2. Per adoptionem quoque adgnationis jus consistit, veluti inter filios naturales et eos, quos pater eorum adoptavit (nec dubium est, quin proprie consanguinei appellentur) : item si quis

---
[1]. C., 6, 55, 12. — [2]. Cf. Gaius, 3, 9-16. 23-30. D., 38, 7. 16. C., 6, 15. 55. — [3]. 1, 15, 1. — [4]. Gaius, 3, 10. — [5]. Gaius, 3, 11.

ex ceteris adgnatis tuis, veluti frater aut patruus aut denique is qui longiore gradu est, aliquem adoptaverit, adgnatos inter suos[1] esse non dubitatur. 3. Ceterum inter masculos quidem adgnationis jure hereditas etiam longissimo gradu ultro citroque capitur. Quod ad feminas vero ita placebat, ut ipsae consanguinitatis jure tantum capiant hereditatem, si sorores sint, ulterius non capiant, masculi vero ad earum hereditates, etiam si longissimo gradu sint, admittantur. Qua de causa fratris tui aut patrui tui filiae vel amitae tuae hereditas ad te pertinet, tua vero ad illas non pertinebat. Quod ideo ita constitutum erat, quia commodius videbatur ita jura constitui, ut plerumque hereditates ad masculos confluerent. Sed quia sane iniquum erat in universum eas quasi extraneas repelli, praetor eas ad bonorum possessionem admittit ea parte, qua proximitatis nomine bonorum possessionem pollicetur : ex qua parte ita scilicet admittuntur, si neque adgnatus ullus nec proximior cognatus interveniat. 3ª. Et haec quidem lex duodecim tabularum nullo modo introduxit, sed simplicitatem legibus amicam amplexa simili modo omnes adgnatos sive masculos sive feminas cujuscumque gradus ad similitudinem suorum invicem ad successionem vocabat: media autem jurisprudentia, quae erat lege quidem duodecim tabularum junior, imperiali autem dispositione anterior, suptilitate quadam excogitata praefatam differentiam inducebat et penitus eas a successione adgnatorum repellebat, omni alia successione incognita, donec praetores, paulatim asperitatem juris civilis corrigentes sive quod deest adimplentes, humano proposito alium ordinem suis edictis addiderunt et cognationis linea proximitatis nomine introducta per bonorum possessionem eas adjuvabant et pollicebantur his bonorum possessionem, quae unde cognati appellatur. 3b. Nos vero legem duodecim tabularum sequentes et ejus vestigia in hac parte conservantes laudamus quidem praetores suae humanitatis, non tamen eos in plenum causae mederi invenimus : quare etenim uno eodemque gradu naturali concurrente et adgnationis titulis tam in masculis quam in feminis aequa lance constitutis masculis quidem dabatur ad successionem venire omnium adgnatorum, ex adgnatis autem mulieribus nullis penitus nisi soli sorori ad adgnatorum successionem patebat aditus ? Ideo in plenum omnia reducentes et ad jus duodecim tabularum eandem dispositionem exaequantes nostra constitutione[2] sanximus omnes

1. Krueger, d'après la paraphrase : 'adgnatos *vos*' ou 'adgna*tionem* inter *vos*. — 2. *C.*, 6, 58, 14.

legitimas personas, id est per virilem sexum descendentes, sive masculini sive feminini generis sunt, simili modo ad jura successionis legitimae ab intestato vocari secundum gradus sui praerogativam nec ideo excludendas, quia consanguinitatis jura sicuti germanae non habent. 4. Hoc etiam addendum nostrae constitutioni existimavimus, ut transferatur unus tantummodo gradus a jure cognationis in legitimam successionem, ut non solum fratris filius et filia secundum quod jam definivimus ad successionem patrui sui vocentur, sed etiam germanae consanguineae vel sororis uterinae filius et filia soli et non deinceps personae una cum his ad jura avunculi sui perveniant et mortuo eo, qui patruus quidem est fratris sui filiis, avunculus autem sororis suae suboli, simili modo ab utroque latere succedant, tamquam si omnes ex masculis descendentes legitimo jure veniant, scilicet ubi frater et soror superstites non sunt (his etenim personis praecedentibus et successionem admittentibus ceteri gradus remanent penitus semoti) : videlicet hereditate non ad stirpes, sed in capita dividenda. 5. Si plures sint gradus adgnatorum, aperte lex duodecim tabularum proximum vocat : itaque si verbi gratia sit frater defuncti et alterius fratris filius aut patruus, frater potior habetur. Et quamvis singulari numero usa lex proximum vocet, tamen dubium non est, quin et, si plures sint ejusdem gradus, omnes admittantur ; nam et proprie proximus ex pluribus gradibus intellegitur et tamen dubium non est, quin, licet unus sit gradus adgnatorum, pertineat ad eos hereditas. 6. Proximus autem, si quidem nullo testamento facto quisque decesserit, per hoc tempus requiritur, quo mortuus est is cujus de hereditate quaeritur. Quod si facto testamento quisquam decesserit, per hoc tempus requiritur, quo certum esse coeperit nullum ex testamento heredem extaturum ; tum enim proprie quisque intellegitur intestatus decessisse. Quod quidem aliquando longo tempore declaratur : in quo spatio temporis saepe accidit, ut proximore mortuo proximus esse incipiat, qui moriente testatore non erat proximus. 7. Placebat autem in eo genere percipiendarum hereditatum successionem non esse, id est ut, quamvis proximus, qui secundum ea quae diximus vocatur ad hereditatem, aut spreverit hereditatem aut antequam adeat decesserit, nihilo magis legitimo jure sequentes admittuntur. Quod iterum praetores imperfecto jure corrigentes non in totum sine adminiculo relinquebant, sed ex cognatorum ordine eos vocabant, utpote adgnationis jure eis recluso. Sed nos nihil deesse perfectissimo juri cupientes nostra constitutione[1] sanximus, quam de jure patronatus humanitate suggerente protulimus, successionem in adgnatorum hereditatibus non esse eis denegandam, cum satis absurdum erat, quod cognatis a praetore apertum est, hoc adgnatis esse reclusum, maxime cum in onere quidem tutelarum et primo gradu deficiente sequens succedit et, quod in onere optinebat, non erat in lucro permissum.

8. Ad legitimam successionem nihilo minus vocatur etiam parens, qui contracta fiducia filium vel filiam, nepotem vel neptem ac deinceps emancipat. Quod ex nostra constitutione[2] omnimodo inducitur, ut emancipationes liberorum semper videantur contracta fiducia fieri, cum apud antiquos non aliter hoc optinebat, nisi specialiter contracta fiducia parens manumisisset.

III. De senatus consulto Tertulliano[3].

Lex duodecim tabularum ita stricto jure utebatur et praeponebat masculorum progeniem et eos, qui per feminini sexus necessitudinem sibi junguntur, adeo expellebat, ut ne quidem inter matrem et filium filiamve ultro citroque hereditatis capiendae jus daret, nisi quod praetores ex proximitate cognatorum eas personas ad successionem bonorum possessione UNDE COGNATI accommodata vocabant. 1. Sed hae juris angustiae postea emendatae sunt. Et primus quidem divus Claudius matri ad solacium liberorum amissorum legitimam eorum detulit hereditatem. 2. Postea autem senatus consulto Tertulliano, quod divi Hadriani temporibus factum est, plenissime de tristi successione matri, non etiam aviae deferenda cautum est: ut mater ingenua trium liberorum jus habens, libertina quattuor ad bona filiorum filiarumve admittatur intestatorum mortuorum, licet in potestate parentis est, ut scilicet, cum alieno juri subjecta est, jussu ejus adeat, cujus juri subjecta est. 3. Praeferuntur autem matri liberi defuncti, qui sui sunt quive suorum loco, sive primi gradus sive ulterioris. Sed et filiae suae mortuae filius vel filia opponitur ex constitutionibus matri defunctae, id est aviae suae. Pater quoque utriusque, non etiam avus vel proavus matri anteponitur, scilicet cum inter eos solos de hereditate agitur. Frater autem consanguineus tam filii quam filiae excludebat matrem; soror autem consanguinea pariter cum matre admittebatur; sed si fuerat frater et soror consanguinei et mater liberis honorata, frater quidem matrem excludebat, communis autem erat hereditas ex aequis

1. *C.*, 6, 4, 4, 20. — 2. *C.*, 8, 48 (49), 6. — 3. Cf. Gaius, 3, 24. 33. *D.*, 38, 17. *C.*, 6, 56.

partibus fratri et sorori. 4. Sed nos constitutione[1], quam in codice nostro nomine decorato posuimus, matri subveniendum esse existimavimus, respicientes ad naturam et puerperium et periculum et saepe mortem ex hoc casu matribus illatam. Ideoque impium esse credidimus casum fortuitum in ejus admitti detrimentum; si enim ingenua ter vel libertina quater non peperit, immerito defraudabatur successione suorum liberorum : quid enim peccavit, si non plures, sed paucos pepererit? Et dedimus jus legitimum plenum matribus sive ingenuis sive libertinis, etsi non ter enixae fuerint vel quater, sed eum tantum vel eam, qui quaeve morte intercepti sunt, ut et sic vocentur in liberorum suorum legitimam successionem. 5. Sed cum antea constitutiones jura legitima perscrutantes partim matrem adjuvabant, partim eam praegravabant et non in solidum eam vocabant, sed in quibusdam casibus tertiam partem ei abstrahentes certis legitimis dabant personis, in aliis autem contrarium faciebant : nobis[2] visum est recta et simplici via matrem omnibus legitimis personis anteponi et sine ulla deminutione filiorum suorum successionem accipere, excepta fratris et sororis persona, sive consanguinei sint sive sola cognationis jura habentes, ut quemadmodum eam toto alio ordini legitimo praeposuimus, ita omnes fratres et sorores, sive legitimi sint sive non, ad capiendas hereditates simul vocemus, ita tamen ut, si quidem solae sorores cognatae vel adgnatae et mater defuncti vel defunctae supersint, dimidiam quidem mater, alteram vero dimidiam partem omnes sorores habeant, si vero matre superstite et fratre vel fratribus solis vel etiam cum sororibus sive legitima sive sola cognationis jura habentibus intestatus quis vel intestata moriatur, in capita distribuatur ejus hereditas. 6. Sed quemadmodum nos matribus prospeximus, ita eas oportet suae suboli consulere : scituris eis, quod, si tutores liberis non petierint vel in locum remoti vel excusati intra annum petere neglexerint, ab eorum impuberum morientium successione merito repellentur. 7. Licet autem vulgo quaesitus sit filius filiave, potest ad bona ejus mater ex Tertulliano senatus consulto admitti.

III. DE SENATUS CONSULTO ORFITIANO[3].

Per contrarium autem ut liberi ad bona matrum intestatarum admittantur, senatus consulto Orfitiano effectum est,

---

1. *C.*, 8, 58 (59), 2. — 2. *C.*, 6, 56, 7. — 3. Cf. *D.*, 38, 17. *C.*, 6, 57.

quod latum est Orfito et Rufo consulibus[1], divi Marci temporibus. Et data est tam filio quam filiae legitima hereditas, etiamsi alieno juri subjecti sunt : et praeferuntur et consanguineis et adgnatis defunctae matris. 1. Sed cum ex hoc senatus consulto nepotes ad aviae successionem legitimo jure non vocabantur, postea hoc constitutionibus principalibus[2] emendatum est, ut ad similitudinem filiorum filiarumque et nepotes et neptes vocentur. 2. Sciendum autem est hujusmodi successiones, quae a Tertulliano et Orfitiano deferuntur, capitis deminutione non peremi propter illam regulam, qua novae hereditates legitimae capitis deminutione non pereunt, sed illae solae quae ex lege duodecim tabularum deferuntur. 3. Novissime sciendum est etiam illos liberos, qui vulgo quaesiti sunt, ad matris hereditatem ex hoc senatus consulto admitti.

4. [3]'Si ex pluribus legitimis heredibus quidam omiserint hereditatem vel morte vel alia causa impediti fuerint quominus adeant, reliquis qui adierint adcrescit illorum portio et, licet ante decesserint qui adierint, ad heredes tamen eorum pertinet'.

V. DE SUCCESSIONE COGNATORUM[4].

Post suos heredes eosque, quos inter suos heredes praetor et constitutiones vocant, et post legitimos (quo numero sunt adgnati et hi, quos in locum adgnatorum tam supra dicta senatus consulta quam nostra erexit constitutio) proximos cognatos praetor vocat. 1. Qua parte naturalis cognatio spectatur. Nam adgnati capite deminuti quique ex his progeniti sunt ex lege duodecim tabularum inter legitimos non habentur, sed a praetore tertio ordine vocantur, exceptis solis tantummodo fratre et sorore emancipatis, non etiam liberis eorum, quos lex Anastasiana[5] cum fratribus integri juris constitutis vocat quidem ad legitimam fratris hereditatem sive sororis, non aequis tamen partibus, sed cum aliqua deminutione, quam facile est ex ipsius constitutionis verbis colligere, aliis vero adgnatis inferioris gradus, licet capitis deminutionem passi non sunt, tamen eos anteponit et procul dubio cognatis. 2 (1). Hos etiam, qui per feminini sexus personas ex transverso cognatione junguntur, tertio gradu proximitatis nomine praetor ad successionem vocat. 3 (2). [6]'Liberi quoque, qui in adoptiva familia sunt, ad naturalium parentum hereditatem hoc eodem gradu vocantur'. 4 (3). Vulgo quaesitos nullum habere adgna-

---

1. An 178 après J.-C. — 2. *C.*, 6, 55, 9. — 3. Marcien, *L.* 5 *inst.*, *D.*, 38, 16, 9. — 4. Cf. Gaius, 3, 21. 24. 27-31. *D.*, 38, 8. *C.* 6, 15. — 5. Non reproduite dans la 2ᵉ éd. du Code ; cf. *C.*, 5, 70, 5. — 6. Gaius, 3, 31.

tum manifestum est, cum adgnatio a patre, cognatio sit a matre, hi autem nullum patrem habere intelleguntur. Eadem ratione nec inter se quidem possunt videri consanguinei esse, quia consanguinitatis jus species est adgnationis: tantum igitur cognati sunt sibi, sicut et matris cognatis. Itaque omnibus istis ea parte competit bonorum possessio, qua proximitatis nomine cognati vocantur 5 (4). Hoc loco et illud necessario admonendi sumus adgnationis quidem jure admitti aliquem ad hereditatem et si decimo gradu sit, sive de lege duodecim tabularum quaeramus, sive de edicto quo praetor legitimis heredibus daturum se bonorum possessionem pollicetur. Proximitatis vero nomine his solis praetor promittit bonorum possessionem, qui usque ad sextum gradum cognationis sunt, et ex septimo a sobrino sobrinaque nato nataeve.

VI. DE GRADIBUS COGNATIONIS[1].

Hoc loco necessarium est exponere, quemadmodum gradus cognationis numerentur. Qua in re inprimis admonendi sumus cognationem aliam supra numerari, aliam infra, aliam ex transverso, quae etiam a latere dicitur. Superior cognatio est parentium, inferior liberorum, ex transverso fratrum sororumve eorumque, qui ex his progenerantur, et convenienter patrui amitae avunculi materterae. Et superior quidem et inferior cognatio a primo gradu incipit; at ea, quae ex transverso numeratur, a secundo. 1. [2]Primo gradu est supra pater mater, infra filius filia. 2. Secundo supra avus avia, infra nepos neptis, ex transverso frater soror. 3. Tertio supra proavus proavia, infra pronepos proneptis, ex transverso fratris sororisque filius filia et convenienter patruus amita avunculus matertera. Patruus est patris frater, qui Graece πάτρως vocatur: avunculus est matris frater, qui apud Graecos proprie μήτρως appellatur: et promiscue θεῖος dicitur. Amita est patris soror, matertera vero matris soror: utraque θεία vel apud quosdam τηθίς appellatur. 4. Quarto gradu supra abavus abavia, infra abnepos abneptis, ex transverso fratris sororisque nepos neptis et convenienter patruus magnus amita magna (id est avi frater et soror), item avunculus magnus matertera magna (id est aviae frater et soror), consobrinus consobrina (id est qui quaeve ex fratribus aut sororibus progenerantur). Sed quidam recte consobrinos eos proprie putant dici, qui ex duabus sororibus progenerantur, quasi consororinos: eos vero, qui ex duobus fra-

---

1. Cf. *D.*, 38, 10. — 2. Cf. Gaius, *L. 8 ad ed. prov.*, *D.*, 38, 10, 1, 3-7.

tribus progenerantur, proprie fratres patrueles vocari (si autem ex duobus fratribus filiae nascantur, sorores patrueles appellantur) : at eos, qui ex fratre et sorore propagantur, amitinos proprie dici (amitae tuae filii consobrinum te appellant, tu illos amitinos). 5. Quinto supra atavus atavia, infra adnepos adneptis, ex transverso fratris sororisque pronepos proneptis et convenienter propatruus proamita (id est proavi frater et soror), proavunculus promatertera (id est proaviae frater et soror), item fratris patruelis sororis patruelis, consobrini et consobrinae, amitini amitinae filius filia, proprior sobrinus sobrina (hi sunt patrui magni amitae magnae avunculi magni materterae magnae filius filia). 6. [1]Sexto gradu sunt supra tritavus tritavia, infra trinepos trineptis, ex transverso fratris sororisque abnepos abneptis et convenienter abpatruus abamita (id est abavi frater et soror) abavunculus abmatertera (id est abaviae frater et soror), item sobrini sobrinaeque (id est qui quaeve ex fratribus vel sororibus patruelibus vel consobrinis vel amitinis progenerantur). 7. Hactenus ostendisse sufficiet, quemadmodum gradus cognationis numerentur. Namque ex his palam est intellegere, quemadmodum ulterius quoque gradus numerare debemus : quippe semper generata quaeque persona gradum adjiciat, ut longe facilius sit respondere, quoto quisque gradu sit, quam propria cognationis appellatione quemquam denotare. 8. Adgnationis quoque gradus eodem modo numerantur. 9. Sed cum magis veritas oculata fide quam per aures animis hominum infigitur, ideo necessarium duximus post narrationem graduum etiam eos praesenti libro inscribi, quatenus possint et auribus et inspectione adulescentes perfectissimam graduum doctrinam adipisci.

10. Illud certum est ad serviles cognationes illam partem edicti, qua proximitatis nomine bonorum possessio promittitur, non pertinere ; nam nec ulla antiqua lege talis cognatio computabatur. Sed nostra constitutione[2], quam pro jure patronatus fecimus (quod jus usque ad nostra tempora satis obscurum atque nube plenum et undique confusum fuerat) et hoc humanitate suggerente concessimus, ut si quis in servili consortio constitutus liberum vel liberos habuerit sive ex libera sive servilis condicionis muliere, vel contra serva mulier ex libero vel servo habuerit liberos cujuscumque sexus, et ad libertatem his pervenientibus et hi, qui ex servili ventre nati sunt, libertatem meruerunt, vel dum mulieres liberae erant, ipsi in servitutem *abierunt* et postea ad libertatem pervene-

1. Cf. Gaius, *l. c., D.*, 38, 10, 3, *pr.* — 2. *C.*, 6, 4, 4, 10. 11.

runt, ut hi omnes ad successionem vel patris vel matris veniant, patronatus jure in hac parte sopito ; hos enim liberos non solum in suorum parentium successionem, sed etiam alterum in alterius mutuam successionem vocavimus, ex illa lege specialiter eos vocantes, sive soli inveniantur qui in servitute nati et postea manumissi sunt, sive una cum aliis, qui post libertatem parentium concepti sunt sive ex eadem matre vel eodem patre sive ex aliis nuptiis, ad similitudinem eorum qui ex justis nuptiis procreati sunt.

11. Repetitis itaque omnibus quae jam tradidimus apparet non semper eos, qui parem gradum cognationis optinent, pariter vocari eoque amplius nec eum quidem, qui proximior sit cognatus, semper potiorem esse. Cum enim prima causa sit suorum heredum quosque inter suos heredes jam enumeravimus, apparet pronepotem vel abnepotem defuncti potiorem esse quam fratrem aut patrem matremque defuncti, cum alioquin pater quidem et mater, ut supra quoque tradidimus, primum gradum cognationis optineant, frater vero secundum, pronepos autem tertio gradu sit cognatus et abnepos quarto : nec interest, in potestate morientis fuerit an non fuerit, quod vel emancipatus vel ex emancipato aut ex feminino sexu propagatus est. 12. Amotis quoque suis heredibus quosque inter suos heredes vocari diximus, adgnatus, qui integrum jus adgnationis habet, etiamsi longissimo gradu sit, plerumque potior habetur quam proximior cognatus ; nam patrui nepos vel pronepos avunculo vel materterae praefertur. Totiens igitur dicimus aut potiorem haberi eum qui proximiorem gradum cognationis optinet, aut pariter vocari eos qui cognati sint, quotiens neque suorum heredum jure quique inter suos heredes sunt neque adgnationis jure aliquis praeferri debeat secundum ea quae tradidimus, exceptis fratre et sorore emancipatis, qui ad successionem fratrum vel sororum vocantur, qui et si capite deminuti sunt, tamen praeferuntur ceteris ulterioris gradus adgnatis.

VII. De successione libertorum[1].

[2]Nunc de libertorum bonis videamus. Olim itaque licebat liberto patronum suum impune testamento praeterire ; nam ita demum lex duodecim tabularum ad hereditatem liberti vocabat patronum, si intestatus mortuus esset libertus nullo suo herede relicto. Itaque intestato quoque mortuo liberto,

---

1. Cf. Gaius, 3, 39-76. *D.*, 38, 2. *C.*, 6, 4. 13. — 2. Gaius, 3, 39-42.

si is suum heredem reliquisset, nihil in bonis ejus patrono jus erat. Et si quidem ex naturalibus liberis aliquem suum heredem reliquisset, nulla videbatur querella, si vero adoptivus filius esset, aperte iniquum erat nihil juris patrono superesse. 1. Qua de causa postea praetoris edicto haec juris iniquitas emendata est. Sive enim faciebat testamentum libertus, jubebatur ita testari, ut patrono partem dimidiam bonorum suorum relinqueret : et si aut nihil aut minus partis dimidiae reliquerat, dabatur patrono contra tabulas testamenti partis dimidiae bonorum possessio. Si vero intestatus moriebatur suo herede relicto filio adoptivo, dabatur aeque patrono contra hunc suum heredem partis dimidiae bonorum possessio. Prodesse autem liberto solebant ad excludendum patronum naturales liberi, non solum quos in potestate mortis tempore habebat, sed etiam emancipati et in adoptionem dati, si modo ex aliqua parte heredes scripti erant aut praeteriti contra tabulas bonorum possessionem ex edicto petierant ; nam exheredati nullo modo repellebant patronum. 2. Postea lege Papia adaucta sunt jura patronorum, qui locupletiores libertos habebant. Cautum est enim, ut ex bonis ejus, qui sestertiorum centum milium patrimonium reliquerit et pauciores quam tres liberos habebat, sive is testamento facto sive intestato mortuus erat, virilis pars patrono debebatur. Itaque cum unum filium filiamve heredem reliquerit libertus, perinde pars dimidia patrono debebatur, ac si is sine ullo filio filiave decessisset : cum duos duasve heredes reliquerat, tertia pars debebatur patrono : si tres reliquerat, repellebatur patronus'. 3. Sed nostra constitutio[1], quam pro omnium notione Graeca lingua compendiose tractatu habito composuimus, ita hujusmodi causas definivit, ut si quidem libertus vel liberta minores centenariis sint, id est minus centum aureis habeant substantiam (sic enim legis Papiae summam interpretati sumus, ut pro mille sestertiis unus aureus computetur), nullum locum habeat patronus in eorum successionem, si tamem testamentum fecerint. Sin autem intestati decesserint nullo liberorum relicto, tunc patronatus jus, quod erat ex lege duodecim tabularum, integrum reservavit. Cum vero majores centenariis sint, si heredes vel bonorum possessores liberos habeant sive unum sive plures cujuscumque sexus vel gradus, ad eos successionem parentum deduximus, omnibus patronis una cum sua progenie semotis. Sin autem sine liberis decesserint, si quidem intestati, ad omnem hereditatem patronos patronasque vocavimus;

1. *C.*, 6, 4, 4.

si vero testamentum quidem fecerint, patronos autem vel patronas praeterierint, cum nullos liberos haberent vel habentes eos exheredaverint, vel mater sive avus maternus eos praeterierit, ita ut non possint argui inofficiosa eorum testamenta : tunc ex nostra constitutione per bonorum possessionem contra tabulas non dimidiam, ut ante, sed tertiam partem bonorum liberti consequantur, vel quod deest eis ex constitutione nostra repleatur, si quando minus tertia parte bonorum suorum libertus vel liberta eis reliquerint, ita sine onere, ut nec liberis liberti libertaeve ex ea parte legata vel fideicommissa praestentur, sed ad coheredes hoc onus redundaret : multis aliis casibus a nobis in praefata constitutione congregatis, quos necessarios esse ad hujusmodi juris dispositionem perspeximus : ut tam patroni patronaeque quam liberi eorum nec non qui ex transverso latere veniunt usque ad quintum gradum ad successionem libertorum vocentur, sicut ex ea constitutione intellegendum est : ut si ejusdem patroni vel patronae vel duorum duarum pluriumve sint liberi, qui proximior est, ad liberti seu libertae vocetur successionem et in capita, non in stirpes dividatur successio, eodem modo et in his qui ex transverso latere veniunt servando. Paene enim consonantia jura ingenuitatis et libertinitatis in successionibus fecimus. 4. Sed haec de his libertinis hodie dicenda sunt, qui in civitatem Romanam pervenerunt, cum nec sunt alii liberti simul et dediticiis et Latinis sublatis, cum Latinorum legitimae successiones nullae penitus erant, qui licet ut liberi vitam suam peragebant, attamen ipso ultimo spiritu simul animam atque libertatem amittebant, et quasi servorum ita bona eorum jure quodammodo peculii ex lege Junia manumissores detinebant. Postea vero senatus consulto Largiano cautum fuerat, ut liberi manumissoris non nominatim exheredati facti extraneis heredibus eorum in bonis Latinorum praeponerentur. Quibus supervenit etiam divi Trajani edictum, quod eundem hominem, si invito vel ignorante patrono ad civitatem venire ex beneficio principis festinavit, faciebat vivum quidem civem Romanum, Latinum autem morientem. Sed nostra constitutione[1] propter hujusmodi condicionum vices et alias difficultates cum ipsis Latinis etiam legem Juniam et senatus consultum Largianum et edictum divi Trajani in perpetuum deleri censuimus, ut omnes liberti civitate Romana fruantur, et mirabili modo quibusdam adjectionibus ipsas vias, quae in Latinitatem ducebant, ad civitatem Romanam capiendam transposuimus.

1. C., 7, 6, 1.

VIII. De adsignatione libertorum[1].

In summa quod ad bona libertorum admonendi sumus senatum censuisse, ut quamvis ad omnes patroni liberos, qui ejusdem gradus sint, aequaliter bona libertorum pertineant, tamen liceret parenti uni ex liberis adsignare libertum, ut post mortem ejus solus is patronus habeatur, cui adsignatus est, et ceteri liberi, qui ipsi quoque ad eadem bona nulla adsignatione interveniente pariter admitterentur, nihil juris in his bonis habeant. Sed ita demum pristinum jus recipiunt, si is cui adsignatus est decesserit nullis liberis relictis. 1. Nec tantum libertum, sed etiam libertam, et non tantum filio nepotive, sed etiam filiae neptive adsignare permittitur. 2. Datur autem haec adsignandi facultas ei, qui duos pluresve liberos in potestate habebit, ut eis, quos in potestate habet, adsignare ei libertum libertamve liceat. Unde quaerebatur, si eum cui adsignaverit postea emancipaverit, num evanescat adsignatio? Sed placuit evanescere, quod et Juliano et aliis plerisque visum est. 3. Nec interest, testamento quis adsignet an sine testamento : sed etiam quibuscumque verbis hoc patronis permittitur facere ex ipso senatus consulto, quod Claudianis temporibus factum est Suillo[2] Rufo et Ostorio Scapula consulibus[3].

VIIII. De bonorum possessionibus[4].

Jus bonorum possessionis introductum est a praetore emendandi veteris juris gratia. Nec solum in intestatorum hereditatibus vetus jus eo modo praetor emendavit, sicut supra dictum est, sed in eorum quoque, qui testamento facto decesserint. Nam si alienus postumus heres fuerit institutus, quamvis hereditatem jure civili adire non poterat, cum institutio non valebat, honorario tamen jure bonorum possessor efficiebatur, videlicet cum a praetore adjuvabatur ; sed et hic e nostra constitutione[5] hodie recte heres instituitur, quasi et jure civili non incognitus. 1. [6] Aliquando tamen neque emendandi neque impugnandi veteris juris, sed magis confirmandi gratia pollicetur bonorum possessionem. Nam illis quoque, qui recte facto testamento heredes instituti sunt, dat secundum tabulas bonorum possessionem : item ab intestato suos heredes et adgnatos ad bonorum possessionem vocat ; sed et remota quoque bonorum possessione ad eos hereditas pertinet jure civili. 2. [7]'Quos

---

1. Cf. *D.*, 38, 4. — 2. *D.*, 38, 4, 1, *pr.* : 'Velleo'; cf. Mommsen dans Bruns, p. 176. — 3. Entre 44 et 47 après J.-C. — 4. Cf. Gaius, 3, 25-38. *D.*, 37, 1-13, *C.*, 6, 9-20. — 5. *C.*, 6, 48, 1. — 6. Gaius, 3, 33 b a 34. — 7. Cf. Gaius, 3, 32-33.

autem praetor solus vocat ad hereditatem, heredes quidem ipso
jure non fiunt (nam praetor heredem facere non potest ; per
legem enim tantum vel similem juris constitutionem heredes
fiunt, veluti per senatus consultum et constitutiones principales), sed cum eis praetor dat bonorum possessionem, loco
heredum constituuntur et vocantur bonorum possessores. Adhuc
autem et alios complures gradus praetor fecit in bonorum
possessionibus dandis, dum id agebat, ne quis sine successore
moriatur' ; nam angustissimis finibus constitutum per legem
duodecim tabularum jus percipiendarum hereditatum praetor
ex bono et aequo dilatavit. 3. Sunt autem bonorum possessiones ex testamento quidem hae. Prima, quae praeteritis
liberis datur vocaturque CONTRA TABULAS. Secunda, quam omnibus jure scriptis heredibus praetor pollicetur ideoque vocatur
SECUNDUM TABULAS. Et cum de testamentis prius locutus est,
ad intestatos transitum fecit. Et primo loco suis heredibus et
his, qui ex edicto praetoris suis connumerantur, dat bonorum
possessionem quae vocatur UNDE LIBERI. Secundo legitimis
heredibus. Tertio decem personis, quas extraneo manumissori
praeferebat (sunt autem decem personae hae : pater mater
avus avia tam paterni quam materni, item filius filia, nepos
neptis tam ex filio quam ex filia, frater soror sive consanguinei sive uterini). Quarto cognatis proximis. Quinto TUM
QUAM EX FAMILIA. Sexto patrono et patronae liberisque eorum
et parentibus. Septimo viro et uxori. Octavo cognatis manumissoris. 4. Sed eas quidem praetoria induxit jurisdictio. Nobis
tamen nihil incuriosum praetermissum est, sed nostris constitutionibus omnia corrigentes CONTRA TABULAS quidem et SECUN-
DUM TABULAS bonorum possessiones admisimus utpote necessarias constitutas, nec non ab intestato UNDE LIBERI et UNDE
LEGITIMI bonorum possessiones. 5. Quae autem in praetoris
edicto quinto loco posita fuerat, id est UNDE DECEM PERSONAE,
eam pio proposito et compendioso sermone supervacuam ostendimus ; cum enim praefata bonorum possessio decem personas
praeponebat extraneo manumissori, nostra constitutio[1], quam
de emancipatione liberorum fecimus, omnibus parentibus eis-
demque manumissoribus contracta fiducia manumissionem
facere dedit, ut ipsa manumissio eorum hoc in se habeat privilegium et supervacua fiat praedicta bonorum possessio. Sublata igitur praefata quinta bonorum possessione in gradum
ejus sextam antea bonorum possessionem reduximus et quin-
tam fecimus, quam praetor proximis cognatis pollicetur. 6

1. C., 8, 58 (59), 6.

(5). Cumque antea septimo loco fuerat bonorum possessio TUM QUAM EX FAMILIA et octavo UNDE LIBERI PATRONI PATRONAEQUE ET PARENTES EORUM, utramque per constitutionem nostram[1], quam de jure patronatus fecimus, penitus vacuavimus; cum enim ad similitudinem successionis ingenuorum libertinorum successiones posuimus, quas usque ad quintum tantummodo gradum coartavimus, ut sit aliqua inter ingenuos et libertos differentia, sufficiunt eis tam CONTRA TABULAS bonorum possessio quam UNDE LEGITIMI et UNDE COGNATI, ex quibus possint sua jura vindicare, omni scrupulositate et inextricabili errore duarum istarum bonorum possessionum resoluta. 7 (6). Aliam vero bonorum possessionem, quae UNDE VIR ET UXOR appellatur et nono loco inter veteres bonorum possessiones posita fuerat, et in suo vigore servavimus et altiore loco, id est sexto, eam posuimus, decima veteri bonorum possessione quae erat UNDE COGNATI MANUMISSORIS propter causas enarratas merito sublata : ut sex tantummodo bonorum possessiones ordinariae permaneant suo vigore pollentes. 8 (7). Septima eas secuta, quam optima ratione praetores introduxerunt. Novissime enim promittitur edicto his etiam bonorum possessio, quibus ut detur lege vel senatus consulto vel constitutione comprehensum est, quam neque bonorum possessionibus quae ab intestato veniunt neque eis quae ex testamento sunt praetor stabili jure connumeravit, sed quasi ultimum et extraordinarium auxilium, prout res exigit, accommodavit scilicet his, qui ex legibus senatus consultis constitutionibus principum ex novo jure vel ex testamento vel ab intestato veniunt. 9 (8). Cum igitur plures species successionum praetor introduxisset easque per ordinem disposuisset et in unaquaque specie successionis saepe plures extent dispari gradu personae: ne actiones creditorum differantur, sed haberent quos convenirent, et ne facile in possessionem bonorum defuncti mittantur et eo modo sibi consulerent, ideo petendae bonorum possessioni certum tempus praefinivit. Liberis itaque et parentibus tam naturalibus quam adoptivis in petenda bonorum possessione anni spatium, ceteris centum dierum dedit. 10 (9). Et si intra hoc tempus aliquis bonorum possessionem non petierit, ejusdem gradus personis adcrescit: vel si nemo sit, deinceps ceteris proinde bonorum possessionem ex successorio edicto pollicetur, ac si is qui praecedebat ex eo numero non esset. Si quis itaque delatam sibi bonorum possessionem repudiaverit, non quousque tempus bonorum possessioni praefinitum excesserit ex pecta-

---

1. *C.*, 6, 4, 4.

tur, sed statim ceteri ex eodem edicto admittuntur. 11. In petenda autem bonorum possessione dies utiles singuli considerantur. 12 (10). Sed bene anteriores principes et huic causae providerunt, ne quis pro petenda bonorum possessione curet, sed, quocumque modo si admittentis eam indicium intra statuta tamen tempora ostenderit, plenum habeat earum beneficium.

X. DE ADQUISITIONE PER ADROGATIONEM[1].

[2]'Est et alterius generis per universitatem successio, quae neque lege duodecim tabularum neque praetoris edicto, sed eo jure, quod consensu receptum est, introducta est. 1. Ecce enim cum pater familias sese in adrogationem dat, omnes res ejus corporales et incorporales quaeque ei debitae sunt adrogatori ante quidem pleno jure adquirebantur, exceptis his quae per capitis deminutionem pereunt, quales sunt operarum obligationes' et jus adgnationis. Usus etenim et usus fructus licet his antea connumerabantur, attamen capitis deminutione minima eos tolli nostra prohibuit constitutio[3]. 2. Nunc autem nos eandem adquisitionem, quae per adrogationem fiebat, coartavimus[4] ad similitudinem naturalium parentum : nihil etenim aliud nisi tantummodo usus fructus tam naturalibus patribus quam adoptivis per filios familias adquiritur in his rebus quae extrinsecus filiis obveniunt, dominio eis integro servato ; mortuo autem filio adrogato in adoptiva familia etiam dominium ejus ad adrogatorem transit, nisi supersint aliae personae, quae ex nostra constitutione[5] patrem in his quae adquiri non possunt antecedunt. 3. Sed ex diverso pro eo, quod is debuit qui se in adoptionem dedit, ipso quidem jure adrogator non tenetur, sed nomine filii convenietur et, si noluerit eum defendere, permittitur creditoribus per competentes nostros magistratus bona, quae eorum cum usu fructu futura fuissent, si se alieno juri non subjecissent, possidere et legitimo modo ea disponere.

XI. DE EO CUI LIBERTATIS CAUSA BONA ADDICUNTUR.

Accessit novus casus successionis ex constitutione divi Marci. Nam si hi, qui libertatem acceperunt a domino in testamento, ex quo non aditur hereditas, velint bona sibi addici libertatium conservandarum causa, audiuntur. Et ita rescripto divi Marci ad Popilium Rufum continetur. 1. Verba re-

---

1. Cf. Gaius, 3, 82-84. — 2. Gaius, 3, 82-83. — 3. C., 3, 33, 16. — 4. C., 6, 61, 6. — 5. C., 6, 59, 11.

scripti ita se habent : 'Si Virginio Valenti, qui testamento suo libertatem quibusdam adscripsit, nemine successore ab intestato existente in ea causa bona esse coeperunt, ut veniri debeant : is, cujus de ea re notio est, aditus rationem desiderii tui habebit, ut libertatium tam earum, quae directo, quam earum, quae per speciem fideicommissi relictae sunt, tuendarum gratia addicantur tibi, si idonee creditoribus caveris de solido quod cuique debetur solvendo. Et hi quidem, quibus directa libertas data est, perinde liberi erunt, ac si hereditas adita esset ; hi autem, quos heres rogatus est manumittere, a te libertatem consequantur : ita ut si non alia condicione velis bona tibi addici, [quam ut][1] etiam qui directo libertatem acceperunt tui liberti fiant, nam huic etiam voluntati tuae, si ii de quorum statu agitur consentiant, auctoritatem nostram accommodamus. Et ne hujus rescriptionis nostrae emolumentum alia ratione irritum fiat, si fiscus bona agnoscere voluerit : et hi qui rebus nostris attendunt scient commodo pecuniario praeferendam libertatis causam et ita bona cogenda, ut libertas his salva sit, qui eam adipisci potuerunt, si hereditas ex testamento adita esset'. 2. Hoc rescripto subventum est et libertatibus et defunctis, ne bona eorum a creditoribus possideantur et veneant. Certe si fuerint ex hac causa bona addicta, cessat bonorum venditio ; extitit enim defuncti defensor, et quidem idoneus, qui de solido creditoribus cavet. 3. Inprimis hoc rescriptum totiens locum habet, quotiens testamento libertates datae sunt. Quid ergo [2]'si quis intestatus decedens codicillis libertates dederit neque adita sit ab intestato hereditas? Favor constitutionis debet locum habere'. Certe si testatus decedat et codicillis dederit libertatem, competere eam nemini dubium est. 4. Tunc constitutioni locum esse verba ostendunt, cum nemo successor ab intestato existat : [3]'ergo quamdiu incertum sit, utrum existat an non, cessabit constitutio : si certum esse coeperit neminem extare, tunc erit constitutioni locus. 5. Si is, qui in integrum restitui potest, abstinuit se ab hereditate, an, quamvis potest in integrum restitui, potest admitti constitutio et addictio bonorum fieri ? Quid ergo, si post addictionem libertatum conservandarum causa factam in integrum sit restitutus? Utique non erit dicendum revocari libertates, quae semel competierunt'. 6. Haec constitutio libertatum tuendarum causa introducta est : ergo si libertates nullae sint datae, cessat constitutio. Quid ergo, si vivus

---

1. 'Quam ut' effacé par Mommsen et Accarias. — 2. Ulp., *L. 60 ad ed., D.*, 40, 5, 2. — 3. Ulp., *L. 60 ad ed., D.*, 40, 5, 4, *pr.* 1. 2.

dedit libertates vel mortis causa et, ne de hoc quaeratur, utrum in fraudem creditorum an non factum sit, idcirco velint addici sibi bona, an audiendi sunt? Et magis est, ut audiri debeant, etsi deficiant verba constitutionis. 7. Sed cum multas divisiones ejusmodi constitutioni deesse perspeximus, lata est a nobis plenissima constitutio[1], in quam multae species collatae sunt, quibus jus hujusmodi successionis plenissimum est effectum, quas ex ipsa lectione constitutionis potest quis cognoscere.

XII. De successionibus sublatis, quae fiebant per bonorum venditionem et ex senatus consulto Claudiano[2].

Erant ante praedictam successionem olim et aliae per universitatem successiones. Qualis fuerat bonorum emptio, quae de bonis debitoris vendendis per multas ambages fuerat introducta et tunc locum habebat, quando judicia ordinaria in usu fuerunt; sed cum extraordinariis judiciis posteritas usa est, ideo cum ipsis ordinariis judiciis etiam bonorum venditiones exspiraverunt et tantummodo creditoribus datur officio judicis bona possidere et prout eis utile visum fuerit ea disponere, quod ex latioribus digestorum libris perfectius apparebit. 1. Erat et ex senatus consulto Claudiano miserabilis per universitatem adquisitio, cum libera mulier servili amore bacchata ipsam libertatem per senatus consultum amittebat et cum libertate substantiam : quod indignum nostris temporibus esse existimantes et a nostra civitate deleri et non inseri nostris digestis concessimus.

XIII. De obligationibus[3].

Nunc transeamus ad obligationes. Obligatio est juris vinculum, quo necessitate adstringimur alicujus solvendae rei secundum nostrae civitatis jura. 1. Omnium autem obligationum summa divisio in duo genera deducitur : namque aut civiles sunt aut praetoriae. Civiles sunt, quae aut legibus constitutae aut certe jure civili comprobatae sunt. Praetoriae sunt, quas praetor ex sua jurisdictione constituit, quae etiam honorariae vocantur. 2. Sequens divisio in quattuor species deducitur : aut enim ex contractu sunt aut quasi ex contractu aut ex maleficio aut quasi ex maleficio. Prius est, ut de his quae ex contractu sunt dispiciamus. Harum aeque quattuor species

---

1. C., 7, 2, 15. — 2. Cf. Gaius, 3, 77-81. — 3. Cf. Gaius, 3, 88-89. D., 44, 7. C., 4, 10.

sunt : aut enim re contrahuntur aut verbis aut litteris aut consensu. De quibus singulis dispiciamus.

XIIII. Quibus modis re contrahitur obligatio[1].

[2]'Re contrahitur obligatio veluti mutui *datione*. Mutui autem obligatio in his rebus consistit, quae pondere numero mensurave constant, veluti vino oleo frumento pecunia numerata' aere argento auro, [3]'quas res aut numerando aut metiendo aut adpendendo in hoc damus, ut accipientium fiant et quandoque nobis non eaedem res, sed aliae ejusdem naturae et qualitatis reddantur. Unde etiam mutuum appellatum sit, quia ita a me tibi datur, ut ex meo tuum fiat'. Ex eo contractu nascitur actio quae vocatur condictio. 1. [4]'Is quoque, qui non debitum accepit ab eo qui per errorem solvit, re obligatur' : daturque agenti contra eum propter repetitionem condicticia actio. 'Nam proinde ei condici potest SI PARET EUM DARE OPORTERE' ac si mutuum accepisset : unde pupillus, si ei sine tutoris auctoritate non debitum per errorem datum est, non tenetur indebiti condictione non magis quam mutui datione. Sed haec species obligationis non videtur ex contractu consistere, cum is, qui solvendi animo dat, magis distrahere voluit negotium quam contrahere'. 2. [5]'Item is cui res aliqua utenda datur, id est commodatur, re obligatur et tenetur commodati actione. Sed is ab eo, qui mutuum accepit, longe distat ; namque non ita res datur, ut ejus fiat, et ob id de ea re ipsa restituenda tenetur. Et is quidem qui mutuum accepit, si quolibet fortuito casu quod accepit amiserit, veluti incendio ruina naufragio aut latronum hostiumve incursu, nihilo minus obligatus permanet. At is qui utendum accepit sane quidem exactam diligentiam custodiendae rei praestare jubetur nec sufficit ei tantam diligentiam adhibuisse, quantam suis rebus adhibere solitus est, si modo alius diligentior poterit eam rem custodire, sed propter majorem vim majoresve casus non tenetur, si modo non hujus culpa is casus intervenerit : alioquin si id, quod tibi commodatum est, peregre ferre tecum malueris et vel incursu hostium praedonumve vel naufragio amiseris, dubium non est, quin de restituenda ea re tenearis. Commodata autem res tunc proprie intellegitur, si nulla mercede accepta vel constituta res tibi utenda data est. Alioquin mercede interveniente locatus tibi usus rei videtur ; gratuitum enim debet esse commodatum. 3. Praeterea et is, apud quem res aliqua deponitur,

---

1. Cf. Gaius, 3, 90. 91. — 2. Gaius, *L. 2 rer. cott.*, *D.*, 44, 7, 1, 2. — 3. Gaius, 3, 90. — 4. Gaius, 3, 91. — 5. Cf. Gaius, *L. 2 rer. cott.*, *D.*, 44, 7, 1, 3-6.

re obligatur et actione depositi, qui et ipse de ea re quam accepit restituenda tenetur. Sed is ex eo solo tenetur, si quid dolo commiserit, culpae autem nomine, id est desidiae atque neglegentiae, non tenetur : itaque securus est, qui parum diligenter custoditam rem furto amisit, quia, qui neglegenti amico rem custodiendam tradit, suae facilitati id imputare debet.
4. Creditor quoque, qui pignus accepit, re obligatur, qui et ipse de ea ipsa re quam accepit restituenda tenetur actione pigneraticia. Sed quia pignus utriusque gratia datur, et debitoris, quo magis ei pecunia crederetur, et creditoris, quo magis ei in tuto sit creditum, placuit sufficere, quod ad eam rem custodiendam exactam diligentiam adhiberet : quam si praestiterit et aliquo fortuitu casu rem amiserit, securum esse nec impediri creditum petere.

XV. De verborum obligatione[1].

[2]'Verbis obligatio contrahitur ex interrogatione et responsu, cum quid dari fierive nobis stipulamur'. Ex qua duae proficiscuntur actiones, tam condictio, si certa sit stipulatio, quam ex stipulatu, si incerta. Quae hoc nomine inde utitur, quia stipulum apud veteres firmum appellabatur, forte a stipite descendens.

1. In hac re olim talia verba tradita fuerunt : spondes? spondeo, promittis? promitto, fidepromittis? fidepromitto, fidejubes? fidejubeo, dabis ? dabo, facies? faciam. Utrum autem Latina an Graeca vel qua alia lingua stipulatio concipiatur, nihil interest, scilicet si uterque stipulantium intellectum hujus linguae habeat : nec necesse est eadem lingua utrumque uti, sed sufficit congruenter ad interrogatum respondere : quin etiam duo Graeci Latina lingua obligationem contrahere possunt. Sed haec sollemnia verba olim quidem in usu fuerunt ; postea autem Leoniana[3] constitutio lata est, quae sollemnitate verborum sublata sensum et consonantem intellectum ab utraque parte solum desiderat, licet quibuscumque verbis expressus est.

2. Omnis stipulatio aut pure aut in diem aut sub condicione fit : pure veluti quinque aureos dare spondes ? idque confestim peti potest. In diem, cum adjecto die quo pecunia solvatur stipulatio fit : veluti decem aureos primis kalendis martiis dare spondes ? ; id autem, quod in diem stipulamur, statim quidem debetur, sed peti prius quam dies veniat non

[1]. Cf. Gaius, 3, 92-93. D., 45, 1. C., 8, 37 (38). — [2]. Gaius, L. 2 rer. cott.; D., 44, 7, 1, 7. — [3]. C., 8, 37 (38), 10.

potest : ac ne eo quidem ipso die, in quem stipulatio facta est, peti potest, quia totus dies arbitrio solventis tribui debet. Neque enim certum est eo die, in quem promissum est, datum non esse, priusquam praetereat. 3. At si ita stipuleris: DECEM AUREOS ANNUOS QUOAD VIVAM DARE SPONDES ?, et pure facta obligatio intellegitur et perpetuatur, quia ad tempus deberi non potest. Sed heres petendo pacti exceptione submovebitur. 4. Sub condicione stipulatio fit, cum in aliquem casum differtur obligatio, ut, si aliquid factum fuerit aut non fuerit, stipulatio committatur, veluti SI TITIUS CONSUL FACTUS FUERIT, QUINQUE AUREOS DARE SPONDES ?. Si quis ita stipuletur : SI IN CAPITOLIUM NON ASCENDERO, DARE SPONDES ? perinde erit, ac si stipulatus esset cum morietur dari sibi. Ex condicionali stipulatione tantum spes est debitum iri, eamque ipsam spem transmittimus, si, priusquam condicio existat, mors nobis contigerit. 5. Loca etiam inseri stipulationi solent, veluti CARTHAGINE DARE SPONDES ? : quae stipulatio licet pure fieri videatur, tamen re ipsa habet tempus injectum, quo promissor utatur ad pecuniam Carthagine dandam. Et ideo si quis ita Romae stipuletur : HODIE CARTHAGINE DARE SPONDES ?, inutilis erit stipulatio, cum impossibilis sit repromissio. 6. Condiciones, quae ad praeteritum vel ad praesens tempus referuntur, aut statim infirmant obligationem aut omnino non differunt : veluti SI TITIUS CONSUL FUIT vel SI MAEVIUS VIVIT, DARE SPONDES ? nam si ea ita non sunt, nihil valet stipulatio : sin autem ita se habent, statim valet. Quae enim per rerum naturam certa sunt, non morantur obligationem, licet apud nos incerta sint.

7. Non solum res in stipulatum deduci possunt, sed etiam facta : ut si stipulemur fieri aliquid vel non fieri. Et in hujusmodi stipulationibus optimum erit poenam subjicere, ne quantitas stipulationis in incerto sit ac necesse sit actori probare, quid ejus intersit. Itaque si quis ut fiat aliquid stipuletur, ita adjici poena debet : SI ITA FACTUM NON ERIT, TUM POENAE NOMINE DECEM AUREOS DARE SPONDES ? Sed si quaedam fieri, quaedam non fieri una eademque conceptione stipuletur, clausula erit hujusmodi adjicienda : SI ADVERSUS EA FACTUM ERIT, SIVE QUID ITA FACTUM NON ERIT, TUNC POENAE NOMINE DECEM AUREOS DARE SPONDES ?

XVI. DE DUOBUS REIS STIPULANDI ET PROMITTENDI[1].

Et stipulandi et promittendi duo pluresve rei fieri possunt.

1. Cf. D., 45, 2. C., 8, 40.

Stipulandi ita, si post omnium interrogationem promissor respondeat : SPONDEO. Ut puta cum duobus separatim stipulantibus ita promissor respondeat : UTRIQUE VESTRUM DARE SPONDEO ; nam si prius Titio spoponderit, deinde alio interrogante spondeat, alia atque alia erit obligatio nec creduntur duo rei stipulandi esse. Duo pluresve rei promittendi ita fiunt[1] : MAEVI, QUINQUE AUREOS DARE SPONDES ? SEI EOSDEM QUINQUE AUREOS DARE SPONDES ? respondeant singuli separatim : SPONDEO. 1. Ex hujusmodi obligationibus et stipulantibus solidum singulis debetur et promittentes singuli in solidum tenentur. In utraque tamen obligatione una res vertitur : et vel alter debitum accipiendo vel alter solvendo omnium peremit obligationem et omnes liberat. 2. [2]'Ex duobus reis promittendi alius pure, alius in diem vel sub condicione obligari potest : nec impedimento erit dies aut condicio, quo minus ab eo qui pure obligatus est petatur'.

XVII. DE STIPULATIONE SERVORUM[3].

Servus ex persona domini jus stipulandi habet. Sed hereditas in plerisque personae defuncti vicem sustinet : ideoque quod servus hereditarius ante aditam hereditatem stipulatur, adquirit hereditati ac per hoc etiam heredi postea facto adquiritur. 1. [4]'Sive autem domino sive sibi sive conservo suo sive impersonaliter servus stipuletur, domino adquirit'. Idem juris est et in liberis, qui in potestate patris sunt, ex quibus causis adquirere possunt. 2. Sed cum factum in stipulatione continebitur, omnimodo persona stipulantis continetur, veluti si servus stipuletur, ut sibi ire agere liceat ; ipse enim tantum prohiberi non debet, non etiam dominus ejus. 3. Servus communis stipulando unicuique dominorum pro portione dominii adquirit, nisi si unius eorum jussu aut nominatim cui eorum stipulatus est ; tunc enim soli ei adquiritur. Quod servus communis stipulatur, si alteri ex dominis adquiri non potest, solidum alteri adquiritur, veluti si res quam dari stipulatus est unius domini sit.

XVIII. DE DIVISIONE STIPULATIONUM.

[5]'Stipulationum aliae judiciales sunt, aliae praetoriae, aliae

---

1. Mommsen pense que les compilateurs ont ici supprimé à tort les mots *ut interroget stipulator* ou quelque chose d'équivalent. Pellat, Accarias lisent plus bas au lieu de 'respondeant', '*si respondent*', Giraud : '*si respondeant*'. — 2. Florentinus, *L. 8 inst.*, D., 45, 2, 7. — 3. Cf. Gaius, 3, 114. 167. D., 45, 3. — 5. Flor., *L. 8 inst.*, D., 45, 3, 15. — 4. Pomponius, *L. 26 ad Sab.*, D., 45, 1, 5 pr.

conventionales, aliae communes tam praetoriae quam judiciales. 1. Judiciales sunt dumtaxat, quae a mero judicis officio proficiscuntur : veluti de dolo cautio vel de persequendo servo qui in fuga est restituendove pretio. 2. Praetoriae, quae a mero praetoris officio proficiscuntur, veluti damni infecti vel legatorum. Praetorias autem stipulationes sic exaudiri oportet, ut in his contineantur etiam aediliciae ; nam et hae ab jurisdictione veniunt. 3. Conventionales sunt, quae ex conventione utriusque partis concipiuntur, hoc est neque jussu judicis neque jussu praetoris, sed ex conventione contrahentium. Quarum totidem genera sunt, quot paene dixerim rerum contrahendarum. 4. Communes sunt stipulationes veluti rem salvam fore pupilli ; nam et praetor jubet rem salvam fore pupillo caveri et interdum judex, si aliter expediri haec res non potest' : vel de rato stipulatio.

XVIIII. DE INUTILIBUS STIPULATIONIBUS [1].

Omnis res, quae dominio nostro subjicitur, in stipulationem deduci potest, sive illa mobilis sive soli sit. 1. At si quis rem, quae in rerum natura non est aut esse non potest, dari stipulatus fuerit, veluti Stichum, qui mortuus sit, quem vivere credebat, aut hippocentaurum, qui esse non possit, inutilis erit stipulatio. 2. Idem juris est, si rem sacram aut religiosam, quam humani juris esse credebat, vel publicam, quae usibus populi perpetuo exposita sit, ut forum vel theatrum, vel liberum hominem, quem servum esse credebat, vel cujus commercium non habuit, vel rem suam dari quis stipuletur. Nec in pendenti erit stipulatio ob id, quod publica res in privatum deduci et ex libero servus fieri potest et commercium adipisci stipulator potest et res stipulatoris esse desinere potest ; sed protinus inutilis est. Item contra licet initio utiliter res in stipulatum deducta sit, si postea in earum qua causa, de quibus supra dictum est, sine facto promissoris devenerit : extinguitur stipulatio. Ac ne statim ab initio talis stipulatio valebit : LUCIUM TITIUM CUM SERVUS ERIT DARE SPONDES ? et similia: quia natura sui dominio nostro exempta in obligationem deduci nullo modo possunt. 3. Si quis alium daturum facturumve quid spoponderit, non obligabitur, veluti si spondeat Titium quinque aureos daturum. Quodsi effecturum se, ut Titius daret, spoponderit, obligatur. 4. Si quis alii, quam cujus juri subjectus sit, stipuletur, nihil agit. Plane solutio

---

1. Cf. Gaius, 3, 97-109. C., 8, 38 (39).

etiam in extranei personam conferri potest (veluti si quis ita stipuletur : MIHI AUT SEIO DARE SPONDES?), ut obligatio quidem stipulatori adquiratur, solvi tamen Seio etiam invito eo recte possit, ut liberatio ipso jure contingat, sed ille adversus Seium habeat mandati actionem. Quod si quis sibi et alii, cujus juri subjectus non sit, decem dari aureos stipulatus est, valebit quidem stipulatio ; sed utrum totum debetur quod in stipulatione deductum est, an vero pars dimidia dubitatum est : sed placet non plus quam partem dimidiam ei adquiri. Ei qui tuo juri subjectus est si stipulatus sis, tibi adquiris, quia vox tua tamquam filii sit, sicuti filii vox tamquam tua intellegitur in his rebus quae tibi adquiri possunt. 5. ¹'Praeterea inutilis est stipulatio, si quis ad ea quae interrogatus erit non respondeat, veluti si decem aureos a te dari stipuletur, tu quinque promittas', vel contra : 'aut si ille pure stipuletur, tu sub condicione promittas', vel contra, si modo scilicet id exprimas, id est si cui sub condicione vel in diem stipulanti tu respondeas : PRAESENTI DIE SPONDEO. Nam si hoc solum respondeas : PROMITTO, breviter videris in eandem diem aut condicionem spopondisse; nec enim necesse est in respondendo eadem omnia repeti, quae stipulator expresserit. 6. ²'Item inutilis est stipulatio, si ab eo stipuleris, qui juri tuo subjectus est, vel si is a te stipuletur. Sed servus quidem non solum domino suo obligari non potest, sed ne alii quidem ulli'; filii vero familias aliis obligari possunt. 7. 'Mutum neque stipulari neque promittere posse palam est. Quod et in surdo receptum est : quia et is qui stipulatur verba promittentis et is qui promittit verba stipulantis audire debet'. ³'Unde apparet non de eo nos loqui qui tardius exaudit, sed de eo qui omnino non exaudit'. 8. ⁴'Furiosus nullum negotium gerere potest, quia non intellegit quid agit. 9. Pupillus omne negotium recte gerit : ut tamen, sicubi tutoris auctoritas necessaria sit, adhibeatur tutor, veluti si ipse obligetur ; nam alium sibi obligare etiam sine tutoris auctoritate potest. 10. Sed quod diximus de pupillis, utique de his verum est, qui jam aliquem intellectum habent ; nam infans et qui infanti proximus est non multum a furioso distant, quia hujus aetatis pupilli nullum intellectum habent : sed in proximis infanti propter utilitatem eorum benignior juris interpretatio facta est', ut idem juris habeant, quod pubertati proximi. Sed qui in parentis potestate est impubes, nec auctore quidem patre obligatur. 11. Si impossibilis condicio

---

1. Gaius, 3, 102. — 2. Gaius, 3, 104. 105. — 3. Gaius, L. 2 *rer. cott.*, D., 44, 7, 1, 15. — 4. Gaius, 3, 106. 107. 109.

obligationibus adjiciatur, nihil valet stipulatio, impossibilis autem condicio habetur, cui natura impedimento est, quo minus existat, veluti si quis ita dixerit : SI DIGITO CAELUM ATTIGERO, DARES SPONDES ? ; at si ita stipuletur : SI DIGITO CAELUM NON ATTIGERO, DARE SPONDES ?, pure facta obligatio intellegitur ideoque statim petere potest. 12. Item verborum obligatio inter absentes concepta inutilis est. Sed cum hoc materiam litium contentiosis hominibus praestabat, forte post tempus tales allegationes opponentibus et non praesentes esse vel se vel adversarios suos contendentibus : ideo nostra constitutio[1] propter celeritatem dirimendarum litium introducta est, quam ad Caesareenses advocatos scripsimus, per quam disposuimus tales scripturas, quae praesto esse partes indicant, omnimodo esse credendas, nisi ipse, qui talibus utitur improbis allegationibus, manifestissimis probationibus vel per scripturam vel per testes idoneos approbaverit in ipso toto die, quo conficiebatur instrumentum, sese vel adversarium suum in aliis locis esse. 13. Post mortem suam dari sibi nemo stipulari poterat, non magis quam post ejus mortem a quo stipulabatur. Ac ne is, qui in alicujus potestate est, post mortem ejus stipulari poterat, quia patris vel domini voce loqui videtur. Sed et si quis ita stipuletur PRIDIE QUAM MORIAR vel PRIDIE QUAM MORIERIS DARI ? inutilis erat stipulatio. Sed cum, ut jam dictum est, ex consensu contrahentium stipulationes valent, placuit nobis[2] etiam in hunc juris articulum necessariam inducere emendationem, ut, sive post mortem sive pridie quam morietur stipulator sive promissor, stipulatio concepta est, valeat stipulatio. 14. Item si quis ita stipulatus erat : SI NAVIS EX ASIA VENERIT, HODIE DARE SPONDES ? inutilis erat stipulatio, quia praepostere concepta est. Sed cum Leo inclitae recordationis in dotibus eandem stipulationem, quae praepostera nuncupatur, non esse rejiciendam existimavit, nobis[3] placuit et huic perfectum robur accommodare, ut non solum in dotibus, sed etiam in omnibus valeat hujusmodi conceptio stipulationis. 15. Ita autem concepta stipulatio, veluti si Titius dicat : CUM MORIAR, DARE SPONDES ? vel CUM MORIERIS, et apud veteres utilis erat et nunc valet. 16. Item post mortem alterius recte stipulamur. 17. [4]Si scriptum fuerit in instrumento promisisse aliquem, perinde habetur, atque si interrogatione praecedente responsum sit. 18. Quotiens plures res una stipulatione comprehenduntur, si quidem promissor simpliciter respondeat : DARE SPONDEO, prop-

---

1. *C.*, 8, 37 (38), 14. — 2. *C.*, 8, 37 (38), 11. — 3. *C.*, 6, 23, 25. — 4. Paul, *Sent.*, 5, 7, 2.

ter omnes tenetur ; si vero unam ex his vel quasdam daturum se spoponderit, obligatio in his pro quibus spoponderit contrahitur. Ex pluribus enim stipulationibus una vel quaedam videntur esse perfectae ; singulas enim res stipulari et ad singulas respondere debemus. 19. [1]'Alteri stipulari, ut supra dictum est, nemo potest ; inventae sunt enim hujusmodi obligationes ad hoc, ut unusquisque sibi adquirat quod sua interest : ceterum si alii detur, nihil interest stipulatoris. Plane si quis velit hoc facere, poenam stipulari conveniet, ut, nisi ita factum sit, ut comprehensum esset, committetur poenae stipulatio etiam ei cujus nihil interest ; poenam enim cum stipulatur quis, non illud inspicitur, quid intersit ejus, sed quae sit quantitas in condicione stipulationis'. Ergo si quis stipuletur Titio dari, nihil agit, sed si addiderit de poena : NISI DEDERIS, TOT AUREOS DARE SPONDES ? tunc committitur stipulatio. 20. [2]'Sed et si quis stipuletur alii, cum ejus interesset, placuit stipulationem valere. Nam si is, qui pupilli tutelam administrare coeperat, cessit administratione contutori suo et stipulatus est rem pupilli salvam fore, quoniam interest stipulatoris fieri quod stipulatus est, cum obligatus futurus esset pupillo, si male res gesserit', tenet obligatio. Ergo et si quis procuratori suo dari stipulatus sit, stipulatio vires habebit. Et si creditori suo quod sua interest, ne forte vel poena committatur vel praedia distrahantur quae pignori data erant, valet stipulatio. 21. Versa vice qui alium facturum promisit, videtur in ea esse causa, ut non teneatur, nisi poenam ipse promiserit. 22. [3]'Item nemo rem suam futuram in eum casum quo sua fit utiliter stipulatur'. 23. Si de alia re stipulator senserit, de alia promissor, perinde nulla contrahitur obligatio, ac si ad interrogatum responsum non esset, veluti si hominem Stichum a te stipulatus quis fuerit, tu de Pamphilo senseris, quem Stichum vocari credideris. 24. Quod turpi ex causa promissum est, veluti si quis homicidium vel sacrilegium se facturum promittat, non valet.

25. Cum quis sub aliqua condicione fuerit stipulatus, licet ante condicionem decesserit, postea existente condicione heres ejus agere potest. Idem est et a promissoris parte. 26. [3]'Qui hoc anno aut hoc mense dari stipulatus sit, nisi omnibus partibus praeteritis anni vel mensis non recte petet'. 27. Si fundum dari stipuleris vel hominem, non poteris continuo agere, nis tantum spatii praeterierit, quo traditio fieri possit.

1. Ulp., *L.* 49 *ad Sab.*, *D.*, 45, 1, 38, 17. — 2. Ulp., *l. c.*, *D.*, 45, 1, 38, 20. — 3. Paul, *L.* 75 *ad ed.*, *D.*, 45, 1, 87. — 4. Pomponius, *L.* 27 *ad Sab.*, *D.*, 45, 1 42.

XX. De fidejussoribus[1].

[2]'Pro eo qui promittit solent alii obligari, qui fidejussores appellantur, quos homines accipere solent, dum curant, ut diligentius sibi cautum sit. 1. In omnibus autem obligationibus adsumi possunt, id est sive re sive verbis sive litteris sive consensu contractae fuerint. Ac ne illud quidem interest, utrum civilis an naturalis sit obligatio, cui adjiciatur fidejussor, adeo quidem, ut pro servo quoque obligetur, sive extraneus sit qui fidejussorem a servo accipiat, sive ipse dominus in id quod sibi naturaliter debetur'. 2. Fidejussor non tantum ipse obligatur, sed etiam heredem obligatum relinquit. 3. Fidejussor et praecedere obligationem et sequi potest. 4. [3]'Si plures sint fidejussores, quotquot erunt numero, singuli in solidum tenentur. Itaque liberum est creditori a quo velit solidum petere. Sed ex epistula divi Hadriani compellitur creditor a singulis, qui modo solvendo sint litis contestatae tempore, partes petere. Ideoque si quis ex fidejussoribus eo tempore solvendo non sit, hoc ceteros onerat. Sed et si ab uno fidejussore creditor totum consecutus fuerit, hujus solius detrimentum erit, si is pro quo fidejussit solvendo non sit: et sibi imputare debet, cum potuerit adjuvari ex epistula divi Hadriani et desiderare, ut pro parte in se detur actio. 5. Fidejussores ita obligari non possunt, ut plus debeant, quam debet is pro quo obligantur'; nam eorum obligatio accessio est principalis obligationis nec plus in accessione esse potest quam in principali re. [4]'At ex diverso, ut minus debeant, obligari possunt'. Itaque si reus decem aureos promiserit, fidejussor in quinque recte obligatur; contra vero non potest obligari. Item si ille pure promiserit, fidejussor sub condicione promittere potest; contra vero non potest. Non solum enim in quantitate, sed etiam in tempore minus et plus intellegitur. Plus est enim statim aliquid dare, minus est post tempus dare. 6. [5]'Si quid autem fidejussor pro reo solverit, ejus reciperandi causa habet cum eo mandati judicium'. 7. [6]'Graece fidejussor plerumque ita accipitur: Τῇ ἐμῇ πίστει κελεύω, λέγω, θέλω sive βούλομαι[7]: sed et si φημί dixerit, pro eo erit, ac si dixerit λέγω'. 8. In stipulationibus fidejussorum sciendum est generaliter hoc accipi, ut, quodcumque scriptum sit quasi actum, videatur etiam actum: ideoque constat, si quis se scripserit fidejussisse, videri omnia sollemniter acta.

1. Cf. Gaius, 3, 115-127. D., 46, 1. C., 8, 40 (41). — 2. Gaius, 3, 115. 117. 119*. — 3. Gaius, 3, 121. 122. 126. — 4. Gaius, 3, 126. — 5. Gaius, 3, 127. — 6. Ulp. L. 47 ad Sab., D., 46, 1, 8, pr. — 7. (Mea fide jubeo, dico, volo).

XXI. De litterarum obligatione[1].

Olim scriptura fiebat obligatio, quae nominibus fieri dicebatur, quae nomina hodie non sunt in usu. Plane si quis debere se scripserit, quod numeratum ei non est, de pecunia minime numerata post multum temporis exceptionem opponere non potest; hoc enim saepissime constitutum est. Sic fit, ut et hodie, dum queri non potest, scriptura obligetur : et ex ea nascitur condictio, cessante scilicet verborum obligatione. Multum autem tempus in hac exceptione antea quidem ex principalibus constitutionibus usque ad quinquennium procedebat; sed ne creditores diutius possint suis pecuniis forsitan defraudari, per constitutionem nostram[2] tempus coartatum est, ut ultra biennii metas hujusmodi exceptio minime extendatur.

XXII. De consensu obligatione.

[3]'Consensu fiunt obligationes in emptionibus venditionibus, locationibus conductionibus, societatibus, mandatis. 1. Ideo autem istis modis consensu dicitur obligatio contrahi, quia neque scriptura neque praesentia omnimodo opus est', ac ne dari quidquam necesse est, ut substantiam capiat obligatio, 'sed sufficit eos qui negotium gerunt consentire. 2. Unde inter absentes quoque talia negotia contrahuntur, veluti per epistulam aut per nuntium. 3. Item in his contractibus alter alteri obligatur in id, quod alterum alteri ex bono et aequo praestare oportet', cum alioquin in verborum obligationibus alius stipuletur, alius promittat.

XXIII. De emptione et venditione[4].

[5]'Emptio et venditio contrahitur, simulatque de pretio convenerit, quamvis nondum pretium numeratum sit ac ne arra quidem data fuerit. Nam quod arrae nomine datur, argumentum est emptionis et venditionis contractae'. Sed haec quidem de emptionibus et venditionibus, quae sine scriptura consistunt, optinere oportet; nam nihil a nobis in hujusmodi venditionibus innovatum est. In his autem quae scriptura conficiuntur non aliter perfectam esse emptionem et venditionem constituimus[6], nisi et instrumenta emptionis fuerint conscripta vel manu propria contrahentium, vel ab alio quidem scripta,

---

1. Cf. Gaius, 3, 128-138. C., 4, 30. — 2. C., 4, 30, 14. — 3. Gaius, 3, 135-137 (D., 44, 7, 2). — 4. Cf. D., 18, 1-19, 1. C., 4, 38-49. — 5. Gaius, 3, 139. — 6. C., 4, 21, 17.

a contrahente[1] autem subscripta et, si per tabellionem fiunt, nisi et completiones acceperint et fuerint partibus absoluta. Donec enim aliquid ex his deest, et poenitentiae locus est et potest emptor vel venditor sine poena recedere ab emptione. Ita tamen impune recedere eis concedimus, nisi jam arrarum nomine aliquid fuerit datum; hoc etenim subsecuto, sive in scriptis sive sine scriptis venditio celebrata est, is qui recusat adimplere contractum, si quidem emptor est, perdit quod dedit, si vero venditor, duplum restituere compellitur, licet nihil super arris expressum est. 1. Pretium autem constitui oportet; nam nulla emptio sine pretio esse potest. [2]'Sed et certum pretium esse debet. Alioquin si ita inter aliquos convenerit, ut, quanti Titius rem aestimaverit, tanti sit empta' : inter veteres satis abundeque hoc dubitabatur, sive constat venditio sive non. Sed nostra decisio[3] ita hoc constituit, ut, quotiens sic composita sit venditio QUANTI ILLE AESTIMAVERIT, sub hac condicione staret contractus, ut, si quidem ipse qui nominatus est pretium definierit, omnimodo secundum ejus aestimationem et pretium persolvatur et res tradatur, ut venditio ad effectum perducatur, emptore quidem ex empto actione, venditore autem ex vendito agente. Sin autem ille qui nominatus est vel noluerit vel non potuerit pretium definire, tunc pro nihilo esse venditionem quasi nullo pretio statuto. Quod jus cum in venditionibus nobis placuit, non est absurdum et in locationibus et conductionibus trahere. 2. [4]'Item pretium in numerata pecunia consistere debet. Nam in ceteris rebus an pretium esse possit, veluti homo aut fundus aut toga alterius rei pretium esse possit, valde quaerebatur. Sabinus et Cassius etiam in alia re putant posse pretium consistere : unde illud est, quod vulgo dicebatur per permutationem rerum emptionem et venditionem contrahi eamque speciem emptionis venditionisque vetustissimam esse : argumentoque utebantur Graeco poeta Homero, qui aliqua parte exercitum Achivorum vinum sibi comparasse ait permutatis quibusdam rebus, his verbis[5] :

Ἔνθεν ἄρ' οἰνίζοντο καρηκομόωντες Ἀχαιοί,
ἄλλοι μὲν χαλκῷ, ἄλλοι δ' αἴθωνι σιδήρῳ,
ἄλλοι δὲ ῥινοῖς, ἄλλοι δ' αὐτῇσι βόεσσι,
ἄλλοι δ' ἀνδραπόδεσσι[6].

1. Accarias, Pellat : 'contrahentibus'; les mss. suivis par Krueger, Giraud : 'contrahente'; v. en ce sens, Brunner, *Zur Rechtsgeschichte der Urkunde*, 1880, p. 59, n. 1; cf. Karlowa, *R.R.G.*, 1, p. 996 et ss. — 2. Gaius, 3, 140. — 3. *C.*, 4, 38, 15. — 4. Gaius, 3, 141. — 5. *Il.*, 7, 472 et ss. — 6. (Inde vinum comparabant comantes Achivi, alii aere, alii splendido ferro, alii pellibus, alii ipsis bobus, alii mancipiis).

Diversae scholae auctores contra sentiebant aliudque esse existimabant permutationem rerum, aliud emptionem et venditionem, alioquin non posse rem expediri permutatis rebus, quae videatur res venisse et quae pretii nomine data esse ; nam utramque videri et venisse et pretii nomine datam esse rationem non pati'. Sed Proculi sententia dicentis permutationem propriam esse speciem contractus a venditione separatam merito praevaluit, cum et ipsa aliis Homericis versibus[1] adjuvatur et validioribus rationibus argumentatur. Quod et anteriores divi principes admiserunt et in nostris digestis latius significatur[2]. 3. Cum autem emptio et venditio contracta sit (quod effici diximus, simulatque de pretio convenerit, cum sine scriptura res agitur), periculum rei venditae statim ad emptorem pertinet, tametsi adhuc ea res emptori tradita non sit. Itaque si homo mortuus sit vel aliqua parte corporis laesus fuerit, aut aedes totae aut aliqua ex parte incendio consumptae fuerint, aut fundus vi fluminis totus vel aliqua ex parte ablatus sit, sive etiam inundatione aquae aut arboribus turbine dejectis longe minor aut deterior esse coeperit : emptoris damnum est, cui necesse est, licet rem non fuerit nactus, pretium solvere. Quidquid enim sine dolo et culpa venditoris accidit, in eo venditor securus est. Sed et si post emptionem fundo aliquid per alluvionem accessit, ad emptoris commodum pertinet ; nam et commodum ejus esse debet, cujus periculum est. 3ª. Quod si fugerit homo qui veniit aut subreptus fuerit, ita ut neque dolus neque culpa venditoris interveniat, animadvertendum erit, an custodiam ejus usque ad traditionem venditor susceperit. Sane enim, si susceperit, ad ipsius periculum is casus pertinet : si non susceperit, securus erit. Idem et in ceteris animalibus ceterisque rebus intellegimus. Utique tamen vindicationem rei et condictionem exhibere debebit emptori, quia sane, qui rem nondum emptori tradidit, adhuc ipse dominus est. Idem est etiam de furti et de damni injuriae actione. 4. Emptio tam sub condicione quam pure contrahi potest. Sub condicione veluti SI STICHUS INTRA CERTUM DIEM TIBI PLACUERIT, ERIT TIBI EMPTUS AUREIS TOT. 5. Loca sacra vel religiosa, item publica, veluti forum basilicam, frustra quis sciens emit, quae tamen si pro privatis vel profanis deceptus a venditore emerit, habebit actionem ex empto, quod non habere ei liceat, ut consequatur, quod sua interest deceptum eum non esse. Idem juris est, si hominem liberum pro servo emerit.

---

1. *Il.*, 6, 235. Cf. *D.*, 18, 1, 1. — 2. *D.*, 19, 4.

XXIIII. De locatione et conductione[1].

[2]'Locatio et conductio proxima est emptioni et venditioni isdemque juris regulis consistunt. Nam ut emptio et venditio ita contrahitur, si de pretio convenerit, sic etiam locatio et conductio ita contrahi intellegitur, si merces constituta sit'. Et competit locatori quidem locati actio, conductori vero conducti. 1. Et quae supra diximus, si alieno arbitrio pretium permissum fuerit, eadem et de locatione et conductione dicta esse intellegamus, si alieno arbitrio merces permissa fuerit. [3]'Qua de causa si fulloni polienda curandave aut sarcinatori sarcienda vestimenta quis dederit nulla statim mercede constituta, sed postea tantum daturus, quantum inter eos convenerit', non proprie locatio et conductio contrahi intellegitur, sed eo nomine praescriptis verbis actio datur. 2. Praeterea sicut vulgo quaerebatur, an permutatis rebus emptio et venditio contrahitur: ita quaeri solebat de locatione et conductione, si forte rem aliquam tibi utendam sive fruendam quis dederit et invicem a te aliam utendam sive fruendam acceperit. Et placuit non esse locationem et conductionem, sed proprium genus esse contractus. [5]'Veluti si, cum unum quis bovem haberet et vicinus ejus unum, placuerit inter eos, ut per denos dies invicem boves commodarent, ut opus facerent, et apud alterum bos periit: neque locati vel conducti neque commodati competit actio, quia non fuit gratuitum commodatum, verum praescriptis verbis agendum est. 3. [6]'Adeo autem familiaritatem aliquam inter se habere videntur emptio et venditio, item locatio et conductio, ut in quibusdam causis quaeri soleat, utrum emptio et venditio contrahatur, an locatio et conductio. Ut ecce de praediis, quae perpetuo quibusdam fruenda traduntur, id est ut, quamdiu pensio sive reditus pro his domino praestetur, neque ipsi conductori neque heredi ejus', cuive conductor heresve ejus id praedium vendiderit aut donaverit aut dotis nomine dederit aliove quo modo alienaverit, auferre liceat. Sed talis contractus, quia inter veteres dubitabatur et a quibusdam locatio, a quibusdam venditio existimabatur: lex Zenoniana[7] lata est, quae emphyteuseos contractui propriam statuit naturam neque ad locationem neque ad venditionem inclinantem, sed suis pactionibus fulciendam, et si quidem aliquid pactum fuerit, hoc ita optinere, ac si naturalis esset contractus,

---

1. Cf. Gaius, 3, 142-147. D., 19, 2. C., 4, 65. — 2. Gaius, L. 2 rer. cott., D., 19, 2, 2. — 3. Gaius, 3, 143. — 5. Cf. Ulp., L. 28 ad ed., D., 19, 5, 17, 3. — 6. Gaius, 3, 145. — 7. C., 4, 66, 1.

sin autem nihil de periculo rei fuerit pactum, tunc si quidem totius rei interitus accesserit, ad dominum super hoc redundare periculum, sin particularis, ad emphyteuticarium hujusmodi damnum venire. Quo jure utimur. 4. [1]"Item quaeritur, si cum aurifice Titio convenerit, ut is ex auro suo certi ponderis certaeque formae anulos ei faceret et acciperet verbi gratia aureos decem, utrum emptio et venditio an locatio et conductio contrahi videatur? Cassius ait materiae quidem emptionem venditionemque contrahi, operae autem locationem et conductionem. Sed placuit tantum emptionem et venditionem contrahi. Quodsi suum aurum Titius dederit mercede pro opera constituta, dubium non est, quin locatio et conductio sit'.

5. Conductor omnia secundum legem conductionis facere debet et, si quid in lege praetermissum fuerit, id ex bono et aequo debet praestare. Qui pro usu aut vestimentorum aut argenti aut jumenti mercedem aut dedit aut promisit, ab eo custodia talis desideratur, qualem diligentissimus pater familias suis rebus adhibet. Quam si praestiterit et aliquo casu rem amiserit, de restituenda ea non tenebitur. 6. Mortuo conductore intra tempora conductionis heres ejus eodem jure in conductionem succedit.

XXV. De societate[2].

[3]"Societatem coire solemus aut totorum bonorum', quam Graeci specialiter κοινοπραξίαν appellant, 'aut unius alicujus negotiationis, veluti mancipiorum emendorum vendendorumque', aut olei vini frumenti emendi vendendique. 1. Et quidem si nihil de partibus lucri et damni nominatim convenerit, aequales scilicet partes et in lucro et in damno spectantur. Quod si expressae fuerint partes, hae servari debent : nec enim unquam dubium fuit, quin valeat conventio, si duo inter se pacti sunt, ut ad unum quidem duae partes et damni et lucri pertineant, ad alium tertia. 2. De illa sane conventione quaesitum est, si Titius et Seius inter se pacti sunt, ut ad Titium lucri duae partes pertineant, damni tertia, ad Seium duae partes damni, lucri tertia, an rata debet haberi conventio? Quintus Mucius[4] contra naturam societatis talem pactionem esse existimavit et ob id non esse ratam habendam. Servius Sulpicius, cujus sententia praevaluit, contra sentit, quia saepe quorundam ita pretiosa est opera in societate, ut eos justum

---

1. Gaius, 3, 147. — 2. Cf. Gaius, 3, 148-154. D., 17, 2. C., 437. — 3. Gaius, 3, 148. — 4. Cf. Paul, L. 6 ad Sab., D., 17, 2, 30.

sit meliore condicione in societatem admitti; nam et ita coiri posse societatem non dubitatur, ut alter pecuniam conferat, alter non conferat et tamen lucrum inter eos commune sit, quia saepe opera alicujus pro pecunia valet. Et adeo contra Quinti Mucii sententiam optinuit, ut illud quoque constiterit posse convenire, ut quis lucri partem ferat, damno non teneatur, quod et ipsum Servius convenienter sibi existimavit : quod tamen ita intellegi oportet, ut, si in aliqua re lucrum, in aliqua damnum allatum sit, compensatione facta solum quod superest intellegatur lucri esse. 3. Illud expeditum est, si in una causa pars fuerit expressa, veluti in solo lucro vel in solo damno, in altera vero omissa : in eo quoque quod praetermissum est eandem partem servari. 4. [1]'Manet autem societas eo usque, donec in eodem consensu perseveraverint; at cum aliquis renuntiaverit societati, solvitur societas. Sed plane si quis callide in hoc renuntiaverit societati, ut obveniens aliquod lucrum solus habeat, veluti si totorum bonorum socius, cum ab aliquo heres esset relictus, in hoc renuntiaverit societati, ut hereditatem solus lucrifaceret, cogitur hoc lucrum communicare : si quid vero aliud lucrifaceret, quod non captaverit, ad ipsum solum pertinet : ei vero, cui renuntiatum est, quidquid omnino post renuntiatam societatem adquiritur, soli conceditur. 5. Solvitur adhuc societas etiam morte socii, quia qui societatem contrahit certam personam sibi elegit'. [2]Sed et si consensu plurium societas coita sit, morte unius socii solvitur, etsi plures supersint, nisi si in coeunda societate aliter convenerit. 6. Item si alicujus rei contracta societas sit et finis negotio impositus est, finitur societas. 7. Publicatione quoque distrahi societatem manifestum est, scilicet si universa bona socii publicentur; nam cum in ejus locum alius succedit, pro mortuo habetur. 8. Item si quis ex sociis mole debiti praegravatus bonis suis cesserit et ideo propter publica aut propter privata debita substantia ejus veneat, solvitur societas. Sed hoc casu si adhuc consentiant in societatem, nova videtur incipere societas. 9. Socius socio utrum eo nomine tantum teneatur pro socio actione, si quid dolo commiserit, sicut is qui deponi apud se passus est, an etiam culpae, id est desidiae atque neglegentiae nomine, quaesitum est : praevaluit tamen etiam culpae nomine teneri eum. [3]'Culpa autem non ad exactissimam diligentiam dirigenda est; sufficit enim talem diligentiam in communibus rebus adhibere socium, qualem

1. Gaius, 3, 151-152. — 2. Cf. Paul, *L.* 32 *ad ed.*, *D.*, 17, 2, 65, 9. 10. 12. — 3. Gaius, *L.* 2 *rer. cott.*, *D.*, 1. 7, 2. 72.

suis rebus adhibere solet. Nam qui parum diligentem socium sibi adsumit, de se queri debet'.

XXVI. DE MANDATO[1].

[2]'Mandatum contrahitur quinque modis, sive sua tantum gratia aliquis tibi mandet, sive sua et tua, sive aliena tantum, sive sua et aliena, sive tua et aliena. At si tua tantum gratia tibi mandatum sit, supervacuum est mandatum et ob id nulla ex eo obligatio nec mandati inter vos actio nascitur. 1. Mandantis tantum gratia intervenit mandatum, veluti si quis tibi mandet, ut negotia ejus gereres, vel ut fundum ei emeres, vel ut pro eo sponderes. 2. Tua et mandantis, veluti si mandet tibi, ut pecuniam sub usuris crederes ei, qui in rem ipsius mutuaretur, aut si volente te agere cum eo ex fidejussoria causa mandet tibi, ut cum reo agas periculo mandantis, vel ut ipsius periculo stipuleris ab eo, quem tibi deleget in id quod tibi debuerat. 3. Aliena autem causa intervenit mandatum, veluti si tibi mandet, ut Titii negotia gereres, vel ut Titio fundum emeres, vel ut pro Titio sponderes. 4. Sua et aliena, veluti si de communibus suis et Titii negotiis gerendis tibi mandet, vel ut sibi et Titio fundum emeres, vel ut pro eo et Titio sponderes. 5. Tua et aliena, veluti si tibi mandet, ut Titio sub usuris crederes. Quodsi ut sine usuris crederes, aliena tantum gratia intercedit mandatum. 6. Tua gratia intervenit mandatum, veluti si tibi mandet, *ut* pecunias tuas potius in emptiones praediorum colloces, quam feneres, vel ex diverso ut feneres potius, quam in emptiones praediorum colloces. Cujus generis mandatum magis consilium est quam mandatum et ob id non est obligatorium, quia nemo ex consilio mandati obligatur, etiamsi non expediat ei cui dabitur, cum liberum cuique sit apud se explorare, an expediat consilium'. Itaque si otiosam pecuniam domi te habentem hortatus fuerit aliquis, ut rem aliquam emeres vel eam credas, quamvis non expediet tibi eam emisse vel credidisse, non tamen tibi mandati tenetur. Et adeo haec ita sunt, ut quaesitum sit, an mandati teneatur qui mandavit tibi, ut Titio pecuniam fenerares ; sed optinuit Sabini sententia obligatorium esse in hoc casu mandatum, quia non aliter Titio credidisses, quam si tibi mandatum esset. 7. Illud quoque mandatum non est obligatorium, quod contra bonos mores est, veluti si Titius de furto aut damno faciendo aut de injuria facienda tibi mandet. Licet enim poenam istius facti nomine

---

1. Cf. Gaius, 3, 155-162. D., 17, 1. C., 4, 35. — 2, Gaius, L. 2 *rer. cott.*, D. 17, 1, 2.

praestiteris, non tamen ullam habes adversus Titium actionem.

8. Is qui exsequitur mandatum non debet excedere fines mandati. Ut ecce si quis usque ad centum aureos mandaverit tibi, ut fundum emeres vel ut pro Titio sponderes, neque pluris emere debes neque in ampliorem pecuniam fidejubere, alioquin non habebis cum eo mandati actionem : adeo quidem, ut Sabino et Cassio placuerit, etiam si usque ad centum aureos cum eo agere velis, inutiliter te acturum; diversae scholae auctores recte te usque ad centum aureos acturum existimant: quae sententia sane benignior est. Quod si minoris emeris, habebis scilicet cum eo actionem, quoniam qui mandat, ut sibi centum aureorum fundus emeretur, is utique mandasse intellegitur, ut minoris si posset emeretur.

9. [1]'Recte quoque mandatum contractum, si, dum adhuc integra res sit, revocatum fuerit, evanescit. 10. Item si adhuc integro mandato mors alterutrius interveniat, id est vel ejus qui mandaverit, vel ejus qui mandatum susceperit, solvitur mandatum. Sed utilitatis causa receptum est, si mortuo eo, qui tibi mandaverit, tu ignorans eum decessisse exsecutus fueras mandatum, posse te agere mandati actione : alioquin justa et probabilis ignorantia damnum tibi afferat. Et huic simile est, quod placuit, si debitores manumisso dispensatore Titii per ignorantiam liberto solverint, liberari eos: cum alioquin stricta juris ratione non possent liberari, quia alii solvissent, quam cui solvere deberent'. 11. Mandatum non suscipere liberum est; susceptum autem consummandum aut quam primum renuntiandum est, ut aut per semet ipsum aut per alium eandem rem mandator exsequatur. Nam nisi ita renuntiatur, ut integra causa mandatori reservetur eandem rem explicandi, nihilo minus mandati actio locum habet, nisi si justa causa intercessit aut non renuntiandi aut intempestive renuntiandi.

12. Mandatum et in diem differri et sub condicione fieri potest. 13. In summa sciendum est mandatum, nisi gratuitum sit, in aliam formam negotii cadere ; nam mercede constituta incipit locatio et conductio esse. Et ut generaliter dixerimus: quibus casibus sine mercede suscepto officio mandati aut depositi contrahitur negotium, his casibus interveniente mercede locatio et conductio contrahi intellegitur. Et ideo si fulloni polienda curandave vestimenta dederis aut sarcinatori sarcienda nulla mercede constituta neque promissa, mandati competit actio.

1. Gaius, 3, 159-160.

XXVII. De obligationibus quasi ex contractu.

Post genera contractuum enumerata dispiciamus etiam de his obligationibus, quae non proprie quidem ex contractu nasci intelleguntur, sed tamen, quia non ex maleficio substantiam capiunt, quasi ex contractu nasci videntur. 1. Igitur cum quis absentis negotia gesserit, ultro citroque inter eos nascuntur actiones, quae appellantur negotiorum gestorum : sed domino quidem rei gestae adversus eum qui gessit directa competit actio, negotiorum autem gestori contraria. Quas ex nullo contractu proprie nasci manifestum est; quippe ita nascuntur istae actiones si sine mandato quisque alienis negotiis gerendis se optulerit : ex qua causa ii quorum negotia gesta fuerint etiam ignorantes obligantur. Idque utilitatis causa receptum est, ne absentium, qui subita festinatione coacti nulli demandata negotiorum suorum administratione peregre profecti essent, desererentur negotia : quae sane nemo curaturus esset, si de eo quod quis impendisset nullam habiturus esset actionem. Sicut autem is qui utiliter gesserit negotia habet obligatum dominum negotiorum, ita et contra iste quoque tenetur, ut administrationis rationem reddat. Quo casu ad exactissimam quisque diligentiam compellitur reddere rationem : nec sufficit talem diligentiam adhibere, qualem suis rebus adhibere soleret, si modo alius diligentior commodius administraturus esset negotia. 2. ¹'Tutores quoque, qui tutelae judicio tenentur, non proprie ex contractu obligati intelleguntur (nullum enim negotium inter tutorem et pupillum contrahitur); sed quia sane non ex maleficio tenentur, quasi ex contractu teneri videntur. Et hoc autem casu mutuae sunt actiones ; non tantum enim pupillus cum tutore habet tutelae actionem, sed et ex contrario tutor cum pupillo habet contrariam tutelae, si vel impenderit aliquid in rem pupilli vel pro eo fuerit obligatus aut rem suam creditori ejus obligaverit'. 3. Item si inter aliquos communis sit res sine societate, veluti quod pariter eis legata donatave esset, et alter eorum alteri ideo teneatur communi dividundo judicio, quod solus fructus ex ea re perceperit, aut quod socius ejus in eam rem necessarias impensas fecerit : non intellegitur proprie ex contractu obligatus esse, quippe nihil inter se contraxerunt : sed quia non ex maleficio tenetur, quasi ex contractu teneri videtur. 4. Idem juris est de eo, qui coheredi suo familiae erciscundae judicio ex his causis obligatus est. 5. Heres quoque legatorum nomine non proprie ex con-

---

1. Gaius, *L.* 3 *rer. cott.*, *D.*, 44, 7, 5, 1.

tractu obligatus intellegitur (neque enim cum herede neque cum defuncto ullum negotium legatarius gessisse proprie dici potest) : et tamen, quia ex maleficio non est obligatus heres, quasi ex contractu debere intellegitur. 6. Item is, cui quis per errorem non debitum solvit, quasi ex contractu debere videtur. Adeo enim non intellegitur proprie ex contractu obligatus, ut, si certiorem rationem sequamur, magis ut supra diximus ex distractu quam ex contractu possit dici obligatus esse ; nam qui solvendi animo pecuniam dat, in hoc dare videtur, ut distrahat potius negotium quam contrahat. Sed tamen proinde is qui accepit obligatur, ac si mutuum illi daretur, et ideo condictione tenetur. 7. Ex quibusdam tamen causis repeti non potest, quod per errorem non debitum solutum sit. Sic namque definiverunt veteres : ex quibus causis infitiando lis crescit, ex his causis non debitum solutum repeti non posse, veluti ex lege Aquilia, item ex legato. Quod veteres quidem in his legatis locum habere voluerunt, quae certa constituta per damnationem cuicumque fuerant legata : nostra autem constitutio[1] cum unam naturam omnibus legatis et fideicommissis indulsit, hujusmodi augmentum in omnibus legatis et fideicommissis extendi voluit : sed non omnibus legatariis praebuit, sed tantummodo in his legatis et fideicommissis, quae sacrosanctis ecclesiis ceterisque venerabilibus locis, quae religionis vel pietatis intuitu honorificantur, derelicta sunt, quae si indebita solvantur, non repetuntur.

XXVIII. PER QUAS PERSONAS NOBIS OBLIGATIO ADQUIRITUR[2].

[3]'Expositis generibus obligationum, quae ex contractu vel quasi ex contractu nascuntur, admonendi sumus adquiri vobis non solum per vosmet ipsos, sed etiam per eas quoque personas, quae in vestra potestate sunt', veluti per servos vestros et filios : ut tamen, quod per servos quidem vobis adquiritur, totum vestrum fiat, quod autem per liberos, quos in potestate habetis, ex obligatione fuerit adquisitum, hoc dividatur secundum imaginem rerum proprietatis et usus fructus, quam nostra discrevit constitutio[4] : ut, quod ab actione commodum perveniat, hujus usum fructum quidem habeat pater, proprietas autem filio servetur, scilicet patre actionem movente secundum novellae nostrae constitutionis divisionem. 1. [5]'Item per liberos homines et alienos servos, quos bona fide possidetis, adquiritur vobis, sed tantum ex duabus causis, id est si quid ex

---

1. C., 1, 3, 45 (46), 7. — 2. Cf. Gaius, 3, 163-167. C., 4, 27. — 3. Gaius, 3, 163. — 4. C., 6, 61, 6. — 5. Gaius, 3, 164. 165, 167.

operis suis vel ex re vestra adquirant. 2. Per eum quoque servum, in quo usum fructum vel usum habetis, similiter ex duabus istis causis vobis adquiritur. 3. Communem servum pro dominica parte dominis adquirere certum est, excepto eo, quod uni nominatim stipulando aut per traditionem accipiendo illi soli adquirit, veluti cum ita stipuletur : TITIO DOMINO MEO DARE SPONDES ?'. Sed si unius domini jussu servus fuerit stipulatus, licet antea dubitabatur, tamen post nostram decisionem[1] res expedita est, ut illi tantum adquirat, qui hoc ei facere jussit, ut supra dictum est.

XXVIIII. Quibus modis obligatio tollitur[2].

Tollitur autem omnis obligatio solutione ejus quod debetur, vel si quis consentiente creditore aliud pro alio solverit. Nec tamen interest, quis solvat, utrum ipse qui debet an alius pro eo ; liberatur enim et alio solvente, sive sciente debitore sive ignorante vel invito solutio fiat. Item si reus solverit, etiam ii qui pro eo intervenerunt liberantur. Idem ex contrario contingit, si fidejussor solverit; non enim solus ipse liberatur, sed etiam reus. 1. [3]'Item per acceptilationem tollitur obligatio. Est autem acceptilatio imaginaria solutio. Quod enim ex verborum obligatione Titio debetur, id si velit Titius remittere, poterit sic fieri, ut patiatur haec verba debitorem dicere : QUOD EGO TIBI PROMISI HABESNE ACCEPTUM ? et Titius respondeat : HABEO ; [4]'sed et Graece potest acceptum fieri, dummodo sic fiat, ut Latinis verbis solet : [5]Ἔχεις λαβὼν δηνάρια τόσα; ἔχω λαβών'. [6]'Quo genere ut diximus tantum eae obligationes solvuntur, quae ex verbis consistunt, non etiam ceterae ; consentaneum enim visum est verbis factam obligationem posse aliis verbis dissolvi : sed id, quod ex alia causa debetur, potest in stipulationem deduci et per acceptilationem dissolvi'. Sicut autem quod debetur pro parte recte solvitur, ita in partem debiti acceptilatio fieri potest. 2. Est prodita stipulatio, quae vulgo Aquiliana appellatur, per quam stipulationem contingit, ut omnium rerum obligatio in stipulatum deducatur et ea per acceptilationem tollatur. Stipulatio enim Aquiliana novat omnes obligationes et a Gallo Aquilio ita composita est : [7]'Quidquid te mihi ex quacumque causa dare facere oportet oportebit praesens in diemve quarumque rerum mihi tecum actio quaeque abs te petitio vel adversus te persecutio est erit

---

1. *C.*, 47, 2, 3. — 2. Cf. Gaius, 3, 168-181. *D.*, 46, 2-4. *C.*, 8, 41.43 (42.44). — 3. Gaius, 3, 169. — 4. Ulp., *L.* 48 *ad. Sab. D.*, 46, 4,8, 4. — 5. (Habesne acceptos tot denarios? Habeo). — 6. Gaius, 3, 170. — 7. Cf. *D.*, 46, 4, 18, 1.

quodque tu meum habes tenes possides [possideresve]¹ dolove malo fecisti, quo minus possideas : quanti quaeque earum rerum res erit, tantam pecuniam dari stipulatus est Aulus Agerius, spopondit Numerius Negidius'. Item e diverso Numerius Negidius interrogavit Aulum Agerium : 'Quidquid tibi hodierno die per Aquilianam stipulationem spopondi, id omne habesne acceptum?' respondit Aulus Agerius : 'Habeo acceptumque tuli'. 3. ²'Praeterea novatione tollitur obligatio, veluti si id, quod tu Seio debeas, a Titio dari stipulatus sit. Nam interventu novae personae nova nascitur obligatio et prima tollitur translata in posteriorem, adeo ut interdum, licet posterior stipulatio inutilis sit, tamen prima novationis jure tollatur, veluti si id, quod Titio tu debebas, a pupillo sine tutoris auctoritate stipulatus fuerit. Quo casu res amittitur ; nam et prior debitor liberatur et posterior obligatio nulla est. Non idem juris est, si a servo quis stipulatus fuerit ; nam tunc prior proinde obligatus manet, ac si postea a nullo stipulatus fuisset. Sed si eadem persona sit, a qua postea stipuleris, ita demum novatio fit, si quid in posteriore stipulatione novi sit, forte si condicio aut dies aut fidejussor adjiciatur aut detrahatur. Quod autem diximus, si condicio adjiciatur, novationem fieri, sic intellegi oportet, ut ita dicamus factam novationem, si condicio extiterit : alioquin si defecerit, durat prior obligatio'. 3ª. Sed cum hoc quidem inter veteres constabat tunc fieri novationem, cum novandi animo in secundam obligationem itum fuerat, per hoc autem dubium erat, quando novandi animo videretur hoc fieri et quasdam de hoc praesumptiones alii in aliis casibus introducebant : ideo nostra processit constitutio³, quae apertissime definivit tunc solum fieri novationem, quotiens hoc ipsum inter contrahentes expressum fuerit, quod propter novationem prioris obligationis convenerunt, alioquin manere et pristinam obligationem et secundam ei accedere, ut maneat ex utraque causa obligatio secundum nostrae constitutionis definitiones, quas licet ex ipsius lectione apertius cognoscere. 4. Hoc amplius eae obligationes, quae consensu contrahuntur, contraria voluntate dissolvuntur. Nam si Titius et Seius inter se consenserunt, ut fundum Tusculanum emptum Seius haberet centum aureorum, deinde re nondum secuta, id est neque pretio soluto neque fundo tradito, placuerit inter eos, ut discederetur ab emptione et venditione, invicem liberantur. Idem est et in conductione et locatione et omnibus

---

1. Omis avec raison au *D.* — 2. Gaius, 3, 176. 177. 179. — 3. *C.*, 8, 41 (42), 8.

contractibus, qui ex consensu descendunt, sicut jam dictum est.

LIBER QUARTUS.

I. DE OBLIGATIONIBUS QUAE EX DELICTO NASCUNTUR[1].

Cum expositum sit superiore libro de obligationibus ex contractu et quasi ex contractu, sequitur ut de obligationibus ex maleficio dispiciamus. [2]Sed illae quidem, ut suo loco tradidimus, in quattuor genera dividuntur: hae vero unius generis sunt, nam omnes ex re nascuntur, id est ex ipso maleficio, veluti ex furto aut rapina aut damno aut injuria.

1. [3]'Furtum est contrectatio rei fraudulosa vel ipsius rei vel etiam usus ejus possessionisve, quod lege naturali prohibitum est admittere'. 2. [4]'Furtum autem vel a furvo id est nigro dictum est, quod clam et obscure fit et plerumque nocte, vel a fraude, vel a ferendo, id est auferendo, vel a Graeco sermone, qui φῶρας appellant fures. Immo etiam Graeci ἀπὸ τοῦ φέρειν[5] φῶρας dixerunt'. 3. [6]'Furtorum autem genera duo sunt, manifestum et nec manifestum. Nam conceptum et oblatum species potius actionis sunt furto cohaerentes quam genera furtorum, sicut inferius apparebit'. [7]'Manifestus fur est, quem Graeci ἐπ' αὐτοφώρῳ appellant': nec solum is qui in ipso furto deprehenditur, sed etiam is qui eo loco deprehenditur, quo fit, veluti qui in domo furtum fecit et nondum egressus januam deprehensus fuerit, et qui in oliveto olivarum aut in vineto uvarum furtum fecit, quamdiu in eo oliveto aut in vineto fur deprehensus sit: immo ulterius furtum manifestum extendendum est, quamdiu eam rem fur tenens visus vel deprehensus fuerit sive in publico sive in privato vel a domino vel ab alio, antequam eo perveniret, quo perferre ac deponere rem destinasset. Sed si pertulit quo destinavit, tametsi deprehendatur cum re furtiva, non est manifestus fur. [8]'Nec manifestum furtum quid sit, ex his quae diximus intellegitur; nam quod manifestum non est, id scilicet nec manifestum est. 4. Conceptum furtum dicitur, cum apud aliquem testibus praesentibus furtiva res quaesita et inventa sit; nam in cum propria actio constituta est, quamvis fur non sit, quae appellatur concepti. Oblatum furtum dicitur, cum res furtiva

---

1. Cf. Gaius, 3, 182-208. D., 47, 2. C., 6, 2. — 2. Cf. Gaius, L. 3 *rer. cott.*, D., 44, 7, 4? — 3. Paul, L. 39 *ad ed.* D., 47, 2, 1, 3. — 4. Paul, l. c., D., 47, 2, 1, pr. — 5. (a ferendo). — 6. Gaius, 3, 183 (cf. Gaius, L. 13 *ad ed.*, D., 47, 2, 2). — 7. Ulp., L. 41 *ad Sab.*, D., 47, 2, 3, pr. — 8. Gaius, 3,185-188.

ab aliquo tibi oblata sit eaque apud te concepta sit, utique si ea mente tibi data fuerit, ut apud te potius quam apud eum qui dederit conciperetur ; nam tibi, apud quem concepta sit, propria adversus eum qui optulit, quamvis fur non sit, constituta est actio, quae appellatur oblati. Est etiam prohibiti furti actio adversus eum, qui furtum quaerere testibus praesentibus volentem prohibuerit'. Praeterea poena constituitur edicto praetoris per actionem furti non exhibiti adversus eum, qui furtivam rem apud se quaesitam et inventam non exhibuit. Sed hae actiones, id est concepti et oblati et furti prohibiti nec non furti non exhibiti, in desuetudinem abierunt. Cum enim requisitio rei furtivae hodie secundum veterem observationem non fit : merito ex consequentia etiam praefatae actiones ab usu communi recesserunt, cum manifestissimum est, quod omnes, qui scientes rem furtivam susceperint et celaverint, furti nec manifesti obnoxii sunt. 5. [1]Poena manifesti furti quadrupli est tam ex servi persona quam ex liberi, nec manifesti dupli.

6. [2]'Furtum autem fit non solum cum quis intercipiendi causa rem alienam amovet, sed generaliter cum quis alienam rem invito domino contractat. Itaque sive creditor pignore sive is, apud quem res deposita est, ea re utatur sive is, qui rem utendam accepit, in alium usum eam transferat, quam cujus gratia ei data est, furtum committit, veluti si quis argentum utendum acceperit quasi amicos ad cenam invitaturus et id peregre secum tulerit, aut si quis equum gestandi causa commodatum sibi longius aliquo duxerit, quod veteres scripserunt de eo, qui in aciem equum perduxisset. 7. Placuit tamen eos, qui rebus commodatis aliter uterentur, quam utendas acceperint, ita furtum committere, si se intellegant id invito domino facere eumque si intellexisset non permissurum, ac si permissurum credant, extra crimen videri : optima sane distinctione, quia furtum sine affectu furandi non committitur. 8. Sed et si credat aliquis invito domino se rem commodatam sibi contrectare, domino autem volente id fiat, dicitur furtum non fieri. Unde illud quaesitum est, cum Titius servum Maevii sollicitaverit, ut quasdam res domino subriperet et ad eum perferret, et servus id ad Maevium pertulerit, Maevius, dum vult Titium in ipso delicto deprehendere, permisit servo quasdam res ad eum perferre, utrum furti an servi corrupti judicio teneatur Titius, an neutro'. Et cum nobis super hac dubitatione suggestum est et antiquorum prudentium super hoc alter-

1. Cf. Gaius, 3, 189-190. — 2. Gaius, 3, 195-198.

cationes perspeximus, quibusdam neque furti neque servi corrupti actionem praestantibus, quibusdam furti tantummodo : nos hujusmodi calliditati obviam euntes per nostram decisionem[1] sanximus non solum furti actionem, sed etiam servi corrupti contra eum dari ; licet enim is servus deterior a sollicitatore minime factus est et ideo non concurrant regulae, quae servi corrupti actionem introducerent, tamen consilium corruptoris ad perniciem probitatis servi introductum est, ut sit ei poenalis actio imposita, tamquam re ipsa fuisset servus corruptus, ne ex hujusmodi impunitate et in alium servum, qui possit corrumpi, tale facinus a quibusdam perpetretur. 9. [2]'Interdum etiam liberorum hominum furtum fit, veluti si quis liberorum nostrorum, qui in potestate nostra sit, subreptus fuerit. 10. Aliquando autem etiam suae rei quisque furtum committit, veluti si debitor rem, quam creditori pignoris causa dedit, subtraxerit.

11. Interdum furti tenetur, qui ipse furtum non fecerit, qualis est, cujus ope et consilio furtum factum est. In quo numero est, qui tibi nummos excussit, ut alius eos raperet, aut obstitit tibi, ut alius rem tuam exciperet, vel oves aut boves tuas fugaverit, ut alius eas exciperet : et hoc veteres scripserunt de eo, qui panno rubro fugavit armentum. Sed si quid eorum per lasciviam et non data opera, ut furtum admitteretur, factum est, in factum actio dari debeat'. At ubi ope Maevii Titius furtum fecerit, ambo furti tenentur. Ope consilio ejus quoque furtum admitti videtur, qui scalas forte fenestris supponit aut ipsas fenestras vel ostium effringit, ut alius furtum faceret, quive ferramenta ad effrigendum aut scalas ut fenestris supponerentur commodaverit, sciens cujus gratia commodaverit. Certe qui nullam operam ad furtum faciendum adhibuit, sed tantum consilium dedit atque hortatus est ad furtum faciendum, non tenetur furti. 12. Hi, qui in parentium vel dominorum potestate sunt, si rem eis subripiant, furtum quidem illis faciunt et res in furtivam causam cadit nec ob id ab ullo usucapi potest, antequam in domini potestatem revertatur, sed furti actio non nascitur, quia nec ex alia ulla causa potest inter eos actio nasci : si vero ope consilio alterius furtum factum fuerit, quia utique furtum committitur, convenienter ille furti tenetur, quia verum est ope consilio ejus furtum factum esse.

13. [3]'Furti autem actio ei competit, cujus interest rem salvam esse, licet dominus non sit : itaque nec domino aliter

1. C., 6, 2, 20. — 2. Gaius, 3, 199. 200. 202. — 3. Gaius, 3, 203-205.

competit, quam si ejus intersit rem non perire. 14. Unde constat creditorem de pignore subrepto furti agere posse', etiamsi idoneum debitorem habeat, quia expedit ei pignori potius incumbere quam in personam agere : 'adeo quidem ut, quamvis ipse debitor eam rem subripuerit, nihilo minus creditori competit actio furti. 15. Item si fullo polienda curandave aut sarcinator sarcienda vestimenta mercede certa acceperit eaque furto amiserit, ipse furti habet actionem, non dominus, quia domini nihil interest eam rem non perire, cum judicio locati a fullone aut sarcinatore rem suam persequi potest'. Sed et bonae fidei emptori subrepta re quam emerit, quamvis dominus non sit, omnimodo competit furti actio, quemadmodum et creditori. Fulloni vero et sarcinatori non aliter furti competere placuit, quam si solvendo sint, hoc est si domino rei aestimationem solvere possint; [1]'nam si solvendo non sunt, tunc quia ab eis suum dominus consequi non possit, ipsi domino furti actio competit, quia hoc casu ipsius interest rem salvam esse'. Idem est et si in parte solvendo sint fullo aut sarcinator. 16. [2]'Quae de fullone et sarcinatore diximus, eadem et ad eum cui commodata res est transferenda veteres existimabant; nam ut ille fullo mercedem accipiendo custodiam praestat, ita is quoque, qui commodum utendi percipit, similiter necesse habet custodiam praestare'. Sed nostra providentia etiam hoc in decisionibus nostris emendavit[3], 'ut in domini sit voluntate, sive commodati actionem adversus eum qui rem commodatam accepit movere desiderat, sive furti adversus eum qui rem subripuit, et alterutra earum electa dominum non posse ex poenitentia ad alteram venire actionem. Sed si quidem furem elegerit, illum qui rem utendam accepit penitus liberari. Sin autem commodator veniat adversus eum qui rem utendam accepit, ipsi quidem nullo modo competere posse adversus furem furti actionem, eum autem, qui pro re commodata convenitur, posse adversus furem furti habere actionem, ita tamen, si dominus sciens rem esse subreptam adversus eum cui res commodata fuit pervenit: sin autem nescius et dubitans rem non esse apud eum commodati actionem instituit, postea autem re comperta voluit remittere quidem commodati actionem, ad furti autem pervenire, tunc licentia ei concedatur et adversus furem venire nullo obstaculo ei opponendo, quoniam incertus constitutus movit adversus eum qui rem utendam accepit commodati actionem (nisi domino ab eo satisfactum est; tunc etenim omni-

1. Gaius, 3, 205. — 2. Gaius, 3, 206. — 3. C., 6, 2, 22; 1. 2.

modo furem a domino quidem furti actione liberari, suppositum
autem esse ei, qui pro re sibi commodata domino satisfecit),
cum manifestissimum est, etiam si ab initio dominus actionem
instituit commodati ignarus rem esse subreptam, postea autem hoc ei cognito adversus furem transivit, omnimodo liberari
eum qui rem commodatam accepit, quemcumque causae exitum dominus adversus furem habuerit : eadem definitione
optinente, sive in partem sive in solidum solvendo sit is qui
rem commodatam accepit'. 17. [1]'Sed is, apud quem res deposita est, custodiam non praestat, sed tantum in eo obnoxius
est, si quid ipse dolo malo fecerit. Qua de causa si res ei subrepta fuerit, quia restituendae ejus nomine depositi non tenetur nec ob id ejus interest rem salvam esse, furti agere non
potest, sed furti actio domino competit. 18. In summa sciendum est quaesitum esse, an impubes rem alienam amovendo furtum faciat. Et placet, quia furtum ex affectu consistit, ita demum obligari eo crimine impuberem, si proximus
pubertati sit et ob id intellegat se delinquere'. 19. Furti actio
sive dupli sive quadrupli tantum ad poenae persecutionem
pertinet ; nam ipsius rei persecutionem extrinsecus habet dominus, quam aut vindicando aut condicendo potest auferre.
Sed vindicatio quidem adversus possessorem est, sive fur ipse
possidet sive alius quilibet ; condictio autem adversus ipsum
furem heredemve ejus, licet non possideat, competit.

II. Vi bonorum raptorum[2].

[3]'Qui res alienas rapit, tenetur quidem etiam furti (quis
enim magis alienam rem invito domino contrectat, quam qui
vi rapit ? ideoque recte dictum est eum improbum furem esse);
sed tamen propriam actionem ejus delicti nomine praetor
introduxit, quae appellatur vi bonorum raptorum et est intra
annum quadrupli, post annum simpli. Quae actio utilis est,
etiamsi quis unam rem licet minimam rapuerit'. Quadruplum
autem non totum poena est et extra poenam rei persecutio,
sicut in actione furti manifesti diximus; sed in quadruplo inest
et rei persecutio, ut poena tripli sit, sive comprehendatur raptor
in ipso delicto sive non. Ridiculum est enim levioris esse condicionis eum qui vi rapit, quam qui clam amovet. 1. Quia
tamen ita competit haec actio, si dolo malo quisque rapuerit :
qui aliquo errore inductus suam rem esse et imprudens juris
eo animo rapuit, quasi domino liceat rem suam etiam per vim

1. Gaius, 3, 207-208. — 2. Cf. D., 47, 8. C., 9, 33. — 3. Gaius, 3, 209.

auferre possessoribus, absolvi debet. Cui scilicet conveniens est nec furti teneri eum, qui eodem hoc animo rapuit. Sed ne, dum talia excogitentur, inveniatur via, per quam raptores impune suam exerceant avaritiam : melius divalibus constitutionibus[1] pro hac parte prospectum est, ut nemini liceat vi rapere rem mobilem vel se moventem, licet suam eandem rem existimet ; sed si quis contra statuta fecerit, rei quidem suae dominio cadere, sin autem aliena sit, post restitutionem etiam aestimationem ejusdem rei praestare. Quod non solum in mobilibus rebus, quae rapi possunt, constitutiones optinere censuerunt, sed etiam in invasionibus, quae circa res soli fiunt, ut ex hac causa omni rapina homines abstineant. 2. [2]'In hac actione non utique exspectatur rem in bonis actoris esse ; nam sive in bonis sit sive non sit, si tamen ex bonis sit, locum haec actio habebit. Quare sive commodata sive locata sive etiam pignerata sive deposita sit apud Titium sic, ut intersit ejus eam non auferri, veluti si in re deposita culpam quoque promisit, sive bona fide possideat, sive usum fructum in ea quis habeat vel quod aliud jus, ut intersit ejus non rapi : dicendum est competere ei hanc actionem, ut non dominium accipiat, sed illud solum, quod ex bonis ejus qui rapinam passus est, id est quod ex substantia ejus ablatum esse proponatur. Et generaliter dicendum est, ex quibus causis furti actio competit in re clam facta, ex isdem causis omnes habere hanc actionem'.

III. DE LEGE AQUILIA[3].

[4]'Damni injuriae actio constituitur per legem Aquiliam. Cujus primo capite cautum est, ut si quis hominem alienum alienamve quadrupedem quae pecudum numero sit injuria occiderit, quanti ea res in eo anno plurimi fuit, tantum domino dare damnetur'. 1. Quod autem non praecise de quadrupede, sed de ea tantum quae pecudum numero est cavetur, eo pertinet, ut neque de feris bestiis neque de canibus cautum esse intellegamus, sed de his tantum, quae proprie pasci dicuntur, quales sunt equi muli asini boves oves caprae. De suibus quoque idem placuit ; nam et sues pecorum appellatione continentur, quia et hi gregatim pascuntur : sic denique et Homerus in Odyssea[5] ait, sicut Aelius Marcianus in suis institutionibus[6] refert :

1. C., 8, 4, 7. — 2. Ulp., L. 56 ad ed., D., 47, 8, 2, 22-23. — 3. Cf. Gaius, 3, 210-219. D., 9, 2. C., 3, 35. — 4. Gaius, 3, 210. — 5. Od., 13, 407 et ss. — 6. D., 32, 65, 4.

Δήεις τόν γε σύεσσι παρήμενον · αἱ δὲ νέμονται
πὰρ Κόρακος πέτρῃ, ἐπί τε κρήνῃ Ἀρεθούσῃ[1].

2. Injuria autem occidere intelligitur, qui nullo jure occidit. Itaque qui latronem occidit, non tenetur, utique si aliter periculum effugere non potest. 3. Ac ne is quidem hac lege tenetur, qui casu occidit, si modo culpa ejus nulla invenitur; nam alioquin non minus ex dolo quam ex culpa quisque hac lege tenetur. 4. Itaque si quis, dum jaculis ludit vel exercitatur, transeuntem servum tuum trajecerit, distinguitur. Nam si id a milite quidem in campo eoque, ubi solitum est exercitari, admissum est, nulla culpa ejus intelligitur; si alius tale quid admisit, culpae reus est. Idem juris est de milite, si is in alio loco, quam qui exercitandis militibus destinatus est, id admisit. 5. Item si putator ex arbore dejecto ramo servum tuum transeuntem occiderit, si propre viam publicam aut vicinalem id factum est neque praeclamavit, ut casus evitari possit, culpae reus est; si praeclamavit neque ille curavit cavere, extra culpam est putator. Aeque extra culpam esse intelligitur, si seorsum a via forte vel in medio fundo caedebat, licet non praeclamavit, quia eo loco nulli extraneo jus fuerat versandi. 6. Praeterea si medicus, qui servum tuum secuit, dereliquerit curationem atque ob id mortuus fuerit servus, culpae reus est. 7. Imperitia quoque culpae adnumeratur, veluti si medicus ideo servum tuum occiderit, quod eum male secuerit aut perperam ei medicamentum dederit. 8. Impetu quoque mularum, quas mulio propter imperitiam retinere non potuerit, si servus tuus oppressus fuerit, culpae reus est mulio. Sed et si propter infirmitatem retinere eas non potuerit, cum alius firmior retinere potuisset, aeque culpae tenetur. Eadem placuerunt de eo quoque, qui, cum equo veheretur, impetum ejus aut propter infirmitatem aut propter imperitiam suam retinere non potuerit. 9. His autem verbis legis: QUANTI ID IN EO ANNO PLURIMI FUERIT, illa sententia exprimitur, ut si quis hominem tuum, qui hodie claudus aut luscus aut mancus erit, occiderit, qui in eo anno integer aut pretiosus fuerit, non tanti teneatur, quanti is hodie erit, sed quanti in eo anno plurimi fuerit. Qua ratione creditum est poenalem esse hujus legis actionem, quia non solum tanti quisque obligatur, quantum damni dederit, sed aliquando longe pluris: ideoque constat in heredem eam actionem non transire, quae transitura fuisset, si ultra damnum numquam lis aestimaretur. 10. Illud non ex verbis legis, sed ex

1. (Invenies eum apud sues sedentem, Hae vero pascuntur ad Coracis clivum et apud fontem Arethusam).

interpretatione placuit non solum perempti corporis aestimationem habendam esse secundum ea quae diximus, sed eo amplius quidquid praeterea perempto eo corpore damni vobis adlatum fuerit, veluti si servum tuum heredem ab aliquo institutum ante quis occiderit, quam is jussu tuo adiret ; nam hereditatis quoque amissae rationem esse habendam constat. Item si ex pari mularum unam vel ex quadriga equorum unum occiderit, vel ex comoedis unus servus fuerit occisus : non solum occisi fit aestimatio, sed eo amplius id quoque computatur, quanto depretiati sunt qui supersunt. 11. Liberum est autem ei, cujus servus fuerit occisus, et privato judicio legis Aquiliae damnum persequi et capitalis criminis eum reum facere.

12. Caput secundum legis Aquiliae in usu non est. 13. [1]'Capite tertio de omni cetero damno cavetur. Itaque si quis servum vel eam quadrupedem quae pecudum numero est vulneraverit, sive eam quadrupedem quae pecudum numero non est, veluti canem aut feram bestiam, vulneraverit aut occiderit, hoc capite actio constituitur. In ceteris quoque omnibus animalibus, item in omnibus rebus quae anima carent damnum injuria datum hac parte vindicatur. Si quid enim ustum aut ruptum aut fractum fuerit, actio ex hoc capite constituitur, quamquam poterit sola rupti appellatio in omnes istas causas sufficere; ruptum enim intellegitur, quoquo modo corruptum est. Unde non solum usta aut fracta, sed etiam scissa et collisa et effusa et quoquo modo perempta atque deteriora facta hoc verbo continentur' : denique responsum est, si quis in alienum vinum aut oleum id immiserit, quo naturalis bonitas vini vel olei corrumperetur, ex hac parte legis eum teneri. 14. Illud palam est, sicut ex primo capite ita demum quisque tenetur, si dolo aut culpa ejus homo aut quadrupes occisus occisave fuerit, ita ex hoc capite ex dolo aut culpa de cetero damno quemque teneri. [2]'Hoc tamen capite non quanti in eo anno, sed quanti in diebus triginta proximis res fuerit, obligatur is qui damnum dederit. 15. Ac ne PLURIMI quidem verbum adjicitur. Sed Sabino recte placuit perinde habendam aestimationem, ac si etiam hac parte PLURIMI verbum adjectum fuisset; nam plebem Romanam, quae Aquilio tribuno rogante hanc legem tulit, contentam fuisse, quod prima parte eo verbo usa est.

16. Ceterum placuit ita demum ex hac lege actionem esse, si quis praecipue corpore suo damnum dederit. Ideoque in eum, qui alio modo damnum dederit, utiles actiones dari solent:

1. Gaius, 3, 217. — 2. Gaius, 3, 218-219.

veluti si quis hominem alienum aut pecus ita incluserit, ut fame necaretur, aut jumentum tam vehementer egerit, ut rumperetur, aut pecus in tantum exagitaverit, ut praecipitaretur, aut si quis alieno servo persuaserit, ut in arborem ascenderet vel in puteum descenderet, et is ascendendo vel descendendo aut mortuus fuerit aut aliqua parte corporis laesus erit', utilis in eum actio datur. 'Sed si quis alienum servum de ponte aut ripa in flumen dejecerit et is suffocatus fuerit, eo quod projecerit corpore suo damnum dedisse non difficiliter intellegi poterit' ideoque ipsa lege Aquilia tenetur. Sed si non corpore damnum fuerit datum neque corpus laesum fuerit, sed alio modo damnum alicui contigit, cum non sufficit neque directa neque utilis Aquilia, placuit eum, qui obnoxius fuerit, in factum actione teneri : veluti si quis misericordia ductus alienum servum compeditum solverit, ut fugeret.

IIII. DE INJURIIS[1].

[2]'Generaliter injuria dicitur omne quod non jure fit: specialiter alias contumelia, quae a contemnendo dicta est, quam Graeci ὕβριν appellant, alias culpa, quam Graeci ἀδίκημα dicunt, sicut in lege Aquilia damnum injuria accipitur, alias iniquitas et injustitia, quam Graeci ἀδικίαν vocant. Cum enim praetor vel judex non jure contra quem pronuntiat, injuriam accepisse dicitur'. 1. [3]'Injuria autem committitur non solum, cum quis pugno puta aut fustibus caesus vel etiam verberatus erit, sed etiam si cui convicium factum fuerit, sive cujus bona quasi debitoris possessa fuerint ab eo, qui intellegebat nihil eum sibi debere, vel si quis ad infamiam alicujus libellum aut carmen scripserit composuerit ediderit dolove malo fecerit, quo quid eorum fieret, sive quis matrem familias aut praetextatum praetextatamve adsectatus fuerit, sive cujus pudicitia attemptata esse dicetur: et denique aliis pluribus modis admitti injuriam manifestum est. 2. Patitur autem quis injuriam non solum per semet ipsum, sed etiam per liberos suos quos in potestate habet : item per uxorem suam, id enim magis praevaluit. Itaque si filiae alicujus, quae Titio nupta est, injuriam feceris, non solum filiae nomine tecum injuriarum agi potest, sed etiam patris quoque et mariti nomine'. Contra autem, si viro injuria facta sit, uxor injuriarum agere non potest ; defendi enim uxores a viris, non viros ab uxoribus aequum est. Sed et socer nurus nomine, cujus vir in potestate est, injuria-

---

1. Cf. Gaius, 3, 220-225. D., 47, 10. C., 9, 35. — 2. Paul, L. sing. et tit. de injuriis, Coll., 2, 5. — 3. Gaius, 3, 220-221.

rum agere potest. 3. ¹"Servis autem ipsis quidem nulla injuria fieri intellegitur, sed domino per eos fieri videtur; non tamen isdem modis, quibus etiam per liberos et uxores, sed ita cum quid atrocius commissum fuerit et quod aperte ad contumeliam domini respicit, veluti si quis alienum servum verberaverit, et in hunc casum actio proponitur. At si quis servo convicium fecerit vel pugno eum percusserit, nulla in eum actio domino competit'. 4. Si communi servo injuria facta sit, aequum est non pro ea parte, qua dominus quisque est, aestimationem injuriae fieri, sed ex dominorum persona, quia ipsis fit injuria. 5. Quodsi usus fructus in servo Titii est, proprietas Maevii est, magis Maevio injuria fieri intellegitur. 6. Sed si libero, qui tibi bona fide servit, injuria facta sit, nulla tibi actio dabitur, sed suo nomine is experiri poterit: nisi in contumeliam tuam pulsatus sit, tunc enim competit et tibi injuriarum actio. Idem ergo est et in servo alieno bona fide tibi serviente, ut totiens admittatur injuriarum actio, quotiens in tuam contumeliam injuria ei facta sit.

7. ²'Poena autem injuriarum ex lege duodecim tabularum propter membrum quidem ruptum talio erat; propter os vero fractum nummariae poenae erant constitutae quasi in magna veterum paupertate. Sed postea praetores permittebant ipsis qui injuriam passi sunt eam aestimare, ut judex vel tanti condemnet, quanti injuriam passus aestimaverit, vel minoris, prout ei visum fuerit'. Sed poena quidem injuriae, quae ex lege duodecim tabularum introducta est, in desuetudinem abiit: quam autem praetores introduxerunt, quae etiam honoraria appellatur, in judiciis frequentatur. Nam secundum gradum dignitatis vitaeque honestatem crescit aut minuitur aestimatio injuriae: qui gradus condemnationis et in servili persona non immerito servatur, ut aliud in servo actore, aliud in medii actus homine, aliud in vilissimo vel compedito constituatur. 8. Sed et lex Cornelia de injuriis loquitur et injuriarum actionem introduxit. Quae competit ob eam rem, quod se pulsatum quis verberatumve domumve suam vi introitum esse dicat. Domum autem accipimus, sive in propria domo quis habitat sive in conducta vel gratis sive hospitio receptus sit. 9. ³'Atrox injuria aestimatur vel ex facto, veluti si quis ab aliquo vulneratus fuerit vel fustibus caesus; vel ex loco, veluti si cui in theatro vel in foro vel in conspectu praetoris injuria facta sit; vel ex persona, veluti si magistratus injuriam passus fuerit, vel si senatori ab humili injuria facta sit', aut parenti patro-

1. Gaius, 3, 222. — 2. Gaius, 3, 223-224. — 3. Gaius, 3, 225.

noque fiat a liberis vel libertis; aliter enim senatoris et parentis patronique, aliter extranei et humilis personae injuria aestimatur. Nonnumquam et locus vulneris atrocem injuriam facit, veluti si in oculo quis percussus sit. [1]'Parvi autem refert, utrum patri familias an filio familias talis injuria facta sit; nam et haec atrox aestimabitur'. 10. In summa sciendum est de omni injuria eum qui passus est posse vel criminaliter agere vel civiliter. Et si quidem civiliter agatur, aestimatione facta secundum quod dictum est poena imponitur. Sin autem criminaliter, officio judicis extraordinaria poena reo irrogatur : hoc videlicet observando, quod Zenoniana constitutio[2] introduxit, ut viri illustres quique supra eos sunt et per procuratores possint actionem injuriarum criminaliter vel persequi vel suscipere secundum ejus tenorem, qui ex ipsa manifestus apparet. 11. [3]'Non solum autem is injuriarum tenetur, qui fecit injuriam, hoc est qui percussit; verum ille quoque continebitur, qui dolo fecit vel qui curavit, ut cui mala pugno percuteretur. 12. Haec actio dissimulatione aboletur: et ideo, si quis injuriam dereliquerit, hoc est statim passus ad animum suum non revocaverit, postea ex poenitentia remissam injuriam non poterit recolere'.

V. DE OBLIGATIONIBUS QUAE QUASI EX DELICTO NASCUNTUR[4].

[5]'Si judex litem suam fecerit, non proprie ex maleficio obligatus videtur. Sed quia neque ex contractu obligatus est et utique peccasse aliquid intellegitur, licet per imprudentiam, ideo videtur quasi ex maleficio teneri, et in quantum de ea re aequum religioni judicantis videbitur, poenam sustinebit. 1. Item is, ex cujus coenaculo vel proprio ipsius vel conducto vel in quo gratis habitabat dejectum effusumve aliquid est, ita ut alicui noceretur, quasi ex maleficio obligatus intellegitur; ideo autem non proprie ex maleficio obligatus intellegitur, quia plerumque ob alterius culpam tenetur aut servi aut liberi. Cui similis est is, qui ea parte, qua vulgo iter fieri solet, id positum aut suspensum habet, quod potest, si ceciderit, alicui nocere': quo casu poena decem aureorum constituta est. De eo vero, quod dejectum effusumve est, dupli quanti damnum datum sit constituta est actio. Ob hominem vero liberum occisum quinquaginta aureorum poena constituitur; si vero vivet nocitumque ei esse dicetur, quantum ob eam rem aequum

1. Ulp., L. 57 ad ed. D., 47, 10, 9, 2. — 2. C., 9, 35, 11. — 3. Ulp., L. 57 ad ed., D., 47, 10, 11, pr. 1. — 4. Cf. D., 9, 3. 4, 9. 47, 5. — 5. Gaius, L. 3 rer. cott., D., 44, 7, 5, 4. 5. 50, 13, 6.

judici videtur, actio datur; judex enim computare debet mercedes medicis praestitas ceteraque impendia, quae in curatione facta sunt, praeterea operarum, quibus caruit aut cariturus est ob id quod inutilis factus est. 2. [1]'Si filius familias seorsum a patre habitaverit et quid ex coenaculo ejus dejectum effusumve sit, sive quid positum suspensumve habuerit, cujus casus periculosus est: Juliano placuit in patrem nullam esse actionem, sed cum ipso filio agendum'. Quod et in filio familias judice observandum est, qui litem suam fecerit. 3. 'Item exercitor navis aut cauponae aut stabuli de dolo[2] aut furto, quod in nave aut in caupona aut in stabulo factum erit, quasi ex maleficio teneri videtur, si modo ipsius nullum est maleficium, sed alicujus eorum, quorum opera navem aut cauponam aut stabulum exerceret; cum enim neque ex contractu sit adversus eum constituta haec actio et aliquatenus culpae reus est, quod opera malorum hominum uteretur, ideo quasi ex maleficio teneri videtur. In his autem casibus in factum actio competit, quae heredi quidem datur, adversus heredem autem non competit.

VI. DE ACTIONIBUS[3].

Superest, ut de actionibus loquamur. [4]'Actio autem nihil aliud est, quam jus persequendi judicio quod sibi debetur'.

1. Omnium actionum, quibus inter aliquos apud judices arbitrosve de quaque re quaeritur, summa divisio in duo genera deducitur: aut enim in rem sunt aut in personam. Namque agit unusquisque aut cum eo, qui ei obligatus est vel ex contractu vel ex maleficio, quo casu proditae actiones in personam sunt, per quas intendit adversarium ei dare aut dare facere oportere et aliis quibusdam modis: aut cum eo agit, qui nullo jure ei obligatus est, movet tamen alicui de aliqua re controversiam: quo casu proditae actiones in rem sunt, veluti si rem corporalem possideat quis, quam Titius suam esse affirmet, et possessor dominum se esse dicat; nam si Titius suam esse intendat, in rem actio est. 2. Aeque si agat jus sibi esse fundo forte vel aedibus utendi fruendi vel per fundum vicini eundi agendi vel ex fundo vicini aquam ducendi, in rem actio est. Ejusdem generis est actio de jure praediorum urbanorum, veluti si agat jus sibi esse altius aedes suas tollendi prospiciendive vel projiciendi aliquid vel immittendi in vicini aedes. Contra quoque de usu fructu et de servitutibus prae-

1. Gaius, *l. c. D.*, 44, 7, 5, 5. 6. — 2. D.: 'damno'. — 3. Cf. Gaius, 4, 1-74.
— 4. Celse, *L.* 3 *Dig.*, *D.*, 44, 7, 51.

diorum rusticorum, item praediorum urbanorum invicem quoque proditae sunt actiones, ut quis intendat jus non esse adversario utendi fruendi, eundi agendi aquamve ducendi, item altius tollendi prospiciendi projiciendi immittendi : istae quoque actiones in rem sunt, sed negativae. Quod genus actionis in controversiis rerum corporalium proditum non est ; nam in his is agit qui non possidet : ei vero qui possidet non est actio prodita, per quam neget rem actoris esse. Sane uno casu qui possidet nihilo minus actoris partes optinet, sicut in latioribus digestorum libris opportunius apparebit. 3. Sed istae quidem actiones, quarum mentionem habuimus, et si quae sunt similes, ex legitimis et civilibus causis descendunt. Aliae autem sunt, quas praetor ex sua jurisdictione comparatas habet tam in rem quam in personam, quas et ipsas necessarium est exemplis ostendere. Ecce plerumque ita permittit in rem agere, ut vel actor diceret se quasi usu cepisse, quod usu non ceperit, vel ex diverso [possessor][1] diceret adversarium suum usu non cepisse quod usu ceperit. 4. Namque si cui ex justa causa res aliqua tradita fuerit, veluti ex causa emptionis aut donationis aut dotis aut legatorum, necdum ejus rei dominus effectus est, si ejus rei casu possessionem amiserit, nullam habet directam in rem actionem ad eam rem persequendam ; quippe ita proditae sunt jure civili actiones, ut quis dominium suum vindicet. Sed quia sane durum erat eo casu deficere actionem, inventa est a praetore actio, in qua dicit is, qui possessionem amisit, eam rem se usu cepisse et ita vindicat suam esse. Quae actio Publiciana appellatur, quoniam primum a Publicio praetore in edicto proposita est. 5. Rursus ex diverso si quis, cum rei publicae causa abesset vel in hostium potestate esset, rem ejus qui in civitate esset usu ceperit, permittitur domino, si possessor rei publicae causa abesse desierit, tunc intra annum rescissa usucapione eam petere, id est ita petere, ut dicat possessorem usu non cepisse et ob id suam esse rem. Quod genus actionis quibusdam et aliis simili aequitate motus praetor accommodat, sicut ex latiore digestorum seu pandectarum volumine intellegere licet. 6. Item si quis in fraudem creditorum rem suam alicui tradiderit, bonis ejus a creditoribus ex sententia praesidis possessis permittitur ipsis creditoribus rescissa traditione eam rem petere, id est dicere eam rem traditam non esse et ob id in bonis debitoris man-

---

1. Les mss. suivis par Giraud, Cuq, *N. R. Hist.*, 1877, pp. 635-655 : 'possessor' ; Cujas, Huschke, Pellat, Accarias : 'possessor*em*' ; peut-être faut-il effacer le mot purement et simplement.

sisse. 7. Item Serviana et quasi Serviana, quae etiam hypothecaria vocatur, ex ipsius praetoris jurisdictione substantiam capit. Serviana autem experitur quis de rebus coloni, quae pignoris jure pro mercedibus fundi ei tenentur; quasi Serviana autem [qua] creditores pignora hypothecasve persequuntur. Inter pignus autem et hypothecam quantum ad actionem hypothecariam nihil interest; nam de qua re inter creditorem et debitorem convenerit, ut sit pro debito obligata, utraque hac appellatione continetur. Sed in aliis differentia est; nam pignoris appellatione eam proprie contineri dicimus, quae simul etiam traditur creditori, maxime si mobilis sit: at eam, quae sine traditione nuda conventione tenetur, proprie hypothecae appellatione contineri dicimus. 8. In personam quoque actiones ex sua jurisdictione propositas habet praetor. Veluti de pecunia constituta, cui similis videbatur receptitia : sed ex nostra constitutione[1], cum et, si quid plenius habebat, hic in pecuniam constitutam transfusum est, ea quasi supervacua jussa est cum sua auctoritate a nostris legibus recedere. Item praetor proposuit de peculio servorum filiorumque familias et ex qua quaeritur, an actor juraverit, et alias complures. 9. De pecunia autem constituta cum omnibus agitur, quicumque vel pro se vel pro alio soluturos se constituerint, nulla scilicet stipulatione interposita. Nam alioquin si stipulanti promiserint, jure civili tenentur. 10. Actiones autem de peculio ideo adversus patrem dominumve comparavit praetor, quia licet ex contractu filiorum servorumve ipso jure non teneantur, aequum tamen esset peculio tenus, quod veluti patrimonium est filiorum filiarumque, item servorum, condemnari eos. 11. Item si quis postulante adversario juraverit deberi sibi pecuniam quam peteret, neque ei solvatur, justissime accommodat ei talem actionem, per quam non illud quaeritur, an ei pecunia debeatur, sed an juraverit. 12. Poenales quoque actiones bene multas ex sua jurisdictione introduxit : veluti adversus eum qui quid ex albo ejus corrupisset ; et in eum qui patronum vel parentem in jus vocasset, cum id non impetrasset; item adversus eum, qui vi exemerit eum qui in jus vocaretur, cujusve dolo alius exemerit; et alias innumerabiles. 13. Praejudiciales actiones in rem esse videntur, quales sunt, per quas quaeritur, an aliquis liber vel an libertus sit, vel de partu agnoscendo. Ex quibus fere una illa legitimam causam habet, per quam quaeritur, an aliquis liber sit : ceterae ex ipsius praetoris jurisdictione substantiam capiunt. 14. [2]"Sic itaque discretis actionibus

1. *C*., 4, 18, 2. — 2. Gaius, 4, 4. 5. 18.

certum est non posse actorem rem suam ita ab aliquo petere: SI PARET EUM DARE OPORTERE ; nec enim quod actoris est id ei dari oportet, quia scilicet dari cuiquam id intellegitur, quod ita datur, ut ejus fiat, nec res quae jam actoris est magis ejus fieri potest. Plane odio furum, quo magis pluribus actionibus teneantur, effectum est, ut extra poenam dupli aut quadrupli rei recipiendae nomine fures etiam hac actione teneantur : SI PARET EOS DARE OPORTERE, quamvis sit adversus eos etiam haec in rem actio, per quam rem suam quis esse petit. 15. Appellamus autem in rem quidem actiones vindicationes, in personam vero actiones, quibus dare facere oportere intenditur, condictiones. Condicere enim est denuntiare prisca lingua ; nunc vero abusive dicimus condictionem actionem in personam esse, qua actor intendit dari sibi oportere ; nulla enim hoc tempore eo nomine denuntiatio fit'.

16. Sequens illa divisio est, quod quaedam actiones rei persequendae gratia comparatae sunt, quaedam poenae persequendae, quaedam mixtae sunt. 17. Rei persequendae causa comparatae sunt omnes in rem actiones. Earum vero actionum, quae in personam sunt, hae quidem quae ex contractu nascuntur fere omnes rei persequendae causa comparatae videntur: veluti quibus mutuam pecuniam vel in stipulatum deductam petit actor, item commodati, depositi, mandati, pro socio, ex empto vendito, locato conducto. Plane si depositi agetur eo nomine, quod tumultus incendii ruinae naufragii causa depositum sit, in duplum actionem praetor reddit, si modo cum ipso, apud quem depositum sit, aut cum herede ejus ex dolo ipsius agitur : quo casu mixta est actio. 18. Ex maleficiis vero proditae actiones aliae tantum poenae persequendae causa comparatae sunt, aliae tam poenae quam rei persequendae et ob id mixtae sunt. Poenam tantum persequitur quis actione furti ; sive enim manifesti agatur quadrupli sive nec manifesti dupli, de sola poena agitur : nam ipsam rem propria actione persequitur quis, id est suam esse petens, sive fur ipse eam rem possideat, sive alius quilibet : eo amplius adversus furem etiam condictio est rei. 19. Vi autem bonorum raptorum actio mixta est, quia in quadruplo rei persecutio continetur, poena autem tripli est. Sed et legis Aquiliae actio de damno mixta est, non solum si adversus infitiantem in duplum agatur, sed interdum et si in simplum quisque agit. Veluti si quis hominem claudum aut luscum occiderit, qui in eo anno integer et magni pretii fuerit ; tanti enim damnatur, quanti is homo in eo anno plurimi fuerit, secundum jam traditam divisionem. Item mixta est actio con-

tra eos, qui relicta sacrosanctis ecclesiis vel aliis venerabilibus locis legati vel fideicommissi nomine dare distulerint usque adeo, ut etiam in judicium vocarentur ; tunc etenim et ipsam rem vel pecuniam quae relicta est dare compelluntur et aliud tantum pro poena, et ideo in duplum ejus fit condemnatio.

20. Quaedam actiones mixtam causam optinere videntur tam in rem quam in personam. Qualis est familiae erciscundae actio, quae competit coheredibus de dividenda hereditate ; item communi dividundo, quae inter eos redditur, inter quos aliquid commune est, ut id dividatur ; item finium regundorum, quae inter eos agitur, qui confines agros habent. In quibus tribus judiciis permittitur judici rem alicui ex litigatoribus ex bono et aequo adjudicare et, si unius pars praegravari videbitur, eum invicem certa pecunia alteri condemnare.

21. Omnes autem actiones vel in simplum conceptae sunt vel in duplum vel in triplum vel in quadruplum ; ulterius autem nulla actio extenditur. 22. In simplum agitur veluti ex stipulatione, ex mutui datione, ex empto vendito, locato conducto, mandato et denique ex aliis compluribus causis. 23. In duplum agimus veluti furti nec manifesti, damni injuriae ex lege Aquilia, depositi ex quibusdam casibus ; item servi corrupti, quae competit in eum, cujus hortatu consiliove servus alienus fugerit aut contumax adversus dominum factus est aut luxuriose vivere coeperit aut denique quolibet modo deterior factus sit (in qua actione etiam earum rerum, quas fugiendo servus abstulit, aestimatio deducitur) ; item ex legato, quod venerabilibus locis relictum est, secundum ea quae supra diximus[1]. 24. Tripli vero, cum quidam majorem verae aestimationis quantitatem in libello conventionis inseruit, ut ex hac causa viatores, id est exsecutores litium, ampliorem summam sportularum nomine exegerint ; tunc enim quod propter eorum causam damnum passus fuerit reus, id triplum ab actore consequetur, ut in hoc triplo et simplum, in quo damnum passus est, connumeretur. Quod nostra constitutio[2] induxit, quae in nostro codice fulget, ex qua dubio procul est ex lege condicticiam emanare. 25. Quadrupli veluti furti manifesti, item de eo, quod metus causa factum sit, deque ea pecunia, quae in hoc data sit, ut is cui datur caluminae causa negotium alicui faceret vel non faceret ; item ex lege condicticia a nostra constitutione oritur, in quadruplum condemnationem imponens his exsecutoribus litium, qui contra nostrae constitutionis[3] normam a reis quidquam exegerint. 26. Sed furti quidem nec manifesti actio et servi

1. *3*, 27, 7. — 2. *C.*, 3, 10, 2. — 3. *C.*, 3, 2, 5.

corrupti a ceteris, de quibus simul locuti sumus, eo differt, quod hae actiones omnimodo dupli sunt ; at illae, id est damni injuriae ex lege Aquilia et interdum depositi, infitiatione duplicantur, in confitentem autem in simplum dantur : sed illa, quae de his competit, quae relicta venerabilibus locis sunt, non solum infitiatione duplicatur, sed et si distulerit relicti solutionem, usque quo jussu magistratuum nostrorum conveniatur, in confitentem vero et antequam jussu magistratuum conveniatur solventem simpli redditur. 27. Item actio de eo, quod metus causa factum sit, a ceteris, de quibus simul locuti sumus, eo differt, quod ejus natura tacite continetur, ut, qui judicis jussu ipsam rem actori restituat, absolvatur. Quod in ceteris casibus non ita est, sed omnimodo quisque in quadruplum condemnatur, quod est et in furti manifesti actione.

28. Actionum autem quaedam bonae fidei sunt, quaedam stricti juris. Bonae fidei sunt hae : ex empto vendito, locato conducto, negotiorum gestorum, mandati, depositi, pro socio, tutelae, commodati, pigneraticia, familiae erciscundae, communi dividundo, praescriptis verbis, quae de aestimato proponitur, et ea, quae ex permutatione competit, et hereditatis petitio. Quamvis enim usque adhuc incertum erat, sive inter bonae fidei judicia connumeranda sit sive non, nostra tamen constitutio[1] aperte eam esse bonae fidei disposuit. 29. Fuerat antea et rei uxoriae actio ex bonae fidei judiciis ; sed cum pleniorem esse ex stipulatu actionem invenientes omne jus, quod res uxoria ante habebat, cum multis divisionibus in ex stipulatu actionem, quae de dotibus exigendis proponitur, transtulimus[2], merito rei uxoriae actione sublata ex stipulatu, quae pro ea introducta est, naturam bonae fidei judicii tantum in exactione dotis meruit, ut bonae fidei sit. Sed et tacitam ei dedimus hypothecam : praeferri autem aliis creditoribus in hypothecis tunc censuimus, cum ipsa mulier de dote sua experiatur, cujus solius providentia hoc induximus. 30. In bonae fidei autem judiciis libera potestas permitti videtur judici ex bono et aequo aestimandi, quantum actori restitui debeat. In quo et illud continetur, ut, si quid invicem actorem praestare oporteat, eo compensato in reliquum is cum quo actum est condemnari debeat. Sed et in strictis judiciis ex rescripto divi Marci opposita doli mali exceptione compensatio inducebatur. Sed nostra constitutio[3] eas compensationes, quae jure aperto nituntur, latius introduxit, ut actiones ipso jure minuant sive in rem sive personales sive alias quascumque, excepta sola depositi

1. C., 3, 31, 12, 3. — 2. C., 5, 13, 1. — 3. C., 4, 31, 14.

actione, cui aliquid compensationis nomine opponi satis impium esse credidimus, ne sub praetextu compensationis depositarum rerum quis exactione defraudetur. 31. Praeterea quasdam actiones arbitrarias id est ex arbitrio judicis pendentes appellamus, in quibus nisi arbitrio judicis is cum quo agitur actori satisfaciat, veluti rem restituat vel exhibeat vel solvat vel ex noxali causa servum dedat, condemnari debeat. Sed istae actiones tam in rem quam in personam inveniuntur. In rem veluti Publiciana, Serviana de rebus coloni, quasi Serviana, quae etiam hypothecaria vocatur : in personam veluti quibus de eo agitur, quod aut metus causa aut dolo malo factum est, item qua id, quod certo loco promissum est, petitur. Ad exhibendum quoque actio ex arbitrio judicis pendet. In his enim actionibus et ceteris similibus permittitur judici ex bono et aequo secundum cujusque rei de qua actum est naturam aestimare, quemadmodum actori satisfieri oporteat.

32. Curare autem debet judex, ut omnimodo, quantum possibile ei sit, certae pecuniae vel rei sententiam ferat, etiam si de incerta quantitate apud eum actum est.

33. Si quis agens in intentione sua plus complexus fuerit, quam ad eum pertinet, causa cadebat, id est rem amittebat, nec facile in integrum a praetore restituebatur, nisi minor erat viginti quinque annis. Huic enim sicut in aliis causis causa cognita succurrebatur, si lapsus juventute fuerat, ita et in hac causa succurri solitum erat. Sane si tam magna causa justi erroris interveniebat, ut etiam constantissimus quisque labi posset, etiam majori viginti quinque annis succurrebatur : veluti si quis totum legatum petierit, post deinde prolati fuerint codicilli, quibus aut pars legati adempta sit aut quibusdam aliis legata data sint, quae efficiebant, ut plus petisse videretur petitor quam dodrantem, atque ideo lege Falcidia legata minuebantur. 33ᵃ. Plus autem quattuor modis petitur : re, tempore, loco, causa. Re : veluti si quis pro decem aureis qui ei debebantur viginti petierit, aut si is, cujus ex parte res est, totam eam vel majore ex parte suam esse intenderit. 33ᵇ. Tempore: veluti si quis ante diem vel ante condicionem petierit. Qua ratione enim qui tardius solvit, quam solvere deberet, minus solvere intellegitur, eadem ratione qui praemature petit plus petere videtur. 33ᶜ. Loco plus petitur, veluti cum quis id, quod certo loco sibi stipulatus est, alio loco petit sine commemoratione illius loci, in quo sibi dari stipulatus fuerit : verbi gratia si is, qui ita stipulatus fuerit : EPHESI DARE SPONDES ?, Romae pure intendat dari sibi oportere. Ideo autem plus petere intel-

legitur, quia utilitatem, quam habuit promissor, si Ephesi solveret, adimit ei pura intentione : propter quam causam alio loco petenti arbitraria actio proponitur, in qua scilicet ratio habetur utilitatis, quae promissori competitura fuisset, si illo loco solveret. Quae utilitas plerumque in mercibus maxima invenitur, veluti vino oleo frumento, quae per singulas regiones diversa habent pretia : sed et pecuniae numeratae non in omnibus regionibus sub isdem usuris fenerantur. Si quis tamen Ephesi petat, id est eo loco petat, quo ut sibi detur stipulatus est, pura actione recte agit : idque etiam praetor monstrat, scilicet quia utilitas solvendi salva est promissori. 33^d. Huic autem, qui loco plus petere intellegitur, proximus est is qui causa plus petit : ut ecce si quis ita a te stipulatus sit : HOMINEM STICHUM AUT DECEM AUREOS DARE SPONDES ?, deinde alterutrum petat, veluti hominem tantum aut decem tantum. Ideo autem plus petere intellegitur, quia in eo genere stipulationis promissoris est electio, utrum pecuniam an hominem solvere malit : qui igitur pecuniam tantum vel hominem tantum sibi dari oportere intendit, eripit electionem adversario et eo modo suam quidem meliorem condicionem facit, adversarii vero sui deteriorem. Qua de causa talis in ea re prodita est actio, ut quis intendat hominem Stichum aut aureos decem sibi dari oportere, id est ut eodem modo peteret, quo stipulatus est. Praeterea si quis generaliter hominem stipulatus sit et specialiter Stichum petat, aut generaliter vinum stipulatus specialiter Campanum petat, aut generaliter purpuram stipulatus sit, deinde specialiter Tyriam petat : plus petere intellegitur, quia electionem adversario tollit, cui stipulationis jure liberum fuit aliud solvere, quam quod peteretur. Quin etiam licet vilissimum sit quod quis petat, nihilo minus plus petere intellegitur, quia saepe accidit, ut promissori facilius sit illud solvere, quod majoris pretii est. 33^e. Sed haec quidem antea in usu fuerant : postea autem lex Zenoniana et nostra[1] rem coartavit. Et si quidem tempore plus fuerit petitum, quid statui oportet, Zenonis divae memoriae loquitur constitutio ; sin autem quantitate vel alio modo plus fuerit petitum, omne, si quid forte damnum ex hac causa acciderit ei, contra quem plus petitum fuerit, commissa tripli condemnatione, sicut supra diximus, puniatur. 34. Si minus in intentione complexus fuerit actor, quam ad eum pertineret, veluti si, cum ei decem deberentur, quinque sibi dari oportere intenderit, aut cum totus fundus ejus esset, partem dimidiam suam esse petierit, sine periculo agit :

1. C., 3, 10, 1, 2.

in reliquum enim nihilo minus judex adversarium in eodem judicio condemnat ex constitutione divae memoriae Zenonis. 35. Si quis aliud pro alio intenderit, nihil eum periclitari placet, sed in eodem judicio cognita veritate errorem suum corrigere ei permittimus, veluti si is, qui hominem Stichum petere deberet, Erotem petierit, aut si quis ex testamento sibi dari oportere intenderit, quod ex stipulatu debetur.

36. Sunt praeterea quaedam actiones, quibus non solidum quod debetur nobis persequimur, sed modo solidum consequimur, modo minus. Ut ecce si in peculium filii servive agamus: nam si non minus in peculio sit, quam persequimur, in solidum pater dominusve condemnatur: si vero minus inveniatur, eatenus condemnat judex, quatenus in peculio sit. Quemadmodum autem peculium intellegi debeat, suo ordine proponemus. 37. Item si de dote judicio mulier agat, placet eatenus maritum condemnari debere, quatenus facere possit, id est quatenus facultates ejus patiuntur. Itaque si dotis quantitati concurrant facultates ejus, in solidum damnatur: si minus, in tantum quantum facere potest. Propter retentionem quoque dotis repetitio minuitur: nam ob impensas in res dotales factas marito retentio concessa est, quia ipso jure necessariis sumptibus dos minuitur, sicut ex latioribus digestorum libris cognoscere liceat. 38. Sed et si quis cum parente suo patronove agat, item si socius cum socio judicio societatis agat, non plus actor consequitur, quam adversarius ejus facere potest. Idem est, si quis ex donatione sua conveniatur. 39. Compensationes quoque oppositae plerumque efficiunt, ut minus quisque consequatur, quam ei debeatur: namque ex bono et aequo, [1]'habita ratione ejus, quod invicem actorem ex eadem causa praestare oporteret, in reliquum eum cum quo actum est condemnaret', sicut jam dictum est[2]. 40. Eum quoque, qui creditoribus suis bonis cessit, si postea aliquid adquisierit, quod idoneum emolumentum habeat, ex integro in id quod facere potest creditores cum eo experiuntur; inhumanum enim erat spoliatum fortunis suis in solidum damnari.

VII. Quod cum eo qui in aliena potestate est negotium gestum esse dicitur[3].

[4]'Quia tamen superius mentionem habuimus de actione, quae in peculium filiorum familias servorumque agitur: opus est, ut de hac actione et de ceteris, quae eorundem nomine

---

1. Gaius, 4, 61. — 2. 4, 6, 30. — 3. Cf. Gaius, 4, 69-74, Γ., 14. 15. C., 4, 25-26. — 4. Gaius, 4, 69.

in parentes dominosve dari solent, diligentius admoneamus'. Et quia, sive cum servis negotium gestum sit sive cum his, qui in potestate parentis sunt, fere eadem jura servantur, ne verbosa fiat disputatio, dirigamus sermonem in personam servi dominique, idem intellecturi de liberis quoque et parentibus, quorum in potestate sunt. Nam si quid in his proprie observetur, separatim ostendimus.

1. ¹Si igitur jussu domini cum servo negotium gestum erit, in solidum praetor adversus dominum actionem pollicetur, scilicet quia qui ita contrahit fidem domini sequi videtur. 2². Eadem ratione praetor duas alias in solidum actiones pollicetur, quarum altera exercitoria, altera institoria appellatur. Exercitoria tunc locum habet, cum quis servum suum magistrum navis praeposuerit et quid cum eo ejus rei gratia, cui praepositus erit, contractum fuerit. Ideo autem exercitoria vocatur, quia exercitor appellatur is, ad quem cottidianus navis quaestus pertinet. Institoria tunc locum habet, cum quis tabernae forte aut cuilibet negotiationi servum praeposuerit et quid cum eo ejus rei causa, cui praepositus erit, contractum fuerit. Ideo autem institoria appellatur, quia qui negotiationibus praeponuntur institores vocantur. 2ª. Istas tamen duas actiones praetor reddit et si liberum quis hominem aut alienum servum navi aut tabernae aut cuilibet negotiationi praeposuerit, scilicet quia eadem aequitatis ratio etiam eo casu interveniebat. 3 Introduxit et aliam actionem praetor, quae tributoria vocatur. Namque si servus in peculiari merce sciente domino negotietur et quid cum eo ejus rei causa contractum erit, ita praetor jus dicit, ut, quidquid in his mercibus erit quodque inde receptum erit, id inter dominum, si quid ei debebitur, et ceteros creditores pro rata portione distribuatur. Et quia ipsi domino distributionem permittit, si quis ex creditoribus queratur, quasi minus ei tributum sit, quam oportuerit, hanc ei actionem accommodat, quae tributoria appellatur. 4. Praeterea introducta est actio de peculio deque eo, quod in rem domini versum erit, ut, quamvis sine voluntate domini negotium gestum erit, tamen sive quid in rem ejus versum fuerit, id totum praestare debeat, sive quid non sit in rem ejus versum, id catenus praestare debeat, quatenus peculium patitur. 4ª. In rem autem domini versum intellegitur, quidquid necessario in rem ejus impenderit servus, veluti si mutuatus pecuniam creditoribus ejus solverit, aut aedificia ruentia fulserit, aut familiae frumentum emerit, vel etiam fundum aut quamlibet aliam rem necessariam mer-

---

1. Cf. Gaius, 4, 70. — 2. Cf. Gaius, 4, 71.

catus erit. 4ᵇ. Itaque si ex decem ut puta aureis, quos servus tuus a Titio mutuos accepit, creditori tuo quinque aureos solverit, reliquos vero quinque quolibet modo consumpserit, pro quinque quidem in solidum damnari debes, pro ceteris vero quinque eatenus, quatenus in peculio sit : ex quo scilicet apparet, si toti decem aurei in rem tuam versi fuerint, totos decem aureos Titium consequi posse. Licet enim una est actio, qua de peculio deque eo quod in rem domini versum sit agitur, tamen duas habet condemnationes. Itaque judex, apud quem [de] ea actione agitur, ante dispicere solet, an in rem domini versum sit, nec aliter ad peculii aestimationem transit, quam si aut nihil in rem domini versum intellegatur aut non totum. 4ᵃ. Cum autem quaeritur, quantum in peculio sit, ante deducitur, quidquid servus domino quive in potestate ejus sit debet, et quod superest, id solum peculium intellegitur. Aliquando tamen id, quod ei debet servus, qui in potestate domini sit, non deducitur ex peculio, veluti si is in hujus ipsius peculio sit. Quod eo pertinet, ut, si quid vicario suo servus debeat, id ex peculio ejus non deducatur.

5. Ceterum dubium non est, quin is quoque, qui jussu domini contraxerit cuique institoria vel exercitoria actio competit, de peculio deque eo, quod in rem domini versum est, agere possit ; sed erit stultissimus, si omissa actione, qua facillime solidum ex contractu consequi possit, se ad difficultatem perducat probandi in rem domini versum esse, vel habere servum peculium et tantum habere, ut solidum sibi solvi possit. 5ᵃ. Is quoque, cui tributoria actio competit, aeque de peculio et in rem verso agere potest ; sed sane huic modo tributoria expedit agere, modo de peculio et in rem verso. Tributoria ideo expedit agere, quia in ea domini condicio praecipua non est, id est quod domino debetur non deducitur, sed ejusdem juris est dominus, cujus et ceteri creditores, at in actione de peculio ante deducitur quod domino debetur et in id quod reliquum est creditori dominus condemnatur. Rursus de peculio ideo expedit agere, quod in hac actione totius peculii ratio habetur, at in tributoria ejus tantum, quod negotiatur, et potest quisque tertia forte parte peculii aut quarta vel etiam minima negotiari, majorem autem partem in praediis et mancipiis aut fenebri pecunia habere. Prout ergo expedit, ita quisque vel hanc actionem vel illam eligere debet : certe qui potest probare in rem domini versum esse, de in rem verso agere debet. 6. Quae diximus de servo et domino, eadem intellegimus et de filio et filia aut nepote et nepte, patre avove cujus in

potestate sunt. 7. Illud proprie servatur in eorum persona, quod senatus consultum Macedonianum prohibuit mutuas pecunias dari eis, qui in parentis erunt potestate : et ei qui crediderit denegatur actio tam adversus ipsum filium filiamve nepotem neptemve, sive adhuc in potestate sunt, sive morte parentis vel emancipatione suae potestatis esse coeperint, quam adversus patrem avumve, sive habeat eos adhuc in potestate sive emancipaverit. Quae ideo senatus prospexit, quia saepe onerati aere alieno creditarum pecuniarum, quas in luxuriam consumebant, vitae parentium insidiabantur. 8. Illud in summa admonendi sumus id, quod jussu patris dominive contractum fuerit quodque in rem ejus versum fuerit, directo quoque posse a patre dominove condici, tamquam si principaliter cum ipso negotium gestum esset. Ei quoque, qui vel exercitoria vel institoria actione tenetur, directo posse condici placet, quia hujus quoque jussu contractum intellegitur.

VIII. De noxalibus actionibus[1].

[2]'Ex maleficiis servorum, veluti si furtum fecerint aut bona rapuerint aut damnum dederint aut injuriam commiserint, noxales actiones proditae sunt, quibus domino damnato permittitur aut litis aestimationem sufferre aut hominem noxae dedere'. 1. Noxa autem est corpus quod nocuit, id est servus : noxia ipsum maleficium, veluti furtum damnum rapina injuria. 2. Summa autem ratione permissum est noxae deditione defungi : [3]'namque erat iniquum nequitiam eorum ultra ipsorum corpora dominis damnosam esse'. 3. Dominus noxali judicio servi sui nomine conventus servum actori noxae dedendo liberatur. Nec minus perpetuum ejus dominium a domino transfertur ; si autem damnum ei cui deditus est resarcierit quaesita pecunia, auxilio praetoris invito domino manumittetur. 4. [4]'Sunt autem constitutae noxales actiones aut legibus aut edicto praetoris : legibus veluti furti lege duodecim tabularum, damni injuriae lege Aquilia : edicto praetoris veluti injuriarum et vi bonorum raptorum. 5. Omnis autem noxalis actio caput sequitur. Nam si servus tuus noxiam commiserit, quamdiu in tua potestate sit, tecum est actio ; si in alterius potestatem pervenerit, cum illo incipit actio esse, aut si manumissus fuerit, directo ipse tenetur et extinguitur noxae deditio. Ex diverso quoque directa actio noxalis esse incipit ; nam si liber homo noxiam commiserit et is servus tuus esse coeperit (quod casi-

---

1. Cf. Gaius, 4, 75-79. D., 9, 4. C., 3, 41. — Gaius, 4, 75. — 3. Gaius, 4, 75. — 4. Gaius, 4, 76-78.

bus quibusdam effici primo libro tradidimus¹), incipit tecum esse noxalis actio, quae ante directa fuisset. 6. Si servus domino noxiam commiserit, actio nulla nascitur; namque inter dominum et eum qui in ejus potestate est nulla obligatio nasci potest. Ideoque et si in alienam potestatem servus pervenerit aut manumissus fuerit, neque cum ipso neque cum eo, cujus nunc in potestate sit, agi potest. Unde si alienus servus noxiam tibi commiserit et is postea in potestate tua esse coeperit, intercidit actio, quia in eum casum deducta sit, in quo consistere non potuit : ideoque licet exierit de tua potestate, agere non potes', quemadmodum si dominus in servum suum aliquid commiserit, nec si manumissus vel alienatus fuerit servus, ullam actionem contra dominum habere potest. 7. Sed veteres quidem haec et in filiis familias masculis et feminis admiserunt. Nova autem hominum conversatio hujusmodi asperitatem recte respuendam esse existimavit et ab usu communi haec penitus recessit: quis enim patitur filium suum et maxime filiam in noxam alii dare, ut paene per corpus pater magis quam filius periclitetur, cum in filiabus etiam pudicitiae favor hoc bene excludit? Et ideo placuit in servos tantummodo noxales actiones esse proponendas, cum apud veteres legum commentatores invenimus saepius dictum ipsos filios familias pro suis delictis posse conveniri.

VIIII. Si QUADRUPES PAUPERIEM FECISSE DICITUR².

Animalium nomine, quae ratione carent, si quidem lascivia aut fervore aut feritate pauperiem fecerint, noxalis actio lege duodecim tabularum prodita est (quae animalia si noxae dedantur, proficiunt reo ad liberationem, quia ita lex duodecim tabularum scripta est) : puta si equus calcitrosus calce percusserit aut bos cornu petere solitus petierit. Haec autem actio in his, quae contra naturam moventur, locum habet: ceterum si genitalis sit feritas, cessat. ³'Denique si ursus fugit a domino et sic nocuit, non potest quondam dominus conveniri, quia desinit dominus esse, ubi fera evasit. Pauperies autem est damnum sine injuria facientis datum : nec enim potest animal injuriam fecisse dici, quod sensu caret'. Haec quod ad noxalem actionem pertinet.

1. Ceterum sciendum est aedilicio edicto prohiberi nos canem verrem aprum ursum leonem ibi habere, qua vulgo iter fit : et si adversus ea factum erit et nocitum homini libero esse

1. 1, 3, 4. 1, 16, 1. — 2. Cf. D., 9, 1. — 3. Ulp., L. 18 ad ed., D., 9, 1, 1, 10. 3.

dicetur, quod bonum et aequum judici videtur, tanti dominus condemnetur, ceterarum rerum, quanti damnum datum sit, dupli. Praeter has autem aedilicias actiones et de pauperie locum habebit. [1]'Numquam enim actiones praesertim poenales de eadem re concurrentes alia aliam consumit'.

X. DE HIS PER QUOS AGERE POSSUMUS[2].

[3]'Nunc admonendi sumus agere posse quemlibet aut suo nomine aut alieno. Alieno veluti procuratorio tutorio curatorio, cum olim in usu fuisset alterius nomine agere non posse nisi' pro populo, pro libertate, pro tutela. Praeterea lege Hostilia permissum est furti agere eorum nomine, qui apud hostes essent aut rei publicae causa abessent quive in eorum cujus tutela essent. Et quia hoc non minimam incommoditatem habebat, quod alieno nomine neque agere neque excipere actionem licebat, coeperunt homines per procuratores litigare ; nam et morbus et aetas et necessaria peregrinatio itemque aliae multae justae causae saepe impedimento sunt, quo minus rem suam ipsi exsequi possint. 1. Procurator neque certis verbis neque praesente adversario, immo plerumque ignorante eo constituitur ; cuicumque enim permiseris rem tuam agere aut defendere, is procurator intellegitur. 2. [4]'Tutores et curatores quemadmodum constituuntur, primo libro expositum est'.

XI. DE SATISDATIONIBUS[5].

Satisdationum modus alius antiquitati placuit, alium novitas per usum amplexa est.

Olim enim [6]'si in rem agebatur, satisdare possessor compellebatur, ut, si victus nec rem ipsam restitueret nec litis aestimationem [ejus], potestas esset petitori aut cum eo agendi aut cum fidejussoribus ejus'. Quae satisdatio appellatur judicatum solvi : unde autem sic appellatur, facile est intellegere ; namque stipulatur quis, ut solveretur sibi quod fuerit judicatum. [7]'Multo magis is, qui in rem actione conveniebatur, satisdare cogebatur, si alieno nomine judicium accipiebat. Ipse autem qui in rem agebat, si suo nomine petebat, satisdare non cogebatur. Procurator vero si in rem agebat, satisdare jubebatur ratam rem dominum habiturum ; periculum enim erat, ne iterum dominus de eadem re experiatur. Tutores et cura-

---

1. Ulp., *L. 18 ad ed.*, D., 50, 17, 130. — 2. Cf. Gaius, 4, 82-87. D., 3, 3. C., 2, 13. — 3. Gaius, 4, 82. — 4. Gaius, 4, 85. — 5. Cf. Gaius, 4, 88-102. D., 2, 8. C., 2, 57. — 6. Gaius, 4, 89. — 7. Gaius, 4, 90. 96. 98-102.

tores eodem modo quo et procuratores satisdare debere verba edicti faciebant. Sed aliquando his agentibus satisdatio remittebatur. 1. Haec ita erant, si in rem agebatur. Sin vero in personam, ab actoris quidem parte eadem optinebant, quae diximus in actione qua in rem agitur. Ab ejus vero parte cum quo agitur si quidem alieno nomine aliquis intervenerit, omnimodo satisdaret, quia nemo defensor in aliena re sine satisdatione idoneus esse creditur. Quod si proprio nomine aliquis judicium accipiebat in personam, judicatum solvi satisdare non cogebatur'.

2. Sed haec hodie aliter observantur. Sive enim quis in rem actione convenitur sive personali suo nomine, nullam satisdationem propter litis aestimationem dare compellitur, sed pro sua tantum persona, quod judicio permaneat usque ad terminum litis, vel committitur suae promissioni cum jurejurando, quam juratoriam cautionem vocant, vel nudam promissionem vel satisdationem pro qualitate personae suae dare compellitur. 3. Sin autem per procuratorem lis vel infertur vel suscipitur, in actoris quidem persona, si non mandatum actis insinuatum est vel praesens dominus litis in judicio procuratoris sui personam confirmaverit, ratam rem dominum habiturum satisdationem procurator dare compellitur: eodem observando et si tutor vel curator vel aliae tales personae, quae alienarum rerum gubernationem receperunt, litem quibusdam per alium inferunt. 4. Sin vero aliquis convenitur, si quidem praesens procuratorem dare paratus est, potest vel ipse in judicium venire et sui procuratoris personam per judicatum solvi satisdationis sollemnes stipulationes firmare vel extra judicium satisdationem exponere, per quam ipse sui procuratoris fidejussor existit pro omnibus judicatum solvi satisdationis clausulis. Ubi et de hypotheca suarum rerum convenire compellitur, sive in judicio promiserit sive extra judicium caverit, ut tam ipse quam heredes ejus obligentur: alia insuper cautela vel satisdatione propter personam ipsius exponenda, quod tempore sententiae recitandae in judicio invenietur, vel si non venerit, omnia dabit fidejussor, quae condemnationi continentur, nisi fuerit provocatum. 5. Si vero reus praesto ex quacumque causa non fuerit et alius velit defensionem subire, nulla differentia inter actiones in rem vel personales introducenda potest hoc facere, ita tamen ut satisdationem judicatum solvi pro litis praestet aestimatione. Nemo enim secundum veterem regulam, ut jam dictum est, alienae rei sine satisdatione defensor idoneus intellegitur. 6. Quae omnia apertius et perfec-

tissime a cottidiano judiciorum usu in ipsis rerum documentis apparent. 7. Quam formam non solum in hac regia urbe, sed et in omnibus nostris provinciis, etsi propter imperitiam aliter forte celebrabantur, optinere censemus, cum necesse est omnes provincias caput omnium nostrarum civitatum, id est hanc regiam urbem, ejusque observantiam sequi.

XII. De perpetuis et temporalibus actionibus et quae ad heredes vel in heredes transeunt[1].

[2]'Hoc loco admonendi sumus eas quidem actiones, quae ex lege senatusve consulto sive ex sacris constitutionibus proficiscuntur, perpetuo solere antiquitus competere', donec sacrae constitutiones tam in rem quam personalibus actionibus certos fines dederunt, 'eas vero, quae ex propria praetoris jurisdictione pendent, plerumque intra annum vivere' (nam et ipsius praetoris intra annum erat imperium). 'Aliquando tamen et in perpetuum extenduntur, id est usque ad finem constitutionibus introductum : quales sunt hae, quas bonorum possessori ceterisque qui heredis loco sunt accommodat. Furti quoque manifesti actio, quamvis ex ipsius praetoris jurisdictione proficiscatur, tamen perpetuo datur' ; absurdum enim esse existimavit anno eam terminari. 1. 'Non omnes autem actiones, quae in aliquem aut ipso jure competunt aut a praetore dantur, et in heredem aeque competunt aut dari solent. Est enim certissima juris regula ex maleficiis poenales actiones in heredem rei non competere, veluti furti, vi bonorum raptorum, injuriarum, damni injuriae. Sed heredibus hujusmodi actiones competunt nec denegantur, excepta injuriarum actione et si qua alia similis inveniatur. Aliquando tamen etiam ex contractu actio contra heredem non competit', cum testator dolose versatus sit et ad heredem ejus nihil ex eo dolo pervenerit. Poenales autem actiones, quas supra diximus, si ab ipsis principalibus personis fuerint contestatae, et heredibus dantur et contra heredes transeunt. 2. Superest ut admoneamus, quod si ante rem judicatam is cum quo actum est satisfaciat actori, officio judicis convenit eum absolvere, licet judicii accipiendi tempore in ea causa fuisset, ut damnari debeat : et hoc est, quod ante vulgo dicebatur omnia judicia absolutoria esse.

XIII. De exceptionibus[3].

[4]'Sequitur, ut de exceptionibus dispiciamus. Comparatae

---

1. Cf. Gaius, 4, 110-114. — 2. Gaius, 4, 110-113. — 3. Cf. Gaius, 4, 115-125. D., 44, 1. C., 8, 35 (36). — 4. Gaius, 4, 115-116.

sunt autem exceptiones defendendorum eorum gratia, cum quibus agitur : saepe enim accidit', ut, licet ipsa persecutio, qua actor experitur, justa sit, tamen iniqua sit adversus eum cum quo agitur. 1. Verbi gratia si metu coactus aut dolo inductus aut errore lapsus stipulanti Titio promisisti, quod non debueras promittere, palam est jure civili te obligatum esse et actio, qua intenditur dare te oportere, efficax est ; sed iniquum est te condemnari ideoque datur tibi exceptio metus causa aut doli mali aut in factum composita ad impugnandam actionem. 2. ¹'Idem juris est, si quis quasi credendi causa pecuniam stipulatus fuerit neque numeravit. Nam eam pecuniam a te petere posse eum certum est ; dare enim te oportet, cum ex stipulatu tenearis : sed quia iniquum est eo nomine te condemnari, placet' exceptione pecuniae non numeratae 'te defendi debere', cujus tempora nos, secundum quod jam superioribus libris scriptum est², constitutione nostra³ coartavimus. 3. Praeterea debitor si pactus fuerit cum creditore, ne a se peteretur, nihilo minus obligatus manet, quia pacto convento obligationes non omnimodo dissolvuntur : qua de causa efficax est adversus eum actio, qua actor intendit : SI PARET EUM DARE OPORTERE. Sed quia iniquum est contra pactionem eum damnari, defenditur per exceptionem pacti conventi. 4. Aeque si debitor deferente creditore juraverit nihil se dare oportere, adhuc obligatus permanet, sed quia iniquum est de perjurio quaeri, defenditur per exceptionem jurisjurandi. In his quoque actionibus, quibus in rem agitur, aeque necessariae sunt exceptiones : veluti si petitore deferente possessor juraverit eam rem suam esse et nihilo minus eandem rem petitor vindicet; licet enim verum sit quod intendit, id est rem ejus esse, iniquum est tamen possessorem condemnari. 5. ⁴'Item si judicio tecum actum fuerit sive in rem sive in personam, nihilo minus obligatio durat et ideo ipso jure postea de eadem re adversus te agi potest ; sed debes per exceptionem rei judicatae adjuvari. 6. Haec exempli causa rettulisse sufficiet. Alioquin quam ex multis variisque causis exceptiones necessariae sint, ex latioribus digestorum seu pandectarum libris intellegi potest. 7. ⁵'Quarum quaedam ex legibus vel ex his, quae legis vicem optinent, velex ipsius praetoris jurisdictione substantiam capiunt'. 8. Appellantur autem exceptiones aliae perpetuae et peremptoriae, aliae temporales et dilatoriae. 9. Perpetuae et peremptoriae sunt, quae semper agentibus obstant et sem-

---

1. Gaius, 4, 116ᵃ. — 2. 3, 21. — 3. C., 4, 30, 14. — 4. Cf. Gaius, 4, 106. — 5. Gaius, 4, 118.

per rem de qua agitur peremunt : qualis est exceptio doli mali
et quod metus causa factum est et pacti conventi, cum ita
convenerit, ne omnino pecunia peteretur. 10. Temporales atque dilatoriae sunt, quae ad tempus nocent et temporis dilationem tribuunt : qualis est pacti conventi, cum convenerit, ne
intra certum tempus ageretur, veluti intra quinquennium. Nam
finito eo tempore non impeditur actor rem exsequi. Ergo hi,
quibus intra tempus agere volentibus objicitur exceptio aut
pacti conventi aut alia similis, differre debent actionem et post
tempus agere ; ideo enim et dilatoriae istae exceptiones appellantur. Alioquin, si intra tempus egerint objectaque sit exceptio, neque eo judicio quidquam consequerentur propter
exceptionem nec post tempus olim agere poterant, cum temere
rem in judicium deducebant et consumebant, qua ratione rem
amittebant. Hodie autem non ita stricte haec procedere volumus, sed eum, qui ante tempus pactionis vel obligationis litem
inferre ausus est, Zenonianae constitutioni[1] subjacere censemus, quam sacratissimus legislator de his qui tempore plus
petierunt protulit, ut et indutias, quas, *si* ipse actor sponte
indulserit vel natura actionis continet, contempserat, in duplum
habeant hi, qui talem injuriam passi sunt, et post eas finitas
non aliter litem suscipiant, nisi omnes expensas litis antea
acceperint, ut actores tali poena perterriti tempora litium
doceantur observare. 11. Praeterea etiam ex persona dilatoriae sunt exceptiones : quales sunt procuratoriae, veluti si
per militem aut mulierem agere quis velit ; [2]nam militibus
nec pro patre vel matre vel uxore nec ex sacro rescripto procuratorio nomine experiri conceditur : suis vero negotiis superesse sine offensa disciplinae possunt. Eas vero exceptiones,
quae olim procuratoribus propter infamiam vel dantis vel
ipsius procuratoris opponebantur, cum in judiciis frequentari
nullo perspeximus modo, conquiescere sancimus, ne, dum de
his altercatur, ipsius negotii disceptatio proteletur.

XIII. DE REPLICATIONIBUS.

[3]'Interdum evenit, ut exceptio, quae prima facie justa videatur, inique noceat. Quod cum accidit, alia allegatione opus
est adjuvandi actoris gratia, quae replicatio vocatur, quia per
eam replicatur atque resolvitur jus[4] exceptionis. Veluti cum
pactus est aliquis cum debitore suo, ne ab eo pecuniam petat,
deinde postea in contrarium pacti sunt, id est ut petere cre-

1. C., 3, 10, 1. — 2. Cf. C., 2, 13, 7. — 3. Gaius, 4, 126-129. — 4. Krueger
Huschke, d'après la paraphrase et Gaius : 'vis'.

ditori liceat : si agat creditor et excipiat debitor, ut ita demum condemnetur, si non convenerit, ne eam pecuniam creditor petat, nocet ei exceptio, convenit enim ita ; namque nihilo minus hoc verum manet, licet postea in contrarium pacti sunt. Sed quia iniquum est creditorem excludi, replicatio ei dabitur ex posteriore pacto convento. 1. Rursus interdum evenit, ut replicatio, quae prima facie justa sit, inique noceat. Quod cum accidit, alia allegatione opus est adjuvandi rei gratia, quae duplicatio vocatur. 2. Et si rursus ea prima facie justa videatur, sed propter aliquam causam inique actori noceat, rursus allegatione alia opus est, qua actor adjuvetur, quae dicitur triplicatio. 3. Quarum omnium exceptionum usum interdum ulterius quam diximus varietas negotiorum introducit' : quas omnes apertius ex latiore digestorum volumine facile est cognoscere.

4. Exceptiones autem, quibus debitor defenditur, plerumque accommodari solent etiam fidejussoribus ejus : et recte, quia, quod ab his petitur, id ab ipso debitore peti videtur, quia mandati judicio redditurus est eis, quod hi pro eo solverint. Qua ratione et si de non petenda pecunia pactus quis cum reo fuerit, placuit proinde succurrendum esse per exceptionem pacti conventi illis quoque, qui pro eo obligati essent, ac si et cum ipsis pactus esset, ne ab eis ea pecunia peteretur. Sane quaedam exceptiones non solent his accommodari. Ecce enim debitor si bonis suis cesserit et cum eo creditor experiatur, defenditur per exceptionem ; NISI BONIS CESSERIT sed haec exceptio fidejussoribus non datur, scilicet ideo quia, qui alios pro debitore obligat, hoc maxime prospicit, ut, cum facultatibus lapsus fuerit debitor, possit ab his quos pro eo obligavit suum consequi.

XV. DE INTERDICTIS[1].

Sequitur, ut dispiciamus de interdictis seu actionibus, quae pro his exercentur. Erant autem interdicta formae atque conceptiones verborum, quibus praetor aut jubebat aliquid fieri aut fieri prohibebat. Quod tum maxime faciebat, cum de possessione aut quasi possessione inter aliquos contendebatur.

1. Summa autem divisio interdictorum haec est, quod aut prohibitoria sunt aut restitutoria aut exhibitoria. Prohibitoria sunt, quibus vetat aliquid fieri, veluti vim sine vitio possidenti, vel mortuum inferenti, quo ei jus erit inferendi, vel in loco sacro aedificari, vel in flumine publico ripave ejus aliquid fieri, quo pejus navigetur. Restitutoria sunt, quibus restitui aliquid jubet, veluti cum bonorum possessori possessionem eorum, quae

1. Cf. Gaius, 4, 138-170. D., 43, 1, C., 8, 1.

quis pro herede aut pro possessore possidet ex ea hereditate,
aut cum jubet ei, qui vi possessione fundi dejectus sit, restitui
possessionem. Exhibitoria sunt, per quae jubet exhiberi, veluti
eum, cujus de libertate agitur, aut libertum, cui patronus operas indicere velit, aut parenti liberos, qui in potestate ejus
sunt. Sunt tamen qui putant proprie interdicta ea vocari, quae
prohibitoria sunt, quia interdicere est denuntiare et prohibere,
restitutoria autem et exhibitoria proprie decreta vocari; sed
tamen optinuit omnia interdicta appellari, quia inter duos dicuntur. 2[1]. 'Sequens divisio interdictorum haec est, quod quaedam adipiscendae possessionis causa comparata sunt, quaedam
retinendae, quaedam reciperandae. 3. Adipiscendae possessionis causa interdictum accommodatur bonorum possessori,
quod appellatur quorum bonorum, ejusque vis et potestas haec
est, ut, quod ex his bonis quisque, quorum possessio alicui
data est, pro herede aut pro possessore possideat, id ei, cui
bonorum possessio data est, restituere debeat. Pro herede autem possidere videtur, qui putat se heredem esse; pro possessore is possidet, qui nullo jure rem hereditariam vel etiam totam hereditatem sciens ad se non pertinere possidet. Ideo
autem adipiscendae possessionis vocatur interdictum, quia ei
tantum utile est, qui nunc primum conatur adipisci rei possessionem: itaque si quis adeptus possessionem amiserit eam, hoc
interdictum ei inutile est. Interdictum quoque, quod appellatur
Salvianum, adipiscendae possessionis causa comparatum est
eoque utitur dominus fundi de rebus coloni, quas is pro mercedibus fundi pignori futuras pepigisset. 4. Retinendae possessionis causa comparata sunt interdicta uti possidetis et utrubi,
cum ab utraque parte de proprietate alicujus rei controversia
sit et ante quaeritur, uter ex litigatoribus possidere et uter
petere debeat'. Namque nisi ante exploratum fuerit, utrius
eorum possessio sit, non potest petitoria actio institui, quia
et civilis et naturalis ratio facit, ut alius possideat, alius a
possidente petat. Et quia longe commodius est possidere potius quam petere, ideo plerumque et fere semper ingens existit contentio de ipsa possessione. Commodum autem possidendi in eo est, quod, etiamsi ejus res non sit qui possidet,
si modo actor non potuerit suam esse probare, remanet suo
loco possessio: propter quam causam, cum obscura sint utriusque jura, contra petitorem judicari solet. 4[a]. Sed interdicto
quidem uti possidetis de fundi vel aedium possessione conten-
ditur, utrubi vero interdicto de rerum mobilium possessione.

---

1. Gaius, 4, 143-144, 147, 148.

Quorum vis et potestas plurimam inter se differentiam apud veteres habebat : nam uti possidetis interdicto is vincebat, qui interdicti tempore possidebat, si modo nec vi nec clam nec precario nanctus fuerat ab adversario possessionem, etiamsi alium vi expulerit aut clam abripuerit alienam possessionem aut precario rogaverat aliquem, ut sibi possidere liceret; utrubi vero interdicto is vincebat, qui majore parte ejus anni nec vi nec clam nec precario ab adversario possidebat. Hodie tamen aliter observatur ; nam utriusque interdicti potestas quantum ad possessionem pertinet exaequata est, ut ille vincat et in re soli et in re mobili, qui possessionem nec vi nec clam nec precario ab adversario litis contestationis tempore detinet. 5. [1]"Possidere autem videtur quisque non solum, si ipse possideat, sed et si ejus nomine aliquis in possessione sit, licet is ejus juri subjectus non sit, qualis est colonus et inquilinus : per eos quoque, apud quos deposuerit quis aut quibus commodaverit, ipse possidere videtur : et hoc est, quod dicitur retinere possessionem posse aliquem per quemlibet, qui ejus nomine sit in possessione. Quin etiam animo quoque retineri possessionem placet', id est ut, quamvis neque ipse sit in possessione neque ejus nomine alius, tamen 'si non relinquendae possessionis animo, sed postea reversurus inde discesserit, retinere possessionem videtur. Adipisci vero possessionem per quos aliquis potest, secundo libro exposuimus[2]. Nec ulla dubitatio est, quin animo solo possessionem adipisci nemo potest. 6. Reciperandae possessionis causa solet interdici, si quis ex possessione fundi vel aedium vi dejectus fuerit ; nam ei proponitur interdictum unde vi, per quod is qui dejecit cogitur ei restituere possessionem, licet is ab eo qui vi dejecit vi vel clam vel precario possidebat'. Sed ex sacris constitutionibus, ut supra diximus[3], si quis rem per vim occupaverit, si quidem in bonis ejus est, dominio ejus privatur, si aliena, post ejus restitutionem etiam aestimationem rei dare vim passo compellitur. Qui autem aliquem de possessione per vim dejecerit, tenetur lege Julia de vi privata aut de vi publica : sed de vi privata, si sine armis vim fecerit, sin autem cum armis eum de possessione expulerit, de vi publica. Armorum autem appellatione non solum scuta et gladios et galeas significari intellegimus, sed et fustes et lapides. 7. [4]"Tertia divisio interdictorum haec est, quod aut simplicia sunt aut duplicia. Simplicia sunt, veluti in quibus alter actor, alter reus est : qua-

1. Gaius, 4, 153-154. — 2. 2, 9, 4. — 3. 4, 2, 1. — 4. Gaius, 4, 156-160.

lia sunt omnia restitutoria aut exhibitoria ; namque actor est, qui desiderat aut exhiberi aut restitui, reus is, a quo desideratur, ut restituat aut exhibeat. Prohibitoriorum autem interdictorum alia simplicia sunt, alia duplicia. Simplicia sunt, veluti cum prohibet praetor in loco sacro vel in flumine publico ripave ejus aliquid fieri (nam actor est, qui desiderat, ne quid fiat, reus, qui aliquid facere conatur) ; duplicia sunt veluti uti possidetis interdictum et utrubi. Ideo autem duplicia vocantur, quia par utriusque litigatoris in his condicio est nec quisquam praecipue reus vel actor intellegitur, sed unusquisque tam rei quam actoris partem sustinet'.

8. De ordine et veteri exitu interdictorum supervacuum est hodie dicere ; nam quotiens extra ordinem jus dicitur, qualia sunt hodie omnia judicia, non est necesse reddi interdictum, sed perinde judicatur sine interdictis, atque si utilis actio ex causa interdicti reddita fuisset.

XVI. DE POENA TEMERE LITIGANTIUM[1].

Nunc admonendi sumus magnam curam egisse eos, qui jura sustinebant, ne facile homines ad litigandum procederent: quod et nobis studio est. Idque eo maxime fieri potest, quod temeritas tam agentium quam eorum cum quibus ageretur modo pecuniaria poena, modo jurisjurandi religione, modo metu infamiae coercetur. 1. Ecce enim jusjurandum omnibus qui conveniuntur ex nostra constitutione[2] defertur ; nam reus non aliter suis allegationibus utitur, nisi prius juraverit, quod putans se bona instantia uti ad contradicendum pervenit. At adversus infitiantes ex quibusdam causis dupli vel tripli actio constituitur, veluti si damni injuriae aut legatorum locis venerabilibus relictorum nomine agitur. [3]'Statim autem ab initio pluris quam simpli est actio veluti furti manifesti quadrupli, nec manifesti dupli ; nam ex his causis et aliis quibusdam, sive quis neget sive fateatur, pluris quam simpli est actio. Item actoris quoque calumnia coercetur' ; nam etiam actor pro calumnia jurare cogitur ex nostra constitutione. Utriusque etiam partis advocati jusjurandum subeunt, quod alia nostra constitutione[4] comprehensum est. Haec autem omnia pro veteris calumniae actione introducta sunt, quae in desuetudinem abiit, quia in partem decimam litis actorem multabat, quod nusquam factum esse invenimus ; sed pro his introductum est et praefatum jusjurandum et ut improbus litigator etiam

1. Cf. Gaius, 4, 171-183. — 2. C., 2, 58 (59), 2, pr. — 3. Gaius, 4, 173-174.— 4. C., 3, 1, 14, 1.

damnum et impensas litis inferre adversario suo cogatur. 2. ¹'Ex quibusdam judiciis damnati ignominiosi fiunt, veluti furti, vi bonorum raptorum, injuriarum, de dolo, item tutelae, mandati, depositi, directis non contrariis actionibus, item pro socio', quae ab utraque parte directa est et ob id quilibet ex sociis eo judicio damnatus ignominia notatur. 'Sed furti quidem aut vi bonorum raptorum aut injuriarum aut de dolo non solum damnati notantur ignominia, sed etiam pacti, et recte ; plurimum enim interest, utrum ex delicto aliquis an ex contractu debitor sit'.

3. Omnium autem actionum instituendarum principium ab ea parte edicti proficiscitur, qua praetor edicit de in jus vocando ; utique enim in primis adversarius in jus vocandus est, id est ad eum vocandus est, qui jus dicturus sit. Qua parte praetor parentibus et patronis, item liberis parentibusque patronorum et patronarum hunc praestat honorem, ut non aliter liceat liberis libertisque eos in jus vocare, quam si id ab ipso praetore postulaverint et impetraverint ; et si quis aliter vocaverit, in eum poenam solidorum quinquaginta constituit.

XVII. DE OFFICIO JUDICIS.

Superest, ut de officio judicis dispiciamus. Et quidem in primis illud observare debet judex, ne aliter judicet, quam legibus aut constitutionibus aut moribus proditum est. 1. Et ideo si noxali judicio addictus est, observare debet, ut, si condemnandus videbitur dominus, ita debeat condemnare : PUBLIUM MAEVIUM LUCIO TITIO DECEM AUREIS CONDEMNO AUT NOXAM DEDERE. 2. Et si in rem actum sit, sive contra petitorem judicavit, absolvere debet possessorem, sive contra possessorem, jubere eum debet, ut rem ipsam restituat cum fructibus. Sed si in praesenti neget se possessor restituere posse et sine frustratione videbitur tempus restituendi causa petere, indulgendum est ei, ut tamen de litis aestimatione caveat cum fidejussore, si intra tempus quod ei datum est non restituisset. Et si hereditas petita sit, eadem circa fructus interveniunt, quae diximus intervenire in singularum rerum petitione. Illorum autem fructuum, quos culpa sua possessor non perceperit, in utraque actione eadem ratio paene fit, si praedo fuerit. Si vero bona fide possessor fuerit, non habetur ratio consumptorum neque non perceptorum ; post inchoatam autem petitionem etiam illorum ratio habetur, qui culpa possessoris percepti non sunt

---

1. Gaius, 4, 182.

vel percepti consumpti sunt. 3. Si ad exhibendum actum
fuerit, non sufficit, si exhibeat rem is cum quo actum est, sed
opus est, ut etiam causam rei debeat exhibere, id est ut eam
causam habeat actor, quam habiturus esset, si, cum primum
ad exhibendum egisset, exhibita res fuisset : ideoque si inter
moras usucapta sit res a possessore, nihilo minus condemnatur. Praeterea fructuum medii temporis, id est ejus, quod
post acceptum ad exhibendum judicium ante rem judicatam
intercessit, rationem habere debet judex. Quod si neget is, cum
quo ad exhibendum actum est, in praesenti exhibere se posse
et tempus exhibendi causa petat idque sine frustratione postulare videatur, dari ei debet, ut tamen caveat se restituturum : quod si neque statim jussu judicis rem exhibeat neque
postea exhibiturum se caveat, condemnandus sit in id, quod
actoris intererat ab initio rem exhibitam esse. 4. Si familiae
erciscundae judicio actum sit, singulas res singulis heredibus
adjudicare debet et, si in alterius persona praegravare videatur adjudicatio, debet hunc invicem coheredi certa pecunia,
sicut jam dictum est[1], condemnare. Eo quoque nomine coheredi quisque suo condemnandus est, quod solus fructus
hereditarii fundi percepit aut rem hereditariam corrupit aut
consumpsit. Quae quidem similiter inter plures quoque quam
duos coheredes subsequuntur. 5. Eadem interveniunt et si communi dividundo de pluribus rebus actum fuerit. Quod si de
una re, veluti de fundo, si quidem iste fundus commode regionibus divisionem recipiat, partes ejus singulis adjudicare
debet et, si unius pars praegravare videbitur, is invicem certa
pecunia alteri condemnandus est : quod si commode dividi non
possit, vel homo forte aut mulus erit de quo actum sit, uni
totus adjudicandus est et is alteri certa pecunia condemnandus.
6. Si finium regundorum actum fuerit, dispicere debet judex,
an necessaria sit adjudicatio. Quae sane uno casu necessaria
est, si evidentioribus finibus distingui agros commodius sit,
quam olim fuissent distincti ; nam tunc necesse est ex alterius
agro partem aliquam alterius agri domino adjudicari. Quo
casu conveniens est, ut is alteri certa pecunia debeat condemnari. Eo quoque nomine damnandus est quisque hoc judicio,
quod forte circa fines malitiose aliquid commisit, verbi gratia
quia lapides finales furatus est aut arbores finales cecidit.
Contumaciae quoque nomine quisque eo judicio condemnatur,
veluti si quis jubente judice metiri agros passus non fuerit.

1. 4, 6, 20.

7. Quod autem istis judiciis alicui adjudicatum sit, id statim ejus fit cui adjudicatum est.

XVIII. DE PUBLICIS JUDICIIS[1].

Publica judicia neque per actiones ordinantur nec omnino quidquam simile habent ceteris judiciis, de quibus locuti sumus, magnaque diversitas est eorum et in instituendis et in exercendis. 1. Publica autem dicta sunt, quod cuivis ex populo exsecutio eorum plerumque datur. 2. Publicorum judiciorum quaedam capitalia sunt, quaedam non capitalia. Capitalia dicimus, quae ultimo supplicio adficiunt vel aquae et ignis interdictione vel deportatione vel metallo : cetera si qua infamiam irrogant cum damno pecuniario, haec publica quidem sunt, non tamen capitalia.

3. Publica autem judicia sunt haec. Lex Julia majestatis, quae in eos, qui contra imperatorem vel rem publicam aliquid moliti sunt, suum vigorem extendit. Cujus poena animae amissionem sustinet et memoria rei et post mortem damnatur. 4. Item lex Julia de adulteriis coercendis, quae non solum temeratores alienarum nuptiarum gladio punit, sed etiam eos, qui cum masculis infandam libidinem exercere audent. Sed eadem lege Julia etiam stupri flagitium punitur, cum quis sine vi vel virginem vel viduam honeste viventem stupraverit. Poenam autem eadem lex irrogat peccatoribus, si honesti sunt, publicationem partis dimidiae bonorum, si humiles, corporis coercitionem cum relegatione. 5. Item lex Cornelia de sicariis, quae homicidas ultore ferro persequitur vel eos, qui hominis occidendi causa cum telo ambulant. Telum autem, ut Gaius noster in interpretatione legis duodecim tabularum[2] scriptum reliquit, vulgo quidem id appellatur, quod ab arcu mittitur, sed et omne significatur, quod manu cujusdam mittitur : sequitur ergo, ut et lapis et lignum et ferrum hoc nomine contineatur. Dictumque ab eo, quod in longinquum mittitur, a Graeca voce figuratum, ἀπὸ τοῦ τηλοῦ : et hanc significationem invenire possumus et in Graeco nomine ; nam quod nos telum appellamus, illi βέλος appellant ἀπὸ τοῦ βάλλεσθαι. Admonet nos Xenophon[3]. Nam ita scripsit : Καὶ τὰ βέλη ὁμοῦ ἐφέρετο, λόγχαι, τοξεύματα, σφενδόναι, πλεῖστοι δὲ καὶ λίθοι [4]. Sicarii autem appellantur a sica, quod significat ferreum cultrum. Eadem lege et venefici capite damnantur, qui artibus odiosis,

---

1. Cf. *D.*, 48, 1. — 2. *D.*, 50, 16, 233, 2. — 3. *Anab.*, 5, 2, 14. — 4. (Et tela simul mittebantur, hastae, sagittae, fundae, permulti et lapides).

tam venenis vel susurris magicis homines occiderunt vel mala medicamenta publice vendiderunt. 6. Alia deinde lex asperrimum crimen nova poena persequitur, quae Pompeia de parricidiis vocatur. Qua cavetur, ut, [1]'si quis parentis aut filii aut omnino adfectionis ejus, quae nuncupatione parricidii continetur, fata properaverit, sive clam sive palam id ausus fuerit, nec non is, cujus dolo malo id factum est, vel conscius criminis existit, licet extraneus sit, poena parricidii punietur et neque gladio neque ignibus neque ulla alia sollemni poena subjicietur, sed insutus culleo cum cane et gallo gallinaceo et vipera et simia et inter ejus ferales angustias comprehensus, secundum quod regionis qualitas tulerit, vel in vicinum mare vel in amnem projiciatur, ut omni elementorum usu vivus carere incipiat et ei caelum superstiti, terra mortuo auferatur'. Si quis autem alias cognatione vel adfinitate conjunctas personas necaverit, poenam legis Corneliae de sicariis sustinebit. 7. Item lex Cornelia de falsis, quae etiam testamentaria vocatur, poenam irrogat ei, qui testamentum vel aliud instrumentum falsum scripserit signaverit recitaverit subjecerit quive signum adulterinum fecerit sculpserit expresserit sciens dolo malo. Ejusque legis poena in servos ultimum supplicium est, quod et in lege de sicariis et veneficis servatur, in liberos vero deportatio. 8. Item lex Julia de vi publica seu privata adversus eos exoritur, qui vim vel armatam vel sine armis commiserint. Sed si quidem armata vis arguatur, deportatio ei ex lege Julia de vi publica irrogatur; si vero sine armis, in tertiam partem bonorum publicatio imponitur. Sin autem per vim raptus virginis vel viduae vel sanctimonialis vel aliae fuerit perpetratus, tunc et peccatores et ei, qui opem flagitio dederunt, capite puniuntur secundum nostrae constitutionis[2] definitionem, ex qua haec apertius possibile est scire. 9. Lex Julia peculatus eos punit, qui pecuniam vel rem publicam vel sacram vel religiosam furati fuerint. Sed si quidem ipsi judices tempore administrationis publicas pecunias subtraxerunt, capitali animadversione puniuntur, et non solum hi, sed etiam qui ministerium eis ad hoc adhibuerunt vel qui subtracta ab his scientes susceperunt : alii vero, qui in hanc legem inciderint, poenae deportationis subjugentur. 10. Est inter publica judicia lex Fabia de plagiariis, quae interdum capitis poenam ex sacris constitutionibus irrogat, interdum leviorem. 11. Sunt praeterea publica judicia lex Julia ambitus et lex Julia repetundarum et lex Julia de annona et lex Julia de residuis, quae

1. C., 9, 17, 1. — 2. C., 9, 13, 1.

de certis capitulis loquuntur et animae quidem amissionem non irrogant, aliis autem poenis eos subjiciunt, qui praecepta earum neglexerint.

12. Sed de publicis judiciis haec exposuimus, ut vobis possibile sit summo digito et quasi per indicem ea tetigisse. Alioquin diligentior eorum scientia vobis ex latioribus digestorum sive pandectarum libris deo propitio adventura est.

… TROISIÈME PARTIE

LES ACTES

TROISIÈME PARTIE

CHAPITRE PREMIER

SUCCESSIONS A CAUSE DE MORT

Parmi les titres relatifs aux successions à cause de mort qui nous sont parvenus, les plus importants sont deux testaments, l'un du commencement du second siècle et l'autre du premier, le testament de Dasumius et celui du Lingon ; puis des clauses isolées de divers testaments conservées à part pour perpétuer le souvenir des libéralités qui y étaient faites ; cinq procès-verbaux d'ouverture de testaments de date récente transcrits sur un papyrus de Ravenne, et enfin, dans un sens plus large, les deux *laudationes* de Turia et de Murdia. Nous reproduisons ici l'un des testaments, celui de Dasumius, qui est juridiquement le plus instructif; le plus ancien des procès-verbaux qui date de l'an 474 après J.-C., et les passages intéressants pour le droit des *laudationes* de Turia et de Murdia. On trouvera l'autre testament et les clauses isolées de testaments divers dans Bruns, au chapitre des *Testamenta*, p. 297-303. Les chapitres des *Obligationes alimentariae* et des *Jura sepulcrorum* du même ouvrage contiennent également, pp. 289-291, et pp. 306-312, plusieurs titres relatifs à des dispositions de dernière volonté, auxquels il faut encore ajouter aujourd'hui le fragment de Rome publié *Bull. arch. comm.*, 1888, p. 402.

1. TESTAMENT DE DASUMIUS (an 108 ap. J.-C.).

Fragments d'une table de marbre trouvés en 1820 et 1830 dans le voisinage de la voie Appienne. Les fragments, qui sont au nombre de deux, donnent, à peu près d'un bout à l'autre, le milieu des lignes d'une longue inscription dans laquelle on a reconnu le testament fait sous Trajan par un nommé Dasumius, qui pourrait être l'auteur du sénatus-consulte Dasumien sur les affranchissements testamentaires. Nous en reproduisons le texte, d'après la restitution qui en a été donnée, après un nouvel examen de la pierre, par M. Mommsen, *C. I. L.*, VI, 10229 ; M. Mommsen en a donné au même lieu un commentaire succinct, mais important, dans lequel il établit notamment que les consuls par lesquels l'acte est daté doivent être placés en l'an 108 et non, comme avaient cru les premiers éditeurs, en l'an 109. Parmi les travaux antérieurs, le commentaire joint par Rudorff, à sa restitution *Z. G. R.*, 12, 1844, pp. 301-392 et analysé par M. Laboulaye, *R. Wolowski*, 1845, 2, pp. 273-340, est, malgré quelques suppositions erronées ou gratuites, resté très utile à consulter. V. encore deux analyses sommaires du testament, l'une antérieure et l'autre postérieure à la restitution de M. Mommsen, dans Karlowa, *R. R. G.*, 1. pp. 806-807, et Girard, *R. int. de l'ens.*, 1889, pp. 237-240.

1.   *Testamentum L. Dasumi Tusci (?)*
2.   *Quod post vitae cursum confectum praestantissimum est,
rem cum nomine filio relinquere,* | *quoniam mihi natura negavit,*
amicus rarissimus *P. Tullius Varro quem genuit filium natu* |
primum, si eum pater nomen meum laturum po*llicitus erit,*
5.   ... | ... *mearum fortunarum* ex uncia *heres esto....* | *cernito-
que in diebus C proximis quibus scierit poteritque. .. Item* |
Dasumia.. filia mea pientissima mihi *heres esto ex.. cernitoque
eadem condicione. Item* | .... *filia Serviani ex.. mihi heres esto
cernitoque eadem condicione.* | *Item ....* us meus mihi heres
10.   *esto ex.. cernitoque eadem condicione. Item* | .... *et* mihi heredes
sunto ex.. cernuntoque eadem condicione. | *Denique.. eadem
condicione ex..* mihi *heres esto.*

Si Da*sumia filia non creverit, .. ex.. mihi heres esto,
item* | .... *ex.. mihi heres esto,* iique cernunto *in diebus C
proximis quibus scierint poteruntque.* | *Si nec eorum quisquam*
creverit, tunc Syche *nutrix (?).. mihi heres esto ...* |
15.   ... *Amicis* infra scriptis qui*squis mihi heres erit* | *dare
damnas esto singulis* auri p(ondo) libras : Julio .... | .... no,
Volusio Juliano, ... | .... *Plinio (?)* Secundo, Cornelio Ta-
cito *(?)*, ... | .... Auspicato ; singulis *argenti p(ondo) ....* |
.... Minicio Justo, Fabul .... (liste de légataires continuant jusqu'à la ligne 26).
27.   ... *Pro(?)*culo jurisconsulto, Ateio M... | ... no, Cornelio
Seni, Julis Threp*to et*... | ... oro adfini meo denarios CXXV co...|
30.   ... *fideique* ejus eorumque comitto u*t* ... | ... *sub inscriptione
nominis* mei consecrent ; Cordubae item... | ... *sub inscri*ptione
nominis mei consecrent ... | ... *Volo* opera supra scripta fiant
ejus eorumque arbitratu... | ... *fideique* ejus eorumque com-
35.   mitto *ut perficiantur...* | ... *ita ut supra scriptum* est.

Dasumiae Syche nutrici *do lego...* | ... Venugum Arrum
piscatores... | ... *item.. quae* elegerit praeterquam denarios
C... | ... *item argenti escari et potori* ex meo quod *elegerit*...
| ... *item chartam* sive *philuram* calculatoriam... |
40.   ... *et* Sabinum notarium et My... | ... *ra*tionibus red-
ditis cum *contubernalibus suis liberos esse volo. Item*... m
cocum et Crammicum c... | ... et Diadumenum notarium
... | ... *item.. onem* sumptuarium ration*ibus redditis cum*
45.   *contubernali sua* | *ita ut eam in* matrimonio habeat fidele. Ju*beo*
... | ... *in* arculis pusillis componi. Tu...

... Colono lib(erto) denarios cIɔ ; Dasumiae Syche *libertae*
denarios ... | ... *lib*(erto) denarios cIɔ ; Heliopaedi li(berto)
denarios cIɔ ; Ca... | ... singulis denarios cIɔ ; Eurotae li-
50.   b(erto) denarios... | ... *volo dari.*

TESTAMENT DE DASUMIUS

Eros vestiarius ratione u*t oportet reddita*... | ... *paedagogus ratione reddita,* Pho*ebus*... *liberi sunto.* | *Si quem* ex his alio scripto liberum *esse vetuero, is liber ne esto*... |
... Quodcumque vicensimae nomine e*x lege publica debebitur* ... | ... *propter eos omnes quos liberos esse jussi, eo soluto iis qui solverunt heredes meos* | *reddere volo fideique i*tem 55. eorum committo.

Quisquis *mihi heres erit dato.. et*... | ... *denarios.. ita ut ii dent tr*ibuant concedant sine ulla *controversia .. liberto fundum* ... | ... *preti denariorum .. et* h*oc* amplius denarios v̄ et hoc amplius ... ; *item ut supra nominati* ... | ... *ancillae* cum primum manumissa *fuerit, dent tribuant concedant*... | ... arculam, Thal*lum ornatorem* ... | ... *item ut supra nominati* 60. dent tribuant concedan*t sine ulla controversia*... | ... *Th*au*masto* Anatellonti libertis *in singulos annos quandiu quis eorum* | *vivet, initio cujusque* anni vestiari nomine singul*is denarios* ... | ... *item* Terpno Achilli Heliopaedi lib*ertis initio cujusque anni vestiari* | *nomine singulis in sing*ulos annos quandiu quis eorum vivet denarios .. ; *item* ... | ... *libertis quandiu quis* 65. eorum vivet initio cu*jusque anni vestiari nomine denarios ..*, *idque* | *ita ii danto* cur*an*tove dare.

Infra scriptis condicio*ñibus do lego Septumae Secundini* | *materterae meae* pate*ram* auream meam maxima*m* ... | ... est et Diadumenum cubicul*arium* ... | ... et Stephanum dropacatorem ... | ... orem et Faustum sutore*m et* ... | ... 70. *paria* mularum quae elegerit cum *carrucis.* Do lego Septumae | materterae meae pienti*ssimae* hoc amplius Epaphro*ditum* ... | ... tum medicum, Philocyrium ... | ... *item signa mea aurea* et argentea omnia et imag*ines argenteas meas omnes* ... | ... 75. Rogo autem *pietatem* tuam, ut cures in pub*lico proponi signa deorum imperatorumque,* quae ubique habeo, in amp*liorem nominis nostri honorem.* | *Rogo item ut* .... dispensatorem rationibus red*ditis* ... | ... *et* ... em et Eutychen cubicu(larium) majorem *(?) manumittas* ... *Hoc amplius do lego materterae* Septumae Secundini ... | ... *Menecraten Paederotem.* Mene- 80. craten et Paedero*tem rogo ne manumittas,* | *sed in eodem* opere illos habeas donec vivent*, quo habui ego,* ... | ... *quoniam* nullo merito meo tam valde *offenderunt* ... | ... *gestione improba et iniqua.* Septumae materterae m*eae hoc amplius do lego* ... | ... us meis habuit fideique ejus n ... | ... *committo.* 85. *Hoc* amplius Septumae materter*ae meae do lego* ... | ... *cur*sorem, Encolpium actorem ... | ... *denique sestertium* sexa- gies quod beneficio...

Memoriae | *meae colendae causa* intra biennium quam mortuus ero, quisquis mihi heres heredesve erunt, | *eorum fidei committo, uti praedium, in* quod *per eos, quorum curae mandavi ut*
90. *secundum* | *verba testamenti huj*us reliquias meas conderent,... |
... *reliquiae* meae inlatae fuerint, cuicumque sive antea sive testamento hoc libertatem | *dedi sive codicillis de*dero, praeterquam Hymno pessi*me de me merito,* ... | ... *iis cum adjacen*tibus silvis instructum *mancipio dent ita, ut ne de nomine eorum exeat, neve* ... | ... *vendant, pignore dent, cedant, condonent;*
95. *ejus autem qui ex his decesserit portionem* | *reliquis volo adcrescere, donec* in rerum natura esset unus *eorum. Quodsi liberti libertaeque in rerum* ... | ... *natura omnes esse de*|sierint, tunc ad libertorum *meorum posteros, donec in rerum natura sit* | *unus eorum, idem volo perti*nere; quod si esse desierit *ultimus eorum* ... |

....*Cum* autem in tam multas partes *id praedium distribuerim* ... | ... *nec pariter om*nes universa possidere relic*ta*
100. sibi possint, .. ex iis ... | ... *curatores praedii ejus* Achillen, Heliopaeden, Cymaeum *(?) constituo, omnium autem, quibus in id* ... | ... *jus est, suffragio curatorem substitui curatori qui decesserit jubeo, et ab eorum uno, quem ipsi* | *curatores elegerint,* alimenta omnia computari *et reditus distribui volo. Sic enim effectum iri existimo,* ut ab uno omnia percipi*ant omnes*....
... *Fidei omnium heredum* meorum committo, tuae au-
105. tem maxime, carissima filia, ... | ... *ne patia*ris post me quemquam illo *loco sepeliri neque eorum quos ipse manumisi* ... | ... neque in *posterum libertorum tuorum.*

Porro *monimentum meum colere volo ex libertis* ... | ... *meis praecip*ue Thaumastum et Anatellontem, *aditum autem et ambitum* ... | ... *eo volo habere omnes, quos sive ante testamentum sive testamento posteave manumisi, praeter* | *te, Hymne,*
110. qui quamvis plurimum tibi praestitissem ... | ... *ipse recordaris quae* a te passus sim aut timuerim.... |

Corpus meum Ursi Serviani domini mei et .. *curae commendo* ... | ... *lectum* ferri volo per Serviani mei liberos. Mo*nimentum volo* .. liberti cura ... | ... *intra dies* .. postquam defunctus ero consummari, in quod *impendantur denariorum milia* ... | ... *Sumptuum rationem eum* reddere volo Serviano
5. meo. Item cura ejus volo lapidi incidi ... | ... *testamenti hujus exemplum* et poni ad latus monumen*ti mei.*

Quisquis heres heredesve ... | ... mihi er*it eruntve,* eum eosque rogo fideique ejus *eorumque committo, ut quae cui hoc* ... | ... *testamento dedi* legavi, ea vicensimis omnibus *non*

PROCÈS-VERBAL D'OUVERTURE DE TESTAMENT 699

deductis persolvantur, et aut reddant quod solutum erit vicensimae nomine aut vicensimae nomine *cum eo ad quem ea res pertinebit* ... | ... *paciscantur aut decidant aut in arbitrum compromittant* .... |

... *Si quid codicillis aliove genere* scriptum signatumque 120. *reliquero, valere volo, quasi testamento* ... | ... *scriptum signatumque* reli*quissem*.

Liturae *inductionesque quae in hoc* ... | ... *testamento inveniuntur,* jam testamenti faciundi *et signandi tempore ibi fuerunt.*

Testamentum | *scribendum curavi per*... ntidium Campanum testamentarium ... | ... *A*elio *H*adriano et Trebatio Prisco cos. |

Quisquis mihi heres heredesve erunt, do lego damnasque 125. esto dare ... | ... imp. Caesari Nervae Trajano Aug. Germanico Dacico, ... | ... Sosio Senecioni singu*lis argenti* p. V; Otacilio Or... | ... medico HS x̄. Item ... | ... s HS $\overline{cccc}$, ex quorum reditu ... | ... Eurota lib ... | ... tione di ... | ... 130. c ex .....

2. PROCÈS-VERBAL D'OUVERTURE DE TESTAMENT (an 474 ap. J.-C.).

Titre transcrit avec quatre autres titres de même nature sur un papyrus de Ravenne du début du VIe siècle qui se trouve actuellement à Paris à la Bibliothèque nationale (Lat. 8842). Il constate la demande d'ouverture du testament adressée par la veuve du testateur aux magistrats municipaux, la reconnaissance par les témoins présents de leurs cachets et l'explication fournie par eux de l'absence des autres, l'ordre d'ouverture donné par les magistrats et enfin la lecture faite devant eux du testament dont les premières lignes seules sont reproduites, mais cependant nous conservent un exemple intéressant de clause codicillaire. Il a été publié avec les quatre autres, par les Bénédictins, *Nouveau traité de diplomatique*, 3, 1757, pp. 629-632.706-711; Marini, *Papiri diplomatici*, 1805, pp. 110-115; Spangenberg, *Juris Romani tabulae negotiorum sollemnium*, 1822, pp. 90-109, et Savigny, *Vermischte Schriften*, 3, 1850, pp. 122 et ss. Nous suivons ici le texte meilleur qui en a été donné par M. Mommsen dans la dernière éd. de Bruns, pp. 301-303, d'après une collation de l'original faite par M. E. Hauler.

Leone jun. p(er)p(etuo) Aug(usto) s(ub) d(ie) prid. nonar. Novembr. Rav(ennae) apud Pompulium *Prejecticium jun. et Fl. Projectum, et iterum mag(istratus), praesentibus* Aelio Marino Commodiano Constantio jun., Ocremodio Victore, Popilio Calomnioso et Melminio Cassiano principalibus, Pascasia h(onesta) f(emina) d(i)x(it):

'Offero carta testamenti, q(uo)d *Constantius maritus meus fecit. Peto ut* eam suscipi jubeatis. Testibus praesentibus ostendi, ut, si signacula vel superscribtiones suas recognoscunt, dignentur edicere ; eam resignari praecipiatis, linum in*cidi*, *aperiri et per ordinem recitari faciatis, quo voluntas defuncti possit agnosci*'.

Po*mpulius* Prejecticius jun. et Fl. Projectus mag(istratus) d(i)x(erunt) :

'Suscipiatur carta testamenti, quae offertur ; testibus praesentibus ostendatur, ut, si signacula vel superscriptiones *suas recognoscunt, singuli edicere non morentur*'.

*Cumque c*arta testamenti suscepta f(uisset) et testibus praesentibus ostensa, Fl. Bonifacius, v(ir) d(evotus), apparit(or) v(i)r(i) inl(ustris) *p(raefecti)* p(raetori)o d(i)x(it) :

'In hoc testamento interfui. Agnosco signaculum et superscribtionem meam'.

...*Heraclius* ... *dixit* :

'*E*go in hoc testamento interfui, agnosco anuli mei signaculum, superscribtionem meam ; sed et infra subscribsi'.

Fl. Probacius v(ir) d(evotus) app(aritor) sedis s(upra) s(criptae) d(i)x(it) :

'In hac voluntate interfui. Agnosco *signaculum et superscriptionem meam* ; *sed et* intrensicus subscribsi'.

Et iterum mag(istratus) d(ixerunt) :

'Quid *et de aliis testibus, quorum* signacula hoc testamento infixa *vidimus* ?'

Fl. Bonifacius, Proba*cius*, Heraclius vvv. ddd. d(ixerunt):

'Constat una nobiscum Simplicium.., qui mortuus *est*, Exuperium v(irum) h(onestum), Pamonium v(irum) d(evotum) et Georgio viro devoto, qui absentes sunt, in hoc testamento interfuisse, quorum signacula et superscribtiones recognoscimus'.

Mag(istratus) d(ixerunt) :

'Quoniam de agnitis signaculis vel superscribtionibus testium responsio patefecit, nunc carta testamenti resignetur, linum incida*tur*, aperia*tur*, et per ordinem reci*tetur*'; et inciso lino ex offi(cio) reci(tatum) est :

'Fl. Constantius v(ir) h(onestus), tinct(or) publicus, procedens sanus sana mente integroque consilio, cogitans condiciones humanas et repentini casus, praesentibus testibus numero competenti, in hac cartula testamentum feci, idque scribendum dictavi domino Johanni for(ensi), cuique ipse, litteras ignorans, subter manu propria signum feci; quod testamentum meum, si quo casu jure civili seu praetorio vel alia quaelibet juris ratione valere non potuerit, etiam ab intestato vice codicellorum meorum valere illud volo, hac valeat, ratamque hanc voluntatem meam esse cupio et jubeo : Pascasia, h(onesta) f(emina), jugalis *mea heres mihi esto.*

3. LAUDATIO DE TURIA (an 746-752 de Rome).

Inscription gravée sur une table de marbre, dont la partie inférieure existe encore à Rome en deux fragments et dont la partie supérieure est représentée partiellement par des copies anciennes de trois fragments aujourd'hui perdus. La meilleure restitution en a été donnée, avec un commentaire important, dans les *Abhandlungen* de l'Académie de Berlin, 1863, pp. 455 et ss. — v. aussi *C. I. L.*, VI, 1527 — par M. Mommsen, du travail duquel il faut rapprocher les observations de Huschke, *Z. R. G.*, 5, 1866, pp. 168 et ss., Giraud, *Journal des Savants*, nos de juillet et août 1870, De Rossi, *Studi e doc.*, 1880, pp. 1 et ss., et Karlowa, *R. R. G.*, 1, 808-811. — M. Mommsen a démontré définitivement que cette oraison funèbre d'une femme par son mari, qui n'est certainement pas une *laudatio funebris* en forme adressée au peuple, sur le forum, et qu'il croit même avoir été gravée directement sur la pierre sans avoir jamais été prononcée, est l'œuvre du partisan de Pompée Q. Lucretius Vespillo que les auteurs racontent avoir été sauvé par sa femme Turia lors des proscriptions (v. notamment Valère Maxime, 6, 7, 2). Il résulte de la ligne 5 de l'inscription que Vespillo qui était l'époux de Turia en 712, lors des proscriptions, n'était encore que son fiancé en 706, quand il était en Macédoine, et de la ligne 29 que leur mariage dura 41 ans, ce qui fait que le décès de Turia et son éloge funèbre doivent être placés entre 746 et 752. La première partie de l'inscription, qui se rapporte à la vie de famille de Turia, contient des allusions instructives à diverses institutions juridiques, notamment au legs partiaire, à la tutelle des gentils, à la *manus*, à la *coemptio*, à la rupture du testament par l'agnation d'un héritier sien etc. V. outre les auteurs précités, Accarias, *Précis*, 1, p. 424, n. 1 ; 2, p. 508, n. 2, et Girard, *R. int. de l'ens.*, 1889, 2, p. 234. La seconde partie est généralement étrangère au droit. Nous reproduisons seulement les passages qui présentent un intérêt juridique, en supprimant, comme Bruns, huit lignes de la 1re partie, mais en ajoutant quelques lignes importantes de la seconde, qu'il a, croyons-nous, eu tort d'écarter.

| . . . . *morum probitate*. . . . . . | I, 1.
| rum. . . . . permansisti prob. . . . . .

Orbata es re*pente ante nuptiar*um diem utroque pa*rente in rustica soli*|tudine una *occisis. Per te maxi*me cum ego in Macedo*niam abissem,* | vir sororis tuae *C. Cluvius in* Africam 5. provinciam, *non remansit inulta* | mors parentum. |

Tanta cum industria mu*nere es* pietatis perfuncta ef*flagitando et* | vindicando, ut, si praest*o fuissemus,* non amplius *praestitissemus. At* | haec habes communia cum sanctissima femina s*orore tua.* |

Quae dum agitabas, ex patria domo propter custodia*m* 10. *pudicitiae, sumpto* | de nocentibus supplicio, e vestigio te in domum ma*terterae*[1] *contulisti, ubi* | adventum meum expectas*ti.* |

Temptatae deinde estis, ut testamen*tum patris*, quo nos eramus heredes, rup*tum diceretur*[2] | coemptione facta cum
15. uxore: ita necessario te cum universis pat*ris bonis in* | tutelam eorum, qui rem agitabant, reccidisse: sororem omn*ium rerum* | fore expertem, quod emancupata esset Cluvio. Qua mente ista acc*eperis, qua iis prae*|sentia animi restiteris, etsi afui, conpertum habeo. |

Veritate caussam communem *tutata* es: testamentum ruptum non esse, ut *uterque potius* | hereditatem teneremus, quam
20. omnia bona sola possideres, certa qui*dem sententia* | te ita patris acta defensuram, ut si non optinuisses, partituram cum sor*ore te adfir*mares; nec sub condicionem tutelae legitumae venturam, quojus per *legem in te jus*[3] non | esset, neque enim familiae[4] gens ulla probari poterat, quae te id facere *cogeret:* | nam etsi patris testamentum ruptum esset, tamen iis, qui intenderen*t, non esse id* | jus, quia gentis ejusdem non essent. |
25. Cesserunt constantiae tuae neque amplius rem sollicitarunt: quo facto *reverentiae in patrem,* | pietatis in sororem, fide*i* in nos patrocinium succeptum sola peregisti. |

Rara sunt tam diuturna matrimonia, finita morte, non
29. divertio in*terrupta: nam contigit* | nobis ut ad annum XXXXI sine offensa perduceretur....

. . . .

37. Omne tuom patrimonium acceptum ab parentibus communi diligentia. con*servavimus:* | neque enim erat adquirendi tibi cura, quod totum mihi tradidisti; officia *ita partiti* sumus, ut ego tu*t*elam tuae fortunae gererem, tu meae custodiam sus-
40. tineres. Mul*ta* | de hac parte omittam, ne tua propria mecum communicem: satis sit *hoc* mi*hi tuis* | de sensibus *indi*casse. |

*Liber*alitatem tuam *cum* plurumis necessariis tum praecipue pietati praesti*tisti*. Ex *tuis licet cum laude q*uis alias nominaverit, unam dumtaxat simillimam *tui* | ... *habuisti* sororem tuam: nam propinquas vestras *dignas ejusmodi* |..
45. officiis domibus vestris apud nos educavistis. Eaedem u*t con*dicio|*nem dignam famili*ae vestrae consequi possent, dotes parastis: quas qui*dem a vobis* | *constitutas communi* consilio ego et C. Cluvius excepimus et probantes *liberalitatem,* | *ne vestro patri*monio vos multaretis, nostram rem familiarem subdidi-

---

1. Huschke: 'mariti'. — 2. De Rossi: 'rup*tum contenderetis* ou *fateremini* ou dici *pateremini*'. — 3. De Rossi: 'per *legem agnatis jus*'. — 4. Mommsen; les mss. suivis par De Rossi: 'familia'.

mus | *nostraque praedia* in dotes dedimus. Quod non venditandi nostri *causa rettuli,* | *sed ut illa consi*lia vestra concepta pia 50. liberalitate honori nos *duxisse consta*|*ret exequi de nostris.*

. . . .

    Diffidens fecunditati tuae *et d*olens orbitate mea, ne te- II, 31. nen*do in matrimonio* | te spem habendi liberos *d*e*p*onerem atque ejus caussa ess*em infelix, de divertio* | elocuta es vacuamque *d*omum alterius fecunditati *te* tradituram, *non alia*]mente nisi ut nota concordia nostra tu ipsa mihi di*gnam con*|dicionem 35. quaereres p*ar*aresque, ac futuros liberos t*e communes pro*|que tuis habituram ad*firm*ares, neque patrimoni nos*tri, quod adhuc* | fuerat commune, separa*ti*onem facturam, sed in eodem *arbitrio meo id* | et, si vellem, tuo ministerio futurum : nihil sejunctum, ni*h*il *separatum te* | habituram, sororis soc*r*us*v*e officia pietatemque mihi d*einceps praestituram.*

5. Laudatio de Murdia (1er siècle après J.-C.).

    C. I. L., VI, 10230. Bruns, pp. 305-306. Inscription aujourd'hui conservée à Rome, placée par Mommsen, d'après l'orthographe et les caractères, dans l'époque d'Auguste. Elle contient des restes de l'oraison funèbre composée en l'honneur d'une femme nommée Murdia par son fils aîné issu d'un premier mariage. Cette oraison funèbre, qui à la différence de celle de Turia est rédigée à la 3e personne, contient aussi quelques passages intéressants pour le droit, qui ont principalement été relevés par Rudorff, *Z. R. G.*, 9, 1870, pp. 287-321. V. aussi Karlowa, *R. R. G.*, 1, 811-812. On remarquera notamment la disposition par laquelle, longtemps avant l'époque où la loi établit un régime analogue, Murdia laisse au fils du premier lit tous les biens qu'elle a reçus de son premier mari, le legs partiaire fait à la fille, et le legs fait au second mari en sus de la dot profectice qu'il devait garder par suite du prédécès du père de Murdia. Comme Bruns, nous reproduisons seulement la partie de l'inscription qui présente un intérêt juridique.

    Dis Manibus... Murdiae L. f. matris.

    ... sed propriis viribus adlevent cetera, quo firmiora probabilioraque sint.

    Omnes filios aeque fecit heredes, partitione filiae data. Amor maternus caritate liberum, aequalitate partium constat.

    Viro certam pecuniam legavit, ut jus dotis honore judici augeretur.

    Mihi revocata memoria patris eaque in consilium et fide sua adhibita, aestumatione facta, certas res testamento praelegavit, neque ea mente, quo me fratribus meis quom eorum aliqua contumelia praeferret, sed memor liberalitatis patris mei reddenda mihi statuit, quae judicio viri sui ex patrimonio meo cepisset, ut ea, ussu suo custodita, proprietati meae restituerentur.

CHAPITRE II.
MODES D'ACQUÉRIR ENTRE VIFS

Parmi les inscriptions relatives aux modes d'acquérir entre vifs, les plus connues et les plus importantes sont des actes de mancipations fiduciaires et à titre gratuit, que nous reproduisons tous ci-dessous et qui d'ailleurs sont loin d'épuiser la série des titres où se trouvent signalées des mancipations (v. notamment plus bas, au chapitre des Contrats, les actes de vente contenus dans les triptyques de Transylvanie, et, dans celui des Constitutions de droits réels, p. 712 l'inscription n° 7; v. aussi Bruns, p. 307, n°s 7 et 8, auxquels il faut joindre *C. I. L.* XIV, 3031 et, surtout pour la période plus récente, les titres cités par Kohler, *Pfandrechtliche Forschungen*, 1882, pp. 80-82). — Nous y ajoutons une inscription d'Ostie qui est la seule à faire mention de l'*in jure cessio*. — Quant à la tradition, impuissante à l'époque classique à transférer la propriété des choses *mancipi*, elle ne figure qu'accessoirement et en sous-ordre dans les titres de la bonne époque qui nous intéressent principalement (v. les divers actes de mancipation *donationis causa* et les ventes de Transylvanie déjà citées). Elle figure au contraire seule dans des actes de basse époque assez nombreux qu'on trouvera dans Spangenberg, *Juris Romani tabulae negotiorum sollemnium*, Leipzig, 1822, ainsi que dans les papyrus grecs trouvés en Égypte des années 153-154, 271 et 359 cités p. 722.

§ 1. — MANCIPATIONS FIDUCIAIRES

1. ACTE DE MANCIPATION FIDUCIAIRE (an 61 ap. J.-C.).

Tablettes de cire trouvées à Pompéi le 20 septembre 1887 et contenant les débris d'un diptyque et d'un triptyque ou peut-être de deux triptyques qui ont été successivement publiés et commentés par MM. Giulio di Petra, *Notizie degli Scavi*, oct. 1887, pp. 415-420; Mommsen, *Hermes*, 23, 1888, pp. 157-159; V. Scialoja, *Bulletino dell' istituto di diritto romano*, 1, 1888, pp. 5-15. 205-227. 2, 1889, p. 271 ; Ilario Ilabrandi, même recueil, pp. 472-478 ; Joseph Tardif, *N. R. hist.*, 1888, pp. 472-478. 832-836 ; E. Eck, *Zsavst*. 9, 1888, pp. 60-97. 151-152. — Les actes relatés sont tous intervenus entre les mêmes parties : une affranchie, Poppaea Note, affranchie de (Poppaeus) Priscus, actuellement sous la tutelle d'un nommé A. (ou D.) Caprasius, et une autre femme nommée Dicidia Margaris. Quant à leur objet, l'acte rapporté dans le triptyque certain est une stipulation de 1450 sesterces faite par Dicidia Margaris comme créancière et Poppaea Note comme débitrice ; celui rapporté dans les autres tablettes, qui doit sans doute se rattacher au même ordre d'opérations, est une mancipation de deux esclaves faite par Poppea Note à Dicidia Margaris. Mais les circonstances dans lesquelles cette mancipation se présente ont donné lieu à controverse. L'opinion qui nous semble de beaucoup la plus vraisemblable est celle très ingénieusement développée par M. Eck, qui en attribue l'idée première à M. Gradenwitz, et selon laquelle cette mancipation a été faite à titre de fiducie, pour sûreté de la dette de 1450 sesterces contractée par l'aliénatrice envers Dicidia Margaris. Nous reproduisons donc ici, sauf pour quelques mots lus depuis plus complètement, la restitution de M. Eck, sans naturellement affirmer plus que lui la certitude absolue de tous les termes. En dehors des renseignements précieux fournis par le titre sur la convention de fiducie, on y remarquera un exemple d'un emploi peu commun du serment, la façon dont les mancipations fiduciaires sont faites distinctement pour chacun des deux esclaves, et l'existence à côté de l'affranchie Poppaea Note d'un tuteur, qui, ne portant pas le même nom qu'elle, ne peut être son patron, mais qui n'est pas, comme l'a pensé M. Eck, nécessairement un *tutor cessicius*, puisque la *conventio in manum*, par exemple, tout en rompant les liens de patronat, n'empêche pas la femme de garder son nom de famille.

a. Stipulation.

HS. n. ∞LD argentum probum recte dari stipulata est Dicid*ia* Margaris spopond*it Poppaea* Prisci liberta N*ote*...
... Actum Pompeis VIII ... L. Junio Caesennio Paeto, P. Calvisio Rusone cos.
..... m ..... re ..... Actum Pompeis...

b. Mancipation fiduciaire.

Firma*ta f*oenorum cautio[1]:
Poppaea Prisci liberta Note juravit pueros Simplicem et Petrinum, sive ea mancipia alis nominib*us* sunt sua esse seque possidere, neque ea mancipia ali ulli obligata esse neque sibi cum ulo com*munia* esse, eaque mancipia singulis sestertis num*mis s*ingulis Dicidia Margaris emit ob sester*tios* n. ∞LD et mancipio accepit de Poppaea Prisci *liberta Note* tutore auctore A[2]. Capras*io* Ampl*iato*[3]... libripende in singula P. C... *antestata* est in singula T... *et Dicidia Margaris cum* Poppea Prisci libe*rta* Note *pactum fecit in hunc modum*: uti ea mancipia *apud me heredemve meum usque eo* fiduciae[4] *sint, donec pecunia suprascripta, ob quam emi*[5], ea*dem pro* duobus *mancipiis probis nummis* omnis *m*ihi ered*ive meo* solut*a et puer uterque redemtus liberatusve erit*[6]. Si ea pecu*ni*a omnis mihi heredive meo K. No*vem*b*r.* pr*i*mis solut*a non erit, ut mihi heredive meo liceat* ea mancip*ia* idibus *Decembr. primis pecunia praesenti* Pompeis in foro luce paganis[7] *praesentibus vendere, neve* tibi ego[8] neve heres meus *teneamur propterea, si m*ecum *de dolo malo ea venditione commisso lis contestatur.*

Si quo minoris ea mancipia d.d[9] venie*rint, id deducetur de sorte ; invicem debebuntur* mihi *heredive meo quae reliqua erunt. Quod si pluris* ea mancipia ada[10] venie*rint, id quod superfluum erit, reddetur tibi heredive tuo*.... ea pecunia...

1. Inscription écrite à l'encre sur le côté de la 1re table et lue en dernier lieu par M. Scialoja, avant lequel on avait lu '*scriptio*' au lieu de '*cautio*'. M. Gradenwitz a donné, *Bull. dell' ist.*, 2, p. 122 la lecture 'fiducia' au lieu de firmata ; mais v., en sens contraire, *Bull. dell' ist.*, 2, p. 271. — 2. Mommsen ; le titre : 'D'. — 3. V. Scialoja, p. 212. Mommsen : 'Apro'. — 4. Eck ; le titre 'didi' ; le rédacteur a peut-être écrit : diduc*iae* pour fiduc*iae*, peut-être aussi *fi*diduc*iae* pour fidi fiduc*iae*. — 5. Eck ; le titre : 'mit'. — 6. Eck ; le titre : 'ut'. — 7. Mommsen ; Tardif : (Palam) — 8. Le titre : 'egi'. — 9. Alibrandi : 'di(cta) d(ie)'. — 10. Alibrandi : 'ad a(stam).

Utique ea mancipia sum(tu inpensa peric*ulo*....[1] id mihi tecum convenit u*t... Praesentes fuerunt Dicidi*a Margaris, Poppea Prisci lib(erta) Note, tutor *A. Caprasius Ampliatus.* Supra hec inter e*as* convenerun*t quae separatim pactae* inter se sunt. Ac*t.* Pompeis IX k... L. Junio Caesennio *Paeto*, P. Calvisio Rusone cos.

2. FORMULAIRE DE MANCIPATION FIDUCIAIRE (I^e ou IIe siècle après J.-C.).

C. I. L., II, 5042. Bruns, p. 251. Inscription gravée sur une table de bronze découverte en 1867 en Andalousie, près de l'embouchure du Guadalquivir, et publiée et commentée par de nombreux auteurs : cf. Mommsen, *Hermes*, 3, 1868, pp. 283-297 ; Gide, *R. de législation*, 1870, pp. 74 et ss. ; Krueger, *Kritische Versuche*, 1870, pp. 41-58 ; Degenkolb, *Z. R. G.*, 9, 1870, pp. 117 et ss., 407 et ss. ; Rudorff, *Z. R. G.*, 11, 1873, pp. 52 et ss. ; Karlowa, *R. R. G.*, 1, pp. 789-790. La table est percée de trous, à certains desquels adhèrent encore les clous par lesquels elle était suspendue. Quant à la date, tout le monde reconnaît qu'elle ne peut être postérieure au IIe siècle. Mais M. Hübner la place même, d'après la configuration des lettres, dans la première moitié du Ier siècle, et la mention de la *satisdatio secundum mancipium* implique également une époque assez précoce. Quoique certains auteurs, notamment MM. Degenkolb et Gide, aient cru y voir le titre d'un acte concret, l'opinion la meilleure et la plus répandue est que nous avons là un formulaire dressé d'avance pour des actes futurs, dans lequel les noms des personnages sont purement conventionnels (*L. Titius, C. Seius, Dama*) ou même laissés en blanc, comme ceux de l'*antestatus* et du *libripens*, et où les objets également imaginaires de l'opération ne sont même pas indiqués partout d'une manière identique (*hominem Midam... ea mancipia*). Ce formulaire, destiné à être pendu dans le bureau de celui qui devait s'en servir, constate d'abord la mancipation fiduciaire faite à son profit ; puis, dans une autre clause, où l'on a voulu voir parfois un simple *pactum de vendendo* et qui est à notre sens le *pactum fiduciae* lui-même, il détermine les créances garanties, les conditions et le terme auquel l'acquéreur pourra procéder à la vente sans engager sa responsabilité par l'action *fiduciae directa*, et il finit brusquement au milieu d'une phrase, avec la fin de la table, qui devait donc être complétée par une table suivante. — On remarquera en particulier la façon dont la convention de fiducie est séparée de la mancipation à laquelle elle se rattache et qui y fait seulement allusion par les mots *fidi fiduciae* ainsi que l'argument sérieux qui peut en être tiré contre l'opinion selon laquelle la convention de fiducie aurait été tout entière incorporée dans la mancipation sous forme de *nuncupatio* ; la mention de la mancipation du fonds *uti optimus maximus* ; l'énumération des diverses espèces de créances principales ou accessoires garanties ; puis, dans la détermination des conditions auxquelles pourra vendre l'acquéreur, la mention de la *satisdatio secundum mancipium* et surtout celle de la mancipation *nummo uno* qui ne peut guère s'expliquer là que par la préoccupation d'écarter l'action *auctoritatis* ; v., sur le 1er point, de Ihering, *Esprit du dr. romain*, tr. fr., 3, 1880, p. 215, et, sur les deux derniers, Girard, *N. R. Hist.* 1883, pp. 547-555 ; 1882, pp. 198-199, et les renvois.

1. Cf. Scialoja, p. 220. Eck : 'sum*tu* impu*tato in debitum* luan*tur*'.

Dama L. Titi ser(vus) fundum Baianum, qui est in agro, qui Veneriensis vocatur, pago Olbensi, uti optumus maxumusq(ue) esset, HS n(ummo) I et hominem Midam HS n(ummo) I fidi fiduciae causa mancipio accepit ab L. Baianio, libripende —, antest(ato) —. Adfines *fundo* dixit L. Baianius L. Titium et C. Seium et populum et si quos dicere oportet.

Pactum conventum factum est inter Damam L. Titi ser(vum) et L. Baian(ium) : quam pecuniam L. *Titius L.* Baianio dedit dederit, credidit crediderit, expensumve tulit tulerit, sive quid pro eo promisit promiserit, spopondit *spoponderit*, fideve quid sua esse jussit jusserit, usque eo is fundus eaque mancipia fiduciae essent, donec ea omnis pecunia fidesve [persoluta][1] L. Titi soluta liberataque esset ; si pecunia sua quaque die L. Titio h(eredi)ve ejus data soluta non esset, tum uti eum fundum eaque mancipia, sive quae mancipia ex is vellet L. Titius h(eres)ve ejus vellet, ubi et quo die vellet, pecunia praesenti venderet. Mancipio pluris HS n(ummo) I invitus ne daret, neve satis secundum mancipium daret, neve ut in ea verba, quae in verba satis s(ecundum) m(ancipium) dari solet, repromitteret[2], neve simplam neve *duplam*...

§ 2. — MANCIPATIONS A TITRE GRATUIT.

1. Donation de T. Flavius Artemidorus (IIe siècle après J.-C.).

C. I. L., VI, 10244. Bruns, p. 252. Inscription funéraire découverte aux environs de Rome et dédiée par un père et une mère à leur fils. Probablement afin de justifier l'usage qui en est fait au profit des restes de ce fils, elle reproduit le texte (*chirographum*) d'une donation faite au père d'un certain nombre de places (*ollaria* et *cineraria*) dans un sépulcre par un nommé T. Flavius Artemidorus. Le titre constate, avec mention du *libripens* et de l'*antestatus*, la mancipation faite *nummo uno* par le donateur, le consentement donné par lui à l'entrée en possession du donataire, son engagement de laisser à ce donataire et à ses héritiers l'accès et l'usage convenu du sépulcre ainsi que de s'abstenir de dol, puis une stipulation transformant ces diverses conventions en contrat verbal. Les consuls par le nom desquels l'acte est daté appartiendraient, selon Borghesi, *Opp.* 3, p. 386, au temps d'Hadrien, (117-138) ; en tout cas, il date certainement du second siècle.

D(is) m(anibus) M. Herenni Proti ; v(ixit) a(nnos) XXII m(enses) II d(ies) V. Fecerunt parentes M. Herennius Agricola et Herennia Lacena filio.

Chirographum : Ollaria n(umero) IIII, cineraria n(umero)

---

1. Effacé par Mommsen ; Degenkolb transpose: 'pecunia persoluta fidesve' ; cf. Gradenwitz, *Berliner philologische Wochenschrift*, 1889, p. 18. — 2. Cf. sur la ponctuation, *N. R. Hist.*, 1883, pp. 559-560.

IIII, intrantibus parte laeva, que sunt in monumento T. Flavi Artemidori, quod est via Salaria in agro Volusi Basilidis ientibus ab urbe parte sinistra, donationis causa mancipio accepit M. Herennius Agricola de T. Flavio Artemidoro HS n(ummo) I, libripende M. Herennio Justo; antestatus est Ti. Julium Erotem, inque vacuam possessionem earum ollarum et cinerariorum T. Flavius Artemidorus Herennio Agricole ire aut mittere ossaque inferre permisit, sacrumque quotiens facere vellit Herennius Agricola heredesve ejus, permisit, clavisve ejus monumenti potestatem facturum se dixit, dolumque malum huic rei abesse afuturumque esse. Haec recte dari fieri praestarique stipulatus est M. Herennius Agricola, spepondit T. Flavius Artemidorus.

Act(um) XVIII k. Januar. C. Calpurnio Flacco L. Trebio Germano cos.

2. Donation de Julia Monime (IIe ou IIIe siècle après J.-C.).

C. I. L., VI, 10231. Bruns, p. 253. Inscription trouvée à Rome en 1773. Rapporte une donation faite par une femme assistée de son tuteur et par ses copropriétaires (qui ne sont point autrement précisés) au collège du dieu Silvanus (*immunes et curator et pleps universa collegi*) d'un terrain sur lequel se trouvait une construction consacrée à ce dieu. La donation est encore signalée comme faite par une mancipation *nummo uno*, d'ailleurs indiquée plus sommairement, et est accompagnée de la concession du droit d'entrer dans le lieu, d'y sacrifier et d'y faire des banquets tant que le collège existera. La fin du titre relative à la répression de l'inexécution des conventions ainsi arrêtées est mutilée.

Locum, sive is ager est, qui est via Appia inter miliarum secundum et III euntibus ab Roma e parte dexteriori, in agro Curtiano Talarchiano in praedis Juliaes Monimes et sociorum, [locus], in quo aedificata est schola sub por(ticu) consacrata Silvano et collegio ejus sodalic(i), mancipio acceperunt immunes et curator et pleps universa collegi ejus de Julia Monime et socis ejus sestertio nummo uno donationis causa, tutore C. Memio Orione Juliaes Monimes, et ad eum locum itum actum aditum ambitum sacrificia facere vesci epulari ita liceat, quandiu is collegius steterit; quod si aliter factum fuerit, quod ad collegium pertinet Silvani, is locus sacratus restituetur..... sibi sine ulla controversia. Haec... ti sunt.

3. Donation de Statia Irene (an 252 après J.-C.).

C. I. L., VI, 10247. Bruns, p. 252. Table de marbre découverte à Rome en 1554 et aujourd'hui perdue. Donation d'un tombeau faite par une femme ayant le *jus liberorum*. L'acte relate encore la mancipation *nummo uno* dont le *libripens* et l'*antestatus* sont indiqués, l'entrée en possession du donataire, et la promesse verbale d'absence de dol et d'exécution générale de la convention faite par la donatrice. En outre, après la date, vient à la suite du titre principal, sans doute écrit par le donataire, une *subscriptio* expresse de la donatrice qui en ratifie le contenu. Cf. Huschke, *T. Flavii Syntrophi instrumentum donationis ineditum*, 1838, p. 7 ; Bruns, *Kl. Schr.*, 2, p. 95 ; Brunner, *Zur Rechtsgeschichte der Urkunde*, 1881, pp. 47. 48. 58.

Monumentum, quot est via triumphale inter miliarum secundum et tertium euntibus ab urbe parte laeva, in clivo Cinnae, et est in agro Aureli Primiani fictoris pontificum c(larissimorum) v(irorum) et appellatur Terentianorum, juxta monumentum Claudi quondam Proculi et si qui ali atfines sunt et qua quemque tangit et populum, Statia Irene, jus liberorum habens, M. Licinio Timotheo donationis mancipationisque causa HS n(ummo) I mancipio dedit, libripende Claudio Dativo, an*te*stato Cornelio Victore ; inque vacuam possessionem monumenti s(upra) s(cripti) cessit, et ad id monumentum itum aditum ambitum a[d]quae haustum, coronare, vesci, mortuum mortuas mortuosve ossa inferre uti liceat.

Quot mihi Licinnio Timotheo tu Statia Irene j(us) l(iberorum) h(abens) monumentum s(upra) s(criptum) SS n(ummo) I mancipio dedisti, de ea re dolum abesse afuturumque esse a te, herede tuo et ab his omnibus, ad quos ea res pertinebit, haec sic recte dari fieri praestarique stipulatus est Licinius Timoteus, spopondit Statia Irene j(us) l(iberorum) h(abens).

Actum pr. kal. Aug. impp. dd. nn. Gallo Aug. II et Volusiano Aug. coss.

Isdem coss. eadem die Statia Irene j(us) lib(erorum) h(abens), donationi monumenti s(upra) s(cripti) sicut supra scriptum est, consensi, subscripsi... et atsignavi. Actum.........

4. Donation de Syntrophus (IIe ou IIIe siècle).

C. I. L., VI, 10239. Bruns, pp. 253-255. Inscription gravée sur une pierre dont il ne subsiste plus qu'une minime partie conservée à Rome, mais dont il avait été pris, au XVIIe siècle, à une époque où la fin seule en était mutilée, deux copies généralement concordantes retrouvées l'une à Rome par Ritschl et l'autre à Paris par Mommsen. Huschke en a donné, d'après la 1re copie, un commentaire important: *T. Flavii Syntrophi instrumentum donationis ineditum*, 1838 ; cf. aussi Karlowa, *R. R. G.*, 1, 784-785. C'est une donation avec charges stipulées au profit de tiers. Comme dans les donations qui précèdent, le donateur T. Flavius Syntrophus, fait au donataire, son affranchi T. Aithales, mancipation *nummo uno* et tradition des choses données, des jardins, un édifice, des vignes et leur dépendance ; mais, au lieu de renforcer son aliénation par une promesse verbale, c'est lui qui stipule du donataire l'exécution de certaines charges qu'il indique, d'abord en spécifiant qu'il devra en jouir en commun avec les affranchis désignés dans le testament et leurs descendants ainsi que procéder avec eux à certains sacrifices, puis en lui faisant promettre, par contrat verbal, pour le cas d'infraction, à la fois des dommages-intérêts égaux au préjudice et le paiement d'une *poena* fixée d'avance.

T. Flavius Syntrophus, priusquam hortulos Epagathianos Daduchianos..... *ianosque* cum aedificio et vineis maceria clusis, ita uti instructi sunt, qui sunt via Labicana *inter miliarium II et III* euntibus ab urbe parte laeva ad viam, Aithale liberto suo mancipio daret, test*atus est se in hanc condi*cionem mancipare, ut infra scriptum est :

Si tibi hortos Epagathianos Daduchianos..... *ianosque*, q(uibus) d(e) a(gitur), q(ui) s(upra) s(cripti) s(unt), mancipio dedero vacuamque possessionem tradidero, tum per te non *fieri factumve iri neque* per heredem tuum, eumve ad quem ea res q(ua) d(e) a(gitur) pertinet pertinebit, quominus ii hor*ti aedificiumve sit com*mune tibi cum conlibertis tuis utriusque sexus, qui a me testamento codicillisv*e honorati erunt, cumque is fr*uaris, parique portione inter *vos* reditum ejus custodiatis ita, ut die parentali *meo, item XI. (?) k. Apr. die vio*lationis, item XII k. Junias die rosationis, item III k. Januar. die natali meo, cum *mortuus ero, tum ut* quisque vestrum vivet, quive ex vobis geniti erunt, aut a quo vestrum quis ma*numissus erit, ad quem unum* pluresve portio similiter hujus loci aedificiive pertinebit, id ex formula s*upra scripta dividatis ; et si quis* ibi inhabitare voluerit ex communi omnium consensu majorisve partis *eorum qui vivent, id ei liceat* ; quae autem membra aedificii vacabunt, in reditu sint ita, ut huic volunta*ti parentes, deducta summa* impensae et quod ad tutelam aedifici opus erit, quod reliquom erit, inter v*os dividatis ; et sic horti cum aedi*ficis instrumentoque omni, quod die mortis meae ibi habuero, usui vestro *deserviant, quamdiu vivetis.* Quive ex vobis novissimus morietur, eodem modo testamento suo *caveat, ut horti* s(upra) s(cripti) per eos q(ui) s(upra) s(cripti) s(unt), quive ex iis prognati erint, aequaliter in familiam nominis mei permanean*t, eodemque semper jure sint.* Et ab hac re promissioneque dolus malus cujus vestrum, de quibus agitur, absit. *Si adversus ea f(actum) erit, q(uanti) e(a) r(es) e(rit)*, tantam pecuniam dari, et amplius poenae nomine HS L m(ilia) n(ummum), stipulatus est *T. Flavius Syntrophus,* spopondit T. Flavius Aithales libertus.

Tum hortulos cum aedificio *et vineis maceria clusis, ita ut* empti sunt et quae postea iis accesserunt, mancipio accepit T. Flavius Aitha*les de T. Flavio Syntropho HS n(umm)o I*, libripende Ti. Claudio Phileto.

Antestatus est T. Flavium Theopom*pum; et in vacuam possessionem hort*orum, qui s(upra) s(cripti) s(unt), ex causa supra scripta ire aut mittere jussit T. Flavius S*yntrophus T. Flavium Aithalem, seque* inde excessisse desisseque possidere dixit, salva volu*ntate si qua ossa ex lege ante dicta* hortis inferri consacrarive voluerit.

Actum III...s M*artias (?).....cos*. — M. Clodi Saturnini, A. Cascelli Doryphori, T. Flavi Pii, T. St....., Ti. Claudi Phile*ti*.

§ 3. — IN JURE CESSIO.

C. I. L., XIV, 715. Inscription mutilée d'Ostie signalée par Mommsen, *Z. G. R.*, 15, 369, comme la seule où soit mentionnée l'*in jure cessio*. Après avoir figuré dans les premières éd. de Bruns (3e éd. 1876, p. 185), elle a été omise dans la 4e et la 5e, mais elle figure aujourd'hui en son lieu dans le *C. I. L.*, d'après lequel nous la reproduisons.

. . . .

*Huic m*onumento *cedunt* parte sinisteriore ti . . . . . is cohaerentis cub*iculi. Quatenus* ad Caecilium Troph*imum heredesve ejus* pertinuit, id omne jus per *mancipationem* sive per cessione*m in jure pertinet ad* Telesp*horum*.

CHAPITRE III.

CONSTITUTIONS DE DROITS RÉELS

Nous réunissons, dans ce chapitre, les monuments épigraphiques relatifs à la matière des servitudes et à celle des droits réels de superficie. Nous n'avons pas vu d'inconvénient à y joindre les titres relatifs aux fondations publiques et privées, qui n'ont, à vrai dire, de physionomie propre qu'autant qu'on les reconnaît comme garanties par un droit réel et parmi lesquelles les fondations alimentaires publiques fournissent peut-être, en réalité, des exemples de constitutions d'hypothèques.

§ 1. — SERVITUDES.

Outre les mentions accessoires de constitutions de servitude qui se trouvent dans des actes de nature différente (cf. par ex. la donation de Monime, p. 708 et la donation d'Irène, p. 709), nous possédons un grand nombre de titres attestant directement, soit l'existence, soit encore l'exclusion sinon de servitudes personnelles (v. un exemple douteux au § 2), au moins de servitudes réelles urbaines ou rustiques. Cf. Karlowa, *R. R. G.*, 1, p. 785 = *R. int. de l'ens.*, 1889, 2, pp. 242-243. On en trouvera dans Bruns, pp. 281-283 une collection complète, à laquelle il faudrait cependant ajouter aujourd'hui un titre intéressant, postérieurement découvert en France : une inscription relative aux limitations légales apportées, dans l'intérêt d'un aqueduc public, à l'exercice du droit de propriété des riverains, découverte à Chagnon, Haute-Loire, et publiée et commentée par M. Héron de Villefosse, *Bulletin du comité des travaux historiques*, 1887, pp. 314-317. Nous donnons ici : des inscriptions constatant l'existence de servitudes de passage ; une autre inscription constatant au contraire que le passage n'a lieu qu'à titre précaire ; des inscriptions symétriques relatives à l'usage des eaux ; une inscription plus longue et plus détaillée relative aux servitudes constituées pour le fonctionnement d'une prise d'eau établie entre deux fonds non limitrophes ; et enfin l'inscription précitée de Chagnon.

1. *C. I. L.*, I, 1291 = *C. I. L.*, IX, 4231. Bruns, p. 281, n° 2. Inscription de Coppitum dans le diocèse d'Aquila.

Itus actusque est in hoce delubrum Feroniai ex hoce loco in via poplicam Campanam qua proxsimum est p. cIɔ ccx...

2. *C. I. L.*, V, 2548. Bruns, p. 281, n° 5. Inscription d'Este.

Via privata C. Q. Largis L. f. et C. Oli Salvi. Iter debetur fundo Eniano et..

3. *C. I. L.*, V, 2547, corrigé dans Bruns, p. 281, n° 6. Inscription d'Este.

Iter Q. Critonii. Iter debetur Q. Critonio Q. f. et.. Pomponio Siloni, *ali* nulli.

4. Orelli, 5069. Bruns, p. 281, n° 7. Voie Appienne.

Iter privat(um) Anni Largi. Precario utitur Antonius Astralis.

5. *C. I. L.*, V, 3849. Bruns, p. 282, n° 11. Vérone.

Hujus monument(i) emptioni accessit iter ac*t*us ad puteum haustus aquae ex suburbano Rutiliano.

6. *C. I. L.*, X, 1285. Bruns, p. 282, n° 12. Nola.

Precario aqua recipitur tegul(is) LXXXX.

7. Orelli, 6634, corrigé dans Bruns, p. 282, n° 15. Viterbe. Cf. Karlowa, *loc. cit.*

Mummius Niger Valerius Vegetus consular(is) aquam suam Vegetianam, quae nascitur in fundo Antoniano majore P. Tulli Varronis, cum eo loco, in quo is fons est emancipatus, duxit per milia passum VDCCCCL in villam suam Calvisianam, quae est ad aquas Passerianas suas, comparatis et emancipatis sibi locis itineribusque ejus aquae a possessoribus sui cujusque fundi, per quae aqua s(upra) s(cripta) ducta est per latitudinem structuris pedes X, fistulis per latitudinem p. VI, per fundum Antonian(um) majorem et Antonianum minor(em) P. Tulli Varronis et Baebianum et Philinianum A. Ulcei Commodi et Petronianum P. Tulli Varronis et Volsonianum Herenni Polybi et Fundanianum Caetenni Proculi et Cuteolonianum Corneli Latial(is) et Serranum inferiorem Quintin(i) Verecundi et Capitonianum Pisirani Celsi, et per crepidinem sinisterior(em) viae publicae Ferentiensis, et Scirpianum Pisiraniae Lepidae, et per viam Cassiam in villam Calvisianam suam, item per vias limitesque publicos ex permissu SC.

8. *Bull. arch. du comité des travaux historiques*, 1887, p. 314 = *R. arch.*. 1888, p. 222. Chagnon (Haute-Loire).

Ex auctoritate imp(eratoris) Caes(aris) Trajani Hadriani Aug(usti) nemini arandi serendi pangendive jus est intra id spatium agri quod tutelae ductus destinatum est.

§ 2. — DROITS DE SUPERFICIE.

Inscriptions dont la 1re vise indubitablement un droit réel de superficie et dont la seconde est aussi généralement rapportée à la constitution d'un droit de ce genre.

1. ÉDIFICE CONSTRUIT PRÈS DE LA COLONNE ANTONINE (an 193 ap. J.-C.).

C. I. L., VI, 1585. Bruns, pp. 284-285. Inscription gravée sur deux marbres découverts en 1777 dans les ruines de la maison du gardien de la colonne antonine et relative précisément au droit perpétuel et héréditaire de superficie accordé moyennant le paiement du *solarium* ordinaire au gardien de la colonne qui construisit cette maison sous Septime-Sévère. V. Rudorff, Z. G. R., 11, 1842, pp. 219 et ss.; Mommsen, Z. G. R., 15, 1850, pp. 335 et ss. ; Karlowa, R. R. G., 1, 787-789. L'inscription commence, dans le 1er fragment malheureusement très mutilé, par une supplique de l'affranchi impérial Adraste, gardien de la colonne, à l'empereur Septime-Sévère, en date de l'an 193 après J.-C.; puis elle continue sur la seconde pierre en donnant comme pièces justificatives de cette supplique trois lettres des *rationales* impériaux adressées : la 1re à un employé subalterne, probablement à un inspecteur des constructions impériales, *exactor operum dominicorum*, pour lui prescrire de fournir à Adraste des matériaux, la seconde à un fonctionnaire plus élevé pour le prier de livrer à Adraste une certaine quantité de bois de construction au prix payé par le fisc pour la reconstruction d'un pont, et enfin la dernière à deux fonctionnaires qui doivent être les *curatores operum et locorum publicorum* pour leur demander d'assigner à Adraste l'emplacement de sa construction, de sorte que la décision impériale demandée par la supplique d'Adraste paraît avoir été nécessaire pour confirmer les décisions purement provisoires des *rationales* ; cf. cependant Karlowa, p. 788.

Libellus L. *Septimii Augg. l. Adrasti, ex officio* operum publ*icorum in verba haec,* scripta Severo *Augusto :*
Domine permittas *rogo, ut rectius fungar of*ficio meo, pos columnam *centenariam divorum* Marci et Faustinae *pecunia mea loco publico* pedibus plus minus... *aedificium me exstrue*re et in matr*iculam referri, quod sine in*juria cujusquam *fiat ; et reliqua fieri* secundum litteras *Aeli Achillis, Cl. Perpetui* rationalium *tuorum, quas huic libello* subjeci. Da*tum... Romae Falcone et Claro cos.*

Exemplaria litterarum rationalium dominorum nn. scriptarum, pertinentes ad Adrastum Augg. nn. lib(ertum) quibus aei permissum sit aedificare loco cannabae a solo *aedificium* juris sui pecunia sua, prestaturus solarium sicut caeteri.

Aelius Achilles, Cl. Perpetuus Flavianus Eutychus Epaphrodito suo salutem. Tegulas omnes et impensa de casulis, item cannabis et aedificiis idoneis adsigna Adrasto, procuratori columnae divi Marci, ut ad voluptatem suam hospitium sibi exstruat, quod ut habeat sui juris et ad heredes transmittat. — Litterae datae VIII idus Aug. Romae Falcone et Claro cos.

Aelius Achilles, Cl. Perpetuus Flavianus Eutychus Aquilio Felici. — Hadrasto Aug. lib. ad aedificium quod custodiae causa columnae centenariae pecunia sua exstructurus est, tignorum vehes decem, quanti fisco constiterunt, cum pontem necesse fuit compingi, petimus dare jubeas. — Litterae datae XIIII kal. Sept. Romae Falcone et Claro cos.

Rationales Seio Superstiti et Fabio Magno. — Procurator columnae centenariae divi Marci, exstruere habitationem in conterminis locis jussus, opus adgredietur, si auctoritatem vestram acceperit. Petimus igitur aream, quam demonstraverit Adrastus lib(ertus) domini n(ostri), adsignari ei jubeatis, praestaturo secundum exemplum ceterorum solarium. — Litterae datae VII idus Sept. Romae; redditae IIII idus Sept. Romae isdem cos.

2. Édifice de Pouzzoles (IIe siècle après J.-C.).

C. I. L., X, 1783. Bruns, p. 284. Inscription gravée sur une pierre découverte à Pouzzoles en 1861. Résolution du sénat municipal de la ville, l'ancienne Puteoli, en date de la seconde moitié du IIe siècle, agréant la proposition d'un particulier qui offrait d'abandonner, après son décès, à la cité ses droits sur un édifice à construire par lui sur le sol communal, à condition qu'il lui fut fait, de son vivant, remise du *solarium*. Le commentaire le plus complet en a été donné, *Z. R. G.*, 4, 1864, pp. 474 et ss., par M. Degenkolb, qui considère le droit du particulier, comme un droit de superficie déjà constitué, que le vote du sénat local laisse subsister jusqu'au décès du bénéficiaire en le modifiant seulement au point de vue des droits de créance par la remise du *solarium*. M. Karlowa, *R. R. G.*, 1, 786-787, regarde au contraire ce droit comme ayant été constitué seulement au moment du sénatus-consulte, sous la forme d'un droit réel d'usufruit, qui, peut-on objecter, présenterait notamment cette difficulté d'être, puisque la construction n'est pas encore faite, constitué sur une chose future.

IIII non. Septembr. in curia templi basilicae Augusti Annianae. Scribundo adfuerunt : Q. Granius Atticus, M. Stlaccius Albinus, A. Clodius Maximus, M. Amullius Lupus, M. Fabius Firmus.

Quod T. Aufidius Thrasea, Ti. Claudius Quartinus IIviri v(erba) f(ecerunt) de desiderio Laeli Atimeti optimi civis, q(uid) d(e) e(a) r(e) f(ieri) p(laceret), d(e) e(a) r(e) i(ta) c(ensuerunt) :

Cum M. Laelius Atimetus, vir probissimus et singulis et universus karus, petierit in ordine nostro, uti solarium aedifici, quod extruit in transitorio, remitteretur sibi ea condicione, ut ad diem vitae ejus usus et fructus potestasque aedifici sui ad se pertineret, postea autem rei p(ublicae) nostrae esset, placere huic ordini : tam gratam voluntatem optimi civis admitti remittique ei solarium, cum plus ex pietate promissi ejus res publica nostra postea consecutura sit.

In curia f(uerunt) n(umero) LXXXXII.

§ 3. — FONDATIONS IMPÉRIALES ET PRIVÉES

Titres relatifs aux fondations alimentaires de Trajan et à des fondations privées analogues. — Les deux premières inscriptions dont nous donnons des extraits se rapportent aux fondations impériales, au système d'assistance publique et de crédit agricole organisé en Italie depuis Nerva (Victor, *Ep.* 12, 4), selon lequel des capitaux destinés par l'empereur à l'entretien des enfants pauvres de la péninsule étaient, dans chaque cité, remis à des propriétaires fonciers qui se chargeaient du paiement de la redevance et en garantissaient le service sur des immeubles d'une valeur décuple. L'une (*C. I. L.* XI, 1147 ; Bruns, pp. 285-288) se rapporte à Veleia et a été découverte, en 1747, dans les ruines de cette ville : c'est une table de bronze où l'on trouve indiqués d'abord la somme totale déboursée, le nombre total des enfants à secourir et la rente à faire à chacun, puis le taux d'estimation des divers immeubles proposés en sûreté, le montant des sommes à avancer sur chacun et des intérêts corrélatifs à payer au taux de 5 0/0. La fin de la table contient en outre des indications symétriques relatives à une fondation moins importante faite antérieurement au profit de la même ville. — La seconde inscription (*C. I. L.*, IX, 1455 ; Bruns, pp. 288-289), également gravée sur une table de bronze, a été découverte, en 1831, près de Bénévent et se rapporte à la cité des *Ligures Baebiani*. Elle indique le taux d'estimation des divers immeubles engagés, le montant des capitaux avancés sur eux et celui des intérêts — peut-être semestriels — à payer au taux de 2 1/2 0/0. La différence de rédaction des deux tables tiendrait, selon M. Henzen à ce que la première seule serait un titre officiel tandis que la seconde serait un simple extrait du tableau officiel fait pour son usage propre par le fonctionnaire chargé des recouvrements ; M. Karlowa, *R. R. G.*, 1,794 pense que, tandis que la première rédigée au futur ne contient qu'un préliminaire de l'engagement, le tableau des déclarations qui doivent le précéder, celle des Baebiani, rédigée au passé, constate des opérations déjà accomplies.— La principale question de droit soulevée par ces titres est celle du caractère de la sûreté réelle fournie par les tiers qui reçoivent les capitaux et sont tenus de la rente. Suivant une opinion proposée par Savigny, *Vermischte Schriften* 5, 1850, pp. 63 et ss. et aujourd'hui peu soutenue, elle consisterait dans une aliénation fiduciaire faite pour chaque fonds engagé. Dans un autre système autrefois présenté par Bachofen, *Römisches Pfandrecht*, 1847,1, p. 226, et Henzen, *Tabula alimentaria Baebianorum*, 1845, pp. 25 et ss., et encore reproduit par M. Mommsen dans son éd. du second titre, *C. I. L.*, IX, 1455, (v. aussi Matthiass, *Jahrbücher für National Oekonomie* 1885, pp. 505 et ss.), on aurait recouru là à une procédure dont des exemples nous sont fournis en matière de fondations privées par une lettre de Pline, *Ép.* 7, 18 et par une inscription de Ferentinum : le tiers aurait transféré au représentant de l'empereur la propriété de son bien, puis l'aurait reprise, à titre nouveau, à charge de payer un *vectigal* égal à l'intérêt du capital reçu. Selon Bruns, *Fontes*, p. 285, n° 2, et de Ruggiero, *Dizionario epigrafico* p. 404, la sûreté aurait été constituée ici comme dans d'autres cas où un particulier s'engage envers l'État, conformément au système de garanties du droit public, par une *subsignatio praediorum* opérée sur les *tabulae publicae*, et, tout en rejetant cette opinion, qui confond les contrats du fisc avec ceux de l'État et des communes, M. Karlowa, *R. R. G.*, 1, p. 793, pense aussi à des règles différentes de celles du droit commun, tenant au caractère administratif de l'opération. Enfin certains admettent tout simplement une constitution d'hypothèque ordinaire ; v. en ce sens Huschke, *Census der früheren Kaiserzeit*, 1847, p. 128, Puchta, *Institutionen*, § 128, et surtout Brinz, dans les *Sitzungsberichte* de Munich, 1887, pp. 224 et ss., où il traite encore d'autres questions relatives aux mêmes titres. — Quant aux fondations privées, elles pouvaient naturellement se présenter sous la forme de libéralités testamentaires ou entre-vifs faites aux communes ou à des particuliers à la charge d'entretenir un certain nombre d'enfants ou de pourvoir à toute autre prestation, sans être accompagnées d'aucune sûreté réelle, et nous en avons de nombreux exemples. V. Bruns, p. 256, n° 6, pp. 289-290, n°s 3, 4, 5, 6. V. encore le testament de Dasumius, lignes 98-103, la donation de Syntrophus, 2e alinéa et *C. I. L.*, V. 5262. Mais il en existe aussi qui contiennent la mention plus ou moins explicite d'une sûreté réelle garantissant la prestation. Nous en donnons ici deux exemples : une inscription de Rimini (*C. I. L.*, XI, 419. Bruns, p. 291, n° 8) qui mentionne sans autre explication des fonds affectés au service d'une rente, et une inscription de Ferentinum (*C. I. L.*, X, 5853. Bruns, p. 291, n° 7) qui atteste épigraphiquement le système indiqué par Pline, *Ep.*,

7, 18. Cf. encore *C. I. Att.*, III, 61. — On pourra consulter, sur les deux catégories de fondations, outre la plupart des ouvrages déjà cités — V. en particulier Henzen, pp. 5-111. Karlowa, p. 789-795 ; de Ruggiero, pp. 402-411, — les diverses études de M. Ernest Desjardins : *Disputatio historica de tabulis alimentariis*, 1854 ; *Velleia*, 1858 ; *Dictionnaire* de Daremberg et Saglio, v. *Alimentarii puelli*, et le chapitre des *Institutions alimentaires* dans Marquardt, *Manuel d'antiquités romaines*, tr. fr., 10, 1888, pp. 179-186.

1. FONDATIONS ALIMENTAIRES DE TRAJAN.

a. Inscription de Veleia (ans 103-112 après J.-C.).

Obligatio praediorum ob HS deciens quadraginta quattuor milia (1044000), ut ex indulgentia optimi maximique principis imp. Caes. Nervae Trajani Aug. Germanici Dacici pueri puellaeque alimenta accipiant : legitimi n(umero) CCXLV in singulos HS XVI n(ummum),

f(iunt) HS $\overline{\text{XLVII}}$XL (47040) n(umm.)
legitimae n(umero) XXXIV sing(ulae) HS XII n(umm.),
f(iunt) HS $\overline{\text{IV}}$DCCCXCVI (4896) n(umm.)
spurius   I   HS   CXLIV   (144)
spuria   I   HS   CXX   (120)
summa HS $\overline{\text{LII}}$CC (52200)

quae fit usura $=$―$=$ sortis supra scribtae.

(1.) C. Volumnius Memor et Volumnia Alce per Volum(nium) Diadumenum libertum suum professi sunt fundum Quintiacum, Aurelianum, collem Muletatem cum silvis, qui est in Veleiate pago Ambitrebio, adfinibus M. Mommeio Persico, Satrio Severo et pop(ulo), HS $\overline{\text{CVIII}}$ (108000) ; acciper(e) debet HS $\overline{\text{VIII}}$DCLXXXXII (8692) n(ummum) et fundum s(upra) s(criptum) obligare.

(2.) M. Virius Nepos professus est praedia rustica, deducto vectigali, HS $\overline{\text{CCCX}}$DXXXXV (310545) n. ; accipere debet HS $\overline{\text{XXV}}$CCCLIII (25353) n., et obligare fundum Planianum, qui est in Veleiate pago Junonio.

. . . .

(16.) C. Coelius Verus per Onesimum ser(vum) suum prof(essus) est praed(ia) rustica in Plac(entino)..., deducto vectigali et is, quae ante Cornelius Gallicanus et Pomponius Bassus obligaverunt, HS $\overline{\text{DCXLIII}}$DCCCLXXVIIII (843879) n., accipere debet.....

. . . .

(43.) Coloni Lucenses publice professi sunt saltus praediaque Bitunias, sive quo alio vocabulo sunt, pro indiviso pro parte tertia, quae pars fuit C. Atti Nepotis..., et saltus praediaque Velianium vectigal(ia) et non vectigal(ia), sive alis nominib(us) vocabulisque sunt, qui sunt in Lucensi et in Veleiate et in Parmense et in Placentino et montibus... deductis reliquis colonorum et usuris pecuniae et pretis mancipiorum, quae in inemptione *(sic)* eis cesserunt, habita ratione etiam vectigalium, HS |$\overline{XVI}$| (1600000); accipere debent HS $\overline{CXXVIII}$DCCLXXX (128780) n., et obligare saltus sive praedia, quae s(upra) s(cripta) s(unt), deducta parte quarta.

. . . .

Item obligatio praediorum facta per Cornelium Gallicanum ob HS $\overline{LXXII}$ (72000), ut ex indulgentia optimi maximique principis imp. Caes. Nervae Trajani Augusti Germanici, pueri puellaeq(ue) alimenta accipiant; legitimi n(umero) XIIX in singulos HS XVI n(ummum), fiunt HS $\overline{III}$CCCCLVI (3456), legitima HS XII; fit summa utraque HS $\overline{III}$DC (3600), quae fit usura $\frac{-}{-}$summae s(upra) s(criptae).

(1.) C. Coelius Verus professus est saltus Avegam .... qui sunt in Veleiate pag(is) Albense et Velleio, adf(inibus) rep(ublica) Lucensium et rep(ubl.) Veveleiatium *(sic)*, HS $\overline{XC}$ (90000); accipere debet HS $\overline{IX}$ (9000).....

. . . .

b. Inscription des Ligures Baebiani (an 101 après J.-C.).

Imp(eratore) Caes(are) Nerva Trajano Aug. *Germanico* IIII, Q. Articuleio Paeto *cos.*

Qui i(nfra) s(cripti) s(unt) ex praecepto optimi maximiq(ue) *principis obligarunt prae*dia, *ut ex empto Ligures Baebiani usuras semestres i(nfra) s(criptas) percipiant et* ex indulgentia ejus pueri puellaeq(ue) a*limenta* accipiant.

Debentur a:. . . . .

(18.) Crispia Restituta f(undi) Pomponiani, pertica Benevent(ana), pago Aequano in Ligustino, adf(ine) Nasidio Vitale, aest(imati) HS $\overline{L}$ (50000), in HS $\overline{III}$ DXX (3520) HS LXXXIIX (88).

(42.) C. Valerio Pietate, fund(i) Herculeiani, adf(ine) Caes(are) n(ostro), aest(imati) HS $\overline{XXV}$ (25000), in HS $\overline{II}$ (2000); item oblig(atione) VIIII fund(i) Vibiani, pago s(upra) s(cripto), adf(ine) Marcio Rufino, aest(imati) HS $\overline{XV}$ (15000), in HS MD (1500); f(iunt) HS $\overline{XXXX}$ (40000) in HS $\overline{III}$ D (3500), HS LXXXVIIS (87$^{1}/^{2}$).

2. Fondation de Ferentinum.

A. Quinctilio A. f. Pal. Prisco... ob eximiam munificent(iam) quam in munic(ipes) suos contulit, senat(us) statuam publice ponend(am) in foro, ubi ipse vellet, censuere.

Hic ex s(enatus) c(onsulto) fundos Ceponian(um) et Roianum et Mamian(um) et pratum Exosco ab r(e) p(ublica) redem(it) HS LXX m(ilibus) n(ummum), et in avit(um) r(ei) p(ublicae) reddid(it), ex quorum reditu de HS IV m(ilibus) CC quodannis VI id. Mai. die natal(i) suo perpet(uo) daretur praesent(ibus) municipib(us) et incol(is) et mulierib(us) nuptis crustuli p(ondo) I, mulsi.

3. Fondation d'Ariminum.

L. Septimio Liberali, VI vir(o) Aug(ustali), vicani vici Cermali ob merita ejus, quot decurion(ibus) et vicanis vicor(um) VII sing(ulos) in annos denarios III in perpet(uum) rel*(iquit)* et in eam rem fundos XXI obligari jussit, quorum partem VI legis Falc(idiae) nomin(e) deductam ab tutoribus Septimiae Priscae, matris suae, Lepidia Septimina populo concessit.

CHAPITRE IV

CONTRATS

Nous possédons un assez grand nombre de contrats romains qui nous sont parvenus isolément. Mais il en a en outre été découvert en Transylvanie une collection complète qui doit être signalée à part, en raison de son importance et de la clarté avec laquelle s'y reconnaissent les formes légales imposées à Rome à la confection des actes privés. C'est la collection des triptyques de Transylvanie, titres originaux en date des années 131 à 167 après J.-C. trouvés entre 1786 et 1855, dans l'ancienne Dacie, auprès de Verespatak, sur l'emplacement de la ville antique d'Alburnus Major, et publiés avec un commentaire excellent par M. Mommsen, *C. I. L.*, III, 921-959. Les triptyques, sur lesquels les actes sont écrits en une cursive majuscule qui n'a pu être déchiffrée qu'en 1840 par M. Massmann, *Libellus aurarius sive tabulae ceratae et antiquissimae*, 1840, se composaient de trois tablettes de bois oblongues, attachées d'un côté dans le sens de la longueur de manière à s'ouvrir comme les livres modernes et à présenter 6 pages parmi lesquelles la 1re et la 6e restaient sans écriture, tandis que les 4 autres étaient enduites d'une couche de cire noire sur laquelle on écrivait avec un stylet, en découvrant le bois, non pas comme aujourd'hui perpendiculairement, mais parallèlement au côté le plus large. Conformément aux prescriptions du sénatus-consulte du temps de Néron rapporté par Paul, *Sent.*, 5, 25, 6, l'acte contenu dans chaque triptyque y est rédigé en double expédition, la *scriptura exterior* et la *scriptura interior*, destinées l'une à rester lisible sur une surface ouverte et l'autre à demeurer cachée dans une partie close du carnet. Pour cela, l'*interior scriptura* est écrite sur les pages 2 et 3, qui sont ensuite réunies par un fil, puis l'on fait passer le bout de ce fil dans une petite rigole qui sépare verticalement la page 4 en deux portions inégales et où il est maintenu par les sceaux des témoins, à droite desquels on écrit les noms de ces témoins, et enfin la *scriptura exterior* est inscrite sur l'autre côté de la p. 4 et sur la p. 5 : ce qui fait que le 2ᵉ exemplaire demeure ouvert et peut toujours être consulté, tandis que le 1ᵉʳ est protégé contre les falsifications de la partie qui l'a entre les mains par les cachets des témoins, sans le concours desquels il ne pourra être ouvert. V. la figure dans Bruns, pp. 257-258, et les explications de Karlowa, *R. R. G.*, 1, 782-783, Krueger, *Gesch. d. Q.*, pp. 237-239 et A. Pernice, dans Holtzendorff, *Encyclopädie der Rechtswissenchaft*, 5ᵉ éd., 1889, p. 158. Les triptyques ainsi conservés en tout ou en partie sont au nombre de 25. Les sceaux et la partie du lien qu'ils retenaient n'ont été retrouvés que sur un seul. Il n'y en a que 5 dont les 3 tables subsistent, 4 n'en ont que 2, 16 n'en ont qu'une, et, parmi les tables conservées, il y en a 12 si détériorées qu'on ne peut discerner de quoi elles traitaient. Les actes dont on peut discerner l'objet sont tous sauf un relatifs à des contrats fort divers conclus, à Alburnus Major ou dans les environs, par des contractants appartenant pour la plupart à des populations dalmates qu'on pense avoir été transportées dans ce district minier par Trajan : v. Karlowa, *R. R. G.*, 1, 795-798, et ils sont d'autant plus importants que leur rapprochement avec les textes juridiques et certaines servilités maladroites de transcription établissent positivement qu'ils ont été copiés sur des formulaires romains : v. notamment plus bas les actes de vente. Nous reproduisons ci-dessous les plus intéressants de ces titres, en les réunissant, suivant un plan d'ensemble, aux actes similaires qui nous ont été transmis isolément. Enfin nous terminons par des exemples de promesses de récompense à celui qui rapportera des objets perdus, qui, d'après les principes, ne doivent être obligatoires que moralement.

§ 1. — CONTRATS VERBAUX.

Nous plaçons ici, comme étant purement et simplement des contrats verbaux, des actes que leur destination économique fait ordinairement classer sous la qualification de *mutuum*. Nous avons au contraire laissé sous leur désignation première et principale d'autres actes dans lesquels la stipulation n'intervient qu'à titre accessoire, comme dans les ventes accompagnées d'une stipulation de garantie qu'on trouvera plus loin, ou novatoire, comme dans un contrat de société qu'on rencontrera également plus bas. Un autre exemple de contrat verbal principal est fourni par le diptyque de Pompéi reproduit p. 705. Ceux que nous reproduisons ici viennent tous deux de la collection des triptyques de Transylvanie et sont relatifs à deux prêts de la même année ; on remarquera dans le second une formule commentée par Scaevola, dans ses *Responsa*, D., 45, 1, 135, pr.; cf. Karlowa, *R. R. G.*, 1, 796.

1. Stipulation de restitution d'un capital et de ses intérêts
(an 162 après J.-C.).

C. I. L., III, 930 ; Bruns, p. 267. Triptyque de Transylvanie complet, mais où les noms des témoins n'ont pas pu être parfaitement déterminés.

Denarios centum quadraginta sortis et eorum usuras ex ea die sing(ulas) centesimas, quandiu abstinuerit, id utrumque probos recte dari f(ide) r(ogavit) Anduenna Batonis, d(ari) f(ide) sua promisit Julius Alexander ; quos eae reddere debebit, qua die petierit, cum usuris s(upra) s(criptis). Id utrumque sorte(m) et usuras probos recte dari fide rogavit Anduenna s(upra) s(cripta), dari fide sua promisit Julius Alexander.

Actum Deusare XII kal. Julias Rustico II et Aquilino cos.

2. STIPULATION DE RESTITUTION D'UN CAPITAL ET DE SES INTÉRÊTS
(an 162 après J.-C.).

C. I. L., III, 934. Bruns, p. 267. Triptyque de Transylvanie, dont il ne subsiste que les deux premières tables.

Denarios LX q(ua) d(ie) p(etierit), p(robos) r(ecte) d(ari) f(ide) rogavit Jul(ius) Alexander, dari f(ide) p(romisit) Alexander Cari(cci), et se eos denarios LX, q(ui) s(upra) s(cripti) s(unt), mutuos numeratos accepisse et debere se dixit; et eorum usuras ex hac die in dies XXX ↄ I[1] dari Jul. Alexandro e(ive) a(d) q(uem) e(a) r(es) p(ertinebit), f(ide) r(ogavit) Jul. Alexander, dari f(ide) p(romisit) Alexander Caricci. Id fide sua esse jussit Titius Primitius, d(ie) s(upra) s(cripta) s(ortem) cum u(suris) r(ecte) p(robe) s(olvi).

Act(um) Alb(urno) majori, XIII k. Novembr. Rustic(o) II et Aquilino cos.

Noms des *signatores* mis en regard des cachets :

L. Vasidii Victoris... Batonis Pr.... Tovetis. Titius Primitius. Alexandri Caricci ipsius debitoris.

§ 2. — CONTRAT LITTÉRAL

C. I. L., XIV, 3471 ; Bruns, p. 291. Inscription découverte dans la campagne de Tibur et publiée en 1882, par M. Zdekauer, *Bull. dell' inst. di corr. arch.* 1882, p. 252, puis, avec une note de M. Mommsen, dans les recueils cités. Il paraît certain qu'elle se rapporte à un contrat littéral fait pour transférer d'une tête sur une autre, probablement de celle d'un mandataire sur celle de son mandant, l'obligation de payer un prix de vente, sans doute le prix du fonds sur lequel elle a été trouvée, puis au paiement de ce prix fait en l'absence du vendeur à deux personnes qui s'engagèrent avec constitution de sûretés réelles à lui remettre la somme, et M. Mommsen ne voit que des vraisemblances à reconnaître dans le C. Caesius Bassus nommé dans l'acte le contemporain et l'ami de Perse. Quant aux rôles des parties, M. Mommsen, qui est à ma connaissance le seul auteur à s'être occupé de la question (M. Krueger, *Gesch. d. Q.*, p. 242, n. 38, se contente de renvoyer à

---

1. c. a. d. 'centesimas singulas'.

sa note), pense que l'obligation de payer le prix pesait primitivement sur la tête d'un inconnu au profit de C. Caesius Bassus qui aurait été le vendeur et qui aurait reçu à sa place comme débiteur A. Furius Rufus. Il nous semble cependant qu'il serait peut-être aussi conforme au langage du texte d'admettre que la *transcriptio a persona in personam* qu'il mentionne aurait été faite, comme il le dit, *in eum (A. Furium Rufum) a C. Caesio Basso* et que par conséquent C. Caesius Bassus n'aurait pas été le vendeur, mais le premier acheteur, de la tête duquel le vendeur qui n'est pas nommé aurait fait passer l'obligation par contrat littéral sur la tête d'A. Furius Rufus.

A. Furius R*ufus* quod in eum transcriptum est a C. Cae*sio* Basso, apsente *venditore*, nominibus *du*obus, subsignatis praedis solvit : M. Junio Silano *solvit* HS XII m(ilia) n(ummum); HS LVIII m(ilia) n(ummum) solvit... icii (?) Scipion*i*..... adject..... iic...

§ 3. — CONTRATS DE VENTE

Les quatre contrats de vente qui suivent font partie de la collection des triptyques de Transylvanie et relatent des ventes accompagnées de mancipations portant les trois premières sur des esclaves, la quatrième sur une moitié indivise d'une maison. Leur rédaction, d'après des formulaires conformes au droit civil de Rome, est établie, en dehors de leur concordance générale avec les règles posées dans les ouvrages des jurisconsultes, par une série de faits particuliers qui sont : la mention faite dans tous de la mancipation entre parties que leurs noms indiquent pour la plupart n'être pas romaines et, dans la 4ᵉ vente, relativement à une chose qui, selon toute vraisemblance, ne l'est pas ; le maintien dans la 2ᵉ du masculin : *partemve quam ex eo* et de la clause relative à la noxalité pour une esclave du sexe feminin qui, à 7 ans, n'a pas commis de délits ; et enfin, dans la dernière, les mots : *si quis eam domum* pour une vente qui ne porte que sur la moitié d'une maison. V. en ce sens : Mommsen, *C. I. L.*, III, p. 923; Girard, *N. R. Hist.*, 1883, pp. 569-571 ; Karlowa, *R. R. G.*, 1, 796. Ils sont particulièrement instructifs au sujet de la rédaction de la stipulation commune relative aux vices et à l'éviction commentée dans les textes des jurisconsultes ; cf. à ce sujet, *N. R. Hist.*, 1883, pp. 571-587, et les auteurs cités ; mais ils fournissent aussi des indications utiles sur la mancipation qu'ils démontrent mieux qu'aucun autre texte, contenir la mention du prix ; v. le même auteur, *N. R. Hist.*, 1882, pp. 204-205 et les renvois ; v. encore sur la mention du paiement du prix, Karlowa, *R. R. G.*, 1, 797 et, sur le nombre des témoins, Bruns, *Kl. Schr.* 2, 131-132. — On trouvera en outre dans Bruns, pp. 262-267, une inscription des environs de Rome de l'an 24 (*C. I. L.*, VI, 10233) relative à la vente faite par le fisc d'un terrain servant à l'accès d'une sépulture et deux actes en langue grecque, conservés par des papyrus égyptiens, l'un, de l'an 151 ou 152 après J.-C., relatif à la vente d'un immeuble et l'autre, de l'an 359, relatif à la vente d'un esclave. M. Wessely a depuis publié dans les *Mittheilungen der Sammlung der Papyrus des Erzherzogs Rainers*, 4, 1888, pp. 51-62, un autre papyrus grec égyptien relatant, en l'an 271 après J.-C., une vente immobilière où figure une femme pourvue du *jus liberorum* (dont on ne connaissait point encore de mention aussi récente; v. au même lieu d'autres exemples tirés par M. Wessely de textes inédits de la même collection).

1. VENTE D'UN PETIT ESCLAVE (an 142 après J.-C.).

Triptyque intact. *C. I. L.*, III, 941 ; Bruns, pp. 256-259.

Dasius Breucus emit mancipioque accepit puerum Apalaustum, sive is quo alio nomine est, n(atione) Grecum, apocatum[1] pro uncis duabus denariis DC de Bellico Alexandri, f(ide) r(ogato) M. Vibio Longo. Eum puerum sanum traditum esse, furtis noxaque solutum, erronem, fugitivum, caducum non esse prestari, et si quis eum puerum q(uo) d(e) a(gitur) partemve quam quis ex eo evicerit, q(uo) m(inus) emptorem s(upra) s(criptum), eunve ad q(uem) ea res pertinebit, uti frui habere possidereq(ue) recte liceat, tunc quantum id erit, quod ita ex eo evictum fuerit, t(antam) p(ecuniam) duplam p(robam) r(ecte) d(ari) f(ide) r(ogavit) Dasius Breucus, d(ari) f(ide) p(romisit) Bellicus Alexandri, id*em* fide sua esse jussit Vibius Longus ; proque eo puero, q(ui) s(upra) s(criptus) est, pretium ejus d narios DC accepisse et habere se dixit Bellicus Alexandri ab Dasio Breuco.

Act(um) kanab(is) leg(ionis) XIII g(eminae), XVII kal. Junias Rufino et Quadrato cos.

(Noms des *signatores* mis en regard des cachets) :

Appi Procli vet(erani) leg(ionis) XIII g(eminae). Antoni Celeris. Jul(i) Viatoris. Ulp. Severini. L. Firmi Primitivi. M. Vibi Longi fidejussor(is). Bellici Alexandri venditor(is).

2. VENTE D'UNE PETITE ESCLAVE (an 139 après J.-C.).

Triptyque dont les deux premières tables sont seules conservées. *C. I. L.*, III, 937 ; Bruns, p. 256.

Maximus Batonis puellam nomine Passiam, sive ea quo alio nomine est, annorum circiter p(lus) m(inus) sex, empta sportellaria[2], emit mancipioque accepit de Dasio Verzonis, Pirusta ex Kavieretio, denariis ducentis quinque. Eam puellam sanam esse, a furtis noxisque[3] solutam, fugitium[4] erronem non esse, praestari : quot si quis eam puellam, partemve quam ex eo[5] quis evicerit, quominus Maximum Batonis, quove ea

---

1. C'est-à-dire du prix duquel quittance a été donnée au vendeur actuel par son propre vendeur ; cf. R. *int. de l'ens.*, 1889, 2, p. 247. — 2. C'est-à-dire, pense Mommsen, que le vendeur n'a pas acquise pour un prix distinct, mais par dessus le marché, en même temps que sa mère, comme une sorte de *sportula*. — 3. Ext.: 'noxaque'. — 4. Ext.: 'fugitivam'. — 5. *Sic*, à l'intérieur et à l'extérieur, sans doute parce que les parties copiaient un formulaire où il y avait : 'hominem partemve ex eo'.

res pertinebit, habere possidereque recte liceat, tum quanti ea puella empta est, *tantam pecuniam* et alterum tantum dari fide rogavit Maximus Batonis, fide promisit Dasius Verzonis, Pirusta ex Kavieretio ; proque ea puella, quae s(upra) s(cripta) est, denarios ducentos quinque accepisse et habere se dixit Dasius Verzonis a Maximo Batonis.

Actum Karto XVI k. Apriles, Tito Aelio Caesare Antonino Pio II et Bruttio Praesente II cos.

(Noms des *signatores*) :

Maximi Veneti principis. Masuri Messi dec(urionis). Anneses Andunocnetis. Plani Verzonis Sclaietis. Liccai Epicadi Marciniesi. Epicadi Plarentis, qui et Mico. Dasi Verzonis ipsius venditoris.

3. Vente d'une esclave (an 160 après J.-C.).

Triptyque. *C. I. L.*, III, 959 et *Eph. ep.*, II, 467 ; Bruns, p. 260.

Cl(audius) Julianus mil(es) leg(ionis) XIII g(eminae) ꝏ[1] Cl. Mari, emit mancipioque accepit mulierem nomine Theudotem, sive ea quo alio nomine est, n(atione) Creticam, apochatam pro uncis duabus denariis quadringentis viginti de Cl. Phileto f(ide) a(ccepto) Alexandro Antipatri. Eam mulierem sanam traditam esse emptori s(upra) s(cripto), et si quis eam mulierem, q(ua) d(e) ag(itur), partemve quam quis ex ea quid evicerit, q(uo) m(inus) emptorem s(upra) s(criptum) eumve, ad quem ea res pertinebit, uti frui habere possidereque recte liceat, tunc quantum id erit, quot ita ex ea [quit][2] evictum ablatunve fuerit, sive quot ita licitum non erit, tantam pecuniam probam recte dari f(ide) r(ogavit) Cl. Julianus mil(es) s(upra) s(criptus), d(ari) f(ide) p(romisit) Cl. Philetus. Id fide sua esse jussit Alexander Antipatri. Inque ea(m) mulierem, quae s(upra) s(cripta) est, pretium ejus denarios CCCCXX accepisse et habere se dixit Cl. Philetus a Claudio Juliano mil(ite) s(upra) s(cripto).

Act(um) canab(is) leg(ionis) XIII g(eminae) IIII nonas Octobres Bradua et Varo cos.

(Noms des *signatores*) :

Val(eri) Valentis *leg*. XIII g(em.). Cn. Vari A. ae. Ael(i) Dionysi vet(erani) leg(ionis). Paulini s...ris. Jul(i) Victorini Αλεξανδρus Αντιπατρι σεκοδο αυκτωρ σεγναι[3]. Cl. Phileti venditoris ibsius.

1. C'est-à-dire 'centuria'. — 2. Omis avec raison dans l'exemplaire extérieur. — 3. C'est-à-dire : 'Alexander Antipatri secundus auctor signavi'; cf. *D.*, 21, 2, 4, *pr.*: 'fidejussorem,..... quem vulgo auctorem secundum vocant'.

4. Vente de la moitié d'une maison (an 159 après J.-C.)

Triptyque intact. *C. I. L.*, III, 944. Bruns, p. 261.

Andueia Batonis emit mancipioque accepit domus partem dimidiam, interantibus partem dextram, que est Alb(urno) majori vico Pirustarum inter adfines Platorem Acceptianum et Ingenum Callisti[1] denariis trecentis de Veturio Valente. Eam domus partem dimidiam[2], q(ua) d(e) a(gitur), cum suis saepibus, saepimentis, finibus, aditibus, claustris, fienestris, ita uti clao fixsa et optima maximaque est[3], h(abere) r(ecte) l(icere)[4] ; et si quis eam domum partemve quam quis ex ea evicerit q(uo) m(inus) Andueia Batonis e(ive), a(d) q(uem) e(a) r(es) p(ertinebit), h(abere) p(ossidere) u(suque) c(apere)[5] r(ecte) l(iceat) ; quod ita licitum non erit[6], t(antam) p(ecuniam) r(ecte) d(ari), f(ide) r(ogavit) Andueia Batonis[7], fide promisit Veturius Valens. Proque ea domu partem dimidiam[8] pretium denarios CCC Veturius Vales[9] ab Andueia Batonis accepisse et abere se dixit. Convenit(que) inter eos, uti Veturius Valens pro ea domo tributa usque ad recensum dependat.

Act(um) Alb(urno) majori prid. nonas Maias Quintillo et Prisco cos.

(Noms des *signatores*) :

L. Vasidius Victor sig(navit). T. Fl. Felicis. M. Lucani Melioris. Platoris Carpi. T. Aureli Prisci. Batonis Annaei. Veturi Valentis venditoris.

§ 4. — CONTRATS DE LOUAGE

Relativement aux trois variétés de contrats de louage distinguées par les jurisconsultes romains, nous possédons, pour la *locatio rei*, des annonces de location, parmi lesquelles la plus importante et la plus détaillée est l'inscription de Rome reproduite ci-dessous, — v. d'autres inscriptions plus brèves de Pompéi, *C. I. L.*, IV, 138. 807. 1136, et Bruns, pp. 271-272 ; — pour la *locatio operarum*, trois triptyques de Transylvanie dont nous reproduisons le plus explicite, et, pour la *locatio operis faciendi*, une inscription de Pouzzoles relatant un marché de constructions fait par cette cité en l'an 649 de Rome.

1. Locatio rei.

Plaque de marbre de 0 m. 98 sur 0 m. 88 découverte en 1885 à Rome au delà de la porte Salaria et constituant la moitié gauche d'un

---

1. La réd. extérieure ajoute : 'filium et si qui ali adfines sunt et viam publicam'. — 2. Ext. : 'eam domum'. — 3. Ext. : 'Andueia Batonis'. — 4. Mommsen-Bruns ; l(iceat)' : mais cf. *N. R. Hist.*, 1883, p. 577. — 5. Ext. : 'usuque capere. — 6. Ext. : tum quantum id erit *quod ita habere possidere licitum non erit*'. — 7. Ext. : 'dari'. — 8. Ext. : 'proque ea *domu* dimidia'. — 9. Ext. : 'Valens'.

tableau des conditions générales de location des divers compartiments dans des magasins généraux appartenant à l'empereur. L'inscription qui a été publiée, d'abord, avec un commentaire étendu, par M. Gatti, *Bull. arch. comm.*, 1885, pp. 110-129 (cf. aussi le même, *Mitth. d. röm. Inst.*, 1886, p. 176), puis, avec des notices plus sommaires, par MM. Scialoja, *Rivista italiana per le scienze giuridiche*, 1886, pp. 127-130, et Esmein, *Mélanges d'archéologie et d'histoire de l'école de Rome*, 1886, pp. 162-165 ; et enfin par M. Mommsen, *Fontes*, pp. 270-272. 422, est placée par M. Gatti sous Hadrien dont il restitue le nom dans son titre ; mais M. Mommsen considère cette conjecture comme contredite par la place donnée dans l'inscription au mot *Caesar*, qui ne se plaçait pas après le nom de l'empereur à l'époque d'Hadrien, et il estime que, d'après la forme des lettres, le titre peut appartenir au temps de Nerva. Les sept clauses, qui semblent y être conservées plus ou moins fragmentairement et que nous avons distinguées par des chiffres, se rapportent, la première, à la fin du bail et à la tacite reconduction, pour laquelle elle paraît poser des règles un peu différentes de celles du droit commun ; la seconde, selon M. Gatti et M. Mommsen, dont M. Scialoja trouve cependant la restitution douteuse, à la défense de sous-louer ou de céder le bail ; la 3ᵉ et la 4ᵉ, aux *invecta et illata* et à leur affectation à la garantie des loyers ; la 5ᵉ, conjecture M. Gatti, à la défense d'enlever sans autorisation les ouvrages faits sur la chose louée ; la 6ᵉ, à la quittance du loyer ; la 7ᵉ, à l'absence de responsabilité de l'*horrearius* pour les objets qui n'auraient pas été mis formellement sous sa garde.

In horreis imp........ Caesaris Aug(usti) loc(abuntur) mercatoribus frumentar(iis) armaria et loca *cum operis cellarar(iorum) ex hac die et k. Julis.*

Lex horreorum.

(1). *Quisquis in annum futurum retinere volet quod conduxit armarium aliud*ve quid, ante idus Dec(embres) pensione soluta renuntiet. Qui non *renuntiaverit, si volet retinere et cum horreario aliter pro* insequente anno non transegerit, tanti habebit, quanti ejus gener(is) *armarium eo anno ibi locari solebit, si modo alii locatum* non erit.

(2). Quisquis in his horreis conductum habet, elocandi et *substituendi jus non habebit.*

(3). *Invectorum in haec horrea custodia non praestabitur.*

(4). Quae in his horreis invecta inlata *erunt, pignori erunt horreario, si quis pro pensionib*us satis ei *non fecerit.*

(5). Quisquis in his horreis conductum habet et sua..........fuer(it) venia.

(6). *Quis*quis in his horreis conduct(um) habet, pensione soluta, chirogr(apho) *liberabitur (?).*........

(7). *Quisquis habens conductum* horreum sua *ibi* reliquer(it) et custodi non adsignaver(it), horrearius sine culpa erit.

2. LOCATIO OPERARUM (an 164 après J.-C.).

C. I. L., III, 948, x. Bruns, p. 269. Tryptique de Transylvanie

LOCATIO OPERIS FACIENDI 727

dont la 1re tablette subsiste seule. Contrat de louage de services dans les mines d'or de Dacie, en date de l'an 164, duquel on peut rapprocher deux actes similaires, de l'an 163 et d'une date indécise, appartenant à la même collection et rapportés *C. I. L.*, III, 948, ix et 949, x. Bruns, pp. 269-270. Le contrat est conclu pour une année moyennant une *merces* consistant en une somme unique, mais payable *per tempora*, disent notre titre et le 3e, *suis temporibus*, dit le second. Les *operae* devront être *sanae valentes*, et une *poena* uniforme est fixée pour l'ouvrier, au cas de rupture du contrat, et pour le *conductor*, au cas de retard dans le paiement, sauf quant au dernier une réserve peu claire exprimée par les mots : *exceptis cessatis tribus*. L'acte spécifie en outre que, si le travail est empêché par une inondation de la mine, le salaire subira une réduction proportionnelle. On remarquera la rédaction du titre au nom de l'ouvrier qui, ne sachant pas écrire, le fait d'ailleurs rédiger par un tiers. V. Karlowa, *R. R. G.*, 1, 798.

Macrino et Celso cos. XIII kal. Junias Flavius Secundinus scripsi rogatus a Memmio Asclepi, quia se litteras scire negavit, it quod dixsit se locasse et locavit operas suas opere aurario Aurelio Adjutori ex hac die in idus Novembres proxsimas denariis septaginta liberisque. Mercedem per tempora accipere debebit. Suas operas sanas valentes edere debebit conductori s(upra) s(cripto). Quod si invito conductore recedere aut cessare voluerit, dare debebit in dies singulos HS V numeratos... Quodsi fluor inpedierit, pro rata conputare debebit. Conductor si tempore peracto mercedem solvendi moram fecerit, eadem poena tenebitur exceptis cessatis tribus.

Actum Immenoso majori. Titus Beusantis, qui et Bradua. Socratio Socrationis. Memmius Asclepi.

3. Locatio operis faciendi (an 649 de Rome).

C. I. L., I, 577 = X, 1781 ; Bruns, pp. 272-273. Table de marbre écrite sur trois colonnes trouvée à Pouzzoles et aujourd'hui conservée à Naples. Inscription de l'époque impériale reproduisant une inscription de l'an 649 de Rome relative à un marché de constructions fait par la colonie de Puteoli. Le titre détermine : les sûretés à fournir par l'adjudicataire ; la nature et la consistance des travaux (v. une restitution de l'édifice, *C. I. L.*, I, 577) ; les formes de leur réception ; le jour auquel ils devront être livrés et les termes de règlement du salaire de l'entrepreneur, payable moitié après la fourniture des sûretés et moitié après la réception des travaux. Il finit par l'indication du nom de l'adjudicataire, de la somme pour laquelle il a soumissionné, et des *praedes* fournis à la cité, en tête desquels l'adjudicataire figure en personne, sans doute, ainsi que pense Mommsen, parce que l'intervention de *praedes* libérait ici comme ailleurs le principal obligé et qu'il lui fallait par conséquent se porter lui-même *praes* pour être tenu à côté de ses cautions.

Ab colonia deducta anno XC, N. Fufidio N. f. M. Pullio duovir(eis), P. Rutilio Cn. Mallio co(n)s(ulibus), operum lex II.

Lex parieti faciendo in area, quae est ante aedem Serapi trans viam. Qui redemerit, praedes dato praediaque subsignato duumvirum arbitratu.

In area trans viam paries qui est propter viam, in eo pariete medio ostiei lumen aperito ; latum p(edes) VI altum p(edes) VII facito. Ex eo pariete antas duas ad mare vorsum projicito longas p(edes) II, crassas p(edem) I (quadrantem). Insuper [id] limen robustum, long(um) p(edes) VIII, latum p(edem) I (quadrantem), altum [p(edis)] d(odrantem) inponito. Insuper id et antas mutulos robustos II, crassos (bessem), altos p(edem) I projicito extra pariete in utramq(ue) partem p(edes) IV. Insuper simas pictas ferro figito. Insuper mutulos trabiculas abiegineas II, crassas quoque versus s(emissem) inponito ferroque figito. Inasserato asseribus abiegnieis sectilibus, crasseis quoque versus (trientem) ; disponito ni plus (dodrantem). Operculaque abiegnea inponito. Ex tigno pedario facito antepagmenta abiegnea lata (dodrantem), crassa (semunciam) cumatiumque inponito ferroque plano figito, portulaque tegito tegularum ordinibus seneis quoque versus. Tegulas primores omnes in antepagmento ferro figito marginemque inponito. Eisdem fores clatratas II cum postibus aesculnieis facito statuito ocludito picatoque ita, utei ad aedem Honorus facta sunt. Eisdem maceria extrema paries qui est, eum parietem cum margine altum facito p(edes) X. Eisdem ostium, introitu in area quod nunc est, et fenestras, quae in pariete propter eam aream sunt, pariete opstruito ; et parieti, qui nunc est propter viam, marginem perpetuom inponito. Eosq(ue) parietes marginesque omnes, quae lita non erunt, calce harenato lita politaque et calce uda dealbata recte facito. Quod opus structile fiet, in terra calcis restinctai partem quartam indito. Nive majorem caementa struito, quam quae caementa arda pendat p(ondo) XV, nive angolaria altiorem (trientem semunciam) facito. Locumque purum pro eo opere reddito. Eidem sacella aras signaque, quae in campo sunt, quae demonstrata erunt, ea omnia tollito deferto componito statuitoque, ubei locus demonstratus erit, duumvirum arbitratu.

Hoc opus omne facito arbitratu duovir(um) et duoviralium, qui in consilio esse solent Puteolis, dum ni minus viginti adsient, cum ea res consuletur. Quod eorum viginti jurati probaverint, probum esto ; quod ieis inprobarint, inprobum esto. Dies operis : k. Novembr(ibus) primeis. Dies pequn(iae) : pars dimidia dabitur, ubei praedia satis subsignata erunt ; altera pars dimidia solvetur opere effecto probatoque.

C. Blossius Q. f. HS ∞ D, idem praes. Q. Fuficius Q. f..
Cn. Tetteius Q. f.. C. Granius C. f.. Ti. Crassicius.

§ 5. — CONTRAT DE SOCIÉTÉ (an 167 après J.-C.)

C. I. L., III, 950. Bruns, pp. 268-269. Triptyque de Transylvanie dont la 1re table seule a subsisté. Acte du 28 mars 167 constatant une société formée entre deux banquiers pour durer du 23 décembre 166 au 12 avril 167. L'acte s'explique sur la répartition des profits et des pertes qui seront divisés par parts égales, sur le montant et la réalisation des apports, dont l'un consiste en fruits et en argent, sur la peine égale à un multiple du préjudice causé encourue par l'associé convaincu de dol, et de nouveau sur le partage à faire, à l'expiration du terme, des bénéfices qui pourront exister après le paiement des dettes et le prélèvement des apports. Puis il termine en rapportant que l'observation de ces diverses clauses a été promise par contrat verbal par l'une des parties à l'autre et qu'il a été dressé de l'opération deux titres, dont le second, qui nous manque, constatait, selon toute vraisemblance, une stipulation inverse faite entre les mêmes parties.

Inter Cassium Frontinum et Julium Alexandrum societas danis*t*ariae[1] ex X kal. Januarias, q(uae) p(roximae) f(uerunt) Pudente e*t* Polione cos., in pridie idus Apriles proximas venturas ita conven*i*t, ut quidq*ui*d in ea societati arrenatum[2] fuerit lucrum damnumve acciderit, aequis portionibus sus*ci*pere debebunt. In qua societate intuli*t Juli*us Alexander numeratos sive in fructo denarios *qu*ingentos, et Secundus Cassi Palumbi servus a*ctor* intulit denarios ducentos sexaginta septem pr...tin... ssum Alburno... de*b*ebit. In qua societ*ate* si quis *d*o*l*o *ma*lo fraudem fe*ci*sse *d*eprehensus fue*ri*t, in as*s*e uno denarium unum... *denarium* unum denarios XX.... alio inferre deb*e*bit, et tempore perac*to* de*d*ucto aere alieno sive summam s(upra) s(criptam) s*i*bi *recipere sive*, si quod superfuerit, dividere d*e*be*bu*nt *(?)*. Id d(ari) f(ieri) p(raestari)que stipulatus est Cassius Frontin*us*, *spopo*nd*it* Jul. Alexander. De qua re dua paria *t*abularum signatae sunt. *Item* debentur Lossae denarii L, quos a socis s(upra) s(criptis) accipere debebit.

A*ct(um) Deusa*re V kal. April. Vero III et Quadrato cos.

§ 6. — CONTRATS RÉELS

Nous ne possédons aucun titre relatif aux contrats réels nommés de commodat et de gage, ni aux contrats réels innommés. Les titres relatifs à la fiducie ont déjà été rapportés pp. 704-707. Pour le mutuum, on ne peut citer à côté des stipulations rapportées pp. 720-721 qu'un

1. De δανειστής, *argentarius*. — 2. Mot inconnu, peut-être prêté sur gage, *arra* se prenant parfois dans le sens de *pignus*.

fragment en langue grecque faisant partie de la collection des triptyques de Transylvanie, que nous donnons ici avec la traduction de Bruns et dans lequel on remarquera notamment la *poena* spécifiée pour le cas de retard, à côté des intérêts légaux, en matière de dette d'argent. Le second titre que nous reproduisons et qui appartient à la même collection constate le versement d'une somme d'argent que le mot *commendare* expliqué par Papinien, *D.*, 16, 3, 24, *pr.*, prouve être fait à titre de dépôt, probablement de dépôt irrégulier.

1. Mutuum.

C. I. L., III, 933. Bruns, p. 268. Table 3ᵉ d'un triptyque dont les deux premières sont perdues. Les lettres restituées sont entre crochets.

.... καὶ τῶν λοιπῶν κ' .... γων δηνάρια κγ' κ[αὶ] τούτων ἑκατοστὴ[ν τίσει]ν ἀπὸ τῆς προγεγραμμένης ἡμέρας εἰς [τὴν δ'] κ. Ὀκ[τω]βρίας· ἐὰν δὲ μὴ ἀποδῶ σ[οι εἰς] τὴν ἡμέραν ὡρισμένη[ν], ἀποδώσω ὥ[ς] παριὸν ἔτι δηνάρια κέ. Ἐγένετο εἰς [Ἀλ]β[ουρ]νον μεγάλην¹.

2. Dépot irrégulier (an 167 après J.-C.).

C. I. L., III, 949, xii. Bruns, p. 268. Triptyque dont la table 1ʳᵉ a seule subsisté.

Vero III Quadrato cons. IIII kal. Junias denarios quinquaginta L commendatos Lupus Carentis dixit se accepisse et accepit a Julio *A*lexandro, quos ei reddere debet sine ulla contraversia.

Actum Albur*no* majori....

§ 7. — PROMESSES A DES PERSONNES INCERTAINES.

Inscriptions promettant une récompense au porteur d'une chose perdue ou volée. On peut rapprocher des deux exemples reproduits ici un papyrus grec égyptien de l'an 146 avant J.-C. publié par Letronne en 1833, et des textes littéraires assez nombreux (Pétrone, *Sat.*, 97 ; Appulée, *Métam.*, 6, 8 ; Julius Victor, *Ars rhet.*, 4, 4 ; Chirius Fortunatianus, *Ars rhet.*, 1, 18). Cf. Bruns, pp. 273-274 et Kuno Tzschirner, *De indole ac natura promissionis popularis 'Auslobung' quam vocant*, Berlin, 1869.

1. *C. I. L.*, iv, 64 et *add.*, p. 191. Bruns, p. 273. Inscription peinte sur une muraille de Pompéi.

Urna aenia pereit de taberna. Sei quis rettulerit, dabuntur HS ⊥ XV ; sei furem dabit, unde *rem* servar*e possim* HS XX...

2. Orelli, 4319. Bruns, p. 274. Lame de bronze quadrangulaire de 5 centimètres et demi munie d'un anneau qui permet de l'attacher au cou d'un esclave.

Fugi ; tene me ; cum revoc*a*veris me d(omino) m(eo) Zonino, accipis solidum.

1. (..... reliquorum XX ... denarios XXIII et horum centesimam me soluturum ex die supra scripta in diem IV k. Oct. ; si vero tibi non reddidero in diem constitutam, reddam pro accessione amplius denarios XXV. Act. Alb. maj.).

CHAPITRE V

EXTINCTION DES OBLIGATIONS

Jusqu'aux dernières années, on ne pouvait relever, comme documents épigraphiques se rapportant à l'extinction des obligations, que les mentions incidentes de paiements faites dans d'autres actes plus complexes (v. notamment les actes de ventes cités pp. 722-725), Nous avons aujourd'hui une collection complète de titres principaux d'extinction : les tablettes trouvées à Pompéi en 1875 dans la maison de Jucundus. — On doit en outre citer, comme titres fort importants du même ordre, les trois quittances latines sur papyrus en cursive minuscule, de l'actuarius Sergius, en date de l'an 398 (la date de 385 indiquée pour l'une est une faute d'impression), découvertes dans le Fayoum et faisant actuellement partie de la collection de l'archiduc Rainer, qui ont déjà été signalées depuis plusieurs années (Karabacek, *Oesterr. Monatsschrift für den Orient*, 1884, p. 280. 1866, p. 188 ; Bresslau, *Handbuch der Urkundenlehre*, 1, 1889, pp. 906, n. 3 et 882, n. 4), mais qui n'ont pas encore été publiées.

QUITTANCES DE POMPÉI (ans 15-62 après J.-C.).

Tablettes enduites de cire, en forme de diptyques ou de triptyques trouvées, réunies dans une caisse, en juillet 1875, à Pompéi, dans la maison de L. Caecilius Jucundus et depuis étudiées par de nombreux auteurs (v. notamment G. de Petra, *Le tavolette cerate di Pompei*, Roma, 1876 ; Mommsen, *Hermes*, 12, 1877, pp. 88-141 et *Giornale degli scavi di Pompei*, 1879, pp. 70-115 ; Caillemer, *N. R. hist.*, 1877, pp. 397-410 ; Karlowa, *Zeitschrift*, de Grünhut, 4, 1877, pp. 502-508 et *R. R. G.*, 1, pp. 798-805 ; Bruns, *Z. R. G.*, 13, 1878, pp. 362-369 = *Kl. Schr.*, 2, pp. 319-325 ; Brunner, *Zur Gesch. d. Urkunde*, pp. 44-47 ; Erman, *Zur Gesch. der römischen Quittungen und Solutionsakte*, Berlin, 1883 ; Hruza, *Zeitschrift* de Grünhut, 12, 1885, pp. 250-252 ; cf. Krueger, *Gesch. d. Q.*, pp. 239-241 et Girard, *R. int. de l'ens.*, 1889, 2, pp. 248-249). Toutes celles qu'on a pu déchiffrer, — il y en a 132 plus ou moins lisibles, — se rapportent à des paiements faits par L. Caecilius Jucundus, — ou, dans la plus ancienne, par L. Caecilius Felix, probablement son prédécesseur et son père, — soit du montant de ventes aux enchères faites par lui pour le compte de particuliers, soit d'arrérages de locations conclues par lui avec la colonie de Pompéi. — Les quittances de prix de vente, parmi lesquelles deux appartiennent aux années 15 et 27 après J.-C. et les autres aux années 53-62, présentent sous le rapport de la rédaction une dualité très frappante. Les unes rapportent que le créancier *habere se dixit* ; dans les autres, c'est le créancier qui écrit avoir reçu : *Scripsi me accepisse*, ou c'est un tiers qui écrit sur son ordre qu'il a reçu : *Scripsi rogatu* (ou *rogatu et mandatu*)... *cum accepisse*. En outre, tandis qu'à partir de l'entrée en exercice de Jucundus, tous les actes de la 1re catégorie sont écrits de la même main, qui est sans doute la sienne, l'écriture change à chaque fois pour ceux de la seconde, écrits dans chaque cas particulier par le créancier ou son mandataire. Ensuite, tandis que les premiers indiquent tous au moins sept témoins, les seconds n'en ont pas plus de trois, parfois deux, parfois un seul. Enfin on peut noter que la 1re rédaction se présente seule dans l'acte de Caecilius Felix de l'an 15, dans celui de Jucundus de l'an 27 et postérieurement encore, et que la seconde apparait pour la première fois en l'an 54, à partir duquel elle se rencontre tantôt exclusivement, à la fois à l'intérieur et à l'extérieur des tablettes, tantôt juxtaposée extérieurement à l'ancienne encore maintenue à l'intérieur de ces tablettes. La seconde forme, depuis longtemps pratiquée en Grèce et plus tard signalée par les jurisconsultes romains, dans laquelle le titre émane de celui-là même à qui il doit être opposé, présente, au point de vue probatoire, une supériorité visible sur la première qui ne fournit guère qu'un tableau des témoins à faire entendre, et il parait vraisemblable d'attribuer à cette supériorité la réforme d'ordre intérieur qui aura fait Jucundus, au cours de son exercice, adopter, dans ce pays particulièrement ouvert aux influences helléniques, le type du *chirographum* inconnu de son père en l'an 15, inconnu de lui-même au commencement de sa carrière et généralisé dans l'empire à une époque sensiblement postérieure ; cf. cependant Krueger, p. 240, note 28. La diversité de formules aurait, au point de vue du fonds, une importance encore plus grande si l'on admettait avec une opinion émise par M. Mommsen et adoptée par MM. Caillemer et Karlowa, mais vigoureusement combattue par M. Bruns, que les titres de la 1re espèce constateraient non pas des paiements, mais des actes formels d'acceptilation verbale. — Les quittances délivrées à Jucundus pour les arrérages payés par lui à la colonie se placent toutes entre les années 53 et 60. Ce sont des reçus émanant d'esclaves publics et écrits de leurs mains dans la 2e forme indiquée plus haut, tant pour l'écriture intérieure que pour l'écriture extérieure, quoique d'ailleurs la rédaction inscrite dans la partie ouverte des tablettes soit souvent un simple abrégé de l'acte contenu *in extenso* dans leur partie close. — L'édition la plus complète de ces titres a été publiée par M. Mommsen dans le *Giornale degli Scavi* ; mais il a donné des plus importants un texte révisé dans la dernière éd. de Bruns, pp. 275-281. Nous nous bornons à reproduire ici, d'après cette dernière version, des modèles de chacun des principaux types représentés dans la collection. Les nos 1 et 2 présentent la 1re rédaction ; les nos 3 et 4, la 2e ; le no 5, la réunion de toutes deux ; les nos 6 et 7, des exemples de quittances de sommes payées à la cité.

1. Diptyque de l'an 15 après J.-C.

De Petra, p. 1. Bruns, p. 275. Rédaction intérieure ; l'extérieur ne porte pas trace d'écriture ni de cachets.

HS. n. DXX ob mulum venditum *M*. Pomponio M. l(iberto) Niconi, quam pequniam in stipulatum *L*. Caecili Felicis redegisse dicitur M. Cerrinius Euprates, eam pequniam omnem, quae supra scripta est, *n*umeratam dixit se *a*ccepisse M Cerrinius M. l. *E*uphrates ab Philadelpho *C*aecili Felicis ser(vo). — Actum Pompeis V. k. Junias Druso Caesare C. Norbano Flacco cos.

2. Triptyque de l'an 54.

De Petra, p. 3. Bruns, p. 276. Extérieur ; intérieur effacé ; 8 cachets.

HS. n. ∞C∞ LXXXV, quae pecuniae in stipulatu venit L. Caeci(li) Jucundi ob auctionem buxiaria(m) C. Juli Onesimi in idus Julias primas mercede minus numeratos accepisse dixit C. Julius Onesimus ab M. Fabio Agathino nomine L. Caecili Jucundi. — Actum Pompeis VI idus Maias M'. Acilio Aviola M. Asinio Marcello cos.

3. Triptyque de l'an 54.

De Petra, p. 112. Bruns, p. 278. Rédaction intérieure; extérieur perdu; 4 cachets dont 2 du rédacteur de l'acte.

Rubrique en marge de la 2ᵉ table: *Chi*rograpum.

M'. Acilio Aviola M. Asinio cos. IIII k. Junias Salvius heredum N. Nasenni Nigidi Vacculae servos scripsi me accepisse ab L. Caecilio Jucundo sestertia nummum tria milia quinquaginta nove nummos ob auctione mea, *quem*(?) in stipulatu ejus redegi, quae minus *ante*(?) quemadmodum volui, ab eo accepi in hanc diem. — Actum Pompeis.

4. Triptyque de l'an 56.

De Petra, p. 20/21. Bruns, p. 277. Double rédaction sur les tablettes intérieures et extérieures. Quatre cachets tous du rédacteur de l'acte.

Rubrique en marge de la 2ᵉ table: Per*s*criptio *M. A*l*l*eio Carpo.

Q. Volusio Saturnino P. Cornelio Scipione cos. VIII k. Julias *M. A*l*l*eiu*s* Carpus scripsi me accep*i*sse ab L. Caecilio *Jucundo* HS *m*ille trecen*tos octoginta sexs* nummos *e mensa* venalic(iaria?).

Q. Volusio Saturnino P. Cornelio cos. VIII k. Jul. M. Alleius Carpus scripsi me accepisse ab L. Caecilio Jucundo HS ∞ CCCXXCVI ob auctione me(a) sup stipulatu ejus. — Actum Pomp.

5. Triptyque de l'an 57.

De Petra, p. 34; Bruns, p. 278. Triptyque complet. 8 cachets parmi lesquels celui du rédacteur de l'acte.

Intérieur:

HS n. I∞ ∞ ∞ ∞ DLXII, quae pecunia in stipulatum L. Caecili Jucundi venit ob auctionem Tulliae Lampuridis, mercede minus, persoluta habere se dixsit Tullia Lampyris ab L. Caecili(o) Jucundo. — Act. Pomp. X k. Januar. Nerone Caesare II L. Caesio Marti(ale) cos.

Extérieur:

Nerone Caesare II L. Caesio Martia(le) cos. Sex. Pompeius Axiochus scripsi rogatu Tulliae Lampyridis eam accepisse ab L. Caec. Juc. sester*tia* n. octo *milia* quingenti sexages dupundius ob auctionem ejus ex interrogatione facta tabellarum signatarum.

6. Triptyque de l'an 59.

De Petra, p. 125; Bruns, p. 280. Cf. Mommsen, *Hermes*, 12, 123.

Intérieur :

Q. Coelio Caltilio Justo L. H*el*vio Blaesio Proculo IIvir. j. d. pr. idus Martias Secundus *colonorum* coloniae Vener*i*ae Corneliae servos accepi *a* Terent*io* Primo HS DCCLXXVI reliquos ob avitum *et* patritum fundi Audiani nomine Stali Inventi jussu Caltili Justi et Helvi Procu*li*. — Act. Pompeis D. Junio Torq*uato* Silano Q. Haterio Antonino cos. (5 cachets, dont un détruit.)

Extérieur :

Q. Coelio *etc.* c. c. V. C. ser. scripsi me accepisse ab P. Ter. Primo HS. DCCLXXVI reliquos ob avitum fundi Audiani et accepi ante hanc diem HS v̄CCXXIIII. Act. *etc.*

7. Triptyque de l'an 59.

De Petra, p. 119; Bruns, p. 279.

Intérieur :

Cn. Pompeio Grospho, Grospho Pompeio Gaviano IIvir. jur. dic. VI idus Julias Privatus colonorum coloniae Veneriae Corneliae Pompeianorum ser. scripsi me accepisse ab L. Caecilio Jucundo sestertios mille sescentos quinquaginta nummos numm. I libellas quinque ex reliquis ob fullonicam anni L. Verani Hupsaei et Albuci Justi d. v. j. d. solut(os). — Act. Pom. M. Ostorio Scapula T. Sextio Africano cos. (5 cachets dont 2 de Privatus.)

Extérieur :

Duobus Grosphis d. j. d. VI idus Juli. chirograpum Privati c. c. V. C. s. HS ∞ DCLIS ob fullonic(am) anni terti T. Sextio M. Ostor. c.

Rubrique :

Chirographum Privati c. c. *V. C. s.* HS. DCLIS ob fullonic*a* anni terti duobus Grospis d. v. j. d. M. Ostorio T. Sextio cos. VI idus Julias.

CHAPITRE VI

STATUTS D'ASSOCIATIONS

Nous reproduisons ci-dessous, comme spécimen unique des inscriptions relatives aux associations romaines, l'inscription de Lanuvium contenant les statuts du collège funéraire des adorateurs de Diane et d'Antinoüs. On trouvera dans Bruns, pp. 318-325, d'autres inscriptions se rapportant aux mêmes matières qui sont: une petite inscription d'un collège de musiciens, du *collegium symphoniacorum qui sacris publicis praesto sunt*; une résolution prise en 153 par une association funéraire de Rome, le *collegium Aesculapi et Hygiae*; l'acte de dissolution d'un autre collège funéraire, contenu dans l'un des triptyques de Transylvanie; les statuts d'un collège de militaires formé à Lambèse en Numidie; ceux très mutilés d'un *collegium aquae*, c'est-à-dire probablement d'un collège de foulons, et enfin une inscription du temps de Domitien d'un *collegium Silvani*. Cf. sur ces diverses inscriptions, outre les dissertations générales de Mommsen, *De collegiis et sodaliciis Romanorum*, 1843, et G. Boissier, *La religion romaine d'Auguste aux Antonins*, 2, 1874, pp. 278-337, Karlowa, *R. R. G.*, 1, pp. 813-816; ajoutez le texte et le commentaire d'une autre inscription de Rome relative à l'administration du *collegium magnum arkarum divarum Faustinarum matris et piae* publiés par Mommsen, *Zsavst.*, 8, 1887, pp. 248-251.

Statuts du collège funéraire de Lanuvium (an 133 après J.-C.).

C. I. L., XIV, 2112. Bruns, pp. 315-318. Table de marbre découverte à Civita Lavigna, sur l'emplacement de Lanuvium, en l'an 1816 et contenant sur deux colonnes une inscription publiée notamment par Mommsen, d'abord à la fin de sa dissertation *De collegiis*, puis, après un examen personnel de la pierre, *Z. G. R.*, 15, 1848, pp. 357 et ss. L'inscription rédigée en 136 donne, après un chapitre d'un sénatus-consulte qui semble avoir réglementé d'une façon générale les associations funéraires, les statuts du collège funéraire formé en l'an 133, à Lanuvium, sous le nom de *collegium cultorum Dianae et Antinoi*. Cf. pour son analyse, Mommsen, *De collegiis*, pp. 98-116, et Boissier, *Religion romaine*, 2, 308-310.

L. Ceionio Commodo, Sex. Vetuleno Civica Pompeiano cos.[1] a(nte) d(iem) V idus Jun(ias).

Lanuvii in municipio in templo Antinoi, in quo L. Caesennius Rufus, *dict(ator) III et patronus* municipi, conventum haberi jusserat per L. Pompeium ...um, q(uin)q(uennalem) cultorum Dianae et Antinoi, pollicitus est se *in annum* daturum eis ex liberalitate sua HS XVI[2] m(ilium) n(ummum) usum, die *natali*s Dianae, idib. Aug., HS CCCC n., et die natalis An-

---

1. Cos. 136. — 2. Correction de Eck approuvée par Mommsen; le marbre: XV.

tinoi V k. *Dec.*, HS CCCC n., et praecepit legem ab ipsis constitutam sub tetra*stylo* Antinoi parte interiori perscribi in verba infra scripta :

M. Antonio Hibero, P. Mummio Sisenna cos.[1] kal. Jan. collegium salutare Dianae ... et Antinoi constitutum, L. Caesennio L. f. Quir. Rufo dict(atore) III idemq(ue) patr(ono).

Kaput ex SC. p(opuli) R(omani).

Quib*us coire c*onvenire collegiumq(ue) habere liceat. Qui stipem menstruam conferre volen*t in fun*era, in it collegium coeant, neq(ue) sub specie ejus collegi nisi semel in mense c*oeant c*onferendi causa, unde defuncti sepeliantur.

Quod faustum felix salutareq(ue) sit imp. Caesari Trajano Hadriano Aug., totiusque *d*omus *A*ug(*ustae*), nobis *nos*tris collegioq(ue) nostro ; et bene adque industrie contraxerimus, ut exitus de*fu*nctorum honeste prosequamur, itaq(ue) bene conferendo universi consentire debemus, u*t long*o tempore inveterescere possimus.

Tu, qui novos in hoc collegio intrare vole*s*, *p*rius legem perlege et sic intra, ne postmodum queraris aut heredi tuo controvers*ia*m relinquas.

Lexs collegi.

*Pla*cuit universis, ut, quisquis in hoc collegium intrare voluerit, dabit kapitulari nomine HS C n. et v*in*i boni amphoram, item in menses sing(ulos) a(sses) V.

Item placuit, ut quisquis mensib(us) contin*uis sex* (?) non pariaverit et ei humanitus acciderit, ejus ratio funeris non habebitur, etiamsi *t*estamentum factum habuerit.

Item placuit : quisquis ex hoc corpore n(ostro) pariatus decesserit, eum sequentur ex arca HS CCC n(ummi), ex qua summa decedent exequiari nomine HS L n., qui ad rogus dividentur ; exequiae autem pedibus fungentur.

Item placuit : quisquis a municipio ultra milliar(ium) XX decesserit et nuntiatum fuerit, eo exire debebunt electi ex corpore n(ostro) homines tres, qui funeris ejus curam agant, et rationem populo reddere debebunt sine dolo *ma*lo ; et si quit in eis fraudis causa inventum fuerit, eis multa esto quadruplum. Quibus *funera*ticium ejus dabitur, hoc amplius viatici nomine ultro citro sing(ulis) HS XX n. Quodsi longius *a municipio* s*u*pra mill. XX decesserit et nuntiari non potuerit, tum is qui eum funeraverit testa*tor rem tab*ulis signatis sigillis civium Romanor(um) VII, et probata causa funera*t*icium ejus, sa*tisdato amplius* neminem petiturum, deductis commodis et

---

1. Coss. 133.

exequiario, e lege collegi dari *sibi petitio a* collegio ; dolus malus abesto. Neque patrono neque patronae neque *domino* neque dominae neque creditori ex hoc collegio ulla petitio esto, nisi si quis testamento heres nomina*tus* erit. Si quis intestatus decesserit, is arbitrio quinq(uennalis) et populi funerabitur.

Item placuit : quisquis ex hoc collegio servus defunctus fuerit, et corpus ejus a domino dominav*e* iniquitate sepulturae datum non fuerit, neque tabellas fecerit, ei funus imaginarium fiet.

Item placuit : quisquis ex quacumque causa mortem sibi adsciveri*t*, ejus ratio funeris non habebitur.

Item placuit, ut quisquis servus ex hoc collegio liber factus fuerit, is dare debebit vin*i* b*o*ni amphoram.

Item placuit : quisquis magister suo anno erit ex ordine al*bi* ad cenam faciendam et non observaverit neque fecerit : is arcae inferet HS XXX n. ; insequens ejus dare debebit, et is ejus loco restituere debebit.

Ordo cenarum : VIII id. Mar. natali Caesenni... patris ; V kal. Dec. nat. Ant*inoi* ; idib. Aug. natali Dianae et collegi ; XIII k. Sept. na*t*. *C*aesenni Silvani fratris ; pr. n*o*nas ... natali Corneliae Proculae matris ; XIX k. Jan. na*tal*. *C*aesenni Rufi, patr(oni) munic*ipi*.

Magistri cenarum ex ordine albi facti qu*oquo* ordine homines quaterni ponere debeb*unt* vini boni amphoras singulas et panes a(ssium) II, qui numerus collegi fuerit, et sardas numero quattuor, strationem, caldam cum ministerio.

Item placuit, ut quisquis quinquennalis in hoc collegio factus fuerit, is a sigillis ejus temporis, quo quinquennalis erit, immunis esse debebit ; et ei ex omnibus divisionibus partes dup*las* dari ; item scribae et viatori a sigillis vacantibus partes ex omni divisione sesquip*las* dari placuit.

Item placuit, ut quisquis quinquennalitatem gesserit integre, ei ob honorem partes ses*qui*plas ex omni re dari, ut et reliqui recte faciendo idem sperent.

Item placuit : si quis quid queri aut referre volet, in conventu referat, ut quieti et hilares diebus sollemnibus epulemur.

Item placuit, ut quisquis seditionis causa de loco in alium locum transierit, ei multa esto HS IIII n. Si quis autem in obprobrium alter alterius dixerit aut tu*mul*tuatus fuerit, ei multa esto HS XII n. Si quis quinquennali inter epu*l*as obprobrium aut quid contumeliose dixerit, ei multa esto HS XX n.

Item placuit, ut quinquennalis sui cujusque temporis diebus solem*nibus ture* et vino supplicet et ceteris officiis albatus fungatur, et die*bus natalibus* Dianae et Antinoi oleum collegio in balinio publico pon*at, antequam* epulentur.

CHAPITRE VII

TABLES D'HOSPITALITÉ ET DE PATRONAT.

Titres constatant des conventions d'hospitalité et de patronat conclues entre des cités ou entre des cités et des particuliers. Nous ne possédons pas de titre romain constatant une convention d'hospitalité contractée sur un pied d'égalité et de réciprocité parfaites entre deux particuliers appartenant à des cités différentes comme font les tessères d'hospitalité échangées entre les deux parties dont nous avons des modèles grecs (*C. I. Gr.*, 5496-6778 et les renvois) et dont l'usage est également attesté par des textes latins (v. notamment Plaute, *Poen.*, 5, 1, 25. 5, 2, 87-89). Les titres assez nombreux qui nous sont parvenus se rapportent en général à des conventions conclues entre des villes et des citoyens romains, dans lesquelles les idées primitivement incompatibles d'hospitalité et de patronat se trouvent mélangées en une institution hybride. Dans l'un des exemples, la convention est encore mentionnée sur un objet de nature à être porté par l'hôte avec lui. Dans tous les autres, elle est constatée sur une plaque de bronze destinée à être fixée sur un mur, conformément à l'usage de dresser de ces actes deux originaux qui étaient affichés dans des immeubles appartenant aux deux parties : celui des particuliers dans leur maison, celui des villes dans quelque édifice public. V. des observations sur les formules diverses de rédaction des titres et une énumération des principaux dans Cagnat, *Cours d'épigraphie latine*, 2º éd., 1889, p. 290. V. en outre, sur l'hospitalité, Mommsen, *Römische Forschungen*, 1, 1864, pp. 319-354 (abrégé *Hist. rom.*, tr. Alexandre, 4, pp. 397-409) et Rudolf von Jhering, *Die Gastfreundschaft im Alterthum*, *Deutsche Rundschau*, 1887, pp. 357-397.

1. Tessère d'hospitalité et de patronat (an de R. 536-602).

C. I. L., I, 532 = X, 6231. Tessère en forme de poisson destinée à être portée par le bénéficiaire, constatant une convention conclue entre les Fundani et un certain Ti. Claudius (?), sous le consulat d'un M. Claudius M. f., qui, d'après la langue et les caractères, doit être un de ceux qui furent consuls de 532 à 602.

*Conscriptes cose t. fa... praifecti et*praifectura tot*a Fundi hospitium f*ecere quom Ti. C*laudio* (?)... *in* ejus fidem omn*es nos tradimus et c*ovenimus coptamus *eum patronum*. M. Claudio M. f... cos.

2. Table d'hospitalité et de patronat (an 742 de Rome).

C. I. L., VIII, 68. Bruns, p. 314, nº 1. Table de bronze inexactement citée par Bruns comme le plus ancien titre de la matière (v. l'inscription ci-dessus et, *C. I. L.*, VIII, 10525, une autre inscription du temps de César) constatant une convention d'hospitalité et de patronat conclue en l'an 742 de Rome entre la ville de Gorza près d'Utique et Domitius Ahenobarbus, aïeul de l'empereur Néron.

P. Sulpicio Quirinio, C. Valgio cos. senatus populusque civitatium stipendariorum pago Gurzenses hospitium fecerunt quom L. Domitio Cn. f. L. n. Ahenobarbo procos., eumque et posteros ejus sibi posterisque sueis patronum coptaverunt, isque eos posterosque eorum in fidem clientelamque suam recepit.

Faciundum coeraverunt : Ammicar Milchatonis f., Cynasyn(ensis); Boncar Azzrubalis f., Aethogursensis ; Muthunbal, Saphonis f., Cui. Nas. Uzitensis.

3. Table d'hospitalité et de patronat (an 55 ap. J.-C.).

C. I. L., VIII, 8837. Table de bronze constatant une convention d'hospitalité et de patronat conclue en l'an 55 après J.-C. entre un légat propréteur et une colonie africaine. On remarquera, à la première phrase, la différence de construction qui sépare ce titre et ceux du même type des deux titres rapportés précédemment.

Nerone Claudio Caesare Aug. Germanico L. Antistio Vetere cos. k. Augustis, Q. Julius, Q. f., qui Secundus, legatus pro praetore hospitium fecit cum decurionibus et colonis colonia Julia Aug. legionis VII Tupusuctu sibi liberis posterisque suis eosque patrocinio suo tuendos recepit. Agentibus legatis Q. Caecilio Q. f., Palatina, Firmano ; M. Pomponio M. f., Quir. Vindice.

4. Table d'hospitalité et de patronat (ans 27 et 155 ap. J.-C.).

C. I. L., II, 2633. Bruns, pp. 314-315. Titre dans lequel deux *gentilitates* de la *gens* des Zoelae (l'une des vingt-deux peuplades des Astures : Pline, *H. n.*, 3, 3, 28) renouvellent collectivement et individuellement leurs anciens rapports d'hospitalité, en l'an 27, puis ensuite admettent, en l'an 155, dans les mêmes liens trois individus appartenant à d'autres *gentilitates* des Zoelae. Cf. sur le titre Mommsen, *Römische Forschungen*, 1, p. 329 (*Hist. rom.*, 4, p. 400) et Hübner, *C. I. L.*, II, p. 363.

M. Licinio Crasso, L. Calpurnio Pisone cos. IIII k. Maias gentilitas Desoncorum ex gente Zoelarum et gentilitas Tridiavorum ex gente idem Zoelarum hospitium vetustum antiquom renovaverunt, eique omnes alis alium in fidem clientelamque suam suorumque liberorum posterorumque receperunt.

Egerunt Arausa Blecaeni et Turaius Clouti, Docius Elaesi,

Magilo Clouti, Bodecius Buralli, Elaesus Clutami, per Abienum Pentili magistratum Zoelarum. Actum Curunda.

Glabrione et Homullo cos. V idus Julias idem gentilitas Desoncorum et gentilitas Tridiavorum in eandem clientelam, eadem foedera receperunt: ex gente Avolgigorum Sempronium Perpetuum Orniacum, et ex gente Visaligorum Antonium Arquium, et ex gente Cabruagenigorum Flavium Frontonem Zoelas. Egerunt L. Domitius Silo et L. Flavius Severus, Asturicae.

CHAPITRE VIII

DÉCISIONS JUDICIAIRES.

Nous reproduisons, comme exemples de cette catégorie de titres, une décision arbitrale rendue dans une question de limites au Ve siècle ; un jugement rendu en matière de fonds affectés à des sépultures au IIe ou IIIe siècle par un sous-préfet de la flotte prétorienne de Misène, et enfin la célèbre inscription relative à une action en paiement de redevance contestée par une association de foulons de Rome devant trois préfets des vigiles dont le dernier fut le jurisconsulte Modestin. La liste des documents de cette espèce pourrait être très augmentée en y joignant les nombreuses décisions relatives à des questions de limites rendues entre des cités par des autorités diverses (v. plus haut, pp. 141 ; 148 ; 149 ; cf. aussi la décision des Minucii, *C. I. L.*, I, 190 = V, 7749, et Bruns, p. 325).

1. SENTENCE ARBITRALE D'HISTONIUM (1er siècle après J.-C.).

C. I. L., IX, 2827. Bruns, pp. 327-328. Inscription sur pierre découverte dans le territoire d'Histonium, au bord de l'Adriatique, et contenant la décision rendue par un *arbiter ex conpromisso* dans une contestation de limites survenue entre la cité d'Histonium et un particulier. La fin du texte, indiquant notamment sa date, devait se trouver sur une seconde pierre aujourd'hui perdue ; mais il appartient nécessairement à une époque assez postérieure à l'an 19 après J.-C., auquel remonte une pièce, qui y est invoquée comme un *libellus vetus* et comme ayant déjà tranché la question à l'encontre du *proauctor* d'une des parties. Cf., pour le commentaire de l'inscription, Mommsen, *Stadtrechte von Malaca und Salpensa*, 1855, p. 484, et Karlowa, *R. R. G.*, 1, 818.

C. Helvidius Priscus, arbiter ex conpromisso inter Q. Tillium Eryllum, procuratorem Tilli Sassi, et M. Paquium Aulanium, actorem municipi Histoniensium, utrisque praesentibus juratus sententiam dixit in ea verba, q(uae) inf(ra) s(cripta) s(unt) :

'Cum libellus vetus ab actoribus Histoniensium prolatus sit, quem desideraverat Tillius Sassius exhiberi, et in eo scriptum fuerit, eorum locorum, de quibus agitur, factam definitionem per Q. Coelium Gallum : M. Junio Silano L. Norbano Balbo cos. VIII k. Maias inter P. Vaccium Vitulum, auctorem Histoniensium fundi Herianici, et Titiam Flaccillam, proauctorem Tilli Sassi fundi Vellani, a(ctum) e(sse) in re praesenti de controversia finium; ita ut utrisq(ue) dominis tum fundorum praesentibus Gallus terminaret, ut primum palum figeret a quercu pedes circa undecim, abesset autem palus a fossa (neque apparet, quod pedes scripti essent, propter vetustatem libelli interrupti in ea parte, in qua numerus pedum scriptus videtur fuisse), inter fossam autem et palum iter commune esset, cujus proprietas soli Vacci Vituli esset ; ex eo palo e regione ad fraxinum notatam palum fixum esse a Gallo, et ab eo palo e regione ad superciliu(m) ultimi lacus Serrani in partem sinisteriorem derectam finem ab eodem Gallo.

2. DÉCISION RELATIVE A L'ALIÉNATION DE LIEUX AFFECTÉS A DES SÉPULTURES (IIe ou IIIe siècle après J.-C.).

C. I. L., X, 8334. Bruns, pp. 313-314. Inscription découverte à Misène et aujourd'hui perdue, dont il existe de nombreuses copies interpolées, accrues notamment d'une portion finale tout entière apocryphe. Dans la partie authentique, le soldat P. Aelius Rufinus, fils de P. Aelius Abascantus, déclare avoir prouvé son droit de propriété sur des immeubles acquis par son père, devant Alfenius Senecio, sous-préfet de la flotte de Misène, duquel il reproduit la sentence. La partie conservée de la sentence montre que la controverse juridique portait sur la validité de la vente, quant à des sépulcres compris dans l'immeuble vendu, et constate qu'après avoir visité les lieux, Senecio a rejeté la revendication des héritiers du vendeur, attendu que, bien que la vente ne fut pas valable, Rufinus et son père ont toujours été en possession. Le texte s'arrête au milieu d'une nouvelle clause arbitrairement complétée daus des copies anciennes, trop facilement admises en particulier par Giraud, pp. 667-668, et Rudorff, *Feldmesser*, 2, pp. 459-462. — On trouvera dans Bruns, pp. 306-313, beaucoup d'autres titres relatifs à la matière des sépultures, et la liste pourrait encore aisément être fort accrue.

In his aedificis et locis *adj*acentibus aedificis, sive is locus ager est, P. Aeli Rufini militis, *omn*ibus se possessorem esse ex causa emptionis P. Aeli Abascanti, patris sui, Alfenio Senecioni subpraef(ecto) class(is) pr(aetoriae) Mis(enatis) probavit et meruit sententiam, quam jussu ejusdem Senecionis subpraef(ecti) huic titulo proscripsit.

'Senecio c(um) c(onsilio) c(ollocutus) dixit : Necessariam

fuisse inspectionem aedificiorum et loci, de quibus ap*ut* me
actum est, re ipsa manifestatur. Cum igitur aedificia solo puro
posita deprehenderim neque ullo sepulchro superposita vel conjuncta, apparet venditionem eorum jure factam, ideoque ad
Aelium Rufinum militem ex causa emptionis pertinere videntur. Loci vero sive agri, quem adjacentem aedificis Aelius
Abascantus, pater Rufini, ab heredibus Patulci Diocletis aeque
mercatus est, cum habeat plurima et dispersis locis sepulchra,
jus per venditionem transferri ad emptorem non potuit ; set,
cum pater Rufini et postea Rufinus, quamquam non jure facta
emptione, semper in possessionem fuerint, nullo jure eum locum vindicare sibi Patulci possunt. Plane cum in re praesenti inspexerim *cippum, ubi nomen* erasum Patulci dicunt,
reman*ere tamen vestigia scripturae* exprimentia haec...

3. PROCÈS DES FOULONS (an 244 après J.-C.).

C. I. L., VI, 266. Bruns, pp. 328-329. Inscription commémorative
de l'issue d'un procès suivi durant dix-huit ans devant trois préfets des
vigiles différents. Elle nous a été transmise sur une table de marbre
découverte au début du XVIIe siècle, dans le voisinage de l'Esquilin,
et qui se trouve maintenant en deux fragments, dont l'un est mutilé, au
musée du Capitole. Les parties perdues peuvent du reste en être restituées à l'aide du texte donné par le premier éditeur, Fabretti, *Inscr.
antiquae,* 1702, p. 278, d'après lequel nous le reproduisons sans changement de caractère. Il en a, quoique on l'ait contesté, certainement
existé au moins un autre exemplaire qui existait encore en partie du
temps de Fabretti qui l'a également copié. — L'interprétation de ce
monument a soulevé de nombreuses difficultés. V. notamment Rudorff, *Z. G. R.*, 15, 1848, 254-263 ; Bethmann-Hollweg, *Civilprocess*,
1865, p. 767, n. 60 ; Bremer, *Rheinisches Museum*, nouvelle série, 21,
1866, p. 10 et ss. ; Karlowa, *R. R. G.*, 1, pp. 816-819; Mommsen, *Z. G. R.*,
15, 326-345, *C. I. L.*, VI, 266 et *Staatsrecht*, 2, 1036, n. 2 et 1058, n. 3.
Selon l'opinion qui nous semble la plus sûre, il rapporte les décisions
rendues successivement par les trois préfets relativement à une redevance réclamée, *extra ordinem*, au collège des foulons ou *fontani*, probablement par l'*advocatus fisci*, soit pour l'usage d'une prise d'eau, soit
plutôt pour la jouissance d'un terrain aux extrémités duquel doivent avoir
été dressées les plaques de marbre commémoratives du gain du procès.
Le premier préfet statua en faveur des foulons, non seulement sur la
preuve administrée par eux qu'ils n'avaient jamais payé de redevance
depuis Auguste, mais surtout à la suite d'une visite du lieu litigieux
dans lequel il dit avoir vu des images sacrées et qu'il reconnut donc
comme étant non pas un terrain public, occupé moyennant une redevance par des particuliers, mais un local affecté au culte. Les deux
autres préfets, dont l'un est le célèbre jurisconsulte Modestin, sont représentés comme repoussant une seconde et une troisième tentative
de l'*advocatus fisci* (cf. *Cod. Just.*, 10, 9, 1) en considération de l'existence d'une première décision régulière. — Le point le plus discuté
est le fondement de la compétence du préfet des vigiles. L'intervention

successive de trois préfets différents ne permet pas de penser, avec Rudorff, à une délégation spéciale de l'Empereur. Les opinions de MM. Bremer et Bethmann-Hollweg, qui attribuent l'une et l'autre au préfet une compétence plus ou moins large en matière d'eaux et qui méconnaissent par là les pouvoirs du *curator aquarum*, perdent tout fondement si l'on reconnait qu'il s'agit de la jouissance d'un terrain et non pas de celle d'une prise d'eau. Selon M. Karlowa, la corporation des foulons, qui usait beaucoup d'eau publique ou privée, aurait été, pour cette raison, mise sous l'autorité administrative et judiciaire du préfet des vigiles, comme d'autres corporations dont l'activité intéressait les approvisionnements de la ville étaient placées sous celle du préfet de l'annone. Selon l'explication la plus récente proposée par M. Mommsen dans la dernière édition du *Staatsrecht*, la juridiction du préfet des vigiles sur cette question de propriété publique, s'expliquerait par la haute surveillance de la voie publique qui lui fut attribuée, à la place des consuls, édiles et tribuns antérieurement préposés aux diverses régions, à une époque incertaine, peut-être sous Hadrien, et qu'atteste sa présence à la tête des *curatores regionum* dans l'inscription de 223, *Eph. ep.*, IV, 746.

Herculi sacrum posuit P. Clodius Fortunatus q(uin)q(uennalis) perpetuus hujus loci.

Interlocutiones Aeli Floriani, Herenni Modestini et Faltoni Restutiani, praeff. vigil. p. p. v. v[1].

Florianus d(ixit) : 'Quantum ad formam a me datam pertinet, quoniam me convenis, de hoc inprimis tractandum est. Ita interlocutum me scio esse hesterna die : 'docere partem diversam oportere hoc ex sacra auctoritate descendere, ut pensiones non dependerentur' ; et respondit : 'se quibuscumque rationibus posse ostendere, hoc ex sacra auctoritate observari' ; et hodie hoc dicit : 'ex eo tempore', inquit, 'ex quo Augustus rem publicam obtinere coepit, usque in hodiernum numquam haec loca pensiones pensitasse'.

Et infra. Florianus d(ixit) : 'Vidi locum dedicatum imaginibus sacris'.

Et alio capite. Modestinus d(ixit) : 'Si quid est judicatum, habet suam auctoritatem, si est, ut dixi, judicatum ; interim aput me nullae probationes exhibentur, quibus doceantur fullones in pensionem jure conveniri'.

Et alio capite. Restitutianus c(um) c(onsilio) c(ollocutus) d(ixit) : 'Manifestum est, quid judicaverint pp. vv. ; nam Florianus partibus suis diligentissime functus est, qui, cum in rem praesentem venisset, locum inspexit et universis indiciis examinatis sententiam de eo loco, de quo cum maxime quaeritur, protulit, a qua provocatum non est'.

---

1. C'est-à-dire : 'praefectorum vigilum perfectissimorum virorum'.

Et infra. Restitutianus d(ixit) : 'Modestinus quoque, secutus res a Floriano judicatas, pensiones exigi prohibuit'.

Et infra. Restitutianus d(ixit) : 'Illud servabitur fontanis, quod obtinuerunt aput suos judices et quod habuerunt in hodiernum sine pensione.

Actum IIII idus Mar(tias) ann(i), quo victoriam percepimus.

Ex Alexandro Aug. II et Marcello II cos. litigatum est in Peregrino et Aemiliano cos[1].

1. Coss. en 226 et 244. L'autre exemplaire porte : 'Litigatum est ex Alexandri Aug. II et Marcelli II cos. in Peregrini et Aemiliani cos. dies'.

ADDITIONS ET CORRECTIONS

P. 3. *Ajoutez à la bibliographie du 2ᵉ alinéa :* Mommsen, *Staatsrecht*, 2, 1, pp. 41-44.

P. 4, ligne 28, *au lieu de :* pontife du temps de Tarquin, *lire :* personnage du temps de Tarquin.

P. 6, n. 1. *Ajoutez à la bibliographie :* Trincheri, *Bullettino dell'istituto di diritto romano*, 2, 1889, pp. 248-261.

P. 8, n. 6, *au lieu de* p. 4, n. 6, *lisez* p. 6, n. 4.

P. 10, ligne 30, *au lieu de* D., 50, 16, 134, *lisez:* D. 50, 16, 234.

P. 10, ligne 34, *ajoutez à la bibliographie :* A Pernice dans Holtzendorff, *Encyclopædie der Rechtswissenschaft*, 5ᵉ éd., 1889, pp. 116-118.

P. 29, ligne 38, *supprimez :* Berlin, 1861.

P. 66, n. 2, *au lieu de :* oportexe, *lisez* oportere.

P. 71. V. en outre aujourd'hui, *Rheinisches Museum*, 45, 1889, pp. 100-102, le raisonnement par lequel M. H. Nissen place la loi à la fin de 708.

P. 84, n. 2, *au lieu de :* = D. Mommsen corrige : 500, *lisez :* Mommsen corrige : $D = 500$.

P. 110. Un autre sénatus-consulte, de langue latine, de l'an 176 ou 177 ap. J.-C., sur la réduction des frais de jeux de gladiateurs, a été découvert en Espagne en 1888 et vient d'être publié, avec un commentaire de M. Mommsen, *Eph. ep.* VII, fascicule 3, 1890, pp. 388-416. V. aussi le sénatus-consulte de Pergame du temps de Trajan, *C. I. L.*, III, *suppl.*, 1889, 7086.

P. 113, ligne 38, *au lieu de :* CCCLXXIII *lisez :* CCCLXXXIII.

P. 122, n. 3. Les mots 'ei qui bona fide emit' sont maintenant rapportés à la formule par Lenel, *Pal.*, 2, p. 512, n. 3 et 6, d'après lequel il n'y aurait donc eu qu'un seul édit dans l'album.

P. 127, ligne 4, *au lieu de :* 2. *De falso tutore.* 3-6⁴, — *lire :* 2. *De falso tutore.* — 3-6⁴.

P. 129, XXX, *au lieu de :* ARGENDAE, *lisez :* ARCENDAE.

P. 130, XXXV, *au lieu de :* De injuriis, *lisez :* DE INJURIIS.

P. 130, n. 16, *ajoutez :* Autre édit sur l'action d'injures noxales, arg. D., 47, 10, 17, 5 : 'ait practor arbitratu judicis' cbn. 17, 4.

P. 142, lignes 6 et 8, *au lieu de* 58 *et* 59, *lisez* 68 *et* 69.

P. 145. Un tableau complet des fragments actuellement connus de l'édit de Dioclétien vient d'être donné, avec des observations importantes, par M. Mommsen, *Hermes*, 25, 1890, pp. 17-35 ; et un nouvel exemplaire de l'édit de Constantin, *C. I. L.*, V, 2781, a été découvert en Crète par M. F. Halbherr et publié par M. Mommsen, *Bull. dell' ist. di diritto romano*, 2, 1889, pp. 133-135. *Eph. ep.* VII, pp. 416-423. V. aussi, *Eph. ep.*, *loc. cit.*, un fragment d'une autre constitution découvert en même temps.

P. 157, ligne 26, *au lieu de* : du commencement du XVIIe, *lisez* : du commencement du XVIe.

P. 163, ligne 1, *au lieu de* : Fragments de Pomponius, *lisez* : Fragment de Pomponius.

P. 164, ligne 14, *au lieu de* : Orfilien, *lisez* : Orfitien.

P. 167, n. 1. V. contre cette addition également admise par Krueger et Studemund, Wlassak, *Kritische Studien*, 1884, p. 13, n. 3.

P. 180, dernière ligne, *ajoutez en note sur le § 113* : Le ms.: 'emit eum mulierem'. Huschke : 'emit eum *mulier et is mulierem*' ; Krueger et Studemund : 'emit *is* mulierem'.

P. 183, ligne 4, *rétablir au commencement de la ligne le chiffre 126 et augmenter d'une unité les chiffres suivants de la page.*

P. 192, n. 1, *au lieu de* 'Neratius Priscus, *lisez* 'Priscus', et au lieu de '*Ep.*, 1, 85, *lisez* : *Ep.*, 1, 8.

P. 195, n. 1, au lieu de :... 'plena possessio... concessa' *lisez* : ... 'plena possessio concessa'.

P. 197, ligne 34, *intercalez entre les deux phrases le chiffre 49.*

P. 197, ligne 42, *au lieu de 49, lisez* 50.

P. 198, ligne 12, *intercalez entre les deux phrases le chiffre* 51.

P. 200, ligne 11, *au lieu de* : ' inde', *lisez* : 'inde'.

P. 202, ligne 25, *intercalez entre les deux phrases le chiffre* 87.

P. 208, n. 2, *au lieu de* : 310-132, *lisez* : 130-132.

P. 211, ligne 28, *au lieu de* : 152, *lisez* : 151 *a*.

P. 246. *Ajoutez en note sur le § 124* : Huschke ajoute '*vel fidejussores*', après 'fidepromissores'. Pellat restitue : '*non tamen tenebitur*', au lieu de '*tamen dumtaxat XX tenentur* '.

P. 261, *Ajoutez en note sur le § 11* : Krueger, *Gesch. d. Q.*, p. 37, n. 29, propose de lire : 'praetorum' au lieu de 'praetoris'; v. en sens contraire, Wlassak, *Zsavst.*, 9, p. 386.

P. 267, n. 1, *au lieu de* 'les mss.', *lire* 'le ms'.

P. 279, n. 1, *au lieu de* : '*Diversae autem scholae auctores*', *lire* : '*Diversae autem* scholae *auctores*'.

P. 291. M. Mommsen doit établir prochainement que le témoignage de la vie de Caracalla, c. 8, selon lequel Papinien aurait été l'élève de Cervidius Scaevola en même temps que Septime Sévère et aurait succédé à ce dernier comme *advocatus fisci*, est uniquement le produit d'une interpolation faite au ms. du Vatican, Pal. 899, postérieurement à la date de la copie qu'on en trouve dans le ms. de Bamberg.

P. 300, ligne 5, au lieu de : 'oportet', lisez 'potest'.

P. 372, ligne 32, *au lieu de* : sept années, *lisez* : cinq années.

P. 732. Deux actes de vente de même langue et de même origine, de l'an 512, doivent être prochainement publiés par M. Th. Reinach dans la *Revue des études grecques*.

TABLE DES MATIÈRES

	Pages
PRÉFACE	I
EXPLICATION DES ABRÉVIATIONS ET DES RENVOIS	V

PREMIÈRE PARTIE
LES LOIS

CHAPITRE PREMIER : **Leges**		3
§ 1. *Leges regiae*		3
§ 2. *Loi des XII Tables*		9
§ 3. *Leges rogatae postérieures aux XII Tables*		22
	1. Inscription de Luceria	22
	2. Loi Papiria	23
	3. Loi osque de Bantia	23
	4. Loi latine de Bantia	26
	5. Loi Atinia	28
	6. Loi Acilia repetundarum	29
	7. Loi agraire de 643	42
	8. Loi Cornelia de XX quæstoribus	57
	9. Loi Antonia de Termessibus	59
	10. Loi Julia agraria	62
	11. Loi Rubria de Gallia cisalpina	63
	12. Fragment d'Este	69
	13. Loi Julia municipalis	70
	14. Loi Quinctia	79
	15. Lex de imperio Vespasiani	81
§ 4. *Leges datae*		82
	1. Lex coloniae Genetivae	82
	2. Lois de Salpensa et Malaca	97
	3. Diplômes militaires	108
CHAPITRE II : **Sénatus-consultes**		110
	1. Sénatus-consulte des Bacchanales	111
	2. Sénatus-consulte sur le pagus Montanus	112
	3. Sénatus-consultes Hosidien et Volusien	113

	Pages
CHAPITRE III : **Édits des magistrats**.	114
1. Édit du préteur.	115
2. Édit des édiles curules.	139
3. Décret du préteur L. Aemilius Paulus.	141
4. Décret d'Helvius Agrippa.	141
5. Édit d'un gouverneur de Numidie.	144
CHAPITRE IV : **Constitutions impériales**.	145
1. Édit d'Auguste sur l'aqueduc de Venafrum.	146
2. Édit de Claude sur les Anauni.	148
3. Epistula de Vespasien aux Vanacini.	149
4. Epistula de Vespasien aux Saborenses.	150
5. Epistula de Domitien aux Faleriones.	150
6. Réscrit de Commode sur le saltus Burunitanus.	151

DEUXIÈME PARTIE

LES COMMENTAIRES

1. Fragment de M. Valerius Probus.	157
2. Fragment de Pomponius.	163
3. Institutes de Gaius.	163
Commentarius primus.	166
Commentarius secundus.	193
Commentarius tertius.	228
Commentarius quartus.	260
4. Fragments des réponses de Papinien.	291
5. Sentences de Paul.	295
Liber primus.	298
Liber secundus.	309
Liber tertius.	324
Liber quartus.	336
Liber quintus.	346
6. Fragments des institutes de Paul.	369
7. Fragment de formula Fabiana.	370
8. Règles d'Ulpien.	372
9. Fragments des institutes d'Ulpien.	402
10. Fragments d'Ulpien *ad edictum*.	404
11. Fragment de Berlin *de judiciis*.	404
12. Fragments *de jure fisci*.	405
13. Tableau des degrés de cognation.	408
14. Tableau des agnats.	409
15. Fragment dit de Dosithée.	411
16. Fragments de Modestin.	414
17. Fragments du Vatican.	415
18. Mosaicarum et Romanarum legum collatio.	475
19. Fragments du Sinaï.	509
20. Consultatio veteris jurisconsulti.	520

TABLE DES MATIÈRES 749

	Pages
21. Institutes de Justinien	534
Liber primus	587
Liber secundus	562
Liber tertius	612
Liber quartus	655

TROISIÈME PARTIE
LES ACTES

CHAPITRE PREMIER. — **Successions à cause de mort**... 695
    1. Testament de Dasumius... 695
    2. Procès-verbal d'ouverture de testament... 699
    3. Laudatio de Turia... 701
    4. Laudatio de Murdia... 703

CHAPITRE II. — **Modes d'acquérir entre-vifs**... 704
  § 1. *Mancipations fiduciaires*... 704
    1. Acte de mancipation fiduciaire... 704
    2. Formulaire de mancipation fiduciaire... 706
  § 2. *Mancipations à titre gratuit*... 707
    1. Donation de T. Flavius Artemidorus... 707
    2. Donation de Julia Monime... 708
    3. Donation de Statia Irene... 708
    4. Donation de Syntrophus... 709
  § 3. *In jure cessio*... 711

CHAPITRE III : **Constitutions de droits réels**... 711
  § 1. *Servitudes*... 711
  § 2. *Droits de superficie*... 713
    1. Édifice de la colonne antonine... 713
    2. Édifice de Pouzzoles... 714
  § 3. *Fondations impériales et privées*... 715
    1. Fondations alimentaires de Trajan... 717
      a. Inscription de Veleia... 717
      b. Inscription des Ligures Baebiani... 718
    2. Fondation de Ferentinum... 718
    3. Fondation d'Ariminum... 719

CHAPITRE IV : **Contrats**... 719
  § 1. *Contrats verbaux*... 720
    1. Stipulation d'un capital et des intérêts... 720
    2. Stipulation d'un capital et des intérêts... 721
  § 2. *Contrat littéral*... 721
  § 3. *Contrats de vente*... 722
    1. Vente d'un petit esclave... 723
    2. Vente d'une petite esclave... 723
    3. Vente d'une esclave... 724

		Pages
4. Vente de la moitié d'une maison		725
§ 4. *Contrats de louage*		725
1. Locatio rei		725
2. Locatio operarum		726
3. Locatio operis faciendi		727
§ 5. *Contrats de société*		729
§ 6. *Contrats réels*		729
1. Mutuum		730
2. Dépôt irrégulier		730
§ 7. Promesses à des personnes incertaines		730

CHAPITRE V : **Extinction des obligations** 731
    Quittances de Pompéi. 731
    1. Diptyque de l'an 15 ap. J.-C 732
    2. Triptyque de l'an 54 ap. J.-C. 732
    3. Triptyque de 'an 54 ap. J.-C 733
    4. Triptyque de l'an 56 ap. J.-C. 733
    5. Triptyque de l'an 57 ap. J.-C. 733
    6. Triptique de l'an 59 ap. J.-C. 734
    7. Triptyque de l'an 59 ap. J.-C 734

CHAPITRE VI : **Statuts d'associations**. 735
    Statuts du collège funéraire de Lanuvium. 735

CHAPITRE VII : **Tables d'hospitalité et de patronat**. . . 738
    1. Tessère d'hospitalité et de patronat. 738
    2. Table d'hospitalité et de patronat. 738
    3. Table d'hospitalité et de patronat. 739
    4. Table d'hospitalité et de patronat. 739

CHAPITRE VIII : **Décisions judiciaires**. 740
    1. Sentence arbitrale d'Histonium. 740
    2. Décision relative à l'aliénation de lieux affectés à des sépultures. 741
    3. Procès des foulons. 742
    Additions et corrections. 745

Imp. G. Saint-Aubin et Thevenot, Saint-Dizier. 30, passage Verdeau, Paris.

Arthur ROUSSEAU, Éditeur, 14, rue Soufflot. — PARIS

ASSER, *professeur à l'Université d'Amsterdam* et **RIVIER**, *professeur à l'Université de Bruxelles*, Éléments de Droit international privé ou du conflit des lois. — Droit civil. — Procédure. — Droit commercial. 1 vol. in-8 . . . . 8 fr.

BEAUCHET, *professeur à la Faculté de Droit de Nancy*, Histoire de l'Organisation Judiciaire en France. *Époque Franque*, 1886. 1 vol. in-8 . . . . 9 fr.

BODIN, *doyen de la Faculté de Droit de Rennes*, Plan du Cours de Droit romain, professé à la Faculté de Droit, 2ᵉ édition entièrement refondue, première année, 1 vol. in-8 . . . . 5 fr.
(deuxième année) 1 vol. in-8 . . . . 5 fr.

BONFILS (Henry), *doyen honoraire et professeur à la Faculté de Droit de Toulouse*, Traité élémentaire d'organisation judiciaire, de compétence et de procédure en matière civile et commerciale. 1 fort vol. grand in-8 . . . . 15 fr.

FITTING. — Les commencements de l'École de Droit de Bologne ; traduit de l'allemand par **Paul LESEUR**, *professeur agrégé à la Faculté de Droit de Lyon*, 1888, 1 vol. in-8 . . . . 4 fr.

JOURDAN (Alfred), *doyen de la Faculté de Droit d'Aix*, Cours analytique d'Économie politique, 2ᵉ éd. 1890, 1 vol. in-8 . . 10 fr.

MOLINIER, *professeur à la Faculté de Droit de Toulouse*, Introduction à l'Étude de Droit Constitutionnel. 1 vol. grand in-8. 10 fr.

NEUMANN (Baron de), *professeur à l'Université de Vienne*, Éléments du Droit des gens public européen. Ouvrage traduit par **M. de RIEDMATTEN**, *docteur en Droit*, 1886, 1 vol. in-8. 7 fr.

THALLER, *professeur à la Faculté de Droit de Lyon*, Des Faillites en Droit comparé avec une étude sur le règlement des Faillites en Droit international. *Ouvrage couronné par l'Institut* (Académie des sciences morales et politiques), Prix du Budget, 1886-1887, 2 vol. in-8 . . . . 16 fr.

VIGIÉ, *doyen de la Faculté de Droit de Montpellier*, Cours élémentaire de Droit civil français, conforme au programme des Facultés de Droit, 1890, 3 vol. in-8 . . . . 30 fr.

Imp. G. Saint-Aubin et Thevenot, Saint-Dizier (Hte-Marne) 30, Passage Verdeau, Paris.